Jean-Bosco Matand Bulembat
Noyau et enjeux de l'eschatologie paulinienne:
De l'apocalyptique juive et de l'eschatologie hellénistique
dans quelques argumentations de l'apôtre Paul

Beihefte zur Zeitschrift für die neutestamentliche Wissenschaft

und die Kunde der älteren Kirche

Herausgegeben von
Erich Gräßer

Band 84

Walter de Gruyter · Berlin · New York
1997

Jean-Bosco Matand Bulembat

Noyau et enjeux de l'eschatologie paulinienne: De l'apocalyptique juive et de l'eschatologie hellénistique dans quelques argumentations de l'apôtre Paul

Etude rhétorico-exégétique
de 1 Co 15,35–58; 2 Co 5,1–10 et Rm 8,18–30

Walter de Gruyter · Berlin · New York
1997

♾ Gedruckt auf säurefreiem Papier,
das die US-ANSI-Norm über Haltbarkeit erfüllt.

Die Deutsche Bibliothek – CIP-Einheitsaufnahme

**[Zeitschrift für die neutestamentliche Wissenschaft und die
Kunde der älteren Kirche / Beihefte]**
Beihefte zur Zeitschrift für die neutestamentliche Wissenschaft und
die Kunde der älteren Kirche. – Berlin ; New York : de Gruyter.
Früher Schriftenreihe
Reihe Beihefte zu: Zeitschrift für die neutestamentliche Wissen-
schaft und die Kunde der älteren Kirche
NE: HST

Bd. 84. Matand Bulembat, Jean-Bosco: Noyau et enjeux de l'eschatologie paulinienne. – 1997

Matand Bulembat, Jean-Bosco:
Noyau et enjeux de l'eschatologie paulinienne : de l'apocalyptique
juive et de l'eschatologie hellénistique dans quelques argumentations
de l'apôtre Paul ; étude rhétorico-exégétique de 1 Co 15,35-58; 2 Co
5,1-10 et Rm 8,18-30 / Jean-Bosco Matand Bulembat. – Berlin ; New
York : de Gruyter, 1997
(Beihefte zur Zeitschrift für die neutestamentliche Wissenschaft
und die Kunde der älteren Kirche ; Bd. 84)
Zugl.: Roma, Pontificio Istituto Biblico, Diss., 1995
ISBN 3-11-015387-4

ISSN 0171-6441

Printed in Germany
Druck: Werner Hildebrand, Berlin
Buchbinderische Verarbeitung: Lüderitz & Bauer-GmbH, Berlin

A la mémoire de mes petites soeurs

Jeannette Kayib'a Tshibang
et
Nathalie Kabedi a Tshibang

qui se sont endormies dans le Seigneur
et attendent la résurrection glorieuse

Avant-propos

Le travail que nous avons la joie et le plaisir de présenter est le fruit de notre thèse soumise le 14 juillet et défendue le 12 décembre 1995 à l'Institut Pontifical Biblique de Rome pour l'obtention du titre de Docteur en Sciences Bibliques. Il n'a été rendu possible que grâce au concours, à la bienveillance et au soutien de diverses personnes.

Notre immense reconnaissance va de façon particulière au Rév. Père Jean-Noël Aletti, S.J., professeur de Nouveau Testament à l'Institut Pontifical Biblique et notre maître. Pendant qu'il nous dirigeait, nous avons pu apprécier en lui, la compétence et la rigueur dans le travail, le dévouement et l'encouragement à la créativité, la disponibilité, la patience, la simplicité et la fraternité.

Nous savons gré également au Rév. Père Robert O'Toole, S.J., professeur dans ce même Institut. En qualité de deuxième lecteur, ses remarques pertinentes à chaque étape de ce travail nous ont permis d'approfondir nos recherches et d'affiner l'argumentation.

Par ailleurs, nous saisissons l'occasion pour remercier tous les professeurs de l'Institut Pontifical Biblique de Rome, qui par leur engagement et leur passion pour une connaissance toujours plus éclairée et plus approfondie de la Parole de Dieu, ont été pour nous un exemple encourageant dans l'étude des Saintes Ecritures au service de l'Eglise.

De même, nous disons notre reconnaissance aux professeurs de l'Ecole Biblique et Archéologique Française de Jérusalem où nous avons étudié pendant un semestre.

En outre, que tout le personnel de la Bibliothèque de l'Institut Pontifical Biblique trouve ici l'expression de notre gratitude pour sa disponibilité et les services rendus.

Nous sommes grandement redevable au professeur Dr. H. Gräßer, qui a accepté de publier ce travail dans la collection «Beihefte zur Zeitschrift für die neutestamentliche Wissenschaft» dont il est le directeur.

Nous tenons aussi à remercier Son Excellence Mgr Godefroid Mukeng'a Kalond, évêque de Luiza. Soucieux de la qualité de formation de ses prêtres, et conscient de la nécessité d'approfondir la Parole de Dieu à l'heure de l'inculturation de la foi, il a bien voulu nous envoyer aux études dont ce travail constitue l'aboutissement.

Nous exprimons nos vifs remerciements à nos parents pour nous avoir communiqué leur foi en Jésus Christ et nous avoir encouragé à approfondir l'Ecriture Sainte. Encore enfant, il nous a été plusieurs fois permis d'assister

à des discussions où, alors catéchistes, ils étaient interpelés à justifier la nouveauté de l'Evangile et leur espérance en un milieu de non chrétiens. D'eux
nous avons beaucoup reçu et c'est plein de gratitude que nous pensons à eux.

Nous remercions l'Institut de Missiologie Missio-Aachen qui nous avait
accordé une bourse d'études pendant nos années de licence. De même nous
sommes reconnaissant envers tous les amis et connaissances des différentes
paroisses où il nous a été donné d'exercer le ministère sacerdotal, pendant
les temps de Noël et de Pâques ou pendant les vacances d'été, services qui
nous ont été d'un grand concours, surtout durant le cycle de doctorat où nous
avions tant besoin d'être soutenu. Nous pensons spécialement à tous les amis
de la paroisse S. Maria Assunta de Casale sul Sile et aux familles amies de
la paroisse Liebfrauen de Hennef. De même, nous n'oublions pas toutes les
personnes chères de la paroisse Liebfrauen de Singen am Hohentwiel ainsi
que le Père Gérard Billon.

Un merci particulier aux recteurs du Convitto ecclesiastico S. Luigi dei
Francesi et du Pontificio Collegio Olandese Pio XI, dont la bienveillante hos-
pitalité nous a permis de travailler dans un climat de paix, de sérénité et
d'application.

Que le Rév. Abbé Dr. Dr. Bernard Munono Muyembe trouve ici notre
reconnaissance pour avoir accepté de vérifier le style de ce travail. Son esprit
de synthèse et de précision ainsi que sa soif scientifique inextinguible nous
a permis de donner une forme qui étoffe le fond de notre pensée.

Nous assurons également nos étudiants et étudiantes de l'Université Pon-
tificale Grégorienne et de l'Institut Pontifical "Regina Mundi" de notre sou-
venir amical.

Oui, nombreuses sont les personnes qui nous ont aidé à mener à terme
ce patient travail. Il n'est pas possible de les nommer toutes. Ainsi, que tous
ceux qui, d'une manière ou d'une autre, par leur sacrifice et leurs prières ont
contribué à l'aboutissement de ce travail, et que, sans oublier, nous ne pouvons citer nommément, trouvent ici l'expression chaleureuse de notre profonde gratitude et de nos sentiments bien fidèles.

Table des matières

Chapitre III

La pointe de la discussion paulinienne dans 1 Co 15,50-58: nécessité
du corps spirituel pour les vivants et victoire éternelle sur la mort . . . 77

Chapitre IV

L'objet de la discussion pulininne en 2 Co 5,1-10: la souffrance du chrétien et la gloire éternelle 131

Chapitre V

La pointe de l'unité argumentative Rm 8,18-30: gémissements
et persévérance dans l'attente de la rédemption finale du corps 185

Chapitre VI

Noyau et enjeux de l'eschatologie paulinienne dans les argumentations
étudiées: la christologisation de l'eschatologie 253

Sigles et abréviations

AB	The Anchor Bible
ACFEB	Association Catholique Française pour l'Etude de la Bible
AEWK	*Allgemeine Enzyklopädie der Wissenschaft und Künste*
AnBib	Analecta Biblica
Anton	*Antonianum*
AsSeign	*Assemblée du Seigneur*
AT	Arbeiten zu Theologie
AThANT	Abhandlungen zur Theologie des Alten und Neuen Testaments
BAGD	W. BAUER - F.W. GINGRICH - F.W. DANKER, *A Greek-English Lexicon of the New Testament*
BCR	Biblioteca di cultura religiosa
BETL	Bibliotheca ephemeridum theologicarum Lovaniensium
BFCT	Beiträge zur Forderung christlicher Theologie
BH	Bibliothèque historique
BHTh	Beiträge zur historischen Theologie
Bib	*Biblica*
BibOe	Bible et Oecuménisme
BibOr	Biblica et orientalia
BibTo	*The Bible Today*
BJ	*Bible de Jérusalem*
BJRL	*Bulletin of the John Rylands University Library of Manchester*
BJS	Brown Judaic Studies
BNTC	Black's New Testament Commentaries
BP	Bibliothèque de la Pléiade
BT	Bibliothèque théologique
BU	Biblische Untersuchungen
BZ.NF	*Biblische Zeitschrift. Neue Folge*
CBNTS	Coniecta biblica. New Testament Series
CBQ	*Catholic Biblical Quaterly*
CEvSup	Cahiers Evangile, Supplément
CNT	Commentaire du Nouveau Testament
CTJ	*Calvin Theological Journal*
DBS	*Dictionnaire de la Bible, Supplément*
EBib	Etudes bibliques
EC	Etudes et commentaires
éd(s).	éditeur(s)
EH	Europäische Hochschule

EKKNT	Evangelisch-Katholischer Kommentar zum Neuen Testament
ETL	*Ephemerides theologicae lovaniensis*
EvTh	*Evangelische Theologie*
EWNT	*Exegetisches Wörterbuch zum Neuen Testament* (éds. H. BALZ - G. SCHNEIDER)
FRLANT	Forschungen zur Religion und Literatur des Alten und Neuen Testaments
Fs	Festschrift
FzB	Forschung zur Bibel
GNT	Grundrisse zum Neuen Testament
GTA	Göttinger theologische Arbeiten
HB	Herderbücherei
HBT	*Horizons in Biblical Theology*
HNT	Handbuch zum Neuen Testament
HTS	Harvard Theological Studies
IB	Interpreter's Bible
ICC	International Critical Commentary
IDBSup	*Interpreter's Dictionary of the Bible, Supplementary Volume*
Int	*Interpretation*
JAAR	*Journal of the American Academy of Religion*
JBL	*Journal of Biblical Literature*
JDT	*Jahrbücher für deutsche Theologie*
JJC	Jésus et Jésus Christ
JSNT	*Journal for the Study of the New Testament*
JSNTSS	Journal for the Study of the New Testament Supplement Series
JSOTSS	Journal for the Study of the Old Testament Supplement Series
JSPSS	Jouranl for the Study of the Pseudepigrapha Supplement Series
JTS	*Journal of Theological Studies*
KD	*Kerygma und Dogma*
KEK	Kritisch-exegetischer Kommentar
KEKNT	Kritisch-exegetischer Kommentar über das Neue Testament
KNT	Kommentar zum Neuen Testament
LD	Lectio Divina
LSJ	H.G. LIDDELL - R. SCOTT, *A Greek-English Lexicon*
LTPM	Louvain Theological and Pastoral Monograph
LXX	Septuaginta
MB	Le Monde de la Bible
Neot	*Neotestamentica*
NICNT	New International Commentary on the New Testament
NIGTC	The New International Greek Testament Commentary
NS	Nouvelle Série
NSB	Neukirchener Studienbücher
NT	*Novum Testamentum*
NTS	*New Testament Studies*

NVB	Nuovissima versione della Bibbia
OBO	Orbis Biblicus et Orientalis
PD	Parole de Dieu / Parola di Dio
PRS	*Perspective in Religious Studies*
PVTG	Pseudepigrapha Veteris Testamenti Graece
QD	Quaestiones Disputatae
RB	*Revue biblique*
RechBib	Recherches bibliques
RevSR	*Revue de science religieuse*
RGG	*Religion in Geschichte und Gegenwart*
RHPR	*Revue d'histoire et de philosophie religieuse*
RivB	*Rivista Biblica*
RScR	*Recherches des sciences religieuses*
RSPT	*Revue des sciences philosophiques et théologiques*
RSV	*Revised Standard Version*
RTP	*Revue de théologie et de philosophie*
SANT	Studien zum Alten und Neuen Testament
SBANT	Stuttgarter biblische Aufsatzbände. Neues Testament
SBB	Stuttgarter biblische Beiträge
SBFA	Studi biblici francescani analecta
SBLDS	Society of Biblical Literature Dissertations Series
SBS	Stuttgarter Bibelstudien
SC	Sources chrétiennes
ScEs	*Science et esprit*
SJLA	Studies in Judaism in Late Antiquity
SJT	*Scottish Journal of Theology*
SKKNT	Stuttgarter kleiner Kommentar. Neues Testament
SLP	Société linguistique de Paris
SMBSBO	Série Monographique de «Benedictina». Section Biblico-Oecumé-nique
SNS	Studia Neotestamentica Subsidia
SNT	Studien zum Neuen Testament
SNTSMS	Society for New Testament Studies, Monograph Series
SP	Serie Piper
SPIB	Scripta pontificii instituti biblici
SR	*Studies in Religion / Sciences religieuses*
SSEJC	Studies in Scripture in Early Judaism and Christianity
ST	*Studia theologica*
ST	Studi e testi
Str-B	H. STRACK - P. BILLERBECK, *Kommentar zum Neuen Testament aus Talmud und Midrasch*
SUNT	Studien zur Umwelt des Neuen Testaments
SVSpir	*Supplément de la Vie spirituelle*
SVT	Supplements to Vetus Testamentum

SWJT	Southwestern Journal of Theology
TBü	Theologische Bücherei
TF	Theologische Forschung
TH	Théologie historique
ThTh	Themen der Theologie
ThWNT	*Theologisches Wörterbuch zum Neuen Testament* (éds. G. KIT-TEL - G. FRIEDRICH)
TLB	Traduction Liturgique de la Bible
TLZ	*Theologische Literaturzeitung*
TOB	*Traduction oecuménique de la Bible*
TorJT	*Toronto Journal of Theology*
tr. fr./it.	traduction française / italienne
TRE	*Theologisches Realenzyklopädie*
TS	*Theological Studies*
TZ	*Theologische Zeitschrift*
UTB	Uni-Taschenbücher
VD	*Verbum Domini*
WBC	Word Biblical Commentary
WG	Weltanschauungen im Gespräch
WF	Wege der Forschung
WMANT	Wissenschaftliche Monographien zum Alten und Neuen Testament
WUNT	Wissenschaftliche Untersuchungen zum Neuen Testament
WZKM	*Wiener Zeitschrift für die Kunde des Morgenlandes*
ZAW	*Zeitschrift für die alttestamentliche Wissenschaft*
ZNW	*Zeitschrift für die neutestamentliche Wissenschaft*
ZTK	*Zeitschrift für Theologie und Kirche*
ZWB	Zürcher Werkkommentare zur Bibel

Introduction

Que peut-on dire de neuf sur l'eschatologie paulinienne? Il n'est pas toujours aisé de justifier le bien-fondé d'une nouvelle entreprise. Mais l'intérêt de notre travail se fonde justement dans cette attraction qui caractérise l'eschatologie de l'Apôtre Paul. Si celle-ci fait l'objet d'enquêtes nouvelles, c'est sans doute parce qu'elle contient, malgré les exigences de temps et de lieu, des vérités sur l'espérance chrétienne[1] que les chrétiens de toutes les générations aimeraient approfondir et s'approprier.

Notre siècle en particulier n'y échappe pas. Très marqué par beaucoup d'événements bouleversants, extraordinaires, terrifiants, voire "apocalyptiques", il a vu des mouvements religieux qui ont suscité des discours d'espérance fondés entre autres, si pas en majorité, sur des textes pauliniens[2]. Et s'il faut s'en tenir seulement à la vie quotidienne de personnes singulières, quelle communauté chrétienne ne conforte pas souvent l'un ou l'autre membre éprouvé en recourant à des termes et à la conviction avec lesquels Saint Paul a conforté les chrétiens des communautés auxquelles il s'adressa par écrit?

Or, la manière dont la position de l'Apôtre est présentée, par les uns et les autres, est souvent - comme montrera l'état de la question - sujette à caution au point qu'on ne peut pas manquer de se poser des questions sur le contenu essentiel et les enjeux de l'eschatologie de Paul. Nous nous proposons donc de relire les textes pauliniens d'une manière qui nous communique la pensée et l'espérance pauliniennes dans leur singularité, pour pouvoir y recourir, le cas échéant, avec la force pragmatique et la pertinence objective qui sont les leur.

0.1. Choix des textes

Notre choix des textes pauliniens dépend de la question fondamentale à laquelle notre recherche tente de répondre: quels sont le noyau et les enjeux de l'eschatologie que Paul communique à ses partenaires épistolaires? Dans

---

[1] Cf. la définition du terme "eschatologie" chez M. KEHL, *Eschatologie* (Würzburg, ²1988) 17-19.

[2] Cf. J.C. BEKER, *Paul's Apocalyptic Gospel*. The Coming Triumph of God (Philadelphia, 1982) 19-28, surtout 22-24.

cette logique, nous aurions pu analyser tous les textes pauliniens où l'Apôtre a abordé les problèmes cruciaux de l'eschatologie chrétienne. Mais comme, pour atteindre notre but principal, nous nous sommes vu obligé de discuter les conclusions de la plupart de nos prédécesseurs, selon lesquelles sans l'apocalyptique juive ou sans l'eschatologie hellénistique l'eschatologie paulinienne n'est pas du tout compréhensible, nous avons opté de limiter cette recherche aux textes sur lesquels ces auteurs s'appuient pour fonder leurs conclusions. Voilà pourquoi 1 Co 15, 2 Co 5,1-10 et Rm 8,18-30 forment le noyau de notre analyse.

Cependant, alors que nous respectons, comme font les exégètes avec lesquels nous discutons, la délimitation littéraire de 2 Co 5,1-10 et de Rm 8,18-30, nous avons limité notre enquête de 1 Co 15 aux vv.35-58. Il aurait fallu sans doute étudier systématiquement tout le chapitre 15 et particulière-ment les vv.20-28, car, comme nous l'exposerons dans l'état de la question, les exégètes d'obédience käsemannienne confirment leur position en recourant entre autres à ces versets. Nous avons préféré commencer notre analyse au v.35, convaincu du fait que cette section est absolument cruciale pour le sujet discuté dans tout le chapitre 15. Certains exégètes[3] retiennent même que c'est dans cette section que Paul dévoile et développe la question - celle qu'il formule justement au v.35 - qui conduisit à la négation de la résurrection des morts dans la communauté de Corinthe. Même si notre analyse montrera qu'il est difficile à partir de 1 Co 15,35-58 d'identifier les adversaires de Paul[4], elle confirmera que, dans les vv.35-58, l'Apôtre reprend, précise et clarifie ce qu'il affirme dans les vv.20-28. De la sorte, tant que l'on n'a pas d'abord saisi l'aboutissement et le point culminant de toute l'argumentation de 1 Co 15, on court le risque de mal interpréter l'orientation principale de tout le texte. Du reste, la péricope 1 Co 15,1-34 n'est pas complètement passée sous silence. Elle est très souvent objet de nos diverses enquêtes sur le plan du vocabulaire, de la logique et du sens. La compréhension des vv.35-58 contraint à ces enquêtes!

---

[3] Mentionnons H. LIETZMANN, *An die Korinther I/II* (HNT 9; Tübingen, ⁵1969) 83; L. SCHOTTROFF, *Der Glaubende und die feindliche Welt*. Beobachtungen zum gnostischen Dualismus und seiner Bedeutung für Paulus und das Johannesevangelium (WMANT 37; Neukirchen - Vluyn, 1970) 163.165-166; G.D. FEE, *The First Epistle to the Corinthians* (NICNT 7.1; Grand Rapids, 1987) 778; G. SELLIN, *Der Streit um die Auferstehung der Toten*. Eine Religionsgeschichtliche und exegetische Untersuchung von 1. Korinther 15 (FRLANT 138; Göttingen, 1986) 34; J.H. ULRICHSEN, «Die Auferstehungsleugner in Korinth: Was meinten sie eigentlich?» in *Texts and Contexts*. Biblical Essays in Honor of Lars Hartman (éds. T. FORNBERG - D. HELLHOLM) (Oslo - Copenhagen - Stockholm - Boston, 1995) 785-786.

[4] Cf. aussi H.H. SCHADE, *Apokalyptische Christologie bei Paulus*. Studien zum Zusammenhang von Christologie und Eschatologie in den Paulusbriefen (Göttingen, ²1984) 204; G. GRESHAKE - J. KREMER, *Resurrectio mortuorum*. Zum Theologischen Verständnis der leiblichen Auferstehung (Darmstadt, ²1992) 23-24..

Il en est de même de 1 Th 4,13-18. Nous n'allons pas l'analyser de façon systématique, car, comme l'état de la question le fera aussi bientôt voir, ceux qui affirment que Paul est demeuré toute sa vie un apocalypticien n'en font pas un texte privilégié auquel ils recourent. Pour quelle raison ne s'appuient-ils pas tellement sur ce texte? D'abord, parce que personne ne doute que Paul, en 1 Th 4,13-18, surtout aux vv.16-17, fait singulièrement appel au langage apocalyptique pour parler de la résurrection des morts. Même les tenants du courant bultmanien admettent, en s'appuyant sur 1 Th 4,13-18, qu'au début Paul fut un apocalypticien. Ensuite, des études faites sur ce texte, il apparaît que la majorité des exégètes ne décèlent pas, comme c'est le cas pour 1 Co 15; 2 Co 5,1-10 et Rm 8,18-30, un ton polémique dans l'enseignement que Paul communique aux Thessaloniciens sur la résurrection future de ceux qui se sont endormis dans le Christ. Or, c'est la présence d'une telle polémique en 1 Co 15 et Rm 8 qui constitue, d'après Käsemann et ses partisans, la confirmation du fait que Paul était et tenait à rester un apocalypticien⁵. La polémique contre des adversaires - enthousiastes, gnostiques ou autres - est, de fait, pour la plupart des chercheurs avec lesquels nous discutons, un des critères les plus déterminants pour dire si tel texte paulinien manifeste ou non ses convictions apocalyptiques ou sa conversion à l'hellénisme. Voilà pourquoi, 1 Th 4,13-18 ne fait pas l'objet d'une étude systématique dans notre travail, même si nous ne manquerons pas à l'occasion de discuter de sa compréhension et de la portée, dans la nature de l'eschatologie paulinienne, du langage apocalyptique que cette péricope contient.

---

⁵ Signalons toutefois que W. LÜTGERT, *Die Wollkommenen im Philipperbrief und Die Enthusiasten in Thessalonich* (BFCT XIII.6; Gütersloh, 1909) 77-81, a perçu un ton polémique en 1 Th 4,13-18. Cependant cet auteur précise à la page 80 que la polémique paulinienne n'était pas contre la communauté chrétienne de Thessalonique, mais contre ceux du dehors (cf. οἱ λοιποὶ οἱ μὴ ἔχοντες ἐλπίδα du v.13). Par ailleurs, même si le titre du livre laisse entrevoir l'identité de ces gens-là, Lütgert termine son étude sans dire clairement qui ils éaient. De leur côté, W. SCHMITHALS, *Paulus und die Gnostiker.* Untersuchung zu den kleinen Paulusbriefen (TF 35; Hamburg-Bergstedt, 1965) 89-157, particulièrement pp.118-119 et W. HARNISCH, *Eschatologische Existenz.* Ein exegetischer Beitrag zum Sachanliegen von 1 Thessalonicher 4.13-5.11 (FRLANT 110; Göttingen, 1973) 159-161, trouvent qu'en 1 Th 4,13-18 l'Apôtre polémique contre des gnostiques qui étaient au sein de la communauté. Pour ces deux auteurs, Paul avait déjà prêché la résurrection des morts à Thessalonique; mais cet enseignement fut mis en doute, exactement comme ce fut le cas à Corinthe, par une agitation gnostique. Nous trouvons, quant à nous, avec G. LÜDEMANN, *Paulus, der Heidenapostel.* Band I: Studien zur Chronologie (FRLANT 123; Göttingen, 1980) 220-226, que cette compréhension de 1 Th 4,13-18 ne convainc pas. Cf. infra, paragraphe 2.1.1., note 10.

0.2. Occasion de l'étude

Dans le milieu traditionnel africain où nous avons baigné dès notre enfance, il est normal d'entendre parler d'une apparition de telle ou telle personne qui vient de mourir. De même, il est généralement admis qu'un membre de clan déjà mort puisse "revenir" à la vie en naissant à nouveau dans un enfant du même clan. C'est dire si la vie après la mort - sous forme de résurrection ou de réincarnation, voire sous forme d'une vie bienheureuse dans le village des ancêtres - n'a jamais été mise en doute dans ce milieu socio-culturel. Proclamer que le Christ est mort, est ressuscité et est apparu à ses disciples peut ne pas paraître extraordinaire, ne pas constituer une "nouveauté" ni même une "bonne nouvelle" en un tel milieu.

Or, la singularité et la nouveauté du contenu fondamental de l'Evangile, de même que la foi des chrétiens en la résurrection des morts - celle du Christ et de tous ceux qui croient en lui - sont telles que ces croyances traditionnelles que nous venons d'évoquer ne peuvent pas manquer de poser des questions aux chrétiens, en particulier ceux des communautés ecclésiales vivantes d'Afrique.

Notre recherche ne relève donc pas d'un simple souci académique. Elle trouve son origine et son importance dans une préoccupation pastorale et dans le projet d'une recherche théologique enracinée en Afrique, à l'heure de l'inculturation de l'Evangile et de l'évangélisation des cultures. Cette double tâche - dire l'Evangile selon les catégories de chaque culture et transfigurer chaque culture à la lumière de l'Evangile - a d'ailleurs été prise au sérieux par l'Eglise primitive, où Saint Paul, "l'Apôtre des Nations"[6], mérite d'être considéré comme un modèle sans précédent, d'autant plus que ses écrits comptent parmi les tout premiers documents écrits de la littérature chrétienne.

Ainsi, dans le domaine spécifique de l'eschatologie chrétienne qui nous intéresse ici, qui mettrait en doute le fait que les lettres de Paul témoignent d'une réflexion théologique approfondie sur les questions concernant l'après-mort, la corruption du corps, le sort des morts et de tous les chrétiens à la parousie du Christ, questions posées à l'Apôtre par les communautés où il annonçait l'Evangile? Etudier l'eschatologie paulinienne paraît alors une voie sûre pour parvenir à la connaissance de la spécificité de l'Evangile en cette matière et de la nouveauté de l'oeuvre de salut accomplie par Dieu en Jésus Christ.

Par ailleurs, il est presque un lieu commun aujourd'hui que l'Afrique est un continent qui gémit, est soumis malgré lui à la nullité et vit dans des angoisses sans précédentes. Plus que jamais, ce continent est "condamné" à vivre et exprimer intensément son espérance chrétienne en la victoire défini-

---

[6] Allusion à J. BECKER, *Paulus*. Der Apostel der Völker (Tübingen, 1989).

tive de la vie sur la mort. La situation de misère et de tribulations de la plupart des pays est telle que les chrétiens, qui prient beaucoup, espérant que la situation s'améliore le plus vite possible, ont parfois l'impression que Dieu les a abandonnés, qu'il ne les écoute pas et ne leur vient pas au secours. Une des questions difficiles qui surgit souvent en ce contexte est alors: y a-t-il encore besoin d'espérer dans l'avènement du règne de Dieu où la paix, la justice, le respect de la dignité de chacun, etc. sont la marque de sa présence parmi ceux qui l'aiment? Ce règne viendra-t-il jamais? Il nous semble qu'il s'agit là d'une question, à laquelle Paul a dû, dans des argumentations comme 2 Co 5,1-10 et Rm 8,18-30, répondre. Etudier avec attention ces péricopes ne peut donc pas manquer d'intéresser bon nombre de chrétiens d'Afrique.

Toutefois, notre travail est avant tout exégétique et ne constitue pas un traité d'une théologie contextuelle. Nous sommes de l'avis qu'il faut - avant d'entreprendre le lourd labeur d'inculturation des donnés de la foi - interroger au préalable les textes bibliques eux-mêmes pour voir comment les chrétiens de l'Eglise primitive ont vécu et exprimé leur espérance et leur attente du Seigneur. Aussi souhaitons-nous seulement que les chrétiens des communautés vivantes d'Afrique, les théologiens de ces communautés et les responsables de l'annonce de l'Evangile du Christ en ce continent trouvent ici de pistes de solutions aux questions qu'ils se posent à propos de leurs souffrances quotidiennes, voire à propos du sort de leurs morts en Christ.

0.3. Division du travail

Notre travail comprend six chapitres. Le premier expose l'état de la question qui permet de montrer la pertinence de nos questions et de justifier le bien-fondé de notre approche. En prenant connaissance de la position de la plupart des spécialistes, nous formulons les questions qui construisent l'ossature de notre enquête exégétique: Paul a-t-il été, en réalité, un apocalypticien? A-t-il évolué dans sa pensée au point qu'il était devenu helléniste? Pour répondre à ces questions, on se rend compte que c'est le problème de la manière dont les textes pauliniens sont lus qui est en réalité posé. Dans quelle mesure toute réponse affirmative ou négative à l'une des ces questions respecte-t-elle la logique du texte paulinien utilisé? Comment faut-il lire ces textes? En en respectant l'unité et la cohérence internes ou en les éclairant avec les données des milieux religieux et culturel ambiants? Quelle lecture faut-il privilégier sans prétendre discréditer l'autre?

Cette question de méthodologie résolue, nous passons à l'analyse des textes choisis, répondant à des questions précises que ces textes permettent de poser. Nous en présentons ici quelques unes pour montrer l'objet des différents chapitres qui vont suivre. Dans le deuxième chapitre, en effet,

nous fixons notre regard sur la pointe de l'argumentation paulinienne de 1 Co
15,35-49. Nous tâchons de montrer ce qu'est le problème principal de Paul
ici. Est-il question, dans cette péricope, de la corporéité ou du genre du
corps de la résurrection des chrétiens? Quelle est la valeur démonstrative de
la typologie Adam-Christ des vv.45-47 par rapport aux similitudes des vv.36-
41?

Dans le troisième chapitre, nous cherchons d'abord à savoir à quelle
unité littéraire il faut rattacher les vv.50-53. Sont-ils, comme d'aucuns l'affirment, en relation plus étroite avec les vv.54-58 - c'est la raison pour laquelle
nous analysons ces derniers dans le même chapitre que les vv.50-53 - ou
sont-ils le troisième volet d'une structure concentrique de l'unité rhétorique
1 Co 15,35-53? Ensuite, quelles conclusions herméneutiques tirer de cette
composition littéraire dans l'interprétation de 1 Co 15,50-53? Quant aux
vv.54-58, comment l'exégèse midrashique que Paul met en jeu parvient-elle
à clarifier son point de vue? Quelle est la fonction rhétorique réelle de ces
versets dans 1 Co 15?

Dans le quatrième chapitre, nous tâchons de montrer où porte la pointe
de l'argumentation de 2 Co 5,1-10: est-ce, comme souvent affirmé, sur la
peur de la mort et de la nudité de l'âme avant la parousie ou sur un autre
objet? Quel est, en fait, l'objet dont Paul discute principalement en cette
péricope? Que désigne la "maison d'origine divine, non faite de mains
d'hommes, éternelle qui est dans les cieux" du v.1? Comment faut-il comprendre le terme γυμνός du v.3? Sommes-nous, par l'emploi des verbes ἐνδύσασθαι, ἐκδύσασθαι et ἐπενδύσασθαι, en présence d'une paronomase
sémantiquement pertinente ou simplement ornementale? Quel est le point de
vue de Paul aux vv.6-10? Choisit-il vraiment de mourir plutôt que de
continuer de vivre?

Dans le cinquième chapitre, l'analyse de Rm 8,18-30 nous aidera à savoir si dans cette unité argumentative l'Apôtre donne ou non un enseignement
sur le sort de la création. L'argument de la création n'est-il pas une parabole
qui permet d'éclaircir le sens de l'espérance chrétienne et d'encourager les
chrétiens à persévérer pendant qu'ils attendent le moment de la révélation
complète de leur vraie dignité? Mais pareille parabole exclut-elle que Paul
parle effectivement du salut de la création entière? A quelle condition pouvons-nous admettre que l'Apôtre en parle dans ce texte?

Les résultats de toute cette analyse sont rassemblés dans le chapitre sixième. C'est ici que sera présenté le noyau de l'eschatologie paulinienne et ses
enjeux. Ceux-ci relèvent-ils de l'apocalyptique juive, de l'eschatologie hellénistique ou ne sont-ils pas *christo*logique et *théo*logique?

Pour plus de clarté synthétique, un épilogue récapitule de façon succincte
les résultats de notre recherche. Nous ne croyons pas que nos conclusions
prétendent à l'exhaustivité. L'eschatologie paulinienne est très riche et com-
plexe; toutes les questions qu'elle suscite ne sont pas analysées dans cette
étude. Par ailleurs, comme il est très rare d'opérer un choix qui ne soit pas

impartial, nous hésitons à généraliser à toute l'eschatologie de l'Apôtre les résultats auxquels nous parvenons grâce à l'analyse rhétorique de certaines de ses argumentations. Aussi souhaitons-nous que d'autres études soient menées, en particulier sur les textes pauliniens que nous n'approfondissons pas dans ce travail ou que nous n'avons même pas évoqués. Que ceux qui nous aideront, par leur critique constructive, à préciser notre pensée se voient d'avance ici remerciés.

CHAPITRE I

A la recherche du noyau de l'eschatologie paulinienne: apocalyptique juive ou eschatologie hellénistique? Etat de la question et méthodologie

1.1. Etat de la question

Depuis plus de trente ans, les études consacrées à l'eschatologie paulinienne se sont focalisées sur une question: quel rôle a eu l'apocalyptique juive dans la pensée de l'Apôtre? Les réponses à cette question se rangent globalement en deux courants opposés.

1.1.1. L'apocalyptique juive, noyau central de l'eschatologie paulinienne

Pour les uns, Paul a été et est resté jusqu'à sa mort un apocalypticien. Non seulement l'apocalyptique juive lui a permis, dans ses communautés, de combattre l'hérésie hellénistique de l'eschatologie enthousiaste, mais sans elle, on ne peut rien comprendre de sa théologie, de son enseignement éthique, de son concept de la résurrection future des chrétiens, etc. Pour les tenants de ce courant, Paul avait affirmé l'avènement du règne futur de Dieu sur *toute la création* comme la finalité de l'acte salvifique commencé en Jésus Christ. Ainsi, Paul aurait enseigné qu'il faudrait attendre que la création entière soit libérée de sa corruption pour que se réalise la résurrection de tous les hommes.

Telle a été notamment la position de E. Käsemann, qui dans les années soixante, déclencha un débat en affirmant que "l'apocalyptique est devenue la mère de toute théologie chrétienne"[1]. Pour Käsemann, Paul a été et est

---

[1] E. KÄSEMANN, «Die Anfänge christlicher Theologie» *ZTK* 57 (1960) 185. Dans la suite de cette étude, les textes français de cet auteur sont cités d'après E. KÄSEMANN, *Essais exégétiques* (tr. fr.; MB; Neuchâtel, 1972).
 Notons en passant que l'intérêt de l'étude de l'apocalyptique juive pour comprendre le Nouveau Testament en général et Paul en particulier commence déjà dans la deuxième moitié du siècle dernier avec A. Hilgenfield, A. Schweitzer et d'autres encore. Pour A.

demeuré un apocalypticien, car son enseignement était basé sur l'attente imminente, par les chrétiens, de la parousie de leur Seigneur, c'est-à-dire sur l'attente du Règne futur et universel de Dieu. Et c'est seulement après la mort de l'Apôtre que, sous l'influence d'espérances déçues, cette attente avait perdu de sa teneur dans les communautés d'origine païenne[2]. Car, de son vivant, rassure Käsemann, l'Apôtre combattit, dans ces communautés hellénistiques, l'enthousiasme de l'eschatologie présente, en rappelant l'enjeu apocalyptique de l'attente chrétienne, c'est-à-dire en réaffirmant l'eschatologie future[3]. Sa bataille contre cette hérésie est, selon cet auteur, particulièrement remarquable en 1 Co 15 et Rm 8,18-30.

Un grand nombre de chercheurs, tels P. Stuhlmacher, U. Luz, H.-H. Schade, W. Bindemann, D.N. Scholer, O. Christoffersson, appuient, chacun à sa manière, la thèse de Käsemann[4]. J.C. Beker, dans ses écrits[5], est allé

HILGENFELD, *Die jüdische Apokalyptik in ihrer geschichtlichen Entwickelung*. Ein Beitrag zur Vorgeschichte des Christenthums nebst einem Anhange über das gnostische System des Basilides (Jena, 1857) 2, l'apocalyptique juive a, au point de vue historique, un rôle déterminant dans la continuité entre l'Ancien Testament et le Nouveau. Pour lui, grâce à l'apocalyptique, *l'espérance* du messie du judaïsme ancien est devenue, dans le christianisme, *la foi* au messie: "Woraus anders als aus der jüdischen Apokalyptik kann man die Hoffnungen und Erwartungen erkennen, welche das Christenthum in den Herzen der Juden vorfand? /.../ Nichts führt uns also so tief in die eigentliche Geburtsstätte des Christenthums hinein, als der Gedankenkreis der jüdischen Apokalyptik". (Nous utilisons ici l'édition d'Amsterdam, 1966). A. SCHWEITZER, *Paul and His Interpreters*. A Critical History (Eng. tr., London, 1912) 238-241; IDEM, *La mystique de l'apôtre Paul*. (tr. fr.; Paris, 1962) 28-40, abondait dans le même sens, particulièrement dans son étude de la mystique paulinienne. Pour lui, le paulinisme a partagé les attentes eschatologiques de la pensée apocalyptique; car, les questions auxquelles Paul répond, particulièrement dans 1 Co 15, sont de type apocalyptique. En fait, Schweitzer poursuivait un but précis: montrer que le paulinisme et l'hellénisme n'ont en commun que leur terminologie religieuse, mais rien quant aux idées. A ses yeux, Paul n'a pas hellénisé le Christianisme.
    Pour l'histoire de ce débat avant Käsemann, cf. W. ZAGER, *Begriff und Wertung der Apokalyptik in der neutestamentlichen Forschung* (EH XXIII/358; Frankfurt - Bern - New York - Paris, 1989) 6-9; K. KOCH, *Ratlos vor der Apokalyptik*. Eine Streitschrift über ein vernachlässigtes Gebiet der Bibelwissenschaft und die schädlichen Auswirkungen auf Theologie und Philosophie (Gütersloh, 1970) 11-12.

[2] Cf. E. KÄSEMANN, «Zum Thema der urchristlichen Apokalyptik» *ZTK* 59 (1962) 257-284 = *Essais exégétiques*, 199-226; IDEM, «Paulus und der Frühkatholizismus» *ZTK* 60 (1963) 75-89 = *Essais exégétiques*, 256-270; IDEM, «Der gottesdienstliche Schrei nach der Freiheit» in *Paulinische Perspektiven* (Tübingen, ²1972) 211-236.

[3] Cf. E. KÄSEMANN, *Essais exégétiques*, 214-221. A la page 221, il écrit: "Si l'on essaie de voir les choses du point de vue de ses adversaires, on devra définir la théologie paulinienne comme un stade retardataire, voire réactionnaire, de l'évolution".

[4] Cf. P. STUHLMACHER, «Erwägungen zum Problem von Gegenwart und Zukunft in der paulinischen Eschatologie» *ZTK* 64 (1967) 423-450; U. LUZ, *Das Geschichtsverständnis des Paulus* (BEvT 49; München, 1968); H.-H. SCHADE, *Apokalyptische Christologie*; W. BINDEMANN, *Die Hoffnung der Schöpfung*. Römer 8,18-27 und die Frage einer Theologie der Befreiung von Mensch und Natur (NSB 14; Neukirchen - Vluyn, 1983; D.N.

même plus loin, en affirmant que l'apocalyptique constitue le centre de toute la pensée paulinienne. Elle en est le substrat mental, sans lequel on ne peut comprendre les autres aspects - la mystique, l'anthropologie, la théologie, la christologie, l'éthique, etc[6]. Car, ce noyau est à comprendre comme la structure symbolique, dans laquelle Paul a perçu et exprimé l'expérience primordiale de son appel[7]. Cette expérience n'avait pas pour but la conversion de Paul, mais sa vocation d'Apôtre de l'Evangile parmi les gentils et surtout sa mission d'annoncer la victoire salvifique de Dieu *sur toute sa création*[8]. Beker recourt particulièrement à 1 Co 15 et Rm 8,18-23 pour confirmer sa thèse[9].

Par conséquent, dit-il, l'apocalyptique ne serait pas une curiosité périphérique pour Paul, mais l'environnement central et le foyer de sa pensée[10]. Pour cet auteur, oser démanteler l'apocalyptique juive de l'oeuvre de Paul, c'est en même temps perdre le sens que l'Apôtre avait de l'événement-Christ. Pareille tentative avait été faite à Corinthe, mais l'argumentation de 1 Co 15 montre comment Paul fut obligé, non seulement de rappeler, mais aussi d'*imposer* l'apocalyptique comme l'*unique et nécessaire* grille de lecture de l'Evangile du Christ[11]. C'est en affirmant cette centralité de l'apocalyptique que Beker va au-delà de Käsemann[12], même si, comme celui-ci, il affirme que la

---

SCHOLER, «'The God of Peace Will Shortly Crush Satan under Your Feet' (Romans 16:20a): The Function of Apocalyptic Eschatology in Paul» *Ex Auditu* 6 (1990) 53-61; O. CHRISTOFFERSSON, *The Earnest Expectation of the Creature*. The Flood Tradition as Matrix of Romans 8.18-27 (CBNTS 23; Stockholm, 1990).

[5] Cf. J.C. BEKER, *Paul the Apostle*. The Triumph of God in Life and Thought (Philadelphia, 1980); IDEM, *Paul's Apocalyptic Gospel*; IDEM, «Paul's Theology: Consistent or Inconsistent» *NTS* 34 (1988) 364-377; IDEM, *Der Sieg Gottes*. Eine Untersuchung zur Struktur des paulinischen Denkens (SBS 132; Stuttgart, 1988); IDEM, «Paul the Theologian. Major Motifs in Pauline Theology» *Int* 43 (1989) 352-365. Selon Beker lui-même, ce dernier article "corrige", mieux précise sa thèse soutenue dans les travaux précédents, cf. "Paul the Theologian", 355-356.

[6] Cf. J.C. BEKER, *Paul the Apostle*, 17.

[7] Cf. J.C. BEKER, *Der Sieg Gottes*, 25.

[8] "The gospel proclaims the new state of affairs that God has initiated in Christ, one that concerns the nations *and the creation*. Individual souls and their experience are *only important within that worldwide context and for the sake of the world*. /.../ Thus, Paul's conversion experience is taken up and absorbed by God's redemptive purpose *for his whole creation*", J.C. BEKER, *Paul the Apostle*, 8. Nous soulignons.

[9] Cf. J.C. BEKER, *Paul the Apostle*, 141.

[10] "For Paul, the issue of «apocalyptic categories» is not a provincial idiosyncrasy but is interwoven with profound christological, anthropological, and ethical issues", J.C. BEKER, *Paul the Apostle*, 172.

[11] J.C. BEKER, *Paul the Apostle*, 170-173.

[12] "Apocalyptic is not merely a Pauline Kampfeslehre against Hellenistic Christian enthusiasm (as Käsemann's repeated use of «eschatological reservation» seems to suggest); rather, it constitutes the heart of Paul's gospel, inasmuch as all that is said about Christ refers to that process of salvation which will imminently climax in the *regnum Dei*", J.C.

mentalité hellénistique triompha dans l'Eglise et provoqua une série de déplacements théologiques seulement après Paul[13].

Bref, les exégètes qui soutiennent un rôle décisif de l'apocalyptique sur Paul s'appuient essentiellement sur 1 Co 15 et Rm 8,18-30. D'où notre première question: dans quelle mesure l'apocalyptique juive a-t-elle eu une incidence sur l'eschatologie paulinienne? Peut-on, en partant de 1 Co 15 et Rm 8,18-30, soutenir qu'elle en a été le noyau central? Examinons d'abord le courant antagoniste, selon lequel Paul lui-même abandonna l'apocalyptique juive au profit de l'eschatologie hellénistique.

1.1.2. De l'apocalyptique juive à l'anthropologie hellénistique chez Paul

Pour les tenants de cette orientation, Paul a dû très vite abandonner la grille apocalyptique, car elle était devenue insuffisante dans l'annonce de l'Evangile au milieu du monde hellénistique. Très concrètement, *à cause du retard de la parousie* et de la conscience qu'il prit de devoir mourir avant le retour triomphal du Christ, c'est plutôt à l'eschatologie hellénistique qu'il dut finalement faire appel pour traduire et exprimer son espérance du salut après sa mort. Selon les représentants de ce courant, c'est l'anthropologie qui est devenue le "cantus firmus" des réflexions théologiques de l'Apôtre. Celui-ci aurait ainsi *changé de perspective*, abandonnant l'apocalyptique juive universaliste pour adopter l'eschatologie hellénistique individualiste.

Telle fut la conviction de R. Bultmann. En réalité, c'est assez tardivement que Bultmann répondit de façon directe à son étudiant Käsemann[14]. Contrairement à celui-ci, Bultmann soutenait que c'est l'eschatologie qui est le message essentiel de la théologie néotestamentaire et particulièrement paulinienne[15]. Par eschatologie, il entendait la manière de présenter le salut individuel à la fin de la vie de chaque homme. Cependant, il ne niait pas l'influence de l'apocalyptique sur l'Eglise primitive. Pour lui, Jésus lui-même

---

BEKER, *Paul the Apostle*, 17.

[13] Cf. J.C. BEKER, *Paul the Apostle*, 155-158.

[14] Cf. R. BULTMANN, «Ist die Apokalyptik die Mutter der christlichen Theologie? Eine Auseinandersetzung mit Ernst Käsemann» in *Apophoreta*. Festschrift für E. Haenchen (BZNW 30; Berlin, 1964) 64-69; repris in R. BULTMANN, *Exegetica*. Aufsätze zur Erforschung des Neuen Testaments (éd. E. DINKLER) (Tübingen, 1967) 476-482. Dans la suite de cette étude, nous citons cet article selon cette dernière référence. Ce sont les collègues de Käsemann qui réagirent directement aux affirmations de celui-ci pour réaffirmer la position de Bultmann, leur commun maître. Cf. G. EBELING, «Der Grund christlicher Theologie. Zum Aufsatz Ernst Käsemanns über "Die Anfänge christlicher Theologie"» *ZTK* 58 (1961) 227-244 et E. FUCHS, «Über die Aufgabe einer christlichen Theologie. Zum Aufsatz Ernst Käsemanns über "Die Anfänge christlicher Theologie"» *ZTK* 58 (1961) 245-267.

[15] Cf. R. BULTMANN, *Histoire et eschatologie* (tr. fr.; BTh; Neuchâtel-Paris, 1959) 40-42.

était apocalypticien, même si sa prédication fut dépourvue de spéculations érudites et fantaisistes qui caractérisaient les apocalypses[16]. De même, Bultmann reconnaissait l'influence de l'apocalyptique sur Paul[17]. Mais, à ses yeux, ce qui était le plus important pour l'Apôtre c'était le moment présent de chaque individu. D'où, il conclut qu'il faudrait démythifier la cosmologie - autre terme désignant l'apocalyptique - que l'on trouve chez Paul, car celui-ci avait lui-même interprété la conception apocalyptique de l'histoire d'après l'anthropologie[18].

Les disciples de Bultmann reprennent généralement la même idée: l'apocalyptique juive a joué un rôle sur la pensée paulinienne seulement au début[19]. Ainsi, pour J. Becker, il y a chez Paul un processus de décosmologisation des éléments apocalyptiques reçus; car, même s'il faut admettre l'influence de la "cosmologie", Paul recourt à des éléments apocalyptiques seulement pour soutenir la parénèse, c'est-à-dire, l'aujourd'hui de la communauté[20]. C'est cette eschatologie présente - aussi appelée "anthropologie" - qui a été le centre et le point ferme de la pensée de l'Apôtre[21].

De même, J. Baumgarten et W. Wiefel notent que l'eschatologie de Paul forme une courbe allant de 1 Th 4,13-18 à Ph 1,23, en passant par 1 Co

---

[16] R. BULTMANN, *Le christianisme primitif dans le cadre des religions antiques* (tr. fr.; BH; Paris, 1950) 69-74.

[17] Cf. R. BULTMANN, *Histoire et eschatologie*, 38.

[18] Cf. R. BULTMANN, *Histoire et eschatologie*, 39-40. Voilà pourquoi Bultmann perçoit la théologie paulinienne comme une anthropologie divisible en deux points: 1° l'homme avant la révélation de la foi et 2° l'homme sous la foi. Cf. BULTMANN, «Paulus» *RGG* IV, 1031-1045; R. BULTMANN, *Theologie des Neuen Testaments* (Tübingen, ⁹1984) 187-353.

[19] Cf. parmi tant d'autres W. GRUNDMANN, «Überlieferung und Eigenaussage im eschatologischen Denken des Apostels Paulus» *NTS* 8 (1961-62) 12-26; J. BECKER, «Erwägungen zur apokalyptischen Tradition in der paulinischen Theologie» *EvT* 30 (1970) 593-609; J. BAUMGARTEN, *Paulus und die Apokalyptik. Die Auslegung apokalyptischer Überlieferungen in den echten Paulusbriefen* (WMANT 44; Neukirchen - Vluyn, 1979); W. WIEFEL, «Die Hauptrichtung des Wandels im eschatologischen Denken des Paulus» *ThZ* 30 (1974) 65-81; P. BENOIT, «L'évolution du langage apocalyptique dans le Corpus paulinien» in *Apocalypses et théologies de l'espérance*. Congrès ACFEB de Toulouse 1975 (éd. L. MONLOUBOU) (LD 95; Paris, 1977) 299-335; W. BAIRD, «Pauline Eschatology in Hermeneutical Perspective» *NTS* 17 (1970-71) 314-327; I.H. MARSHALL, «Is Apocalyptic the Mother of Christian Theology?» in *Tradition and Interpretation*. Essays in Honor of E. Earle Ellis for his 60th Birthday (éds. G.F. HAWTHORNE - O. BETZ) (Grand Rapids MI, 1987) 33-42.

[20] Cf. J. BECKER, «Erwägungen zur apokalyptischen Tradition», 598-605. Cf. encore IDEM, *Paulus*, 468-478.

[21] Cf. J. BECKER, «Erwägungen zur apokalyptischen Tradition», 608. Même conclusion chez H.G. CONZELMANN, «Zur Analyse der Bekenntnisformel. I. Kor. 15,3-5» *EvT* 25 (1965) 9 et E. LOHSE, «Apokalyptik und Christologie» *ZNW* 62 (1971) 66. Pour les deux derniers auteurs, l'apocalyptique n'a joué qu'un rôle périphérique dans l'élaboration de la théologie chrétienne.

15,51-53 et 2 Co 5,1-10. Pour eux, même si l'on peut y déceler une sorte de constante - c'est-à-dire le fait que dans ces textes l'Apôtre considère l'«être toujours avec le Seigneur» comme finalité de tout événement eschatologique -, il reste que Paul est passé d'une eschatologie de type apocalyptique à l'eschatologie individuelle[22]. Alors que celle-ci est très influencée par la mentalité dualiste et individualiste hellénistique (du salut immédiat après la mort), celle-là envisageait le salut seulement comme un fait de la fin des temps, à la parousie, après le jugement de tous les hommes[23].

Nous pouvons résumer que pour les tenants de cette position, il existe un tournant décisif dans l'eschatologie paulinienne. Ce revirement s'observe en 2 Co 5,1-10, où il apparaît que Paul craint de devoir mourir avant la parousie du Christ[24]. D'où la deuxième question à laquelle notre travail tente de répondre: peut-on, en exploitant 2 Co 5,1-10, affirmer qu'à cause du retard de la parousie Paul avait changé de perspective?[25]

---

[22] Cf. J. BAUMGARTEN, *Paulus und die Apokalyptik*, 227-243; W. WIEFEL, «Die Hauptrichtung», 81.

[23] Cf. W. WIEFEL, «Die Hauptrichtung», 66-80. Signalons aussi T.F. GLASSON, *Greek Influence in Jewish Eschatology - With Special Reference to the Apocalypses and Pseudepigraphs* - (London, 1961); IDEM, «2 Corinthians V.1-10 versus Platonism» *SJT* 43 (1990) 145-155; C.L. MEARNS, «Early Eschatological Development in Paul: the Evidence of I and II Thessalonians» *NTS* 27 (1980-81) 137-157; IDEM, «Early Eschatological Development in Paul. The Evidence of 1 Corinthians» *JSNT* 22 (1984) 19-35; R.N. LONGENECKER, «The Nature of Paul's Early Eschatology» *NTS* 31 (1985) 85-95; C.L. MEYER, «Did Paul's View of the Resurrection of the Dead Undergo Development?» *TS* 47 (1986) 363-387.

[24] Cf. W. WIEFEL, «Die Hauptrichtung», 74-79. Cf. aussi W. GRUNDMANN, «Überlieferung und Eigenaussage», 17-26; W. BAIRD, «Pauline Eschatology», 317; P. BENOIT, «L'évolution du langage apocalyptique», 310-311,316-317; U. SCHNELLE, *Wandlungen im paulinischen Denken* (SBS 137; Stuttgart, 1989) 37-48; J.D.G. DUNN, *Unity and Diversity*, 25-26; H. KOESTER, «From Paul's Eschatology to the Apocalyptic Schemata of 2 Thessalonians» in *The Thessalonian Correspondence* (éd. R.F. COLLINS) (BETL 87; Leuven, 1990) 457-458. Citons aussi R. PENNA, «Sofferenze apostoliche, antropologia e escatologia» in *Parola e Spirito. Studi in onore di Settimio Cipriani* (éd. C.C. MARCHESELLI) (Brescia, 1982) 401-431, repris in IDEM, *L'apostolo Paolo. Studi di esegesi e teologia* (PD; Torino, 1991) 269-298 et T.K. HECKEL, *Der Innere Mensch. Die paulinische Vorarbeitung eines platonischen Motivs* (WUNT 2.R. 53; Tübingen, 1993) dans la mesure où ils retiennent que sans l'anthropologie gréco-romaine, l'argumentation de 2 Co 5,1-10 devient incompréhensible. G. SELLIN, *Der Streit um die Auferstehung*, 37-70, mérite aussi d'être classé dans cette catégorie, même s'il situe cette évolution un peu plutôt, en 1 Co 6,14, c'est-à-dire avant même que Paul n'écrivit 1 Co 15. Pour Sellin, sans l'influence hellénistique, 1 Co 15 est insaisissable, car, dans ce texte, Paul exprime sa position en des termes empruntés à ses adversaires, les dualistes judéo-hellénistiques.

[25] Une tentative de réconciliation entre les deux courants a été proposée par M.C. DE BOER, *The Defeat of Death. Apocalyptic Eschatology in 1 Corinthians 15 and Romans 5* (JSNTSS 22; Sheffield, 1988). Pour lui, les textes apocalyptiques montrent clairement qu'il y avait deux conceptions du salut qui coexistaient à l'époque de l'Apôtre, l'une allant

1.2. Méthodologie

1.2.1. Analyse diachronique et analyse synchronique

Pour atteindre notre but, nous préférons, contrairement aux auteurs dont nous venons d'exposer le point de vue sur l'eschatologie paulinienne, partir des textes de Paul lui-même. Par là, nous ne sous-estimons pas les recherches de l'école comparatiste[26]. La méthode historico-critique reste indispensable, dans la mesure où elle jette une lumière sur les milieux religieux et culturel de l'époque de Paul[27], sans lesquels il est difficile de situer l'Apôtre dans l'histoire[28]. Toutefois, il faut reconnaître qu'elle présente le risque d'expliquer la pensée de Paul seulement par des influences qui lui sont extérieures[29]. Aussi

---

dans le sens cosmologique et l'autre ayant une couleur individualiste. Il n'est donc pas étonnant, soutient-il, de voir que Paul adopte l'une et l'autre, en fonction des circonstances. En 1 Co 15, il s'inspire des convictions de la tendance universaliste, alors qu'en Rm 5, il recourt à l'argumentation du courant individualiste. Cf. encore IDEM, «Paul and Jewish Apocalyptic Eschatology» in *Apocalyptic and the New Testament*. Essays in Honor of J. Louis Martyn (éds. J. MARCUS - M.L. SOARDS) (JSNTSS 24; Sheffield, 1989) 169-190. Comme on le voit, De Boer est plus proche de Käsemann et Beker que de Bultmann et Becker.

[26] Cf. M. SIMON, «A propos de l'école comparatiste» in *Jews, Greeks and Christians*, 261-271; R. MEYNET, «Présupposés de l'analyse rhétorique, avec une application à Mc 10,13-52» in *Exégèse et herméneutique*. Comment lire la Bible? (éd. C. COULOT) (LD 158; Paris, 1994) 85-86.

[27] Cf. par exemple les travaux de D.W. DAVIES, *Paul and Rabbinic Judaism* (Philadelphia, 1948, ⁴1980) et de E.P. SANDERS, *Paul and Palestinian Judaism* (Philadelphia, 1977).

[28] En ce qui concerne l'objet de notre étude - l'eschatologie paulinienne -, il n'est pas inutile d'apprendre de G.W.E. NICKELSBURG, *Resurrection, Immortality and Eternal Life in Intertestamental Judaism* (HTS 26; Cambridge, 1972), de G. STEMBERGER, *Der Leib der Auferstehung*. Studien zur Anthropologie und Eschatologie des palästinischen Judentums im neutestamentlichen Zeitalter (ca. 170 v. Chr. - 100 n. Chr.) (AnB 56; Rome, 1972), de R. BAUCKHAM, «Resurrection as Giving Back the Dead: A Traditional Image of Resurrection in the Pseudepigrapha and the Apocalypse of John» in *The Pseudepigrapha and Early Biblical Interpretation* (éds. J.J. CHARLESWORTH - G.A. EVANS) (JSPSS 14; SSEJC 2; Sheffield, 1993) 271-286 et de E. PUECH, *La croyance des esseniens en la vie future: immortalité, résurrection, vie éternelle?* Histoire d'une croyance dans le judaïsme ancien. 2 vols (EBib NS 21; Paris, 1993) que le concept de résurrection a pu évoluer dans l'histoire. Du reste, la critique textuelle en particulier est nécessaire pour parvenir à fixer le texte qui soit le plus proche possible du texte original de l'auteur. La compréhension de la position de Paul en 2 Co 5,1-10, par exemple, ne dépend-elle pas largement du v.3 où il faut d'abord décider entre ἐνδυσάμενοι et ἐκδυσάμενοι? Et comment y parvenir si on minimisait la méthode historico-critique?

[29] La *Redaktionsgeschichte*, par exemple, en se concentrant sur la distinction de diverses sources du texte et en proposant de faire des déplacements, apparaît souvent comme destructrice de la structure finale du texte biblique, de sa logique interne et du message qu'il exprime dans son état actuel. A titre d'exemple, citons R. PESCH, *Die Entdeckung des ältesten Paulus-Briefes*. Die Briefe an die Gemeinde der Tessalonicher. Paulus - neu

refusons-nous concrètement de commencer par une conception a priori de l'apocalyptique. Le risque serait de trouver dans les textes de Paul ce que l'on a déjà *élaboré* et *proposé* à l'avance.

Nous partons du 'présupposé' selon lequel les textes bibliques sont des textes composés, dans ce sens qu'ils obéissent à certaines règles d'écriture qui permettent de saisir leur logique interne[30]. Mais il convient de faire une distinction entre le modèle rhétorique dont nous parlons ici et l'analyse rhétorique menée par R. Meynet. Quand ce dernier parle de l'«analyse rhétorique», il pense exclusivement à la rhétorique sémitique[31]. Le modèle rhétorique que nous appliquons, par contre, analyse et perçoit toute une macro-unité comme une vraie argumentation[32] qui met en jeu un ensemble de règles de composition de la rhétorique grecque ancienne. Sans doute, en respectant la logique interne des lettres pauliniennes, l'analyse rhétorique dont parle Meynet trouve sa place, d'autant plus que l'on doit procéder par micro-unités. Une opposition extrême ou une disjonction exclusive entre ces deux approches n'échapperaient pas à la tentation d'imposer aux textes pauliniens des cadres de lecture fixés d'avance[33]. Au demeurant, le succès de notre approche dépend du bon usage du modèle de composition de la rhétorique ancienne.

---

gesehen (HB 1167; Freiburg i.B. - Basel - Wien, 1984); IDEM, *Paulus und seine Lieblingsgemeinde.* Drei Briefe an die Heiligen von Philippi. Paulus - neu gesehen (HB 1208; Freiburg i.B. - Basel - Wien, 1985); IDEM, *Paulus ringt um die Lebensform der Kirche.* Vier Briefe an die Gemeinde Gottes in Korinth. Paulus - neu gesehen (HB 1291; Freiburg i.B. - Basel - Wien, 1986); IDEM, *Paulus kämpft um sein Apostolat.* Drei weitere Briefe an die Gemeinde Gottes in Korinth. Paulus - neu gesehen (H.B. 1382; Freiburg i.B. - Basel - Wien, 1987); W. SCHMITHALS, «Die Korintherbriefe als Briefsammlung» *ZNW* 64 (1973) 263-288; IDEM, *Der Römerbrief als historisches Problem* (SNT 9; Gütersloh, 1975).

[30] Sur la portée sémantique du terme "présupposé", cf. R. MEYNET, «Présupposés», 69-71.

[31] Cf. R. MEYNET, «Présupposés», 69,76.

[32] Cet aspect de la rhétorique a été surtout mis en valeur par Ch. PERELMAN - L. OLBRECHTS-TYTECA, *Le traité de l'argumentation.* La nouvelle rhétorique (Bruxelles, ⁵1988).

[33] Aussi trouvons-nous assez exagéré ce que Meynet affirme: "Il est vrai que, jugés selon les règles de la rhétorique gréco-latine, les textes bibliques apparaissent mal composés ou tout simplement non composés", R. MEYNET, «Présupposés», 81. Un tel jugement, à notre avis, ne peut être justifié que quand on abuse du modèle rhétorique classique. Du reste, ce point de vue semble relever du "préjugé" qui consiste à mettre Paul dans une sorte de dilemme: ou Juif ou hellénistique.

1.2.2. Du bon usage du modèle rhétorique

Le recours à ce modèle pour la critique du Nouveau Testament en général, et du corpus paulinien en particulier, a déjà été souligné et démontré par un grand nombre de chercheurs[34]. Inutile que nous nous attardions là-dessus. Toutefois, vu que le modèle rhétorique n'échappe pas à des abus, que soient énoncées ici les conditions pour un bon emploi de ce modèle dans notre étude.

Selon l'approche que nous soutenons, le regard de l'exégète doit être plus porté sur la situation rhétorique du problème discuté que sur la situation historique de la communauté. En effet, il nous semble que seule la situation rhétorique est en mesure de nous dire ce qu'a été l'auditoire précis auquel Paul s'adressait. Car, une même situation historique peut engendrer plusieurs discours, c'est-à-dire plusieurs manières d'aborder le problème, de poser les questions qui y sont relatives, et donc plusieurs possibilités de réponses. L'orateur propose ainsi une réponse en fonction de l'auditoire qu'il a devant lui et surtout de l'idée principale qu'il veut soutenir. En rhétorique classique une telle idée s'appelle *propositio*. J.-N. Aletti a raison d'insister pour dire que dans l'analyse d'une argumentation, le premier pas à poser est celui de repérer la (les) *propositio(nes)* de l'orateur ou de l'écrivain[35].

---

[34] Cf. parmi tant d'autres, R. SCROGGS, «Paul as Rhetorician», 271-298; S. K. STOWERS, *The Diatribe and Paul's Letter to the Romans* (SBLDS 57; Chico CA, 1981); G.A. KENNEDY, *New Testament Interpretation through Rhetorical Criticism* (Chapel Hill - London, 1984); H.D. BETZ, «The Problem of Rhetoric and Theology according to the Apostle Paul» in *L'Apôtre Paul*, 16-48; W. WUELLNER, «Greek Rhetoric and Pauline Argumentation» in *Early Christian Literature and the Classical Intellectual Tradition* in Honorem Robert M. Grant (éds. W.R. SCHOEDEL - R. L. WILKEN) (Théologie Historique 54; Paris, 1979) 177-188; IDEM, «Paul as Pastor. The Function of Rhetorical Questions in First Corinthians» in *L'Apôtre Paul*, 49-77; B. STANDAERT, «La rhétorique ancienne dans saint Paul» in *L'Apôtre Paul*, 78-92; F.W. HUGHES, *Early Christian Rhetoric and 2 Thessalonians* (JSNTSS 30; Sheffield, 1989); J.-N. ALETTI, «La présence d'un modèle rhétorique en Romains: Son rôle et son importance» *Bib* 71 (1990) 1-24; IDEM, «La *dispositio* rhétorique dans les épîtres pauliniennes. Propositions de méthode» *NTS* 38 (1992) 390-399; C.J. CLASSEN, «Paulus und die antike Rhetorik» *ZNW* 82 (1991) 1-33; H. PROBST, *Paulus und der Brief. Die Rhetorik des antiken Briefes als Form der paulinischen Korintherkorrespondenz* (1 Kor 8-10) (WUNT 2. Reihe 45; Tübingen, 1991); A. PITTA, *Disposizione e messaggio della Lettera ai Galati. Analisi retorico-letteraria* (AnBib 131; Roma, 1992).

[35] Cf. J.-N. ALETTI, «La présence d'un modèle rhétorique»; IDEM, «La *dispositio* rhétorique».

1.2.2.1. Importance de la *propositio* dans l'argumentation paulinienne

Quels avantages y a-t-il à procéder de cette manière? Et quelle garantie y a-t-il pour affirmer que telle proposition, et non pas telle autre, est la thèse défendue par l'orateur? Ne tombe-t-on pas ici dans une subjectivité? Tant s'en faut!

N'est *propositio* qu'une affirmation que l'orateur commente, démontre immédiatement par une suite d'arguments. Une *propositio* n'annonce pas seulement une thématique et n'exprime pas seulement une thèse voire une idée à laquelle l'écrivain tient beaucoup; elle doit déclencher une argumentation ayant pour fonction de la clarifier. Dès lors, il y a moins de risque de confusion entre une idée que l'orateur avance comme *propositio* avec celle qu'il utilise comme argument. Dans une argumentation donnée, toute idée énoncée par un auteur n'est pas forcément la thèse qu'il veut démontrer.

Il y va de même pour les *propositiones* pauliniennes[36]. S'il y a une idée apparemment apocalyptique, chez Paul, on gagne à voir quel rôle l'Apôtre lui donne. La présente-t-il comme une nouvelle idée qu'il veut démontrer ou s'agit-il d'une affirmation, d'une idée logique d'un *topos* connu, à laquelle il recourt pour soutenir une *propositio* typiquement chrétienne?

1.2.2.2. *Propositio* et ossature des argumentations pauliniennes

En aidant à répondre à la question: "de quoi s'agit-il vraiment?", la recherche des *propositiones* permet de percevoir la *dispositio* que l'orateur a imposée à son argumentation. Sur ce point, cependant, notons qu'il n'y a pas un plan rigide qu'il faille découvrir dans chaque discours. D'ailleurs, les rhéteurs anciens distinguaient entre une *dispositio* d'un discours et celle d'une argumentation[37]. Bien plus, dans l'un et l'autre cas, il y a chaque fois deux sortes de plans: l'un classique, obéissant aux règles de l'art et l'autre adapté

---

[36] Cf. J.-N. ALETTI, «La présence d'un modèle rhétorique», 10. Dans cet ordre d'idées, il n'est pas dit que là où il y a une strucutre littéraire, il y ait fatalement une section rhétorique, ni que le verset par où commence une unité littéraire, avec une thématique singulière, indique aussi le début d'une macro-ou micro-unité rhétorique. C'est pour cela que chez Paul une *propositio* est souvent énigmatique, exigeant une précision progressive. Cette précision peut être faite au moyen d'une *sub-propositio*, c'est-à-dire d'une autre *propositio* qui tout en servant d'argument à la *propositio principalis*, engendre à son tour une unité démonstrative.

[37] Cf. *Rhétorique à Herennius* III,17: "duplex dispositio est: una per orationes, altera per argumentationes, ab institutione artis profecta". La *dispositio* d'un discours se compose des parties suivantes: exorde, narration, division, confirmation, réfutation et conclusion. Celle d'une *argumentation* se répartit en exposition (=*propositio*), preuve, confirmation de la preuve, mise en valeur et conclusion. Cf. aussi *RhétHer* II,28.

aux circonstances, où la *dispositio* est laissée au jugement de l'orateur[38].
Autrement dit, même si dans les manuels de rhétorique il est dit qu'une *dispositio* comprend, en ce qui concerne un discours, quatre parties (exorde,
narration, confirmation et péroraison), il faut avoir présent à l'esprit que les
rhéteurs enseignaient que toute *dispositio* doit chaque fois refléter le talent
propre de l'orateur, en fonction de la question traitée, car il n'est pas dit que
ces parties doivent se succéder telles quelles[39].

De même, dans l'analyse d'une argumentation paulinienne, il faudrait
éviter d'imposer du dehors un schéma bien défini de la rhétorique ancienne.
Il faudrait plutôt respecter la créativité de l'Apôtre dans la mise en jeu d'un
plan qu'il a estimé convenable à sa cause, sous peine de faire un mauvais
usage de ce modèle[40]. Le modèle rhétorique n'est pas en tout cas une clé
passe-partout pour les textes pauliniens. Les écrits pauliniens sont avant tout
des lettres, c'est-à-dire des écrits d'occasion. Il faut donc reconnaître que le
but premier de la correspondance paulinienne est la communication inter-
personnelle entre Paul et les chrétiens des églises qu'il avait fondées ou qu'il

---

[38] "Genera dispositionum sunt duo: unum ab institutione artis profectum, alterum ad casum
temporis adcommodatum./.../ Est autem alia dispositio quae, cum ab ordine artificioso
recedendum est, *oratoris iudicio ad tempus adcommodatur*; ut si ab narratione dicere
incipiamus aut ab aliqua firmissima argumentatione aut litterarum aliquarum recitatione;
aut si secundum principium confirmatione utamur, deinde narratione; aut si quam
eiusmodi permutationem ordinis faciemus; *quorum nihil, nisi causa postulat, fieri
opportebit*", *RhétHer* III, 16.17. (Nous soulignons). Cf. aussi *RhétHer* II,30.

[39] Cf. CICERON, *Partitiones oratoriae* §§3-4. Quintilien insiste beaucoup sur cette flexibilité
de la *dispositio*. Ainsi, chaque fois qu'il parle de l'exorde, de la narration, de la
digression, de la proposition, et d'autres éléments faisant partie d'une *dispositio*
rhétorique, il discute de la nécessité ou de l'indispensabilité de chacun d'eux, de
l'importance ou de la place que chacun doit occuper dans le discours. Cf. QUINTILIEN,
Institution oratoire IV.

[40] Ainsi, les études de H.D. Betz, R. Jewett, B.C. Johanson et Ch.A. Wanamaker ont certes
du mérite pour avoir montré comment le recours à ce modèle est aussi d'une importance
capitale dans l'interprétation des textes pauliniens. Cf. H.D. BETZ, *Galatians*. A
Commentary on Paul's Letter to the Churches of Galatia (Hermenia, Philadelphia, 1979,
²1984); R. JEWETT, *The Thessalonian Correspondence*. Pauline Rhetorical and Millenarian
Piety (Philadelphia, 1987) 61-87; B.C. JOHANSON, *To All the Brethren*. A Text-Linguistic
and Rhetorical Approach to I Thessalonians (Stockholm, 1987); Ch.A. WANAMAKER, *The
Epistles to the Thessalonians*. A Commentary on the Greek Text (NIGTC 13; Grand
Rapids, MI, 1990) 45-52. Mais, on reproche à ces auteurs de n'avoir pas apparemment
pris en considération la flexibilité de l'Apôtre. A. VANHOYE, «La composition littéraire
de 1 Thessaloniciens» in R.F. COLLINS (éd.), *The Thessalonian Correspondence*, 73-86,
particulièrement la note 15, pense même qu'ils seraient plus respectueux des manuels de
la rhétorique ancienne que des données des textes pauliniens. Cf. aussi C.J. CLASSEN,
«Paulus», 13-15.29-33; A. PITTA, *Disposizione*, 33-41; la recension du livre de
Wanamaker par J.-N. ALETTI, «Bulletin paulinien» *RSR* 81 (1993) 279; J. MURPHY
O'CONNOR, *Paul et l'art épistolaire*. Contexte et structure littéraires (tr. fr.; Paris, 1994)
120-129.

voulait visiter[41]. Cependant, on ne peut pas nier qu'il y ait au sein de ces compositions épistolaires de grandes unités littéraires qui constituent de vraies argumentations de type rhétorique. H. Probst a montré comment, dans l'antiquité, il était aussi recommandé de donner quelque forme d'argumentation rhétorique à des lettres, même privées. Il fallait seulement éviter d'appliquer de façon servile ou rigide le plan d'un discours politique dans une lettre[42].

Par ailleurs, un bon usage du modèle rhétorique ancien permet de découvrir les types d'arguments auxquels un orateur recourt pour soutenir sa thèse principale et *ipso facto* de découvrir la fonction que joue chaque partie de l'argumentation dans son ensemble. On sait que chaque orateur trouve ses arguments dans un *topos* (ou plusieurs *topoi*)[43], mais qu'il peut aussi les "inventer" pour la cause[44]. Ce qu'il puise dans un *topos*, ce sont les idées communément admises par tous[45]. Il s'y appuie pour argumenter l'exposition de sa *propositio*, parce que sa cause a besoin, pour être bien démontrée, de quelque chose d'indémontrable, de vrai ou de vraisemblable; bref, de quelque chose qui rende plausible ce qui est discuté.

De cette manière, si quelqu'un tire une idée d'un *topos* et s'en sert comme d'un argument explicatif de sa thèse principale, cela signifie qu'il partage au moins la "vérité" de l'idée-argument en question. C'est à lui qu'il revient, le cas échéant, de clarifier cette idée pour un auditoire qui ne la connaît pas

---

[41] Cf. H. PROBST, *Paulus und der Brief*, 55-56.

[42] Cf. H. PROBST, *Paulus und der Brief*, 99-101. A la page 99, il écrit: "Es ist im Brief also durchaus gedankliche Kohärenz und Wille zur Form erwünscht, *nicht jedoch ein starres Festhalten an einer Rhetorik*, die für fast jeden Vorfall des Lebens je nach Interessenslage eigene argumentatorische Muster bereit hatte". Nous soulignons.

[43] Sur la compréhension du terme *topos* et son rôle, cf. ARISTOTE, *Rhétorique* 1359 a 5-26; CICERON, *De oratore II*, §§ 114-152; 162-178; IDEM, *De inventione I*, §§ 34-49; IDEM, *Partitiones oratoriae*, §§5-8; IDEM, *Topica*, §§6-24; QUINTILIEN, *Institution oratoire* V,10,20-125. Cf. aussi H. LAUSBERG, *Handbuch der literarischen Rhetorik*. Eine Grundlegung der Literaturwissenschaft (München, 1960) 201-220 = §§ 373-399; IDEM, *Elementi di retorica* (tr.it. Bologna, 1969) 59; R. BARTHES, *La retorica antica* (tr.it; Portico; Milano, ⁴1988) 74-75.82; O. DUCROT - T. TODOROV, *Dictionnaire encyclopédique des sciences du langage* (Points 110; Paris, 1972) 284; A. MARCHESE, *Dizionario di retorica e di stilistica*. Arte, artificio nell'uso delle parole. Retorica, stilistica, metrica, teoria della letteratura (Milano, 1978, ⁶1987) 325.

[44] Cf. à ce propos, ARISTOTE, *Rhétorique* 1355 b 35; IDEM, *Topiques*, 104 b 19-34; CICERON, *De oratore II*, 116-120; QUINTILIEN, *Institution oratoire V*, 1,1.

[45] Voilà comment Aristote commence son traité sur les topiques: "Le présent traité se propose de trouver une méthode qui nous rendra capables de raisonner déductivement en prenant appui sur *des idées admises*, sur tous les sujets qui peuvent se présenter /.../", ARISTOTE, *Topiques*, 100 a 18-220. (Nous soulignons). Un peu plus loin il précise ce qu'il entend par "idées admises", à savoir "les opinions partagées par tous les hommes, ou par presque tous, ou par ceux qui représentent l'opinion éclairée, et pour ces derniers par tous, ou par presque tous, ou par les plus connus et les mieux admis comme autorités", 100 b 21-23. Cf. aussi QUINTILIEN, *Institution oratoire*, V,10,11-12.

encore. Il peut aussi la préciser pour un auditoire qui, la connaissant déjà et acceptant la "vérité" qu'elle exprime, ne sait pas faire le lien logique entre cette idée-argument et l'affirmation principale que l'orateur cherche à appuyer[46].

1.2.2.3. *Propositio* paulinienne et position des adversaires

Ceci étant admis, le rôle éminent que bien des chercheurs attribuent aux adversaires de Paul devient secondaire. Ceux qui se livrent à la recherche des opposants de l'Apôtre prétendent que la tâche exégétique consiste à déterminer avant tout le groupe des adversaires auxquels Paul se serait opposé. L'identification d'un tel groupe et la connaissance de ses objections et de son langage sont estimées comme l'atout principal pour comprendre l'emploi que Paul fait des mots dans telle ou telle de ses lettres[47].

Or tout ce que nous savons sur les adversaires de l'Apôtre vient de Paul lui-même[48]. Quand il renvoie à ses adversaires, ce n'est pas tellement pour exposer leurs idées, mais pour argumenter, pour défendre son ministère, son apostolat, sa vocation. Par ailleurs, Paul était capable de se créer des opposants fictifs. Le genre diatribique le lui permettait[49]. Pourquoi alors accorder à ses adversaires une place prépondérante? Certes, il est intéressant de connaître la personne à qui un orateur fait allusion. Mais ce qui est important dans l'analyse d'un discours, n'est-ce pas d'abord de savoir ce que l'orateur lui-même soutient?[50]

---

[46] "Il ne faut pas croire, en effet, que tout ce qui se présente comme une idée admise en soit véritablement une; car les expressions d'idées admises ne manifestent jamais, à toute première vue, leur véritables caractères", ARISTOTE, *Topiques*, 100 b 26-28.

[47] Cf. D. GEORGI, *Die Gegner des Paulus im 2. Korintherbrief.* Studien zur religiösen Propaganda in Spätantike (WMANT 11; Neukirchen - Vluyn, 1964); C.K. BARRETT, «Paul's Opponents in II Corinthians» *NTS* 17 (1971) 233-254; M. THRALL, «Superapostles, Servants of Christ and Servants of Satan» *JSNT* 6 (1980) 42-57; J. MURPHY O'CONNOR, «'Being at Home in the Body We Are in Exile from the Lord' (2 Cor. 5:6b)» *RB* 93 (1986) 214-221, surtout 218-221; J. MURPHY O'CONNOR, «Pneumatikoi in 2 Corinthians» *PIBA* 11 (1987) 59-66; T.F. GLASSON, «2 Corinthians», 145-155; G. BAUMBACH, «Die von Paulus im Philipperbrief bekämpften Irrlehrer» in *Gnosis und Neues Testament.* Studien aus Religionswissenschaft und Theologie (éd. K.-W. TRÖGER) (Berlin, 1973) 293-310; N. WALTER, «Paulus und die Gegner des Christusevangeliums in Galatien» in *L'Apôtre Paul.* Personnalité, style et conception de ministère (éd. A. VANHOYE) (BETL 73; Leuven, 1986) 351-356.

[48] Cf. aussi M. CARREZ, *La deuxième épître de Saint Paul aux Corinthiens* (CNT 8b; Genève, 1986) 30-33; J.-F. COLLANGE, *Enigmes de la deuxième épître de Paul aux Corinthiens.* Etude exégétique de 2 Cor 2:14-7:4 (Cambridge, 1972) 15-20.

[49] Cf. M. CARREZ, *La deuxième aux Corinthiens*, 30.

[50] Au bout de son analyse de 2 Co 3, A.T. HANSON, «The Midrash in II Corinthians 3: A Reconsideration» *JSNT* 9 (1980) 23, conclut: "It seems to me to be more satisfactory to

Est-ce à dire que l'orateur en question ne puisse réfuter les idées contraires à sa position ou corriger certaines d'entre elles? Certes, non! Nous affirmons simplement que l'identification des adversaires ne trouve sa juste place qu'après la détermination de la position défendue par l'orateur. Procéder autrement a souvent pour conséquence d'imposer à des textes pauliniens des catégories étrangères pour y découvrir la logique dictée par les affirmations des adversaires postulés d'avance[51].

Nous allons donc aborder les argumentations pauliniennes que nous voulons analyser d'une autre façon: en partant du texte et en en respectant la nature; en découvrant comment celui-ci s'explique progressivement et se comprend par son unité et sa cohérence internes. Il nous semble que ce soit là un chemin des plus sûrs pour nous rendre compte si les *thèses* que Paul affirme et soutient relève de l'*eschatologie apocalyptique*, de l'*eschatologie hellénistique* ou de l'*eschatologie* typiquement *paulinienne*. Quoi qu'il en soit, la pertinence de cette méthodologie est à juger à ses résultats, au bout de l'analyse.

---

interpret Paul primarily on the basis of what he says himself rather than attempting to start from what we think we can reconstruct of what his opponents were saying". Cf. aussi K. BERGER, «Die Impliziten Gegner. Zur Methode des Erschließens von 'Gegnern' in neutestamentlichen Texten» in *Kirche*. Fs für Günther Bornkamm zum 75. Geburtstag (éds. D. LÜHRMANN - G. STRECKER) (Tübingen, 1980) 373-400.

[51] Même W. SCHMITHALS, *Neues Testament und Gnosis* (Darmstadt, 1984) 23-48 montre bien combien l'identification des adversaires de Paul est difficile. Pour preuve, les diverses hypothèses à travers l'histoire de l'exégèse qu'il expose dans son livre. Néanmoins, il ne se décourage pas; car, pour lui, même si on peut croire à divers adversaires selon le contenu de chaque lettre, Paul n'a en réalité dû affronter que des "gnostiques". H.H. SCHADE, *Apokalyptische Christologie*, 191, indique aussi combien il est difficile d'identifier les adversaires que Paul affronte en 1 Co 15. Mais malgré tout, il indique aussi qu'il faut absolument tenter quelque hypothèse: autrement, on ne comprendra pas certaines affirmations pauliniennes. Cf. aussi F. ALTERMATH, *Du corps psychique au corps spirituel*. Interprétation de 1 Cor 15, 35-49 par les auteurs chrétiens des quatre premiers siècles (Tübingen, 1977) 2.

CHAPITRE II

Le problème principal de Paul dans l'argumentation de 1 Co 15,35-49: l'existence d'un corps «autre» pour la résurrection

Nous avons dit, plus haut, pourquoi nous avons choisi de commencer l'étude de 1 Co 15 par le v.35. Il est vrai que quand Käsemann et ses partisans recourrent à 1 Co 15 pour appuyer leur thèse, ils privilégient les vv.20-28. Mais est-il juste de tirer déjà des conclusions sur ce qu'était la position de Paul dans l'argumentation de 1 Co 15 en se basant seulement sur ces versets, avant d'avoir suivi son raisonnement jusqu'au bout?

Par ailleurs, K. Müller affirmait avec raison, en 1983, que la péricope 1 Co 15,35-58 n'est pas souvent étudiée ni approfondie par les exégètes et que ce comportement a une incidence négative dans la compréhension de 1 Co 15. Après s'être longtemps attardés sur la partie qui précède (15,12-34), s'exprime cet auteur, la plupart des chercheurs sont fatigués quand ils abordent 15,35-58. Alors, ils se pressent et se limitent surtout à relever le lien qui unit les deux unités[1]. Du reste, Sellin louait Schottroff, pour avoir, la première, mis en relief que la solution du problème de savoir qui étaient les τινες qui, selon le v.12, niaient la résurrection des morts est à déceler à

---

[1] Cf. K. MÜLLER, «Die Leiblichkeit des Heils. 1Kor 15,35-58» in *Résurrection du Christ et des Chrétiens (1 Co 15)* (éd. L. DE LORENZI) (Rome, 1985) 172-173. Cf. aussi J. BECKER, *Auferstehung der Toten im Urchristentum* (SBS 82; Stuttgart, 1976) 88. Nous signalons toutefois que la micro-unité 15,50-53 ne manque pas de captiver l'attention de certains d'entre eux. Et il s'agit surtout de ceux-là qui se passionnent de l'évolution de la pensée et du langage apocalyptiques dans le corpus paulinien. Citons, parmi tant d'autres, T.F. GLASSON, *Influence in Jewish Eschatology*; L. GOPPELT, «Apokalyptik und Typologie bei Paulus» *TLZ* 89 (1964) 321-344; G. KLEIN, «Naherwartung bei Paulus» in *Neues Testament und christliche Existenz*. Fs H. Braun (éds. H.D. BETZ - L. SCHOTT-ROFF) Tübingen, 1973) 241-262; IDEM, «Eschatologie: Neues Testament» *TRE* 10 (1982) 270-299; J. BECKER, «Erwägungen zur apokalyptischen Tradition», 593-609; P. BENOIT, «Résurrection à la fin des temps ou dès la mort?» *Concilium* (décembre 1970) 91-100; IDEM, «L'évolution du langage», 299-335; H.H. SCHADE, *Apokalyptische Christologie*; V.P. BRANICK, «Apocalyptic Paul?» *CBQ* 47 (1985) 664-675. Mais, même dans ce cas, est-il juste d'étudier ces derniers versets en les isolant de leur contexte, tout simplement parce que Paul y exprime sa pensée en un langage clairement apocalyptique? Notre question principale demeure: quel est le poids de ce langage dans cette argumentation?

partir des vv.35-58 et non pas à partir de 1-34[2]. Chercher à découvrir de quoi il est question en 1 Co 15,35-58 a donc une incidence décisive sur la compréhension de toute l'argumentation de 1 Co 15.

Or, des études faites jusqu'à ce jour sur 1 Co 15, 35-58, on remarque que la controverse se polarise autour de certaines interrogations. Est-il vraiment question dans ces versets-ci de la discontinuité ou de la continuité entre le corps des ressuscités et celui qu'ils avaient avant la mort? Paul y combat-il réellement une position de ses adversaires? et si oui, quels sont-ils et quelle était leur doctrine? Et où se situe concrètement la pointe du discours en cette péricope? La discussion entre chercheurs se situe aussi au niveau du développement de la pensée. En combien de micro-unités peut-on diviser cette section littéraire et quelles sont leurs extensions respectives?

Après un survol rapide de ce qui a déjà été dit sur ces versets, nous proposons une exégèse différente de la péricope qui nous permettra de rendre compte de l'argumentation de Paul, c'est-à-dire son propos et la façon dont il développe celui-ci.

2.1. Survol de quelques opinions

En ces dernières décennies, l'étude de 1 Co 15,35-58 a été surtout menée avec l'aide de la "*religionsgeschichtliche Untersuchung*". Nous avons dit que selon cette méthode, l'intérêt principal est mis sur la découverte des conceptions religieuses de l'époque de Paul qui peuvent aider à saisir la singularité de la position de ce dernier[3]. Généralement, le christianisme primitif est considéré alors comme un phénomène religieux qui a dû, pour affirmer son identité, se distinguer des autres mouvements religieux ou philosophiques de son temps. Un tel processus s'exprime soit en termes de collision soit en ceux de collusion. C'est ainsi que les chercheurs peuvent étudier l'influence de tel ou tel mouvement de pensée sur l'élaboration de telle ou telle doctrine chrétienne. En ce qui concerne les recherches sur l'Apôtre Paul, cette étude comparative attache ainsi beaucoup d'importance à l'identification des adversaires auxquels Paul s'opposait[4]. En effet, pour les représentants de ce modèle d'analyse, étudier 1 Co 15 veut dire qu'il faut, en partant de l'enquête du vocabulaire, essayer de repérer les schémas de pensée des Corinthiens et en

---

[2] Cf. G. SELLIN, *Der Streit um die Auferstehung*, 34. D'autres auteurs aussi soulignent cette importance des vv.35-58 dans la compréhension de 1 Co 15. Pour G.D. FEE, *The First Epistle*, 778, cette section est capitale pour saisir la problématique de la lettre entière, où Paul discute avec les *pneumatiques* de la communauté de Corinthe.

[3] Cf. supra, paragraphe 1.2.1.

[4] Cf. supra, paragraphe 1.2.2.3.

particulier identifier les τινες dont il est question au v.12. C'est ainsi que bien des théories ont vu le jour[5].

Nous classifions en trois groupes ces opinions selon que les adversaires de Paul ont été présentés comme 1° ceux qui *niaient l'existence de la vie après la mort*; ou 2° ceux qui soutenaient l'*eschatologie déjà réalisée dans le baptême*; ou 3° ceux qui affirmaient qu'*il n'y a que l'immortalité de l'âme*[6]. Ce dernier groupe se divise en deux orientations principales. Les uns, comme W. Schmithals, soutiennent que ces gens étaient des gnostiques[7]. Les autres, tel Sellin, estiment, en revanche, que ceux avec qui Paul polémiquait soutenaient plutôt le *"dualisme d'une existence spirituelle et terrestre"*, évident par exemple chez un Philon d'Alexandrie[8].

2.1.1. Combat contre l'épicurisme?

Ceux qui soutiennent que les adversaires de Paul *niaient toute vie après la mort*, partent des vv.13-19.30-34. Les adversaires que Paul combat devaient, selon ces exégètes, affirmer que tout prenait fin avec la mort, que tout a un sens seulement quand on vit encore en ce monde. Aussi les identifie-t-on avec des épicuriens ou des nihilistes de l'époque. Parmi les représentants de cette théorie, il faut indiquer H. Lietzmann, A. Schweitzer, S. Heine et A.T. Lincoln. Pour ces exégètes, les Corinthiens auxquels Paul s'en prend croyaient que seuls ceux qui feront l'expérience de la parousie seraient sauvés. Du reste, cette croyance était, d'après eux, partagée par les Thessaloniciens de la même époque (1 Th 4,13-18)[9].

---

[5] Un bref survol des solutions déjà proposées est fourni par B. SPÖRLEIN, *Die Leugnung der Auferstehung*: eine historisch-kritische Untersuchung zu 1 Kor 15 (BU 7; Regensburg, 1971) 1-19; A.J.M. WEDDERBURN, «The Problem of the Denial of the Resurrection in I Corinthians XV» *NT* 23 (1981) 229-232; G. SELLIN, *Der Streit um die Auferstehung*, 17-37; M. TEANI, *Corporeità e risurrezione*. L'interpretazione di 1 Corinti 15,35-49 nel Novecento (Aloisiana 24; Roma - Brescia, 1994).

[6] A côté de ces trois groupes, G. SELLIN, *Der Streit um die Auferstehung*, 18-20, indique aussi les exégètes qui ont soutenu que *Paul avait mal compris ses adversaires*. Parmi ces exégètes, nous signalons, de récente date, J.H. ULRICHSEN, «Die Auferstehungsleugner», 781-799. Pour Ulrichsen, alors qu'en 1 Co 15 Paul condamne ses opposants à tort - pour les avoir mal compris -, en 2 Co 5,1-10, il devient d'accord avec eux, car il a fini par les comprendre. Nous renvoyons à l'étude de Sellin pour une discussion plus approfondie sur le sujet.

[7] Cf. W. SCHMITHALS, *Die Gnosis in Korinth* (Darmstadt, 1956); IDEM, *Neues Testament*.

[8] Cf. G. SELLIN, *Der Streit um die Auferstehung*, 212 où il parle du "Dualismus von pneumatischer und irdischer Existenz".

[9] Cf. H. LIETZMANN, *An die Korinther I/II* (HNT 9; Tübingen, ⁵1969) 79; A. SCHWEITZER, *La mystique de l'apôtre Paul*, 85; S. HEINE, *Leibhafter Glaube*, 191-194; A.T. LINCOLN, *Paradise Now and Not Yet*. Studies in the Role of the Heavenly Discussion in Paul's Thought with Special Reference to His Eschatology (SNTSMS 43; Cambridge,

Seulement, une telle lecture ne rend pas justice aux versets 19 et 32. Paul n'indique pas ici un nihilisme environnant, encore moins la pensée des Corinthiens; mais c'est lui qui, argumentant, tire les conséquences désatreuses d'une négation de la résurrection des morts. En effet, exception faite des versets 12 et 29, Paul n'expose pas en 1 Co 15 une pensée (vraie ou supposée) des Corinthiens. De même en lisant 1 Co 15, on voit que la préoccupation des Corinthiens n'est pas la parousie. C'est Paul qui en parle aux vv. 23-24.52-54, pour indiquer le moment de la résurrection des morts que certains nient à Corinthe. D'autre part, le v.29 atteste que les Corinthiens croyaient au salut des morts, que celui-ci n'était pas réservé seulement à ceux qui arriveraient vivants à la parousie.

Quant à la communauté de Thessalonique, si on se limite seulement à 1 Th 4,13-18, il est évident que les chrétiens ne connaissaient pas encore le concept de la résurrection des fidèles morts. C'est pour cela que Paul parle de celle-ci comme du moyen par lequel ceux qui sont déjà morts dans le Christ prendront part à sa parousie. Devant ainsi ressusciter, les morts en Christ ne seront pas en désavantage par rapport à ceux qui seront vivants à cette échéance-là. Tel est le sens de l'argumentation paulinienne en 1 Th 4, devant une communauté qui n'était pas encore au courant de cette vérité[10].

A Corinthe, par contre, l'idée de résurrection des morts devait être déjà connue au moment où il écrit 1 Co 15. Car, si elle ne l'était pas, certains membres de cette communauté ne la remettraient pas en question. C'est aussi pour cela que s'étonnant de cette négation, Paul en démontre les conséquences inévitables et malheureuses. Pour lui, pareille négation prive la résurrection du Christ, à laquelle tous croient (v.11) de son principe même de base. D'où toutes les autres conséquences négatives que Paul énumère aux

---

1981) 35-37. Bien que partageant ce point de vue, B. Spörlein, *Die Leugnung der Auferstehung*, 190-198, affirme que les adversaires de Paul n'étaient pas des épicuriens.

[10] B. Rigaux, *Saint Paul. Les lettres aux Thessaloniciens* (EBib; Paris - Gembloux, 1956) 526-528, croyait que Paul avait déjà enseigné la vérité de la résurrection des morts en Christ aux Thessaloniciens. A notre avis, en utilisant la formule οὐ θέλομεν ὑμᾶς ἀγνοεῖν en 1 Th 4,13, Paul manifeste qu'il fournit une nouvelle information, en vue, non point de combattre une erreur, mais de dissiper l'inquiétude qui ronge la communauté (cf. vv.13.18). Grâce à la résurrection, les morts participeront, au même titre et au même moment que les vivants, à la Parousie du Seigneur (1 Th 4,15-17). Dans 1 Co 15,1, au contraire, l'Apôtre emploie la formule γνωρίζω ... τὸ εὐαγγέλιον ὃ εὐηγγελισάμην ὑμῖν, κτλ. pour insister sur ce qu'il avait déjà enseigné et indiquer quelques conséquences fâcheuses qui découleraient de la négation de la résurrection des morts.

En ce qui concerne 1 Th 4,13-18, nous devons toutefois préciser - contre J. Becker, *Auferstehung der Toten*, 46.150-151 et H.H. Schade, *Apokalyptische Christologie*, 162-164 - qu'on ne peut pas déduire, du fait que Paul aborde le problème de la résurrection des morts en ce moment, que lui-même ne s'était pas encore posé le problème. 1 Th 4,13-18 indique seulement que ce sont les Thessaloniciens qui sont bouleversés et non pas Paul; ce sont eux qui soulèvent le problème et Paul leur répond en leur communiquant ce qu'il sait déjà.

vv. 13-19.29-32. Ce que Paul fait en 1 Co 15, c'est donc un travail de précision d'une vérité qu'il devait déjà avoir annoncée. Dans ce cadre de précision figure le concept de transformation que Paul, au v.51, dit être le contenu du mystère qu'il révèle. Ainsi, alors que le concept de résurrection devait déjà être connu à Corinthe, sa négation par certains membres de cette communauté permet à Paul de le préciser par l'idée de la transformation.

2.1.2. Combat contre l'eschatologie réalisée?

Faut-il admettre qu'à Corinthe les adversaires *niaient seulement la résurrection future*, alors qu'ils partageaient l'idée qu'*un chrétien est déjà "ressuscité" pendant sa vie, de par le baptême*? Cette théorie est avancée par ceux qui croient que Paul était apocalypticien et qu'il combattait les enthousiastes hellénistes. Käsemann et Beker en sont - nous l'avons dit - les représentants les plus irréductibles. Pour eux, c'est parce que la communauté de Corinthe était par trop hellénisée que Paul réagit durement contre ses membres. Non seulement il reproposa la vision apocalyptique de l'Évangile, mais il imposa cette manière de voir comme l'unique qui soit conforme à l'authenticité de l'Évangile. De la sorte, Paul voulait montrer que sans le monde apocalyptique on ne comprend rien à la résurrection du Christ et à celle des chrétiens. D'où, pour Beker, l'apocalyptique est l'unique structure symbolique grâce à laquelle toute la pensée paulinienne - l'eschatologie n'étant qu'une manifestation superficielle parmi tant d'autres - devient compréhensible[11].

L'analyse que nous allons à présent faire nous permettra de voir combien cette position est non seulement exagérée, mais tend à la falsification de la pensée paulinienne. Certes, pour soutenir leur théorie, ces auteurs indiquent d'autres textes du Nouveau Testament où transparaît une conception d'une résurrection déjà réalisée dans le baptême (Col 2,9-13; 2 Tm 2,18; Ep 2,1-10; Jn 3.6), mais ceux qui niaient la résurrection à Corinthe étaient-ils vraiment des enthousiastes, comme Hyménée et Philète dont parle 2 Tm 2,18? Ou étaient-ils des gnostiques? Qui pourrait l'affirmer avec certitude, quand Paul lui-même ne le dit pas explicitement?

Ce qui est certain c'est que dans des textes gnostiques, une évolution du concept d'ἀνάστασις est remarquable, car la foi en la résurrection corporelle à la fin des temps est abandonnée au profit de la foi en la résurrection spirituelle déjà réalisée dans le baptême[12]. Or, il est aujourd'hui acquis que

---

[11] Cf. supra, paragraphe 1.1.1.

[12] Cf. G. SELLIN, «'Die Auferstehung ist schon geschehen'. Zur Spiritualisierung apokalyptischer Terminologie im Neuen Testament» *NT* 25 (1983) 223. Cf. aussi P. BENOIT, «L'évolution du langage», 330.

de telles idées sont plus tardives que Paul, dans la mesure où Col, Ep, et surtout 2 Tm et Jn sont généralement considérés comme postpauliniens[13].

Contre ce dernier argument que nous avançons, les exégètes qui soutiennent que Paul luttait contre l'eschatologie réalisée proposent de faire une distinction entre les idées et les textes qui les véhiculent. Pour eux, le fait que 2 Tm et Jn par exemple soient postpauliniens ne signifie pas que l'idée d'une résurrection déjà réalisée ne soit pas contemporaine de Paul. Ainsi, se basant sur cette distinction J. Becker abonde - du moins sur ce point - dans le même sens que Käsemann. Cet accord de vues se justifie par le fait que Becker soutient aussi, comme son maître Bultmann, que Paul fut apocalypticien tout au début de sa vie de disciple du Christ. C'est ainsi qu'il argue que l'idée d'une résurrection déjà réalisée au baptême a dû exister même avant Paul[14]. Ainsi, selon lui, les adversaires de l'Apôtre, comme dans les religions à mystère, soutenaient la résurrection déjà accomplie des vivants: "les chrétiens sont déjà avec le Christ". Inutile donc, pour eux, de parler de résurrection future après la mort. Pour preuve, Becker avance que le v.12 ne dit pas que les τινες niaient la *résurrection*, mais la résurrection *des morts*. Du reste, continue-t-il, en 1 Co 4,8, Paul indique aussi qu'il y avait à Corinthe la conscience d'un salut au présent[15].

A notre avis, ce texte de 1 Co 4,8 n'exclut pas le salut après la mort, et, surtout, ne traite pas d'une *résurrection* déjà réalisée[16]. Or c'est la résurrection des morts qui est tout simplement niée en 15,12. En plus, la distinction faite, en 15,50-53, entre les morts et les vivants et l'emploi, en 15,52, des termes ἐγερθήσονται ἄφθαρτοι pour indiquer la transformation future des morts, montrent que pour Paul, le mot *résurrection* dans 1 Co 15 ne sous-entend que celle *des morts*. L'analyse du v.36 nous éclairera là-

---

[13] Sans doute, le débat sur la chronologie et l'authenticité des écrits pauliniens - particulièrement Ep, Col et les Pastorales - n'est pas encore clos. Cf. par exemple, K.J. NEUMANN, *The Authenticity of the Pauline Epistles in the Light of Stylostatistical Analysis* (SBLDS 120; Atlanta, 1990) et J. MURPHY O'CONNOR, «2 Timothy Contrasted with 1 Timothy and Titus» RB 98 (1991) 403-418. Ce dernier retient que 2 Tm est une lettre authentique paulinienne, car une étude objective de cette épître est, selon lui, falsifiée d'avance par le fait qu'elle est classée parmi les "Pastorales". Cf. IDEM, *Paul et l'art épistolaire*. Contexte et structure littéraires (tr. fr.; Paris, 1994) 78. Mais il reste que même si l'on considérait Col et Ep comme pauliniens, ces deux écrits contiennent des divergences par rapport aux Homologoumena, divergences qui nécessitent une explication plausible. Les limites de ce travail ne nous autorisent pas à débattre de ce problème ici. Cf. à ce propos, J.-N. ALETTI, *Saint Paul. Epître aux Colossiens*. Introduction, traduction et commentaire (EBib NS 20; Paris, 1993) 22-31.

[14] Cf. J. BECKER, *Auferstehung der Toten*, 58-65.

[15] Cf. J. BECKER, *Auferstehung der Toten*, 69-79. Cf. aussi G.D. FEE, *First Corinthians*, 776-778; L. SCHOTTROFF, *Der Glaubende*, 156.

[16] Cf. aussi D.J. DOUGHTY, «Presence and Future Salvation in Corinth» *ZNW* 66 (1975) 62-68.

dessus. Sans nul doute, contrairement à ce que l'on perçoit dans Col 2,9-13; 3,1-4; Ep 2,5-10; 2 Tm 2,18 et Jn 3,36; 6,47, la résurrection n'était pas encore spiritualisée à Corinthe[17].

Par ailleurs, les vv.13-19 ne parlent pas du manque d'espérance des enthousiastes. Paul, en ces versets, comme aux vv.29-32, montre les conséquences fâcheuses de la négation de la résurrection des morts qui entraîne, entre autres, celle de la résurrection même du Christ. Ainsi, les opposants de Paul ne pouvaient pas soutenir qu'il y a résurrection déjà réalisée des chrétiens, car une telle position n'impliquerait pas la négation de la résurrection même du Christ, contrairement à ce que Paul dit en 1 Co 15,12-19.

2.1.3. Combat contre l'anthropologie dualiste?

Il en est qui pensent que les contradicteurs niaient toute résurrection des morts, *à cause de l'idée qu'ils se faisaient du corps.* Dans ce courant, les exégètes partent du dualisme anthropologique que l'on trouve aux vv.42-50 pour en découvrir l'origine.

Selon une version, ce dualisme s'explique mieux grâce à l'influence gnostique. Le plus grand partisan d'une telle théorie est W. Schmithals[18]. Mais Schottroff l'a aussi défendue en partant de l'étude des textes de Nag-Hammadi[19]. Certes, ce dernier auteur commence par affirmer qu'il est

---

[17] Cf. aussi G. SELLIN, *Der Streit um die Auferstehung*, 27. Comme nous, P. HOFFMANN, *Die Toten in Christus*. Eine religionsgeschichtliche und exegetische Untersuchung zur paulinischen Eschatologie (Münster, 1978) 224 et H.H. SCHADE, *Apokalyptische Christologie*, 299 note 563, rejettent également cette théorie. Cependant, il nous semble qu'il ne faut pas aller vite en besogne pour dire qu'il est question en Col et Ep d'une résurrection spirituelle déjà réalisée. Le fait de ne pas considérer Col et Ep comme écrits pauliniens authentiques ne suffit pas à notre avis pour conclure à une évolution au sujet de la résurrection. Comme le montre avec raison G.F. WESSELS, «The Eschatology of Colossians and Ephesians» *Neot* 21 (1987) 186-199, ces textes maintiennent encore la perspective de la résurrection totale future, quand d'une part ils montrent que dans le Christ le chrétien est déjà une réalité nouvelle, et de l'autre que la manifestation totale d'un tel être se fera à la parousie du Seigneur, grâce au rachat du corps mortel. L'analyse de 2 Co 4,17-5,10 et Rm 8,18-30 nous conduira à la conclusion que telle fut l'idée qu'avait Paul de la résurrection des chrétiens. Cf. aussi J.-N. ALETTI, *Saint Paul. Épître aux Colossiens*, 217-222.

[18] Cf. W. SCHMITHALS, *Neues Testament*, 28.

[19] Cf. L. SCHOTTROFF, *Der Glaubende*, 154-169. Voici sa conclusion: "Mit Sicherheit kann man über die korinthische Theologie also nur folgendes sagen: es handelt sich um einen Dualismus, der sich die jüdisch-christliche Apokalyptik nicht adaptiert, sondern sie ablehnt. Man wird diesen Dualismus also kaum jüdisch nennen können. Kann man ihn gnostich nennen? - oder wendet sich Paulus gegen eine nicht-gnostische Spielart dualistischen Denkens? Auf einen Dualismus, für den der Leib und der Bereich der

difficile de définir le terme gnostique et surtout d'en indiquer l'influence sur le Nouveau Testament[20], mais il faut lui reprocher de n'avoir pas vu qu'en 1 Co, il ne s'agit pas de gnosticisme. D'abord, parce que le gnosticisme, tel qu'il apparaît à partir des textes de Nag-Hammadi, semble un courant assez tardif par rapport à Paul[21]. Avec Sellin nous croyons qu'à l'époque de l'Apôtre, il conviendrait de parler de prégnosticisme[22]. Ensuite, il est difficile d'attribuer une origine gnostique à tout ce que Paul reproche aux Corinthiens dans les chapitres qui précèdent 1 Co 15: l'ascèse, le dédain de la nature et de ce qui est psychique, l'enthousiasme, le libertinisme, l'engouement pour la glossolalie et la grande estime de ce qui est spirituel. Certes, le gnosticisme comprenait beaucoup d'éléments, mais parmi eux, n'est-ce pas surtout l'opposition entre d'une part le Dieu créateur de ce monde mauvais et de l'autre le Dieu sauveur de l'âme humaine qui peut être considérée comme le point fondamental de ce courant?[23] Or les Corinthiens croient à l'enseignement de Paul, selon lequel le monde est l'acte de l'unique Dieu créateur et sauveur, même s'il peut parler des forces négatives et hostiles à l'homme que renferme l'univers (15,24-28)[24].

Selon la version de Sellin, les Corinthiens niaient la résurrection des morts, non pas parce qu'ils ne croyaient pas à la vie dans l'au-delà, mais parce que croire à la résurrection supposait pour eux l'acceptation de la *corporéité* d'un tel acte. Qu'ils aient cru au salut après la mort, le v.29 en est la preuve. Seulement, continue l'auteur, ils se représentaient ce salut comme un salut sans corps. L'argumentation paulinienne aux vv.35-50, soutient-il, confirme que les Corinthiens avaient une conception négative du corps.

Sur ce point, remarquons immédiatement que Sellin est d'accord avec la plupart de ses prédécesseurs. Il se distingue d'eux quand il ne situe pas l'origine d'un tel dualisme dans le gnosticisme ni dans le platonisme, mais dans la sagesse juive qui s'exprima dans le monde hellénistique. D'après lui, le platonisme était ontologique et pas sotériologique. Dans l'ontologie platonicienne, continue-t-il, l'homme est immortel parce qu'il est l'âme

---

Materie zwar minderwertig, aber nicht feindlich und mächtig ist, trifft die paulinische Polemik nicht zu. Erst die Mächtigkeit des Kosmischen in der Gnosis und die daraus resultierende gnostische Bemühung um Distanzierung von der feindlichen Welt erklärt die paulinische Polemik", 166-167. Cf. aussi J.D.G. DUNN, «I Corinthians 15:45 - Last Adam, Life Giving Spirit» in *Christ and Spirit in the New Testament*. Fs Charles Francis Digby Moule (éds. B. LINDARS - S.S. SMALLEY) (Cambridge, 1973) 127-128.

[20] Cf. L. SCHOTTROFF, *Der Glaubende*, 1-3.

[21] Cf. R. KUNTZMANN - J.-D. DUBOIS, *Nag Hammadi*. Evangile selon Thomas. Textes gnostiques aux origines du christianisme (CEvSup 58; Paris, 1987).

[22] Cf. G. SELLIN, *Der Streit um die Auferstehung*, 195-209; IDEM, «Die Auferstehung ist schon geschehen», 223-224.

[23] Cf. H. LEISEGANG, *Gnosis* (Kröners Taschenaugabe 32; Stuttgart, [5]1985) 26-28.

[24] Cf. G. SELLIN, *Der Streit um die Auferstehung*, 31-33.

immortelle[25]. La mort ne posait donc pas problème dans cette philosophie. Il fallait, au contraire, la souhaiter pour se libérer du corps et aller vite vivre dans le monde des Idées éternelles, car il n'y avait pas besoin d'être sauvé corporellement. Or, observe Sellin, les Corinthiens ont montré qu'ils avaient besoin de sotériologie, en se faisant baptiser, et même en le faisant à la place des morts (v.29). De même, alors que dans le dualisme de Platon, la ψυχή est toujours considérée positivement, elle est, au v.45, négativement évaluée par rapport au πνεῦμα. Donc, le dualisme des Corinthiens ne trouvait pas son origine dans le platonisme.

Sellin propose ainsi de situer celle-ci dans le judaïsme hellénistique égyptien (alexandrin), dont l'éminent représentant est Philon?[26]. Il affirme, en effet, qu'en 1 Co 15,44b-50, Paul polémique avec l'anthropologie dualiste[27] de la "*hellenistisch-jüdische Weisheitstheologie*" de l'époque[28]. Et en dehors de cette optique, il est absolument difficile, sinon impossible, de bien comprendre la position de Paul en ces versets[29]. Selon lui, l'affirmation du v.44b est une tradition déjà existante à Corinthe. Paul ne la prouve pas aux vv.45-50, mais il l'adopte pour mieux la combattre. La tradition des deux Adams, en particulier, existait déjà dans le judaïsme hellénistique, comme l'indiquent bien les oeuvres exégétiques de Philon sur Gn 2,7.

Pour Sellin, donc, la typologie Adam-Christ n'est pas une idée de Paul. Tout ce que celui-ci fait, en 1 Co 15,44b-50, c'est polémiquer avec elle et la dépasser, car les dualistes judéo-hellénistiques pneumatistes ne croyaient pas à la résurrection. Une telle croyance, supposant inévitablement l'existence d'un corps après la mort, ne pouvait que tenir ces sages dualistes en dégoût. Du reste, continue-t-il, leur dualisme anthropologique était para-doxalement *unitaire*, où le corps et l'âme connaissent le même sort. Car, pour eux, non seulement le corps est mortel, mais aussi l'âme et le νοῦς de l'homme. L'unique condition pour que la ψυχή et le νοῦς soient immortels est qu'ils demeurent en lien avec la Sagesse-Esprit (πνεῦμα) de Dieu. Dans ce cas, relève Sellin, seul le sage est immortel, et cela même quand il est encore dans le corps, car il vit grâce au πνεῦμα. Le non vertueux, par contre, est déjà mort dans sa vie biologique même, c'est-à-dire même au

---

[25] Cf. par exemple PLATON, *Phédon* 82e.

[26] Cf. G. SELLIN, *Der Streit um die Auferstehung*, 36.

[27] Cf. G. SELLIN, *Der Streit um die Auferstehung*, 171.

[28] "Der Gegensatz von πνευματικός und ψυχικός (1 Kor 2,14f.; 15,46), der mit dem Pneuma in Verbindung gebrachte σοφία-Begriff (1 Kor 1-4), die in Korinth geläufige Adam-Christus-Spekulation (1 Kor 15) - all das ist ohne das Verbindungsglied der alexandrinisch-jüdischen Weisheit (SapSal, Philo) nicht denkbar", G. SELLIN, *Der Streit um die Auferstehung*, 66.

[29] En fait, telle est la thèse que cet auteur développe au sujet de tout le chapitre de 1 Co 15 et pas seulement à propos des vv.44b-50. Cf. G. SELLIN, *Der Streit um die Auferstehung*, 36,72-79,222-225.

moment où le σῶμα est uni à la ψυχή[30]. Pour Sellin, telle est l'anthropologie du courant sapientiel juif qu'on trouve aussi dans Sg 6-15. Dans une telle anthropologie, même la ψυχή est négativement conçue. Le σῶμα ψυχικόν est une réalité négative.

Si ceci est admis, poursuit Sellin, il devient clair que Paul, partant d'une exégèse de Gn 2,7 déjà existante chez Philon, adopte l'idée de l'existence de deux Adams pour montrer qu'il y a lieu de parler d'un corps spirituel. La nouveauté de Paul vis-à-vis de ce dualisme consiste seulement dans l'expression *corps spirituel*, qui devait normalement choquer les partisans de la théologie sapientielle judéo-alexandrine[31]. Les vv.44b-50 sont par conséquent absolument polémiques. Voilà pourquoi Sellin trouve qu'il faut étudier 1 Co 15 en commençant par les vv.35-58, car, pour lui et à la suite de Schottroff, c'est là que les adversaires de Paul sont clairement identifiables[32].

Nous ne croyons pas qu'il faille prendre un tel détour, en recourant d'abord à l'enseignement des adversaires de Paul. Est-il véritablement impossible de considérer le v.44b comme une thèse que Paul, grâce au midrash qu'il fait de Gn 2,7, développe pour répondre à sa question du v.35? Aussi hésitons-nous à admettre que Paul ait hérité du dualisme judéo-hellénistique, en l'occurence de Philon, l'idée de corps psychique qu'il affirme en 44b. Est-il vrai, par ailleurs, qu'aux vv.45-50 Paul trahit d'une conception négative du corps et de la ψυχή? Le fait qu'il oppose σῶμα ψυχικόν à σῶμα πνευματικόν autorise-t-il à conclure qu'il évalue négativement la ψυχή par rapport au πνεῦμα? Y a-t-il même dualisme anthropologique ici?[33] A quoi servent donc les antithèses auxquelles Paul recourt en cette unité littéraire et rhétorique? Est-il vraiment question de la *corporéité* de la résurrection aux vv.35-49?[34] Car, si, comme nous le retenons, et l'analyse que nous allons ici

---

[30] G. SELLIN, *Der Streit um die Auferstehung*, 172.

[31] Cf. G. SELLIN, *Der Streit um die Auferstehung*, 185.

[32] Cf. G. SELLIN, *Der Streit um die Auferstehung*, 34: "erst im zweiten Teil des Kapitels (c'est-à-dire dans 1 Co 15,35-58) wird die Front, gegen die Paulus zu argumentieren hat, deutlich". A ce propos, cf. L. SCHOTTROFF, *Der Glaubende*, 156. Un peu plus haut, à la page 30, Sellin admire aussi Schade pour avoir dit que "V. 35ff. sind als Polemik des monistischen gegen einen dualistischen Standpunkt in der Anthropologie zu verstehen". Cf. aussi H.H. SCHADE, *Apokalyptische Christologie*, 192.

[33] Cette question mérite d'être posée, d'autant plus que même dans une de ses publications récentes W. SCHMITHALS, *Theologiegeschichte des Urchristentums*. Eine problemgeschichtliche Darstellung (Stuttgart - Berli - Köln, 1994) 54, reste convaincu que "der Einwand 15,35 kommt von einem 'Hellinisten', dem die Wiederherstellung des materiellen Leibes bei der Auferstehung der Toten absurd dünkt. Paulus, der sich als Jude eine leiblose Existenz nicht vorstellen kann, legt in 15,36-44 die ontische Möglichkeit eines Auferstehungsleibes dar".

[34] Proposant, avec raison, de voir dans le sujet du verbe ἔρχονται (v.35) non pas les morts, mais les ressuscitants, K. MÜLLER, «Die Leiblichkeit des Heils», 182, justifie malheureusement sa position de cette façon: "Eine solche Zuspitzung (de croire que le sujet de ἔρχονται est οἱ νεκροί de 35b) erzeugt Spannungen zum Kontext. Denn für den

opérer le montrera, le v.44b constitue, pour cette unité littéraire (vv.35-49), la *propositio* à laquelle Paul tendait depuis le v.35 et que, grâce au procédé midrashique, il argumente immédiatement aux vv.45-48, c'est que la pointe de l'argumentation paulinienne en ces versets est ailleurs.

Il est clair que la préoccupation paulinienne n'est pas une question d'anthropologie. Il est même périlleux de croire que Paul a une conception négative de l'âme dans ce texte. Tout bien considéré, il ne dit pas que l'âme en tant que telle est périssable, n'est pas immortelle. Certes, en tant que juif, Paul partageait une vision unitaire de l'homme. Mais, cette conception ne niait pas toute distinction entre l'âme et le corps. Aussi n'est-il pas à exclure que l'Apôtre partageait la conception assez courante chez les rabbins de son temps de l'immortalité de l'âme. Le judaïsme de son temps était assez hellénisé, qu'il fût palestinien ou de la Diaspora[35]. La sagesse à ce propos, c'est de rester prudent et de s'en tenir à ce principe épistémologique: distinguer ne veut pas dire séparer. De même, tenir à l'unité de quelque chose ne veut pas dire renoncer à la distinction.

2.2. Quel est le vrai problème dont discute Paul en 1 Co 15?

A notre avis, la réflexion de l'Apôtre sur la nature du corps de la résurrection se justifie ici seulement comme conséquence de sa préoccupation principale, à savoir le problème de la victoire, dans le Christ, de tout homme sur la mort, victoire dont il a parlé aux vv.20-28. C'est donc trop demander à ce texte paulinien de nous dire si Paul soutenait ou non le dualisme anthropologique hellénistique pour nous permettre d'affirmer si la communauté de Corinthe était déjà loin ou non de l'anthropologie unitaire de l'apocalyptique juive[36].

Rest des Kapitels ist es Paulus ja keineswegs um die künftige Leiblichkeit der Toten zu tun. Sondern das Ziel seiner Diskussion ist vorrangig die *Leibhaftigkeit des Auferstehungslebens*. In 1 Kor 15, 35c sollte also die Frage zu erwarten sein: «mit welchem Leib werden sie - sc. die von den Toten Auferweckten - kommen?»". (Nous soulignons). A notre avis, le but de la discussion paulinienne dans la section littéraire 35-49 n'est pas d'affirmer la corporéité des ressuscités; mais bien plutôt d'affirmer l'*altérité* du corps de la résurrection vis-à-vis du corps d'avant la mort. Notons ici en passant que quand nous lisons K. MÜLLER, «Die Leiblichkeit des Heils», 172.176.178, on se rend compte que cet auteur utilise deux termes, en l'occurrence *Leiblichkeit* et *Leibhaftigkeit* pour dire ce qu'en français nous nommons *corporéité*.

[35] Cf. M. HENGEL, *Judentum und Hellenismus*. Studien zu ihrer Begegnung unter besonderer Berücksichtigung Palästinas bis zur Mitte des 2. Jh. v. Chr. (WUNT 10; Tübingen, 1969) 1.

[36] Cf. aussi en ce sens J. BECKER, *Auferstehung der Toten*, 75-76, même s'il ne souligne pas assez le fait que la préoccupation principale de Paul ici n'est pas du tout anthropologique,

En tout cas, le risque que l'on court en faisant le détour par les adversaires est que l'on finit par attribuer à l'argumentation paulinienne une finalité que Paul ne lui avait pas fixée[37]. Ce risque s'accentue là où on s'emploie à absolument identifier ces adversaires, alors que l'expérience montre qu'il s'agit d'une tâche extrêmement difficile. Nous avons déjà dit en quoi consiste ce risque[38]. Point n'est besoin de justifier désormais la nécessité d'une autre méthode d'approche pour la compréhension de 1 Co 15. Aletti a, à ce propos, montré avec netteté que ce qui importe, ce n'est pas d'abord la recherche de ceux qui ont été les adversaires de Paul ni de ce qu'ils affirmaient et que Paul combattait, mais bien l'investigation de l'argumentation paulinienne elle-même, l'importance de sa nature (et donc de sa fonction)[39]. Nous retenons aussi que pour l'analyse de 1 Co 15,35-58, cette procédure soit plus fructueuse.

Bref, il nous faudra répondre entre autres à ces questions: est-ce que 15,35 est vraiment une thèse? Si oui, comment est-elle développée, précisée, et quelle micro- ou macro-unité engendre-t-elle? Jusqu'où s'étend l'unité argumentative qu'elle engendre? Pourquoi Paul recourt-il à la similitude (36-41) pour expliquer son idée? Comment utilise-t-il cette parabole pour sa cause? Quel rapport y a-t-il entre l'idée du v.35 et celle du v.44b? Est-il vrai que Paul a, comme l'affirme Sellin, copié chez ses adversaires le contenu de la micro-unité qui prend la forme d'une argumentation scripturaire à la suite du v.44b ou bien celle-ci constitue-t-elle simplement l'éclaircissement paulinien de ce dernier verset? Comment Paul construit-il cette argumentation scripturaire? Quelle valeur lui accorde-t-il par rapport aux autres arguments précédents?

Autant de questions qui intéressent de très près la compréhension même de ce texte et auxquelles on ne peut répondre adéquatement si ce n'est en respectant la logique interne de l'argumentation paulinienne. Comment celui-ci a-t-il composé son texte? C'est ce que nous allons découvrir pour nous rendre en même temps compte des idées principales qu'il a exprimées à travers ce modèle d'écriture.

---

mais sotériologique.

[37] Cf. aussi K. MÜLLER, «Die Leiblichkeit des Heils», 178; J.C. HURD, The Origin of I Corinthians (London, 1965) 198. De son côté, E. JUCCI, «Tereno, psichico, pneumatico nel capitolo 15 della prima epistola ai Corinti» Henoch 5 (1983) 325 note 5 affirme: "Credo utile /.../ sottolinear la necessità di reagire alla tendenza, presente in alcuni studi, di spiegare il pensiero di Paolo con quello dei suoi avversari: c'é piutosto un comune sottofondo culturale cui entrambi attingono /.../". Cf. aussi M. TEANI, Corporeità, 151-153; K. BERGER, «Die Impliziten Gegner», 373-374.

[38] Cf. supra, paragraphe 1.2.2.3.

[39] J.-N. ALETTI, «L'Argumentation de Paul et la position des Corinthiens. 1 Co 15,12-34» in La résurrection du Christ, 63-81. Voir aussi la discussion qui s'ensuit aux pages 82-97.

2.3. Analyse rhétorique de 1 Co 15,35-49

Nous nous proposons de faire une analyse détaillée de 1 Co 15,35-58. Ainsi, nous montrerons la pertinence du modèle rhétorique pour l'étude de cette section, quand nous aurons démontré que Paul, dans cette argumentation, soutient et développe une *propositio* ou des *propositiones*. Nous le savons déjà, cela soulève en même temps le problème de la *dispositio* de cette section littéraire.

2.3.1. Délimitation de l'unité littéraire et *dispositio* rhétorique de 1 Co 15

Les exégètes s'accordent généralement pour affirmer que le v.35 commence une nouvelle unité littéraire et que celle-ci va jusqu'au v.58. De même on croit aisément que les vv.35-58 sont la troisième grande section de 1 Co 15 et qu'elle peut être décomposée en deux grandes macro-unités (35-49/50 et 50/51-58)[40]. Mais dans ce chapitre et celui qui va suivre, nous montrerons que 1 Co 15 comprend quatre grandes sections. D'une part, les vv.1-11 constituent la *narratio* de tout 1 Co 15, d'autre part, les vv.54-58 ont l'accent d'une *peroratio* amplifiée de toute l'argumentation. Entre ces deux extrêmes, la péricope 15,12-53 est construite en deux macro-unités.

2.3.1.1. Composition littéraire de 1 Co 15,12-34

La première unité est reconnaissable en 15,12-34[41]. Dans cette macro-unité, l'argumentation se développe selon une structure littéraire concentrique de type ABA'. Paul y soutient trois idées majeures:

1° La négation de la résurrection des morts comporte des conséquences christologiques, théologiques, pastorales et même sotériologiques très désastreuses: la négation même de l'élément fondamental de la foi "Le Christ est ressuscité"; la considération de Dieu comme un menteur, vu qu'on lui aurait attribué d'avoir ressuscité Jésus, alors qu'il ne l'a jamais fait; et la vanité du ministère des Apôtres, de la foi et de l'espérance des croyants dont les péchés n'ont jamais été remis (vv.12-19 = A).

2° Par sa résurrection, pourtant, le Christ, a inauguré l'expérience de la résurrection pour les hommes, devenant ainsi le deuxième Adam; autrement

---

[40] On retient de fait globalement que 1 Co 15 se divise en trois grandes sections: 1-11; 12-34 et 35-58. Cf. par ex. G.D. FEE, *The First Corinthians*, 714; F. ALTERMATH, *Du corps psychique*, 2. Signalons que Chr. BURCHARD, «1 Korinther 15 39-41» *ZNW* 75 (1984) 252, pense que 1 Co 15 se diviserait en quatre parties: 1-11; 12-34; 35-52; 53-58. En 35-52, il trouve trois subdivisions: 35-44a; 44b-49; 50-52.

[41] Pour les critères qui permettent de soutenir la démarcation de cette première macro-unité littéraire, nous renvoyons à J.-N. ALETTI, «L'Argumentation de Paul: 1 Co 15», 63-66.

dit, il a commencé (ἀπαρχή) la victoire sur les ennemis du Règne de Dieu. Ce règne de Dieu sera totalement effectif quand la mort, l'ultime ennemi, sera complètement détruite, et que Dieu sera tout en tous (vv.20-28 = B). Cette partie est très marquée par le recours à l'Ecriture et la typologie adamico-christologique.

3° Paul retourne à nouveau au style argumentatif des vv.12-19: si on ne croit pas à la résurrection des morts, les conséquences sont néfastes sur les pratiques de la foi dont vivent déjà la communauté et l'Apôtre lui-même (vv.29-32 = A'). Il achève cette macro-unité par une exhortation (vv.33-34).

2.3.1.2. Composition littéraire de 1 Co 15,35-53

La deuxième macro-unité est identifiable en 15,35-53. Comme la première, elle est aussi développée en trois étapes. Dans la première, Paul, à l'instar du v.12, énonce, dès le début, au v.35, la *propositio* qu'il veut soutenir. Seulement, il le fait maintenant sous forme d'une question énigmatique: "avec quel genre de corps les morts ressusciteront-ils?" Comme l'a bien vu Aletti, alors que l'argumentation qui développe le v.12 montre directement quelle est la réponse de l'Apôtre, celle qui suit le v.35 n'est pas aussi immédiate[42]. Paul commence sa réponse par des similitudes, dans le but de faire comprendre progressivement sa pensée. Cette procédure met en évidence comment la question posée au v.35 est énigmatique. Mais grâce à cette figure rhétorique, l'auditeur saisit que l'Apôtre insiste sur la dimension d'altérité: il y a une diversité de corps dans le monde selon les espèces et même pour un même individu d'une espèce donnée il y a différence entre le corps d'avant et celui d'après la mort (vv.36-44a = A).

Dans la troisième étape, Paul revient sur cette dimension d'altérité pour le préciser et montrer que l'altérité du corps est, pour tous les hommes, la condition *sine qua non* pour parler de la victoire finale sur la mort, c'est-à-dire de l'avènement du Royaume de Dieu (vv.50-53 = A').

Pour arriver à une telle conclusion, Paul a eu besoin de passer par une deuxième étape (B). Elle se situe en 15,44b-49 où il a affirmé et démontré qu'il y a effectivement un corps pour les morts, celui de la résurrection (= celui avec lequel on hérite du Royaume de Dieu) et que ce corps est différent de celui d'avant la mort. Ce corps a déjà commencé en Jésus, le deuxième Adam (= le premier homme de la deuxième humanité: celle de ceux qui ressuscitent d'entre les morts). Comme aux vv.20-28, cette partie est caractérisée par le recours à l'argument scripturaire et à la typologie adamico-christologique.

---

[42] Cf. J.-N. ALETTI, «La *dispositio* rhétorique», 397.

Il faudra, cependant, indiquer en quoi une telle disposition concentrique a un impact sur l'intelligibilité de 1 Co 15,35-53. Autrement dit, l'essentiel d'une structure n'est pas son identification en soi, mais sa pertinence dans l'interprétation de la pensée du texte analysé. En effet, savoir indiquer où se situe la pointe sémantique de la structure relevée pour un discours donné vaut mieux qu'en dégager le centre matériel de la composition interne[43]. Voilà pourquoi, il est important de trouver d'autres indices qui permettent de soutenir qu'il y a trois micro-unités dans la macro-unité des vv.35-53. C'est ici qu'intervient la nécessité du modèle rhétorique d'analyse. En effet, au-delà de la structure concentrique, à peine dégagée, il peut être éclairant de voir dans la suite, si ce découpage révèle aussi un développement de la pensée autour de trois *sub-propositiones*, de montrer comment le modèle rhétorique est le plus pertinent pour arriver à percevoir le contenu que nous venons de relever et d'indiquer comment Paul développe progressivement sa pensée.

Nous passons à cette analyse, avançant pas à pas, unité par unité, disséquant la macro-unité en micro-unités selon un triple critère terminologique, syntaxique et logique, en portant chaque fois l'attention sur l'enchaînement interne de la pensée paulinienne. C'est au bout de cette démarche que l'on se rendra compte de la pointe de l'argumentation de l'Apôtre.

Dans ce chapitre, nous parcourons seulement les vv.35-49, sans pour autant insinuer que les vv.50-53 constituent une unité indépendante de celles qui la précèdent. La structure concentrique que nous venons d'exposer montre que l'on ne peut pas les séparer des vv.35-49. Le chapitre suivant mettra en évidence comment, sans les vv.50-53, l'argumentation paulinienne commencée au v.35 reste incomplète. Nous séparons, cependant, ces deux micro-unités pour, d'une part, maintenir un certain équilibre entre les différents chapitres de notre travail, et, d'autre part, prendre en contrepieds ceux qui mettent toujours ensemble les vv.50-53 avec les vv.54-58.

2.3.2. v.35: *propositio - problèma*: l'existence d'un corps «autre» pour ceux qui ressuscitent

2.3.2.1. Une question ou deux questions?

Repartons du v.35, car tout dépend de l'interprétation de ce verset et de ce qu'on imagine être la pointe du discours de Paul en ce verset et dans toute la péricope qui en découle. Au niveau formel, Paul y pose deux questions successives. Mais s'agit-il en réalité de deux questions séparables? J.

---

[43] Cf. J.-N. ALETTI, «L'Argumentation de Paul: 1 Co 15», 66 qui met en garde contre tout abus de structure concentrique.

Jeremias a répondu par l'affirmative: le v.35b pose la question du *comment* de la résurrection (πῶς ἐγείρονται οἱ νεκροί;), tandis que le v.35c, celle du corps *avec lequel* on ressuscite (ποίῳ δὲ σώματι ἔρχονται;). Selon Jeremias, Paul répond chiastiquement dans les vv.36-49 au v.35c et dans les vv.50-58 au v.35b[44]. Pourtant, il est clair que l'unité des vv.50-58 ne concerne plus seulement la résurrection des morts. Celle-ci y est seulement présentée comme le moyen par lequel les *morts* héritent du royaume de Dieu. Au niveau thématique, en effet, 50-53 stipule la nécessité de la transformation pour prendre part au règne de Dieu. Cette exigence doit être satisfaite par *tous* sans exception, les vivants et les morts. Pour les morts, cette transformation a lieu dans l'acte de leur résurrection, quand leur corps corrompu revêt l'incorruptibilité. Cet élément est, de fait, sous-entendu dans le v.35b.

Par contre, le deuxième élément, à savoir la transformation des vivants, n'est pas contenu et même pas sous-entendu dans ce verset. Or, selon notre analyse, l'affirmation principale que Paul soutient dans l'unité des vv.50-53 est justement celle de la transformation des vivants. De fait, la situation des morts qui ressusciteront incorruptibles constitue dans ces versets une référence de comparaison, grâce à laquelle Paul parle du sort des vivants au moment de l'héritage du règne de Dieu.

Du reste, sans le v.35c, il est difficile de dire que Paul, en 35b, pense au *type de corps* qu'ont ceux qui ressuscitent et dont il est également question aux vv.50-53. C'est pour cela que négligeant la précision apportée par 35c, certains ont cru que Paul, à partir du v.35 veut prouver comment la résurrection est *possible* (cf. πῶς). Il est, au contraire, plus juste de voir en 35b-c une seule et même question où 35c précise 35b. Le *comment* est repris et précisé par le *quel type*. Le δέ doit donc être retenu comme une particule explicative. Par voie de conséquence la structure chiastique de Jeremias n'est pas fondée[45].

Il reste, cependant, vrai que les vv.35-49 constituent bien une unité littéraire qui s'isole de son contexte au niveau terminologique, logique et stylistique. Au niveau terminologique de 1 Co 15, on ne rencontre nulle part ailleurs que dans cette péricope les mots σῶμα (9 fois), σπείρειν-σπέρμα (8 fois), σάρξ (4 fois)[46], δόξα (6 fois), οὐρανος-ἐπουράνιος (5 fois), γῆς-ἐπί-

---

[44] Cf. J. JEREMIAS, «Flesh and Blood», 156-157.

[45] Cf. aussi G. SELLIN, *Der Streit um die Auferstehung*, 72; K. MÜLLER, «Die Leiblichkeit des Heils», 178-184.

[46] Il est vrai que le terme σάρξ est aussi employé au v.50, constituant ainsi une des raisons pour lesquelles G. SELLIN, *Der Streit um die Auferstehung*, 74-75, considère ce verset comme la conclusion de l'unité littéraire 1 Co 15,35-50. Notons, toutefois, que σάρξ καὶ αἷμα du v.50 est une expression terminologique qui utilise deux termes pour désigner une seule réalité. On ne peut pas la mettre sur le même pieds d'égalité avec le terme σάρξ du v.39.

γειος-χοικός (7 fois) ayant une grande incidence dans la compréhension du sujet. Le terme σῶμα, par exemple, y est toujours accompagné d'un attribut ou d'un prédicat qui indique que l'accent est mis sur les diverses qualifications des corps et la distinction des uns envers les autres, et non point sur le corps en tant que tel. C'est l'unique section de 1 Co 15, où pour cela, les adjectifs ἄλλος et ἕτερος sont utilisés (9 fois).

Au niveau logique, Paul abandonne l'implication qui a caractérisé la péricope des vv.12-34 pour recourir au raisonnement par disjonction, par comparaison, en vue de mieux saisir la spécificité d'un élément. On sent en somme qu'il y a ici le besoin de définition de quelque concept ou d'identification de quelque élément.

Au niveau stylistique, il y a dans cette section un recours fréquent aux antithèses, aux oppositions, aux contraires, à des redondances du même mot, à des ellipses. Les exégètes y reconnaissent quelques caractéristiques du style diatribique déjà remarquable dans la question que Paul formule au v.35.

2.3.2.2. Valeur sémantique de la question diatribique du v.35

Admettre que le v.35 est une question formulée dans un style diatribique n'est pas suffisant. Le problème, c'est la valeur sémantique que l'on peut donner à un tel procédé stylistique. Faut-il directement y voir une objection des (ou à des) adversaires? A. Pitta a montré combien il est difficile d'indiquer avec certitude la définition de la diatribe, son origine et surtout son rapport avec la rhétorique. Les auteurs qui en ont fait usage lui ont souvent donné des fonctions différentes. Mais au-delà de toutes ces divergences, Pitta propose de considérer les éléments dialogiques de la diatribe - et c'est ce qu'il y a ici - comme répondant à une fonction argumentative particulière. Cette fonction est celle d'indiquer que le discours change de thématique ou qu'il arrive à la conclusion[47].

Dans 1 Co 15,35-36, l'élément dialogique de style diatribique joue sûrement le rôle du changement de thématique par rapport aux versets qui précèdent. Autrement dit, la question que Paul formule au v.35 ne constitue pas forcément, comme certains exégètes pensent, une objection des adversaires de Paul[48]. Ainsi, les versets qui suivent ne sont pas la réfutation paulinienne de leur position erronée. Car, quand dans une discussion, on procède par des questions diatribiques, cela ne veut pas toujours dire qu'on a un adversaire déterminé en tête[49]. Ce procédé peut, en fait, être dicté par

---

[47] A. PITTA, *Disposizione e messaggio*, 69-77.

[48] Cf. L. SCHOTTROFF, *Der Glaubende*, 163; H.H. SCHADE, *Apokalyptische Christologie*, 132; G. SELLIN, *Der Streit um die Auferstehung*, 34.72.

[49] A. PITTA, *Disposizione e messaggio*, 75 souligne, à la suite de Stowers, que la diatribe accorde beaucoup d'importance à un interlocuteur fictif: "Nella diatriba viene dato

le simple souci de l'orateur, soit d'être précis et d'éliminer les autres possibilités "imaginables" de résoudre le problème posé, soit de montrer l'incohérence ou l'incompatibilité de ces autres possibilités avec le point de vue qu'il défend. Loin de manifester toujours un ton polémique, la diatribe est un procédé employé pour mieux préciser sa pensée[50].

Si telle est la fonction de la diatribe, cela comporte des répercussions sur l'évaluation du contenu véhiculé par la formulation diatribique de l'unité que nous analysons. Que soutiennent, en effet, les exégètes qui avancent l'hypothèse de la présence des adversaires que Paul combat à Corinthe? Pour eux, la question posée au v.35 contient la raison même pour laquelle les adversaires reniaient la résurrection. Le fondement de cette négation était, selon ces chercheurs, que ceux que l'Apôtre met à l'index dans 1 Co 15 ne pouvaient pas parler d'un corps après la mort; avec celle-ci tout était détruit. Ou mieux encore, la mort, comprise comme destruction totale du corps, était une occasion de libération de l'âme, laquelle entrait ipso facto dans l'éternité. Par conséquent, concluent ces commentateurs, par cette question ("avec quelle espèce de corps viennent-ils?"), Paul veut prouver la "corporalité de la résurrection"[51].

2.3.2.3. Le problème de l'Apôtre au v.35

A notre avis, en posant cette question, Paul admet déjà que les morts viennent avec un corps et cherche à en déterminer l'espèce (ποῖος). En d'autres termes, la préoccupation de l'Apôtre ici n'est pas tant de prouver la réalité du corps de la résurrection que d'affirmer son *altérité*: au sens où "il est un corps, *mais il est autre*", qui n'est pas comme celui que l'on a avant de mourir[52]. Son but n'est pas de dire qu'*un* corps est indispensable pour la

---

particolare spazio alla presenza dell'interlocutore fittizio. Tale relazione tra mittente e destinatario fittizio comporta la presenza di apostrofi, di false conclusioni e di obiezioni. Inoltre l'argomentazione diatribica contiene delle personificazioni di elementi astratti, l'utilizzazione di aneddoti, di paragoni ed "exempla" o modelli. Quindi le figure retoriche più frequenti sono le allitterazioni, le anafore, le antitesi ed i chiasmi. La stessa fraseologia diatribica si presenta, in prevalenza, come paratattica e ricca di ellissi. Da tutto ciò emerge uno stile vivace e popolare, rispondente ai contenuti filosofici che deve comunicare". Bien de ces caractéristiques sont présentes dans la macro-unité des vv.35-49. Mais, ceci veut dire qu'il ne faut pas toujours considérer l'interlocuteur fictif comme un adversaire de celui qui recourt au style diatribique.

[50] Cf. le point de vue contraire de J.H. ULRICHSEN, «Die Auferstehungsleugner», 785-786.

[51] Cf. F. ALTERMATH, *Du corps psychique*, 7. G. SELLIN, *Der Streit um die Auferstehung*, 72-73.

[52] Cf. l'abondance des adjectifs ἄλλος-ἕτερος aux vv.39-41 et leur présence dans le verbe ἀλλάσσω aux vv.51-52. Cf. aussi L. AUDET, «Avec quel corps les justes ressuscitent-ils? Analyse de 1 Corinthiens 15:44» *SR* 1 (1971) 165-177, même si cet auteur conclut que

résurrection mais qu'il existe *tel* corps et que c'est lui qui *est* le corps avec lequel les morts ressuscitent. Autrement dit, il n'insiste sur la *corporéité* de ceux qui ressuscitent, mais sur l'*altérité* du corps avec lequel ils viennent. Si tel est le cas, la logique interne de l'unité des vv.36-49 devient claire, dans la mesure où l'auditeur comprend que Paul développera sa réponse à la question posée au v.35 en se basant sur des cas concrets.

1° Il indique qu'il y a des cas où l'on peut distinguer, chez un même individu une différence *avant/après* la mort. C'est ce qu'il dit en recourant à l'exemple du grain nu que l'on plante et de la plante qui en sort (vv.36-38).

2° Il montre que, dans une même espèce, la différence entre les individus se situe parfois au niveau de l'apparence (vv.39-41).

3° Il affirme l'existence de l'être dont il discute, en le comparant à un autre être qui lui est semblable. Ceci a l'avantage de mieux mettre en évidence l'altérité de la réalité dont il prouve l'existence en spécifiant ses traits caractéristiques. Dans ce cas, il faut que les deux êtres comparés aient quelque trait en commun, en même temps que des éléments qui les différencient. C'est ce que Paul fait en 1 Co 15,44a-49, quand il parle du Christ en l'opposant à Adam.

Si telle est la logique de toute cette unité littéraire (1 Co 15,35-49), nous ne voyons pas comment on peut affirmer que la question posée au v.35c contient déjà en soi l'idée de la précarité du corps[53]. Nous observons seulement que cette question suppose - comme du reste toute bonne logique l'exige (cf. ἄφρων σύ du v.36) - tout simplement deux choses.

1° Que celui qui pose la question "quel genre de corps..." admet, d'abord, qu'il existe une diversité des (espèces de) corps. Dans ce cas, il indique en quoi chacun de ces corps diffère de l'autre (cf. vv.36-44a). Autrement, il doit au préalable prouver une telle existence.

2° Qu'il montre, ensuite, que le corps dont il veut parler existe parmi les corps dont il admet l'existence. Dans le cas contraire, il doit prouver son existence et indiquer la catégorie ou l'espèce à laquelle le corps en question appartient (cf. 44b-49)[54].

---

1 Co 15 ne fournit pas une description du corps ressuscité, mais une preuve de sa "resurrectibilité".

[53] Cf. G. SELLIN, *Der Streit um die Auferstehung*, 73: "Die zweite, präzisierende Frage macht deutlich, daß es sich um einen Einwand handelt, der den Leib als vergänglich versteht. Der Tod ist ja Ende des Leibes".

[54] Il y a en tout cas ici un souci de spécification de la part de Paul. Dans l'art oratoire, cela correspond, à notre avis, à ce que Cicéron appelle une "question de définition". Quand son fils lui demande comment étudier méthodiquement la définition, il répond ainsi: "Il n'est pas douteux que la définition se tire du genre et du caractère spécifique ou encore d'un groupement de qualités communes <à plusieurs objets, mais dont l'ensemble> met en lumière ce caractère spécifique. Toutefois, comme, sur ces caractères spécifiques, il y a généralement une vive divergence d'opinions, il faut définir souvent par des contraires, souvent aussi par des différences, souvent par des similitudes. Aussi les

Il devient clair que le v.35 exige d'être développé en deux étapes. Car, Paul doit d'abord établir ce qui est admis de tous; ensuite montrer, comment en se basant sur cela, il affirme quelque chose de neuf. Ce qui est admis, il ne va pas le prouver; il va s'y appuyer pour fonder ainsi la *propositio* qu'il soutient. De cette manière, il est compréhensible que la thèse à montrer (la *propositio*) puisse être exprimée à la fin de la première étape de démonstration et qu'elle soit elle à déclencher à son tour la deuxième étape de démonstration. Aussi trouvons-nous que les vv.36-44a constitue la première étape de l'enchaînement démostratif qui conduit à la *propositio* affirmée au v.44b. Cette dernière déclenche cependant la deuxième étape de démonstration (vv.45-49). Voilà pourquoi, nous considérons le v.35b-c comme seulement une *propositio-problèma* et non pas une *propositio-thesis*. Celle-ci se situe dans le v.44b[55].

2.3.3. vv.36-44a: première étape de l'argumentation: il y a une différence totale entre ce corps-ci et celui de la résurrection

2.3.3.1. Organisation interne des vv.36-44a

Paul commence par établir qu'il y a diversité des corps et montre en quoi ils diffèrent. C'est ici qu'il expose les données admises de tous. Il recourt à deux cas en soi indépendants entre eux, mais qui parlent de l'existence d'une diversité de corps (vv.36-38 et vv.39-41)[56]. Ces cas lui fournissent des

---

descriptions sont-elles également à leur place dans cette partie, ainsi que l'énumération des conséquences nécessaires; surtout l'explication < étymologique > d'un mot et d'un nom est d'un effet puissant", CICERON, *Partitiones Oratoriae*, §41. Paul va dans cette unité s'employer à définir l'espèce de corps avec lequel les ressuscitants arrivent (ποίω σώματι ἔρχονται;), en montrant que dans le genre "corps", il y a plusieurs "espèces", que celles-ci se distinguent aussi entre elles par leur corps, appelé "chair" ou par leur gloire et que parfois les individus d'une même espèce diffèrent aussi par leur gloire. Bref, Paul, pour répondre à sa question du v.35b-c, commence par indiquer que le concept même de "corps" est quelque chose de relatif.

[55] Dans *De Oratore II*, Cicéron, souligne qu'il faut de la variété dans l'art d'argumenter. Normalement, "on énonce d'abord la proposition, ensuite on l'appuie par des preuves (*proponi oportet quid adferas et qua re ita sit ostendere*); /.../; *souvent, sans énoncer la proposition, on en donne l'équivalent dans l'exposé même des preuves (saepe non proponere ac ratione ipsa adferenda, quid proponendum fuerit declarare*), CICERON, *De Oratore II*, §§ 177. (Nous soulignons). C'est pour cela qu'à juste titre Aletti retient que 1 Co 15,35 soit une *propositio* qui "ne permet pas de deviner la réponse que Paul va fournir à ses lecteurs" et qu'il soit "un des rares exemples de *propositio* (πρόθεσις) qui n'est pas en même temps une thèse (θέσις)", J.-N. ALETTI, «La *dispositio* rhétorique», 397.

[56] Il est vrai que la différence dont il est question en ces versets ne souligne pas apparemment et de prime abord la discontinuité des corps. Elle n'insiste pas non plus sur

éléments de réponse à sa *propositio-problèma* du v.35b-c. De fait, pour clarifier le rapport que ces éléments entretiennent avec la matière qui le préoccupe, il les réunit ensemble aux vv.42-44a.

Il y a donc ici trois micro-unités argumentatives: 36-38; 39-41; 42-44a. Nous allons les parcourir, pour voir si, par elles, Paul finit par répondre adéquatement à sa question du v.35. C'est ce qui nous permettra de revenir sur notre propos d'identifier ce que Paul soutient en cette macro-unité.

Toute argumentation - nous l'avons dit plus haut - exige qu'on dispose de *topoi* d'où l'on peut puiser les arguments. Selon Cicéron, on tire *aussi* ceux-ci "des choses qui ont quelque rapport au point en question. Dans ce genre (d'arguments) on distingue plusieurs groupes: on les nomme apparentés, tirés du genre, de l'espèce, d'une similitude, d'une différence, des contraires, d'analogies, des antécédents, des conséquences, des notions contradictoires, des causes, des effets, de la comparaison avec des objets plus grands, égaux ou plus petits"[57].

Paul, ici, recourt à un tel genre d'arguments "indirects". Il est vrai, ceux-ci ne sont pas à proprement parler des preuves démonstratives d'une *propositio*. Mais ils font bien sûr partie de l'argumentation en fournissant des éléments de ressemblance (*tertium comparationis*) qui rapprochent de la compréhension de la thèse défendue. Ceci correspond au genre même de *propositio* énoncée au v.35. Elle est la seule *propositio* en "comment?" Une telle question implique que la réponse soit donnée progressivement. Voilà pourquoi le v.35 indique seulement ce qui est à montrer, c'est-à-dire le problème qui le préoccupe, sans donner directement la réponse. Celle-ci est précédée par des exemples où Paul montre comment ce qu'on entend par "corps" n'est pas univoque.

Paul tire, de fait, deux exemples de deux *topoi* différents: celui de la sémence d'abord et, ensuite, celui du récit de la création du ciel et de la terre que rapporte Gn 1. Il nous faut donc voir en quoi ces arguments de Paul nous aident à comprendre la pointe de son discours. Car, c'est de l'interprétation de ces arguments que plusieurs confusions ont vu le jour. Que dit Paul dans cette première étape de son argumentation?

---

la continuité. Elle insiste juste sur la distinction des corps sans foncièrement penser à les opposer. Mais en mettant l'accent sur la réalité indéniable et l'identité de chacun des corps ce procédé comporte pour premier corollaire, celui de souligner qu'il y a totale différence entre ce corps-ci et celui de la résurrection quant aux attributs. Dans ce sens, Paul finit par mettre en évidence la discontinuité en ces deux corps.

[57] CICERON, *Topica*, § 11. En mettant ensemble ce que Cicéron dit ici et ce qu'il affirme dans *Partitiones Oratoriae* §41, on comprend que Paul ne se presse pas de donner la "définition" de son concept "corps spirituel". De façon pédagogique, et visant à un éclaircissement progressif, il commence par des similitudes, des différences et des contraires.

2.3.3.2. vv.36-38: la *similitudo*: le grain nu semé et la plante
ou la différence chronologique avant / après

La première tentative d'éclaircissement à laquelle Paul recourt est une *similitude* (vv.36-38). Le but d'une similitude (ou *analogie*) est de fournir une réalité familière qui permette de se rapprocher de la pensée proprement dite que l'orateur veut prouver. De fait, une analogie ne peut bien remplir sa fonction démonstrative que quand elle fournit des éléments de ressemblance. Elle doit en plus avoir quelque relation avec ce que l'auteur vise à montrer, même si elle peut contenir d'autres idées[58]. Elle est un exemple, une illustration, un moyen d'induction et pas une preuve au sens strict. Est-ce bien cela que présentent les vv.36-38? Partons de l'analyse de leur composition interne.

2.3.3.2.1. vv.36-37: un parallélisme déroutant

A première vue, on peut mettre d'une part les vv.36-37 et de l'autre le v.38. Un parallélisme simple de type **abca'b'c'** semble se dégager aux vv.36-37. En effet, certains exégètes pensent à la disposition suivante[59]:

v.36   a   ὃ σπείρεις   a' (καὶ) ὃ σπείρεις   v.37
       b   οὐ ζῳοποιεῖται   b' οὐ τὸ σῶμα τὸ γενησόμενον (σπείρεις)
       c   ἐὰν μὴ ἀποθάνῃ   c' ἀλλὰ γυμνὸν κόκκον

Mais y a-t-il vraiment un parallélisme? En outre, que pouvons-nous tirer de cette disposition sans faire violence au texte? Nous remarquons d'abord une correspondance verbale entre **a** et **a'**. Il s'agit d'une simple répétition qui n'apporte rien de neuf. Par contre **b** et **b'** n'ont pas une pareille concordance. Tout au plus, **b'** attribue un prédicat au pronom ὃ de **a** repris en **a'** qu'il précise de façon négative, même s'il est vrai que "être vivifié" peut vouloir dire acquérir "le corps futur". De même, **c'** ne peut pas être interprété facilement comme **c**, car "mourir" (**c**) dans ce contexte ne veut absolument pas dire "être nu" (**c'**). La fonction de **c'** est plutôt celle de préciser aussi **a** et **a'**, mais de façon positive; exactement comme le fait **b'**, mais en en indiquant le contraire.

---

[58] Cicéron s'exprime ainsi: "Vous fondez-vous sur une analogie? Commencez par bien établir le point de comparaison; appliquez-le ensuite au cas dont il s'agit", CICERON, *De Oratore II*, § 177. Cf. aussi H. LAUSBERG, *Elementi di retorica*, 222.

[59] Cf. R. MORISSETTE, «La condition de ressuscité: 1 Corinthiens 15,35-49» *Bib* 53 (1972) 221; J. BECKER, *Auferstehung der Toten*, 89; G. SELLIN, *Der Streit um die Auferstehung*, 215-216.220.

Autrement dit, **c'** est plus en rapport étroit avec **b'** qu'avec **c**, et **b'** plus avec **c'** qu'avec **b**. Les vv.36 et 37 ne sont donc pas identiques et ne disent pas la même chose. Car, d'une part, **b** et **c** affirment ou nient l'*action* que subit une semence, alors que, de l'autre, **b'** et **c'** indiquent un *état* de choses. Il y a donc une sorte de juxtaposition: la deuxième partie n'explicite pas la première. Ce sont deux aspects différents d'une même réalité. Ainsi, dire qu'un tel être est nu ne signifie pas que cet être est mort, ni qu'il doit mourir. L'expression γυμνὸν κόκκον n'équivaut pas, en vérité, ici à la mort du grain, mais à son état qui a précédé la mort. Celle-ci advient seulement quand le grain nu est déjà semé.

2.3.3.2.2. Cohérence interne au v.36

Puisque chaque section (**bc** et **b'c'**) a son lien interne, il est mieux de saisir la logique interne propre à chacune d'elles. Entre **b** et **c**, il y a un rapport de condition relative (οὐ... ἐὰν μή). Il ne s'agit pas d'une relation de nécessité, car il n'est pas question de relation de cause à effet. Elle n'est pas de cause à effet, puisque la mort du grain n'entraîne pas forcément sa vivification. Comme on le sait, il y a des grains nus qui sont semés, mais ne sont pas vivifiés, c'est-à-dire, selon ce que Paul affirme dans ces vv.36-37, qui meurent, mais ne reçoivent pas le corps futur. La relation "mourir-être vivifié" n'est réservée qu'à certains cas. Mais Paul ne cherche plus à prouver que des morts ressuscitent. Il l'avait déjà fait aux vv.12-34. Voilà pourquoi, il suppose maintenant admis le fait que la vivification d'un grain semé est le résultat de sa mort préalable. De même qu'un grain semé n'est pas vivifié s'il n'est pas mort, ainsi un être humain ne peut être vivifié, s'il n'est pas mort au préalable. On ne parle donc de résurrection (vivification) que pour ceux qui sont morts. L'interprétation selon laquelle, pour ressusciter, il faut mourir semble ainsi la seule que recommande la formulation syntaxique du v.36.

On ne peut pas parler de résurrection pour ceux qui sont encore vivants. En 1 Co 15,4, Paul l'avait déjà affirmé pour Jésus lui-même. Dire que celui-ci est ressuscité veut dire d'abord qu'il est mort (v.3). L'emploi du verbe ἐτάφη en souligne ainsi la réalité indubitable. Ce verbe est, en effet, utilisé aussi en Ac 2,29 accompagné de l'indication de la tombe de David, pour dire que celui-ci est effectivement mort. Si Jésus est ressuscité, c'est puisqu'on sait qu'il est mort et a été enterré. Ainsi, si on ne fait pas attention, on peut, à première vue, donner raison à F. Altermath qui relève que le problème de Paul au v.36 n'est pas chronologique, mais se centre sur le *comment* de la résurrection[60]. Cette insistance d'Altermath ne doit pas

---

[60] Cf. F. ALTERMATH, *Du corps psychique*, 18.

exclure le fait que ce verset indique vraiment la nécessité de mourir avant de ressusciter. Ce verset dit justement ce que Altermath ne lui reconnaît pas, c'est-à-dire que la résurrection vient seulement *après* la mort. Toutefois, il faut en même temps bien clarifier les choses. Pour Paul, il n'y a de résurrection que des morts. Mais cela ne veut nullement dire qu'il faille voir dans le v.36 l'affirmation que tous doivent mourir avant de prendre part au royaume de Dieu[61]. Il ne veut pas dire que tous les hommes doivent mourir, et par conséquent ressusciter, pour parler de la victoire finale sur la mort. Il dit seulement que pour ceux qui sont déjà morts, la résurrection consistera dans la réception d'un corps autre, différent de celui d'avant la mort.

Aux vv.50-53, Paul élargit effectivement sa compréhension de la victoire sur la mort, en recourant au terme de "transformation", qui lui permet de parler de la victoire sur la mort même pour les vivants qui parviendront à la parousie du Seigneur[62]. C'est, de fait, aux vv.50-53 que pour la deuxième fois, dans la tractation de ce problème en 1 Co 15, il emploie le pronom πάντες. Celui-ci remplace aussi bien ceux qui sont encore vivants que ceux qui sont déjà-morts[63]. On pourra objecter: mais le v.22 emploie aussi le même πάντες avec une forte connotation de tous les hommes déjà morts! Oui, mais dire: "tous les hommes qui sont morts" n'est pas la même chose que "tous les hommes doivent mourir". Nous y reviendrons plus loin quand nous traiterons du verbe ζωοποιεῖν.[64]

2.3.3.2.3. Cohérence interne au v.37

Quant au lien interne entre **b'** et **c'**, il est une vraie disjonction (οὐ... ἀλλα). Celle-ci a pour but de souligner la distinction entre le corps futur, qui doit venir et le corps présent, le grain nu voué à la mort. L'accent s'est déplacé; Paul ne le met plus sur le fait de mourir du grain avant d'être vivifié, mais sur son aspect extérieur, sa façon d'être avant de mourir, c'est-à-dire le fait

---

[61] Ainsi pense K. MÜLLER, «Die Leiblichkeit des Heils», 187 quand il donne raison à Riesenfeld d'avoir soutenu une telle compréhension du verset.

[62] Comme on le voit, la meilleure évaluation du sens du v.36 dépend en grande partie du fait qu'on lie ou non les vv.50-57 au v.35. Cf. encore R. MORISSETTE, «La condition», 226-227. A notre avis, le v.36 indique le *moment* où se manifeste la différence exprimée au v.37 entre le *grain nu* et le *corps futur*. Cf. aussi G.D. FEE, *First Corinthians*, 781.

[63] En fait, c'est le concept de "mort" qui occasionne pareil élargissement. Pour Paul, le terme "mort" comprend aussi bien la fin effective de la vie biologique que la menace de mort, la mortalité d'un être vivant. Cf. infra, l'analyse de 1 Co 15,54-55, paragraphe 3.3.2.1.

[64] Nous montrerons en particulier qu'à cause de l'emploi de ce verbe, le pronom πάντες du v.22, doit être compris comme désignant *tous* les hommes, aussi bien les morts que les vivants. Cf. infra, paragraphe 6.1.1.

qu'il est nu. De même, il ne s'agit pas tant de savoir si le grain semé n'a pas de corps ou s'il est sans corps; Paul veut plutôt indiquer que ce que l'on sème est sans le corps *futur*. Ainsi le signe de la vivification pour les morts, c'est la réception, non pas d'un corps, mais du corps futur, lequel est différent du corps d'avant la mort. C'est en tout cas sur cette différence qu'il insiste. Ce n'est pas pour rien qu'il ajoute une clause non moins importante: εἰ τύχοι σίτου ἤ τινος τῶν λοιπῶν. Cette affirmation n'est pas du tout à négliger, car elle signale que le constat précédent est une règle générale pour toute espèce de semences: quelle que soit l'espèce de la semence que l'on considère, elle reste soumise à la même règle que les autres espèces-semences. En dépit de cette unité de genre, la diversité des espèces est reconnue et respectée.

2.3.3.2.4. Cohérence interne au v.38

C'est ce que précise le v.38 qui peut être à son tour ainsi organisé:

a :ὁ δὲ Θεὸς δίδωσιν   a':καὶ (δίδωσιν)
b :αὐτῷ   b':ἑκάστῳ τῶν σπερμάτων
c :σῶμα   c':ἴδιον σῶμα
           d :καθὼς ἠθέλησεν

Ce verset continue et complète l'idée des vv.36-37, dans la mesure où le pronom αὐτῷ renvoie à γυμνὸν κόκκον, pendant que l'ensemble ἑκάστῳ τῶν σπερμάτων est en rapport avec la phrase εἰ τύχοι σίτου ἤ τινος τῶν λοιπῶν. De même σῶμα et ἴδιον σῶμα rappellent le τὸ σῶμα τὸ γενησόμενον. Ainsi, c'est à un grain nu qu'on a semé que Dieu donne un corps; toutefois (καὶ adversatif) à chacun d'eux son propre corps, selon son espèce, c'est-à-dire selon qu'il s'agit de blé ou de n'importe quel autre. Autrement dit, le corps futur avec lequel un être vient à la vie dépend de son espèce. Au niveau de l'individualité, donc, il y a aussi continuité.

Mais tout ceci ne se réalise que grâce à l'action de Dieu. Et il faut signaler la tension entre le présent δίδωσιν et l'aoriste ἠθέλησεν. L'action divine consiste à donner à la graine nue un corps comme Dieu l'a voulu (une fois pour toutes). Cette volonté divine existe depuis toujours, mais elle se réalise dans l'action de donner. Δίδωσιν est ainsi un présent de certitude. Par ailleurs, l'aoriste du verbe θέλω indique bien le fait de n'être pas limité dans le temps, ni conditionné par quelques circonstances. En d'autres mots, Dieu ne change pas le cours des choses qu'il avait établi depuis toujours (cf. Rm 8,28-30). Pour lui, il ne s'agit pas de révolutionner les lois éternelles qu'il a fixées pour la réalisation complète de chaque être. Tout ce que Dieu fait, c'est donner, en ce moment, le corps prévu, conformément à ce qu'il avait voulu. Dans ce sens, du point de vue de Dieu, le don du corps de la résurrection n'est pas une décision nouvelle de création. Il dépend du programme éternel de Dieu. Ce que Dieu fait, c'est seulement réaliser, accomplir sa volonté.

Cette affirmation veut souligner l'irrévocabilité du plan de Dieu, depuis qu'il l'a établi pour chacun des êtres créés. Il y va donc de la puissance de Dieu, manifestée depuis la création du monde. De fait, en 1 Co 12,18, Paul utilise la même formulation καθὼς ἠθέλησεν dans un contexte où il insiste sur l'irrévocabilité de ce que Dieu a établi. Ici aussi, le fait de donner un corps autre à un grain nu, corps différent de celui qu'il avait avant, n'excède pas, pour Dieu, les limites qu'il a lui-même établies. Pour lui, c'est bien là une chose normale. Par conséquent, non seulement 1 Co 15,38 continue et complète les vv.36-37, mais il en atténue aussi la force. En effet, à eux seuls, ces versets-ci laissent croire que Paul insiste sur la nouveauté de l'acte divin[65]; mais le v.38 signale que le corps "nouveau" que Dieu accorde à chaque espèce de semences n'est que la réalisation de ce qu'il avait déjà décidé. La nouveauté doit être comprise du point de vue du créé et non pas de celui de Dieu. Du reste, cet argument est important, car il montre que les morts *recevront* (et il faut qu'il le reçoive) le corps qui correspond à leur espèce et qui est différent du corps qu'ils avaient avant de mourir.

S'agit-il alors d'une préexistence du corps de la résurrection, dans le sens qu'il existerait déjà maintenant auprès de Dieu? Certains l'ont pensé, soit en renvoyant au v.44b, soit en recourant à 2 Co 5,1. Mais dans l'un et l'autre cas, Paul est loin d'affirmer une préexistence du corps de la résurrection. Il insiste seulement sur le fait qu'un tel corps existe depuis la résurrection du Christ, qu'il est oeuvre de Dieu, dans le sens que Dieu l'a déjà disposé dans son plan éternel. De même aussi ici en 1 Co 15,38 Paul souligne la puissance de Dieu qui est capable d'appeler un non-être à l'être, et les morts à la vie. Ainsi, l'idée de préexistence n'est que secondaire; elle accompagne la similitude, mais Paul ne la développe pas ici.

2.3.3.2.5. L'argument de Paul aux vv.36-38

Que faut-il maintenant retenir de la logique de cette micro-unité? Disons que pour Paul, le corps actuel avec lequel on meurt, fera (cf. le participe futur γενησόμενον) place à un corps *autre*. Est-il *nouveau*, ce corps, comme insiste Altermath?[66] Tout dépend de ce qu'on entend par nouveauté. Logiquement, l'analogie le laisse croire. La plante qui surgit est une réalité nouvelle. Il y a sans doute discontinuité entre les deux. Mais, il faut aussi noter qu'aux vv.36-37 c'est toujours le même sujet et ce sont seulement les attributs ou les

---

[65] F. ALTERMATH, *Du corps psychique*, 18-19.
[66] Cf., F. ALTERMATH, *Du corps psychique*, 19.

prédicats verbaux qui changent[67]. Ce qui est nouveau, ce n'est pas l'être lui-même, mais ses attributs. Voilà pourquoi nous préférons parler, non pas d'un *autre* corps, mais d'un corps *autre*. Bien plus, au v.38, Paul emploie le verbe ἠθέλησεν (à l'aoriste), pour indiquer que même si ce corps que le grain reçoit en venant à la vie paraît nouveau, il existait déjà dans le plan divin. Ce qui importe, c'est qu'il est autre, différent du premier. Sans doute, la préoccupation de Paul n'est pas de dire qu'il y a une réalité nouvelle, mais de montrer que de la semence à la nouvelle plante, il y a deux corps différents qu'il faut distinguer, oeuvre de la volonté éternelle de Dieu.

Dans ce cas, ces contrastes ne visent pas à la seule description du "corps" que l'on sème, mais ils servent aussi à indiquer la différence entre le corps présent qui est semé, le corps terrestre, et le corps futur de la résurrection, le corps céleste. Mais, aux versets qui suivent, Paul, pour préciser les caractéristiques de chacun d'eux, abandonne le *topos* de la semence, car la plante qui surgit après le grain nu semé meurt aussi! L'exemple, bien qu'instructif, paraît inadéquat pour sa cause; il ne peut pas totalement montrer ce qu'est un corps qui ne périra pas.

2.3.3.3. vv.39-41: différence entre corps terrestres et corps célestes, ainsi que diversité au sein de la même espèce

2.3.3.3.1. Unité littéraire des vv.39-41

Cette unité se démarque de son environnement immédiat par un bon nombre d'indices. L'emploi des mots qu'on ne rencontre pas dans l'unité qui précède ni dans celle qui suit se passe de tout commentaire: σάρξ (5 fois); ἄλλος (7 fois) et ἕτερος (2 fois); δόξα (3 fois de façon absolue et 1 fois modifié, comme au v.43, par ἐν). A cela nous ajoutons les allitérations des substantifs κτηνῶν et πτηνῶν. Par contre le verbe σπείρω, employé 3 fois dans l'unité qui précède, disparaît complètement de celle-ci pour réapparaître 4 fois dans celle qui suit. Toutes les propositions, à l'exception de la dernière du v.41, sont des propositions nominales. Et par dessus tout, la rupture énergique entre le v.38 et le v.39 ne manque pas de frapper. Ce dernier est introduit de façon asyndétique: pas de καί, ni de δέ, ni de γάρ, qu'on aurait pu attendre. Pourquoi? C'est parce que, nous venons de le relever, l'exemple fourni aux vv.36-38 est inadéquat à la cause que Paul défend. L'enjeu de l'argumentation de 1 Co 15 étant de montrer que la vivification des hommes - particulièrement la résurrection des morts - dans le Christ constitue la victoire finale sur la mort et le commencement du règne de Dieu (cf. vv.22-28) où la mort ne sera plus une puissance (cf. vv.54-57), comment pareil

---

[67] Cf. aussi E.-B. ALLO, *Saint Paul. 1 Co*, 492.

exemple peut-il convaincre? L'Apôtre l'abandonne ainsi brusquement et fait appel à un autre aux vv.39-41.

Cela veut dire que, du moins pour Paul, et contrairement à ce que pensent bien des chercheurs, les vv.39-41 n'appuient pas et n'explicitent pas le v.38. C'est à tort qu'on croirait qu'ils développent le ἴδιον σῶμα du v.38. En effet, il n'est plus question de σπέρμα dans les vv.39-41: les différents types de "chairs" énumérés n'explicitent ni l'affirmation σίτου ἤ τινος λοιπῶν du v.37 ni la phrase ἑκάστῳ τῶν σπερμάτων du v.38. De quoi est-il alors question en ces versets et quelle est leur fonction dans cette argumentation paulinienne? Pour répondre à cette question, suivons l'organisation interne de la micro-unité.

2.3.3.3.2. Organisation interne des vv.39-41

Cette micro-unité peut être disposée en trois phases indépendantes, même si elles s'interpellent. Contrairement à G.D. Fee[68], nous trouvons que cette construction n'est pas tellement concentrique, car le v.39 et le v.41 ne parlent pas, malgré la présence de l'adjectif ἄλλη, de la même chose. Au v.39, Paul regroupe les êtres vivants terrestres entre eux, tandis qu'au v.41, il confronte les êtres glorieux célestes entre eux.

A v.39 a   οὐ πᾶσα σὰρξ ἡ αὐτὴ σάρξ

        ἀλλὰ ἄλλη μὲν ἀνθρώπων
    b   ἄλλη δὲ σὰρξ κτηνῶν   les *vivants* terrestres
        ἄλλη δὲ σὰρξ πτηνῶν   entre eux
        ἄλλη δὲ ἰχθύων

B v.40 b'¹ καὶ σώματα ἐπουράνια   les *corps* célestes compa-
    b¹ καὶ σώματα ἐπίγεια   rés aux *corps* terrestres
    b'² ἀλλὰ ἑτέρα μὲν ἡ τῶν ἐπουρανίων δόξα   ainsi que leur *gloire* res-
    b² ἑτέρα δὲ ἡ τῶν ἐπιγείων   pective

C v.41   ἄλλη δόξα ἡλίου
    b' καὶ ἄλλη δόξα σελήνης   les *gloires* célestes entre
        καὶ ἄλλη δόξα ἀστέρων   elles

    a' ἀστὴρ γὰρ ἀστέρος διαφέρει ἐν δόξῃ

Chaque groupe de cette disposition structurelle indique comment Paul revient sur l'essentiel de ce qu'il a affirmé aux versets précédents, à savoir

---

[68] Cf. G.D. Fee, *First Corinthians*, 783.

le fait que d'une part chaque genre des êtres de la création a sa spécificité et de l'autre le fait qu'au sein du même genre, il y a diversité d'apparence entre les êtres. Ici, Paul classifie les êtres selon leur ressemblance, en ceux qu'on identifie par leur "chair" d'une part (=A) et ceux qu'on amalgame par leur "splendeur" de l'autre (=C). Ce qui se ressemble s'assemble, dit-on communément.

Cependant cette classification par ressemblance sert à faire ressortir la différence de chacun par rapport aux autres membres du même type. De fait, tout ce qui est dit "chair" ne désigne pas toujours la même chose; de même, quand on parle des astres, on se rend compte que parmi eux, il y a des différences. Ainsi, la première affirmation (a) est explicitée par l'énumération de la diversité des êtres animés (b) qui se ressemblent, qui constituent une sorte de "genre" commun grâce à la catégorie "chair". Cependant, c'est cette même réalité qui les distingue entre eux. Formellement, il n'y a pas un γάρ qu'on aurait pu attendre; mais le mot crochet σάρξ et l'adjectif ἄλλη indiquent bien que Paul explicite sa pensée générale (a) sur la non-uniformité (οὐ ... αὐτή) par des cas concrets (b). En ce qui concerne les astres, par contre, il fait le chemin à rebours, commençant par énumérer les cas (b') pour résumer tout en une phrase (a'). Au niveau de la pensée, ce sont les propositions (a, a') qui constituent les idées principales, tandis que les propositions (b, b') sont des explicitations argumentatives.

2.3.3.3.3. vv. 39-41: de la disposition au sens

A quoi servent ces exemples pour la thèse qu'il cherche à montrer dans cette discussion sur le *type de corps* avec lequel les morts viennent à la résurrection? Quel rapport y a-t-il entre la σάρξ et la δόξα avec le type de corps qu'il cherche à indiquer? La réponse se situe au v.40. C'est *par* la σάρξ ou *par* la δόξα que les êtres sont à distinguer en genre de σώματα ἐπουράνια ou de σώματα ἐπίγεια. Voilà pourquoi il a mis cette distinction au centre, en forme chiastique par rapport aux extrêmes **b** et **b'**[69].

Au centre, en effet, les corps célestes sont comparés aux terrestres. Aussi Paul passe-t-il de la catégorie "chair" à la catégorie "splendeur" grâce au concept de "corps". Le passage du v.39 au v.41 est donc bien modulé par le v.40. C'est le terme "corps" qui permet de faire une comparaison entre les "vivants" (σάρξ) et les "astres" (ἀστήρ), entre le corps des uns (**b¹**) et celui

---

[69] Cette distinction la plus générale semble être suggérée par le récit de la création de Gn 1, lequel est conclu en ces termes: «ainsi furent achevés le ciel et la terre, avec toute leur armée» (Gn 2,1). Paul peut donc dire qu'il y a des corps "célestes" et des corps "terrestres", même si, selon tout le récit, comme cela transparaît dans ce texte paulinien (vv.39-41), il y a des êtres créés, dans le ciel, sur la terre et *dans les mers* (cf. ἰχθύων du v.39).

des autres (**b'¹**). Les astres, en effet, ne sont pas de chairs, mais ils sont des "corps", tout comme les vivants ne sont pas des astres, mais ils sont aussi des "corps". De la sorte, Paul montre qu'il peut exister un lien entre un corps et la splendeur. Si plus loin au v.48, il laisse entendre que le corps de la résurrection est glorieux, cela ne devra plus surprendre. Bien plus, la comparaison entre les corps célestes et les corps terrestres révèle quelque chose. Bien qu'ils soient des corps, ils sont différents, non seulement par le fait que les uns sont "chairs" et les autres "astres", mais par la gloire dont ils sont revêtus: ἐτέρα... δόξα. La gloire des corps célestes (**b'²**) n'est pas celle des corps terrestres (**b²**). Chacun d'eux a la splendeur qui lui est reconnue, telle qu'elle se présente[70].

Il est clair que Paul n'a pas de préférence pour dire laquelle des splendeurs est la meilleure. Contrairement à Sellin, en effet, qui met en évidence seulement l'opposition dualiste radicale dans l'antithèse "corps psychique - corps spirituel"[71], ces versets avisent que tel n'est pas l'angle sous lequel Paul voit ces deux réalités. Quand il dit que la splendeur des corps célestes est autre que celle des corps terrestres, remarquons bien que Paul ne dit pas laquelle des deux est supérieure. Il n'émet aucun jugement de valeur. Telle n'est donc pas sa première préoccupation. Pareillement quand il parlera du corps psychique et du corps spirituel. Paul est bien loin d'une simple conception dualiste de l'homme. Il ne dit pas par exemple que les corps terrestres ne sont pas glorieux. Ils ont une gloire, mais qui est la leur et à ne pas confondre avec celle des êtres célestes. Il insiste plus sur la différence, mieux sur la spécificité de chacun que sur leur valeur réciproque. C'est pourquoi nous préférons comprendre ce terme "gloire" de façon générique, comme étant l'apparence externe par laquelle on distingue un être des autres. Comme pour le corps des êtres animés c'est la chair, c'est-à-dire ce qu'on voit d'eux, de même pour les luminaires, leurs corps s'identifient à leur façon d'apparaître. Or, pour eux, leur façon d'apparaître, c'est leur façon de briller, leur splendeur.

Cette précision est importante pour la thèse que Paul va bientôt affirmer au v.44b, c'est-à-dire l'existence du corps spirituel pour la résurrection. Car, dans sa tentative de définir le corps avec lequel on ressuscite, Paul établit que le terme même de σῶμα s'applique à des réalités physiques différentes, terrestres et célestes. La confrontation entre les corps terrestres et les corps célestes lui permet sans aucun doute de montrer d'une part que tout corps a toujours un qualificatif et que la différence entre les corps n'est pas due seulement au fait qu'ils appartiennent à des genres différents, mais aussi au fait que chaque sorte est spécifique. Bref, Paul, dans cette phase de l'argu-

---

[70] Cf. le point de vue de R. MORISSETTE, «L'expression σῶμα en 1 Co 15 et dans la littérature paulinienne» *RSPT* 56 (1972) 223-239.

[71] Cf. G. SELLIN, *Der Streit um die Auferstehung*, 185-187

mentation insinue que ce qu'on appelle "corps" est une réalité bien variée qui reçoit une autre dénomination selon les différentes espèces et même au sein de la même espèce. Ce qui donne une définition à un "corps", ce sont les caractéristiques qui le font distinguer de ceux qui lui ressembleraient. Mais le problème n'est pas seulement à ce niveau là.

Car il y a plus. Pourquoi l'Apôtre commence-t-il par les "vivants" pour terminer par les "astres"? Il nous semble que cette architecture mette en lumière le fait que l'opposition entre corps terrestres (des vivants) et célestes (des astres) tombe à point. De fait, d'une part les "vivants" meurent, tandis que de l'autre, selon la cosmologie de l'époque, les astres sont immortels. Ainsi, même si Paul ne le dit pas explicitement en ces versets, on se rend compte que son attention est concentrée sur les attributs grâce auxquels on distingue les différents corps comparés. Si les êtres terrestres se caractérisent par la mortalité, ceux du ciel sont par contre immortels. La déduction de la part de l'auditeur ne peut être que facile: si le corps de la résurrection ne doit plus connaître la mort, il faudra donc qu'il appartienne à la catégorie des êtres célestes. Sans nul doute, Paul fait appel à des exemples qui suggèrent beaucoup. Mais en même temps, c'est cette comparaison qui montre les limites de son choix. Car, elle met aussi en évidence le fait que les corps célestes et les corps terrestres n'appartiennent pas au même genre. Dans ce cas, est-il encore possible de montrer que les vivants deviennent des astres après leur mort? Paul sera donc obligé de continuer l'argumentation. Cela se voit aux vv.42-44a où l'application concrète à la cause défendue n'est pas tellement conforme à ce qu'il vient d'exposer.

2.3.3.4. vv.42-44a: l'application à la cause défendue

2.3.3.4.1. Utilisation partielle des vv.36-41 dans les vv.42-44a

Il est vrai, ce qui frappe d'abord, c'est que, comme le dit bien E.-B. Allo, "rien ne répond à l'énumération des divers corps et des diverses chairs"[72] faite aux vv.39-41. Qu'on ne se laisse pas méprendre par la présence de ἐν δόξῃ au v.43. Il n'a pas la même portée sémantique qu'il a au v.41. Par l'emploi des termes σπειρεῖν, ἐγειρεῖν et σῶμα, Paul semble, donc, exploiter seulement l'idée des vv.36-38. Mais, même alors, c'est le v.44a qui est l'application authentique de la similitude à la cause de la résurrection des morts. C'est lui qui répond exactement à la question du v.35. Comme le grain que l'on sème doit mourir avant de devenir plante et qu'en devenant plante il revêt un corps autre, différent de celui du moment de la semence,

---

[72] E.-B. ALLO, *Saint Paul. 1 Co*, 423.

de même (οὕτως) ceux qui sont morts viennent (= ressuscitent) avec un corps autre, différent de celui qu'ils avaient avant de mourir.

Cependant, n'oublions pas que l'exploitation des vv.36-38 est elle aussi partielle, car Paul lui-même a dû abandonner cet exemple-là. L'expression ἐγείρεται ἐν ἀφθαρσίᾳ du v.42b n'est pas tirée de cet exemple. Par contre, elle est suggérée par l'immortalité des corps célestes des vv.39-41. Une organisation interne de cette micro-unité exigerait donc de ne point mettre le v.44a sous le même pied d'égalité avec les vv.42b-43.

2.3.3.4.2. Organisation interne et fonction des vv.42b-44a

Exception faite des verbes σπείρεται et ἐγείρεται qui unissent ce v.44a aux vv.42b-43, la discordance entre eux est notoire. En 42-43, ces verbes sont modifiés par des compléments de circonstances introduits par la préposition ἐν. En plus leurs sujets ne sont pas exprimés. Par contre, ceux du v.44 ont leurs sujets énoncés, alors qu'ils sont sans compléments.

v.42b	σπείρεται	ἐν φθορᾷ	ἐγείρεται	ἐν ἀφθαρσίᾳ
v.43	σπείρεται	ἐν ἀτιμίᾳ	ἐγείρεται	ἐν δόξῃ
	σπείρεται	ἐν ἀσθενείᾳ	ἐγείρεται	ἐν δυνάμει
v.44a	σπείρεται	σῶμα ψυχικόν	ἐγείρεται	σῶμα πνευματικόν

A quoi servent alors les vv.42b-43 par rapport à cette application et pourquoi Paul retarde-t-il la réponse jusqu'après leur assertion? Est-ce pour souligner le dualisme fondamental entre les deux "corps", vu qu'il est facile d'établir deux axes des oppositions en deux axes des équivalences? C'est ce que soutient Sellin, qui classifie d'une part la catégorie sémique du corps somatique et de l'autre celle du corps spirituel[73]. En soi, au plan formel, c'est bien correct. Mais le problème provient de l'interprétation qu'il en fait. Nous croyons, encore une fois, qu'il faut bien suivre le raisonnement paulinien ici. Que fait Paul dans cette phase de sa démonstration? Que veut dire pour lui l'application des éléments essentiels du discours précédent? Certes, pour Paul, le corps psychique est comme le "grain nu" que l'on sème, tandis que le "corps spirituel" est comme le "corps à venir" du grain, que Dieu accorde conformément à ce qu'il avait déjà établi. Mais pour lui, ce n'était là qu'une approche.

Le corps psychique n'est pas le grain nu. Contrairement au grain nu qui est semé tout court, le corps psychique est semé dans la corruption, dans le mépris ou dans la faiblesse. Cette redondance de la préposition ἐν ne manque

---

[73] Cf. G. SELLIN, *Der Streit um die Auferstehung*, 74,221.

pas de rappeler la finale du v.41. En d'autres termes, cette particule aide à saisir qu'il y a diverses circonstances dans lesquelles (ou aussi divers moyens par lesquels) le corps psychique est semé: tous ne meurent pas de la même façon.

Or ces circonstances énoncées renvoient d'une certaine manière à la passion du Christ. Paul est en train de glisser lentement vers l'expérience du Christ. En outre, rien n'empêche de voir ici des accouplements que l'on retrouve ailleurs, surtout là où Paul parle de ses propres souffrances (cf. 2 Co 6,8; 12,9.10;13,3-4.9). En ces derniers textes, ces contrastes servent à souligner d'une part la faiblesse du corps physique de l'Apôtre, de sa vie personnelle et de l'autre la puissance salvatrice de Dieu, avec un accent particulier sur l'espérance et la confiance en Dieu. Une telle note est aussi présente en 1 Co 15,42b-43. Aussi ces versets permettent-ils de comprendre que pour Paul le corps psychique est marqué par la faiblesse. En 15,30-32, Paul avait déjà parlé de ses souffrances à cause du Christ. Ne serait-ce pas à elles, qu'il fait allusion ici? Dans ce cas, sa pensée est: quelles que soient les conditions affligeantes dans lesquelles nous mourons, les conditions de notre résurrection sont glorieuses. La puissance salvatrice de Dieu se manifeste dans l'avènement du corps spirituel, lequel est, contrairement au corps psychique qui meurt, ressuscité, ayant pour marques l'immortalité, la gloire et la puissance. C'est bien là une assurance déjà présente dans la similitude (vv.36-38). Il n'y a donc rien ici qui indique un dualisme anthropologique marqué par le mépris du corps psychique comme chez les sages judéo-hellénistiques.

2.3.3.4.3. Fonction rhétorique des antithèses

A quoi alors servent ces antithèses qui accompagnent l'opposition principale σπείρεται - ἐγείρεται de cette micro-unité? Nous venons de dire qu'elles ne montrent pas, comme disent Sellin et Schottroff[74], comment Paul a une conception négative du corps psychique? Quelle est alors leur fonction rhétorique? Il nous semble que ces deux auteurs ne voient pas l'objet de discussion du point de vue de l'argumentation de l'Apôtre, mais de celui de ses éventuels adversaires, en l'occurrence les dualistes de la sagesse judéo-hellénistique ou les gnostiques. Car, selon l'argumentation paulinienne en elle-même, les antithèses sont une voie par laquelle Paul passe pour mieux définir son propos. Cicéron l'avait aussi conseillé aux orateurs de son temps[75]. Ces antithèses servent d'abord à fournir les caractéristiques de chacun des

---

[74] Cf. G. SELLIN, *Der Streit um die Auferstehung*, 74; L. SCHOTTROFF, *Der Glaubende*, 166-167.
[75] CICERON, *Partitiones Oratoriae*, §41.

"corps", caractéristiques qui permettent ainsi de bien définir le corps dont il est question[76]. Voilà pourquoi Paul peut conclure que pareillement (οὐτῶς) quand on sème un corps psychique, il ressuscite un corps spirituel. Comme dans les définitions par contraste, il définit ce corps spirituel en se concentrant sur son opposition avec le corps psychique, sans qu'il ait pour autant la prétention de dévaluer ce dernier.

Seulement, Paul lui-même trouve tout ce raisonnement insuffisant pour défendre sa cause. Les exemples fournis ne permettent pas de répondre avec certitude à la question qu'il a posée au v.35. Par ailleurs, il faut prendre en considération le fait que les exemples fournis aux vv.39-41 se sont révélés aussi inadéquats, même s'ils ont montré que certains corps (célestes) ont une gloire tout autre (c'est-à-dire éternelle). Personne n'a jamais vu un être vivant devenir un astre après sa mort, un corps humain devenir un corps céleste. Certes, des corps immortels (astres) existent à côté de ceux mortels (les vivants), mais le passage de ceux-ci à ceux-là est au-delà de toute possibilité. Que faire? Paul devrait indiquer qu'un tel cas a déjà eu lieu. Et c'est à cela que servent, en vérité, ces vv.42-44a. Paul doit changer d'arguments: fournir un cas concret où un corps mortel est devenu un corps éternel. L'unité argumentative suivante est préparée en douceur.

Cette phase argumentative commence en 44b avec l'énonciation d'une nouvelle *propositio*[77], qui permet à Paul de passer à une autre étape argumentative, où il définit son concept du corps «autre» en fournissant une preuve directe, historique. Et il n'y a d'autre cas que celui de Jésus ressuscité!

---

[76] Mais c'est bien une règle générale dans l'art de discuter. On le voit également dans un texte de Plutarque, que nous aurons à discuter quand nous parlerons des vv.53-54 (cf. infra, paragraphe 3.3.1.3.3.1.). Dans *Moralia* 960, *De sollertia animalium*, 2, Plutarque oppose le "mortel" à l'"immortel", le "corruptible" à l'"incorruptible", le "corps" à l'"incorporel". Mais il n'exprime pas avec cela un avis négatif sur l'axe "mortel-corruptible-corporel" et un point de vue positif à l'égard de leurs contraires. Quand il les met en contraste, c'est pour montrer que pareillement (οὐτῶς) il y a une opposition entre le "rationnel" et l'"irrationnel". Nous croyons que ce soit le cas ici.

[77] En fait, Paul montre aussi ici qu'il connaissait bien les exigences de l'art rhétorique. En effet, il y a deux "preuves communes" (κοιναὶ πίστεις) à tous les genres rhétoriques. "Ces preuves communes sont de deux genres: l'exemple et l'enthymème (παράδειγμα καὶ ἐνθύμημα)", ARISTOTE, *Rhétorique* 1393a 24-25. Au numéro 1394a 9-16, Aristote précise qu' "il faut, quand on n'a pas d'enthymèmes, se servir d'exemples comme démonstration (car ils entraînent la conviction); si l'on a des enthymèmes, il faut se servir des exemples comme témoignages, les employant comme épilogue aux enthymèmes; si on les fait précéder, ils ressemblent à une induction; /.../. C'est ce qui fait que, si on les place en tête, il faut nécessairement en produire plusieurs; en épilogue, même un seul suffit; car un témoin honnête, fût-il seul, est efficace".

2.3.4. vv.44b-49: deuxième étape de l'argumentation: l'existence du corps spirituel

2.3.4.1. v.44b: la *propositio - thesis*

La preuve que les réponses précédentes n'ont pas été satisfaisantes se trouve dans le fait que l'affirmation du v.44a déclenche aussitôt une justification: εἰ ἔστιν σῶμα ψυχικόν, ἔστιν καὶ σῶμα πνευματικόν. Normalement, Paul aurait pu clôturer le débat avec le v.44a. Pourquoi continue-t-il? C'est que pour ses auditeurs, l'affirmation de l'existence du "corps spirituel" demande d'être justifiée. Contrairement à ce qu'en dit Sellin[78], la notion du corps spirituel ne devait pas être connue des interlocuteurs de l'Apôtre. Pas seulement la notion, mais aussi la réalité qu'elle exprimait, car de l'argumentation qui précède (vv.12-34) on voit que les Corinthiens ne faisaient pas encore le lien entre la résurrection de Jésus et la résurrection des morts. Certes, non seulement certains membres de la communauté chrétienne se croyaient spirituels, mais Paul le leur disait (1 Co 2,10-16). Pourtant, malgré cela, ils ne savaient pas que les morts ressusciteraient avec un corps spirituel (1 Co 15,35-44a). Comment pouvaient-ils savoir qu'un tel corps existait et quelles étaient ses caractéristiques? Il nous semble que c'est à cause de cette ignorance que Paul est obligé d'appuyer son affirmation du v.44a. Dans une vraie discussion, il n'est jamais suffisant de dire qu'on se sert de tel instrument, si on ne prouve pas d'abord que pareil instrument existe et comment il se présente. De même aussi, il serait insuffisant pour Paul de dire que les morts ressuscitent avec le corps spirituel, s'il n'en montrait pas aussi l'existence et indiquait en quoi il consiste.

C'est ainsi que, continuant la logique du v.44a, et donc de tout ce qui précède, Paul tente de montrer que le "corps spirituel" existe et d'en indiquer les caractéristiques. Et il le fait en mettant à profit ce que les vv.36-44a ont pu clarifier. Par exemple, respectant la logique de la similitude, il faudra que le corps de la résurrection soit un corps "futur", dans le sens qu'il soit "τὸ γενησόμενον σῶμα", c'est-à-dire, chronologiquement parlant, un corps qui doit venir après celui qu'on avait avant de mourir (v.36-37)[79]. De même, comme selon les vv.39-41 on ne parle pas d'un corps à l'abstrait[80], il faudra qu'il montre qu'il y a un être, un homme, qui s'est déjà présenté avec un

---

[78] Cf. G. SELLIN, *Der Streit um die Auferstehung*, 188-189.

[79] Voilà pourquoi, nous disions plus haut que Altermath a tort de négliger l'importance de l'aspect chronologique dans la compréhension du v.36.

[80] Le corps est toujours quelque chose de concret, avec lequel un être concret se présente, est identifié et distingué par rapport aux autres. Sans nul doute, en rapprochant des espèces différentes entre elles ou des individus d'une même espèce, Paul a indiqué que c'est le "corps" qui est le critère de différenciation et que le "corps", c'est qui fait que tel être déterminé soit identifié.

corps spirituel. Dans le même ordre d'idées, il doit montrer que les autres êtres de son espèce, en l'occurrence les hommes, peuvent, "conformément à leur espèce", se présenter un jour sous cette forme-là, c'est-à-dire, avec ce corps-là. C'est bien pour cela que Paul ne dit pas qu'"il y aura un corps spirituel", mais qu'"il y a un corps spirituel".

Autrement dit, ce que Paul va normalement prouver ici, c'est l'apodose de sa proposition: ἔστιν καὶ τὸ πνευματικόν. Toutefois, dans une formulation implicative, la protase doit être aussi prouvée, car c'est de sa "logicité" que dépend la conclusion, c'est-à-dire l'apodose. C'est ainsi que Paul montre que l'on peut parler d'un corps psychique. Il le fait en se référant à Gn 2,7. Ce texte convient dans ce contexte, car l'Apôtre a besoin d'indiquer l'existence du corps psychique comme caractéristique du premier homme. A celui-ci il va contraster le deuxième homme, grâce auquel il peut parler du corps spirituel. De tout ce que nous venons de dire, nous pouvons ainsi retenir que le v.35 est la *propositio-problèma*, alors que le v.44b est la *propositio-thesis* de cette macro-unité. Cela saute aux yeux, d'autant plus que Paul change la nature de ses preuves. Des exemples, il passe à l'enthymème de type scripturaire, un syllogisme basé sur l'exégèse des Ecritures.

2.3.4.2. vv.45-49: la *probatio* midrashique

La première chose que Paul indique dans cette péricope, c'est que le corps psychique existe, comme il est écrit dans Gn 2,7. Il est vrai qu'il n'y a pas un γάρ. Mais la formulation οὕτως καὶ γέγραπται remplit cette fonction. Six autres cas dans le Nouveau Testament montrent que οὕτως précédant une citation biblique fait jouer à celle-ci un rôle de preuve scripturaire pour appuyer ce que l'on vient d'affirmer[81]. Dans ce cas, nous ne pouvons pas interpréter cette particule à la manière de R. Morissette et de K. Usami. Ces deux auteurs pensent que οὕτως est employé ici pour introduire un raisonnement *a fortiori*.[82] Tout simplement, la citation scripturaire que Paul fait suivre appuie immédiatement sa *propositio*. Il s'agit là d'un procédé midrashique qu'il utilise. Mais une chose est d'affirmer que Paul procède ici par un *midrash*, une autre est de le montrer. Or, pour le démontrer, il faut

---

[81] Cf. Mt 2,5; Ac 7,6; 13,34.47; Rm 10,6; He 4,4.

[82] Cf. R. MORISSETTE, «La condition de ressuscité», 222-228; K. USAMI, «'How Are the Dead Raised?' (1 Cor 15,35-58)» *Bib* 57 (1976) 475. Une autre interprétation non correcte de ce οὕτως καί est de le considérer comme une particule de comparaison: "les rapports entre les deux "corps" (v. 44b) sont les mêmes (v. 45a: οὕτως καί) que les relations entre les deux Adam (vv. 45-47)", R. MORISSETTE, «La condition de ressuscité», 223.

d'abord savoir ce que c'est qu'un *midrash*; ensuite voir si et comment Paul le fait fonctionner dans ce texte[83].

2.3.4.2.1. Qu'est-ce qu'un *midrash*?

Il n'est pas aisé de définir le *midrash*. De façon globale, il s'agit d'une méthode d'interprétation, technique ou homélitique, de l'Ecriture, obéissant à certaines règles[84]. Celles-ci étaient nombreuses, mais les plus fréquentes étaient la *gezerah shawah* et la *qal wahomer*[85]. Cette dernière régit le raisonnement logique dit *a fortiori*. Quant à la *gezerah shawa*, elle consiste en une sorte d'analogie fondée sur la ressemblance de mots entre deux textes séparés, lesquels sont alors rapprochés et utilisés pour s'expliquer, s'éclairer ou s'amplifier mutuellement[86]. Partant d'un mot ou de plusieurs mots que les deux textes ont en commun, l'herméneute perçoit ces textes comme étant en réalité semblables et unis.

---

[83] On se pose parfois des questions sur le rapport qui peut exister entre le procédé midrashique et le modèle rhétorique. Nous sommes conscient qu'il s'agit d'une question importante ici. Elle mériterait certainement une étude plus approfondie. Cf. aussi H.L. STRACK - G. STEMBERGER, *Introduction au Talmud et au Midrash* (trad. de l'allemand, Paris, [7]1986) 40. En tout cas nous observons que, dans certaines argumentations, Paul n'hésite pas à recourir à la technique midrashique. De soi, il ne peut pas y avoir une dissonance entre les deux techniques. Après tout, le procédé midrashique faisait partie de la rhétorique juive ancienne. Et comme dans ses discussions Paul tire ses arguments de plusieurs *topoi*, il n'y a pas de doute qu'il considère les Ecritures comme un des *topoi*. Or, Aristote rappelait que toutes les idées que l'on tire d'un *topos* ne sont pas toujours aussi claires pour tous. Cf. ARISTOTE, *Topiques*, 100 b 26-28. On comprend alors que quand l'idée que Paul tirait du *topos* biblique exigeait d'être aussi argumentée, celui-ci ne manquait pas, pour l'expliciter, de recourir au modèle d'interprétation des Ecritures, en usage en son temps.

[84] Cf. R. BLOCH, «Midrash» *DBS* V, 1263-1281; H.L. STRACK - G. STEMBERGER, *Introduction*, 274-275; A.G. WRIGHT, *The Literary Genre Midrash* (New York, 1967); R. LE DEAUT, «A propos d'une définition du midrash» *Bib* 50 (1969) 395-413; IDEM, «Un phénomène spontané de l'herméneutique juive ancienne: le targumisme» *Bib* 52 (1971) 505-525; IDEM, «La Septante, un targum?» in *Études sur le judaïsme hellénistique*. Congrès ACFEB de Strasbourg, 1983 (dir. R. KUNTZMANN - J. SCHLOSSER) (LD 119; Paris, 1984) 148-195; M. McNAMARA, «Midrash, Culture, Medium and Development of Doctrine. Some Facts in Quest of a Terminology» *PIBA* 11 (1987) 67-87; M.P. MILLER, «Midrash» *IDBSup* (Nashville, 1976) 593-597; G. STEMBERGER, *Midrasch*. Vom Umgang der Rabbinen mit der Bibel. Einführung - Texte - Erläuterungen (München, 1989); J. NEUSNER, *What is Midrash* (Philadelphia, 1987); R.E. BROWN, *The Birth of the Messiah*. A Commentary on the Infancy Narratives in Matthew and Luke (Garden City, NY; [2]1993) 557-563.

[85] Voir les différentes règles de l'exégèse rabbinique dans H.L. STRACK - G. STEMBERGER, *Introduction*, 39-55.

[86] Cf. H.L. STRACK - G. STEMBERGER, *Introduction*, 41-42.

Selon cette logique, il est normal qu'on arrive même à construire une *famille des textes* auxquels on recourt pour éclairer telle ou telle situation, justifier tel ou tel choix théologique. Un tel procédé implique en tout cas un présupposé du côté de l'interprète, celui de croire que les contextes de ces textes sont aussi d'une certaine manière en relation. De fait, le principe justifiant toutes ces coordinations se situe dans le fait que l'exégète considère et accepte tous les livres de l'Ecriture comme *parole de Dieu* pour Israël. Parole de Dieu, l'Ecriture est donc une et éternelle; elle ne peut pas se contredire, doit être encore efficace et demeurer vivante, c'est-à-dire capable de dire encore quelque chose à la communauté qui l'écoute[87]. Cette *actualisation* semble être très importante dans la pratique du midrash, même si on ne peut pas réduire l'essentiel de cette exégèse à cette dimension actualisante[88].

Bref, avec ces règles, en particulier la *gezerah shawah*, un même et unique texte pouvait produire plusieurs interprétations, conduire parfois à des conclusions opposées. Les deux écoles de Shammaï et de Hillel en sont une preuve.

2.3.4.2.2. L'exégèse paulinienne de Gn 2,7 en 1 Co 15,45-47

Il est aujourd'hui grandement acquis parmi les exégètes que le Nouveau Testament est plein des *midrashim*[89]. Paul, qui était un homme d'une grande connaissance des Ecritures n'échappe pas à l'utilisation des procédés midrashiques dans ses argumentations[90]. C.K. Stockhausen et Aletti ont res-

---

[87] Cf. C.K. STOCKHAUSEN, *Moses' Veil and the Glory of the New Covenant*. The exegetical Substructure of II Cor. 3,1-4,6 (AnBi, 116; Roma, 1989) 27.

[88] Cf. la discussion à ce sujet chez R.E. BROWN, *The Birth of the Messiah*, 558-560.

[89] Cf. A.T. HANSON, *Jesus Christ in the Old Testament* (London, 1965) 10-47, 139-160; IDEM, *The New Testament Interpretation of Scripture* (London, 1980) 21-96; IDEM, *The Living Utterances of God*. The New Testament Exegesis of the Old (London, 1983) 44-62; F.F. BRUCE, *New Testament and Development of Old Testament Themes* (Grand Rapids, MI, 1968); D.L. BAKER, *Two Testaments, One Bible*. A Study of the Theological Relationship Between the Old and New Testaments (Leicester, 1976, ²1991); C.H. DODD, *According to the Scriptures*. The Sub-structure of New Testament Theology (London, 1952, reimprimé en 1965); J.D.G. DUNN, *Unity and Diversity*, 81-82.

[90] Cf. B. RIGAUX, *Saint Paul et ses lettres*. Etat de la question (SNS 2; Paris, 1962) 173-176; A.T. HANSON, *Studies in Paul's Technique and Theology* (London, 1974); D.A. KOCH, *Die Schrift als Zeuge des Evangeliums*. Untersuchungen zur Verwendung und zum Verständnis der Schrift bei Paulus (BHTh 69; Tübingen, 1986); G.A. EVANS - J.A., SANDERS (éds.), *Paul and the Scriptures of Israel* (SSEJC 1; JSNTSS 83; Sheffield, 1993).

pectivement montré comment Paul fait fonctionner ce procédé en 2 Co 3,1-4,6 et en Rm 4 et Rm 9-11[91].

Pour 1 Co 15 en général et 15,45-49 en particulier, Allo refusait de recourir à "certaines spéculations fabuleuses des Midrashim et du Talmud sur Adam". Selon lui, "pour le Judaïsme, Strack-Billerbeck affirment (p. 477s.) que jamais on n'a opposé au premier homme tiré de la poussière un «deuxième» ou «dernier» Adam"[92]. Allo a raison, si pour dire que Paul a ou n'a pas fait du *midrash* en 15,45-49 veut dire aller chercher une telle lecture dans les *midrashim* des rabbins. Cela serait partir d'un faux préjugé, car, pour nous, il s'agit de voir comment Paul lui-même, un judéo-chrétien de l'époque néotestamentaire, a fait son midrash à lui, en appliquant les mêmes règles d'exégèse scripturaire de son temps. Il va de soi que les juifs non convertis au Christ ne pouvaient pas voir en Adam un "type" du Christ, comme le fait, en revanche, Paul (cf. aussi vv.21-22; Rm 5,12-21).

Ceci vaut de même contre le préjugé de Sellin. Car, le fait que Paul utilise les termes "premier homme" et "deuxième-dernier homme", expressions qui ressemblent à celles que l'on trouve dans l'exégèse allégorique de Philon, ne suffit pas pour affirmer que Paul les a empruntés à ce dernier[93]. Chaque interprète des Ecritures - et Paul en est un - était, grâce à l'application de la règle des associations verbales (*gezerah shawa*) par exemple, libre de trouver les textes qui pouvaient concourir à soutenir son interprétation.

C'est peut-être l'identification de tels textes dans le *midrash* de Gn 2,7 en 1 Co 15,45-49 qui pose problème. Paul, en effet, ne les cite pas explicitement, comme cela devait être et comme il le fait ailleurs, dans l'épître aux Romains par exemple. Mais l'étude de Stockhausen sur 2 Co 3,1-4,6 montre bien que Paul pouvait faire une telle exégèse, sans nécessairement citer explicitement les textes auxquels il recourait. Ainsi, S. Keesmaat, partant de l'analyse de Rm 8, n'a pas tort d'insister sur le fait que l'arrière-fond culturel qui tisse la plupart des argumentations pauliniennes est principalement l'Ancien Testament, même quand l'Apôtre ne cite pas textuellement celui-ci[94].

---

[91] Cf. C.K. STOCKHAUSEN, *Moses' Veil*; IDEM, «Paul the Exegete» *BibTo* 28 (1991) 196-202; J.-N. ALETTI, *Comment Dieu est-il juste?* Clefs pour interpréter l'épître aux Romains (PD; Paris, 1991) 202-231; IDEM, «Saint Paul exégète de l'Ecriture» in *L'Ecriture, âme de la théologie* (Institut d'Etudes Théologiques; Bruxelles, 1990) 39-59; Cf. aussi S. LYONNET, «Rm 8,2-4 à la lumière de Jérémie 31 et d'Ezéchiel 35-39» in *Mélanges Eugène Tissérant*. Vol I (Vatican, 1964) 311-323; reproduit dans son oeuvre posthume, S. LYONNET, *Etudes sur l'Epître aux Romains* (AnBib 120; Rome, 1989) 232-233.

[92] E.-B. ALLO, *Saint Paul. 1 Co*, 427.

[93] Cf. G. SELLIN, *Der Streit um die Auferstehung*, 78.179.

[94] Cf. S. KEESMATT, «Exodus and the Intertextual Transformation of Tradition in Romans 8:14-30» *JSNT* 54 (1994) 29-56.

Aussi proposons-nous avec Schade de recourir à Ez 37,14, pour expliquer l'emploi de Gn 2,7 en 1 Co 15,45[95]. Un tel rapprochement avec Gn 2,7 est aussi présent dans GenR 14,8[96]. C'est ce qui fait dire à Schade que nous sommes en présence d'une lecture rabbiniqque traditionnelle de Gn 2,7[97]. Nous savons que Sellin rejette cette suggestion pour deux raisons. D'abord parce que le dualisme πνεῦμα - ψυχή ne peut être tiré ni d'Ez 37 ni de GenR 14,8. Ensuite, le verbe ζῳοποιεῖν n'a aucun appui terminologique en Ez 37[98].

La première raison tombe depuis que nous avons montré que les antithèses que Paul utilise ici ont un autre but, à savoir préciser le concept du corps ressuscité, en le distinguant des autres cas semblables plutôt que celui d'exprimer un dualisme anthropologique. Et de fait ici, Paul veut montrer qu'il y a aussi un corps spirituel, si on admet qu'il y a un corps psychique (v.44b). Il n'accompagne pas, cependant, cette distinction d'un mépris pour le corps psychique, contrairement à l'anthropologie philonienne, fortement soulignée par le même Sellin.

La deuxième raison, quant à elle, indique seulement que Sellin ne tient pas compte des procédés mis en jeu pour tirer des textes bibliques des expressions ou des formes verbales qu'eux-mêmes ne possèdent pas[99]. Après tout, une interprétation n'est-elle pas aussi une sorte de création d'un nouveau texte! Ainsi, pour expliquer le sens de "la glaise du *sol*" qu'on trouve dans Gn 2,7, R. Berekhiah et R. Helbo disent dans GenR 14,8, au nom de R. Samuel, l'ancien, que cela veut dire: "Il était créé de la source d'expiation". Pour appuyer leur interprétation, ils citent Ex 20,24. Et pourtant, ni dans ce texte, ni dans Gn 2,7, il n'y a l'expression "source d'expiation"! L'expression qu'on trouve dans Ex 20,24, c'est "autel de la *terre*". Et

---

[95] Cf. H.H. SCHADE, *Apokalyptische Christologie*, 79, où, après avoir rapporté et commenté un peu GenR 10:14, il conclut ainsi: "Genau das, was so in Gen 2,7 nicht steht, was Paulus aber in Gen 2,7 findet - und er meint ja, seine Behauptung 1K 15,44 durch Schriftauslegung in v 45 zu begründen -, dies findet er durch Kombination mit Ez 37,14, eine durch rabbinische Auslegungstradition von Gen 2,7 gegebene Kombination".

[96] Cf. J. NEUSNER, *Genesis Rabbah.* The Judaic Commentary to the Book of Genesis. A New American Translation. vol. I. Parashiyyot One through Thirty-Three on Genesis 1:1 to 8:14 (BJS 104; Atlanta, 1985), 156.

[97] Cf. H.H. SCHADE, *Apokalyptische Christologie*, 79.

[98] 1° "Entscheidend gegen diese Herleitung des Motivs von 1 Kor 15,45 aus Ez 37 spricht aber, daß sich weder aus Ez 37 noch aus GenR 14:8 der Dualismus von πνεῦμα und ψυχή herleiten läßt". 2° "So hat denn auch ζῳοποιεῖν keinen terminologischen Anhalt in Ez 37 (auch im hebräischen Text nicht: es begegnet keine Piel- oder Hiphil-Form von חיה)", G. SELLIN, *Der Streit um die Auferstehung*, 88, note 40.

[99] Dans les textes de Jr 31, Jr 38, Ez 36, Ez 37 et Ex 34 que Stockhausen propose comme arrière-fond midrashique pour la compréhension de 2 Co 3,1-6, on ne trouve pas le "terminologischen Anhalt" des expressions comme ἐγγεγραμμένη, πλαξὶν λιθίναις, πλαξὶν καρδίαις σαρκίναις. Et pourtant, cette suggestion n'est pas insensée. De même aussi, S. LYONNET, *Etudes sur l'Epître*, 232-233 a fructueusement proposé de comprendre Rm 8,2-4 à la lumière de ce même procédé.

comme l'autel est conçu comme la source d'expiation, la conclusion des rabbins à propos du sens de "la glaise du sol" de Gn 2,7 devient: "Le Saint, béni soit-il, dit: «Voici, je vais le créer à partir *du lieu d'où il obtient* l'expiation»"[100].

De même, quand dans GenR 14,8 les commentateurs recourent à Ez 37,14, ils mettent, certes, en relief la façon dont l'esprit est donné; mais ils trouvent en ce don de l'esprit une raison pour comparer la première création de l'homme et sa recréation à la résurrection des morts: "Car la création en ce monde-ci est accomplie par le soufflement de l'air, mais dans le monde à venir elle sera à vrai dire accomplie par sa transmission"[101].

Somme toute, les raisons avancées par Sellin pour rejeter le recours à Ez 37 ne tiennent pas. L'étude de Stockhausen prouve en tout cas qu'en 2 Co 3,6c, l'expression τὸ δὲ πνεῦμα ζωοποιεῖ est une conclusion directe à partir d'Ez 37,6.10.14[102]. Ne peut-on pas le soutenir aussi pour 1 Co 15,45? La difficulté ici serait alors de montrer comment ce πνεῦμα ζωοποιοῦν est un attribut du deuxième Adam. Voilà pourquoi, la façon dont Schade exploite Ez 37 ne résout pas totalement le problème. Car, il est vague de dire qu'il y a ici une tradition exégétique rabbinique, si on ne dit pas comment et selon quelle règle Paul lui-même a procédé pour arriver à l'interprétation scripturaire qu'il présente dans son texte[103].

A notre avis, pour arriver à saisir le raisonnement de Paul ici, il faut recentrer l'attention sur le contexte immédiat. De quoi s'agit-il ici et que veut montrer Paul? Complétant sa réponse à la question du v.35, Paul veut montrer au v.44b qu'il y a un corps spirituel et que c'est avec celui-ci que les morts qui ressuscitent viendront. Or, comme il fait dépendre cette affirmation d'une condition ("s'il y a un corps psychique": v.44bα), il doit commencer par prouver la protase de sa *propositio*. C'est ainsi qu'il cite Gn 2,7 dont il fait un *midrash* jusqu'au v.48. Nous allons montrer ici comment nous pouvons comprendre ce procédé paulinien.

Toutefois, il est des exégètes qui, même quand ils trouvent que l'Apôtre fait du *midrash*, ne saisissent pas Paul, parce qu'il sectionne Gn 2,7 en trois petites propositions qu'il dispose en intervertissant l'ordre des phrases par

---

[100]   Cf. J. NEUSNER, *Genesis Rabbah*, 156.

[101]   Cf. J. NEUSNER, *Genesis Rabbah*, 156.

[102]   Cf. C.K. STOCKHAUSEN, *Moses' Veil*, 69.

[103]   Paul n'enregistre pas seulement une tradition déjà existante; il fait lui-même de l'exégèse des textes. Selon H.H. SCHADE, *Apokalyptische Christologie*, 79, "die Verwendung von Ez 37,14 findet sich auch noch einmal (und im ganzen NT nur noch hier) bei Paulus, und zwar 1Th 4,8". Par cette affirmation Schade semble ne pas être conscient du fait que Paul lui-même était capable d'utiliser le modèle midrashique, car il réduit l'emploi d'Ez 37 dans les lettres pauliniennes seulement à 1 Th 4,8 et 1 Co 15,45. Les études de C.K. STOCKHAUSEN, *Moses' Veil*, 69 et de S. LYONNET, *Etudes sur l'Epître*, 232-233 prouvent que Paul a plusieurs fois fait appel à ce texte d'Ez, même s'il ne l'a pas cité explicitement. Cf. aussi A.T. HANSON, *Studies in Paul's Technique*, 172.

rapport à l'original de la LXX. De fait, dans une lecture synoptique, les deux textes se disposent de façon chiastique: 1 Co 15,45b = Gn 2,7c; 1 Co 15, 45c = Gn 2,7b et 1 Co 15,47a = Gn 2,7a. Un tel procédé paraît sans nul doute déconcertant, mais il était pratiqué dans l'exégèse rabbinique qui se fondait aussi sur l'indépendance des différentes parties du discours[104]. Dans tous les cas, ce qui compte, c'est la façon dont un exégète donné applique telle règle de l'exégèse pour appuyer son raisonnement. Dans le cas de Paul, il est normal que voulant fournir un appui immédiat à sa *propositio*, encore mieux à la protase de sa *propositio*, il commence la citation de Gn 2,7 par sa fin où se trouve le mot ψυχή. L'existence d'un corps psychique se justifie donc par sa présence dans le récit de la création du premier homme. Disposons les deux textes l'un à côté de l'autre pour y voir clair.

2.3.4.2.3. Lecture synoptique de 1 Co 15,45b-47 et Gn 2,7

1 Co 15, 45b-47	Gn 2,7
45b ἐγένετο ὁ πρῶτος ἄνθρωπος Αδαμ εἰς ψυχὴν ζῶσαν	7c ἐγένετο ὁ ἄνθρωπος εἰς ψυχὴν ζῶσαν
45c ὁ ἔσχατος Ἀδαμ εἰς πνεῦμα ζῳοποιοῦν	7b καὶ ἐνεφύσησεν εἰς τὸ πρόσωπον αὐτῷ πνοὴν ζωῆς
46 ἀλλ᾽ οὐ πρῶτον τὸ πνευματι-κόν ἀλλὰ τὸ ψυχικόν, ἔπειτα τὸ πνευματικόν	
47a ὁ πρῶτος ἄνθρωπος ἐκ γῆς χοϊκός	7a καὶ ἔπλασεν ὁ Θεὸς τὸν ἄνθρωπον χοῦν ἀπὸ τῆς γῆς
47b ὁ δεύτερος ἄνθρωπος ἐξ οὐρα-νοῦ.	

Cette disposition synoptique indique que les vv.46 et 47b de 1 Co 15 n'ont pas de correspondants dans le texte de Gn 2. C'est peut-être cela qui fit dire à Schmithals qu'il s'agit d'une glose tardive[105]. Pourtant, il n'en est pas ainsi. Paul fait un *midrash*. Puisque c'est la réponse à la question du v.35

---

[104] Cf. H.L. STRACK - G. STEMBERGER, *Introduction*, 277.
[105] "V.46 ist scheinend eine sekundäre, gegen die dualistische Gnosis gerichtete Randbemer-kung", W. SCHMITHALS, *Die Briefe des Paulus in ihrer ursprünglichen Form* (ZWB; Zürich, 1984) 31; cf. IDEM, *Theologiegeschichte*, 54.

qui l'a conduit à ce développement, Paul a raison d'affirmer au v.44b que le corps dont il s'agit ici est une catégorie de la fin des temps, une réalité eschatologique et que l'homme qui l'a déjà revêtu est un "être eschatologique". Bien plus, le concept de corps tel qu'il s'est dégagé de son argumentation en 36-41 n'est pas une donnée abstraite. Le corps spirituel ne doit pas l'être non plus. Pour en parler, il faut qu'il y ait un être qui s'est déjà présenté sous cette forme là. N'oublions pas, enfin, que Paul a dans sa tête tout ce qu'il a dit depuis 15,1 jusqu'à ce point, et en particulier en 15,20-23 à propos du rapport Adam - Christ.

2.3.4.2.4. v.45: le Christ, l'homme eschatologique

Dans cette logique simple, il est clair que Paul puisse présenter le Christ comme l'"homme eschatologique", vu qu'il est "ressuscité des morts, *prémices* de ceux qui se sont endormis" (v.20). Il est certes le premier de l'espèce de ceux qui ressusciteront, car c'est en lui que tous seront revivifiés, de même que Adam est le premier de l'espèce de ceux qui meurent (vv.21-22). Vu que les morts ressuscitent, c'est-à-dire viennent avec un corps autre (v.35) seulement à la parousie (v.23: ἕκαστος δὲ ἐν τῷ ἰδίῳ τάγματι, ἀπαρχὴ Χριστός, ἔπειτα οἱ τοῦ Χριστοῦ ἐν τῇ παρουσίᾳ αὐτοῦ), à l'eschaton (v.26: ἔσχατος ἐχθρὸς καταργεῖται ὁ θάνατος), leur prototype ne peut être que le "dernier" homme. Et comme il est différent d'Adam, il est donc le "deuxième" homme. Or, selon les vv.20-22, ce qui le distingue du premier, ce n'est pas seulement qu'il est déjà ressuscité, mais qu'en lui, tous seront "vivifiés". On comprend donc qu'il soit la source de vivification. Si Ez 37 attribue cette fonction à l'Esprit (πνεῦμα) de Dieu, c'est que le deuxième homme, par lequel tous seront vivifiés, a obtenu une telle puissance de l'Esprit.

Le fait que Paul intervertit l'ordre de Gn 2 montre clairement qu'il a une autre clé de lecture. C'est ainsi qu'il introduit des mots nouveaux pour faire comprendre comment il interprète le texte de Gn 2 ou mieux sous quel angle il l'aborde. Cela lui permet de saisir ψυχὴ ζῶσα de l'homme, comme quelque chose reçu avant le don de la πνοὴ ζωῆς. Après tout, l'expression ψυχὴ ζῶσα est déjà employée dans le récit de la création à propos d'autres êtres vivants (reptiles, bêtes, oiseaux: cf. Gn 1,20.24; 2,19). La πνοὴ ζωῆς qui fut donnée à l'homme pour le distinguer de ces autres vivants n'avait finalement eu comme résultat que d'en faire une ψυχὴ ζῶσα![106] Avec elle,

---

[106] Sans être très catégorique, nous croyons qu'il y a ici une lecture d'un autre texte, celui du livre de Qohélet, qui affirme: "le sort de l'homme et le sort de la bête sont un sort identique: comme meurt l'un, ainsi meurt l'autre..." (Qo 3,19). Le texte de Qo 3,12-22 peut de fait aider à la compréhension de la discussion que Paul fait en 1 Co 15. Le sarcasme paulinien de 15,32c-d, par exemple peut être l'écho de la sagesse proposée en

l'homme n'est que ψυχικόν et voué à la mort. Voilà pourquoi, Paul la remplace par un πνεῦμα ζῳοποιοῦν expression qu'il pouvait - affirmons-nous avec Stockhausen - créer à partir d'Ez 37.

2.3.4.2.5. Comment comprendre l'expression εἰς πνεῦμα ζῳοποιοῦν?

Que l'action de ζῳοποιεῖν soit reconnue à l'Esprit, cela n'est pas difficile à admettre. Non seulement, le texte d'Ez 37 la lui réserve, mais aussi la majorité des textes du Nouveau Testament, où cette expression est utilisée, le confirment[107]. Que ce verbe soit en lien avec ou employé dans un contexte de résurrection, tous les textes du Nouveau Testament, exception faite de 2 Co 3,6 et de Ga 3,21, en sont aussi une preuve.

Ce qui est difficile, c'est de trouver d'autres textes qui puissent soutenir que c'est le Christ qui est l'Esprit vivifiant. Jn 5,21 dit que le Fils donne la vie à qui il veut. Il ne dit pas pour autant qu'il est l'Esprit vivifiant. D'ailleurs, même si nous minimisons le fait que l'Evangile johannique n'a presque pas de fond commun avec la tradition paulinienne, il faudrait tenir compte du fait qu'il appartient aux textes du Nouveau Testament où la résurrection apparaît clairement déjà spiritualisée[108]. Nous ne pouvons donc pas y recourir.

Par contre, il ne faut pas négliger ce que Paul a dit aux vv.20-23. En ces versets, où il utilise aussi la typologie Adam-Christ, il considère justement le Christ comme le moyen de la vivification (ἐν τῷ Χριστῷ πάντες ζῳοποιηθήσονται), car c'est aussi δι' ἀνθρώπου (= le Christ) qu'il y a ἀνάστασις νεκρῶν. Or, en Rm 8,11, c'est la même fonction que remplit l'Esprit. Ce qui est donc attribué à Dieu et à l'Esprit est attribué au deuxième Adam en tant qu'il est en 1 Co 15,22 déjà présenté comme *moyen* de la vivification future de tous ceux qui sont en lui[109]. Toutefois, ailleurs dans le corpus paulinien, l'Esprit n'est jamais confondu avec Jésus Christ.

Aussi nous semble-t-il que Paul fait jouer à la préposition εἰς un rôle instrumental. En effet, on ne peut pas exclure que Paul, influencé par la présence de cette particule dans la citation scripturaire qui précède, - où elle

---

Qo 3! Les tenants de cette sagesse étaient-ils des épicuriens grecs? Nous ne saurions le dire. Ce dont nous sommes sûr, c'est qu'en 1 Co Paul se moque souvent de la sagesse grecque et montre qu'elle n'en est pas une. Signalons que GenR 14,9 qui commente l'expression "souffle de vie" qu'on trouve dans Gn 2,7 mentionne aussi Qo 3,21 comme un texte qui permet de comprendre cette expression. Cf. J. NEUSNER, *Genesis Rabbah*, 157.

[107] Cf. 2 Co 3,6; Rm 8,11; Jn 6,63; 1 P 3,18.
[108] Cf. G. SELLIN, «Die Auferstehung ist schon geschehen», 233.
[109] Cf. aussi à ce propos, R. PENNA, *Lo Spirito di Cristo*. Cristologia e pneumatologia secondo un'originale formulazione paolina (Brescia, 1976) 285-287.

est commandée par le verbe ἐγένετο et où elle a, cependant, le sens de "devenir quelque chose" -, l'utilise ici dans le sens d'instrument. M. Zerwick indique qu'il y a des cas où la préposition εἰς prenait, dans l'hellénisme, le sens de ἐν. Dans le Nouveau Testament, on trouve de tels cas en Ac 7,53 et Ac 19,3[110]. Généralement, on n'observe pas un tel usage chez Paul. Cependant, le fait qu'en 1 Co 15,44b-47 il remonte la citation de Gn 2,7 à rebours peut l'avoir autorisé à attribuer à πνεῦμα ζῳοποιοῦν cet aspect instrumental que joue dans Gn 2,7b la πνοὴ ζωῆς grâce à laquelle l'homme de terre (Gn 2,7a) devint une âme vivante (Gn 2,7c). La lecture midrashique d'Ez 37 ne peut que confirmer une telle conception instrumentale chez Paul. Ce n'est donc pas le deuxième Adam (= Christ) qui est devenu un Esprit vivifiant. Il nous semble plutôt que Paul veut dire que le dernier homme est devenu le premier de son genre (comme Adam) par l'Esprit qui donne vie (εἰς πνεῦμα ζῳοποιοῦν).

A cela, il faut ajouter le fait que les noms grecs en -ικός indiquent non pas la nature de quelque chose, mais la seule relation de dépendance[111]. Le corps du dernier Adam est donc spirituel, non pas parce que sa nature est un πνεῦμα, mais à cause de sa relation étroite de dépendance avec l'Esprit vivifiant[112]. Cette possibilité d'interprétation nous semble cadrer avec ce que Paul est en train de montrer en cette unité argumentative, à savoir comment on peut affirmer l'existence du corps spirituel.

2.3.4.2.6. vv.46-47: exégèse philonienne ou paulinienne de Gn 2,7?

Quant au v.46, il est vrai qu'il n'a aucun correspondant en Gn 2,7. Mais il reprend, en fait, les mots de la *propositio* de 44b en précisant celle-ci. Non seulement, il y a moyen de parler de ψυχικόν d'une part et de l'autre du πνευματικόν, mais ces deux réalités sont en lien de succession chronologique entre elles: τὸ ψυχικόν vient avant τὸ πνευματικόν. Rien d'étonnant à cela, car cette dimension chronologique correspond bien à l'idée déjà présente dans l'assertion du v.36! Ce qui fait problème, c'est qu'elle soit tirée du v.45. Voilà qui autorise Sellin à dire que le v.45 renferme un ton polémique (cf. ἀλλ᾽ οὐ πρῶτον..., ἀλλα..., ἔπειτα)[113].

A y regarder de près, Sellin n'a probablement pas tort d'estimer qu'il y ait eu à Corinthe, parmi les judéo-hellénistes, la doctrine de deux hommes.

---

[110] Cf. M. ZERWICK, *Graecitas biblica exemplis illustratur* (SPIB 92; Rome, ⁴1960) § 101.

[111] Cf. à ce propos les études de P. CHANTRAINE, *La formation des noms en grec ancien* (SLP 38; Paris, 1933) 385-396; IDEM, *Etudes sur le vocabulaire grec* (EC 24; Paris, 1956) 97-171.

[112] Cf. aussi L. AUDET, «Avec quel corps», 176-177; A.A. HOEKEMA, *The Bible and the Future* (Grand Rapids, MI, 1979) 66; sur 1 Co 15, cf. pp. 247-252.

[113] Cf. G. SELLIN, *Der Streit um die Auferstehung*, 174-176.

Ce qui est hors de doute, c'est qu'une telle doctrine est présente dans les textes de Philon que Sellin analyse. Bien plus, elle est le fruit de l'exégèse de Gn 2,7. Pratiquement, comme chez Paul ici[114]. Or, à en croire Sellin lui-même, l'homme spirituel était, selon la théorie philonienne, ontologiquement parlant le premier homme, même si sotériologiquement et donc chronologiquement, il se manifestait en deuxième lieu. Seulement, il nous semble que Sellin va outre mesure quand il affirme que pareille doctrine permettait aux Corinthiens d'avoir une conception précise des êtres psychiques et des êtres spirituels, ceux-là étant conçus de façon négative et ceux-ci de manière positive. Sans doute, dans une telle situation le spirituel ne peut être considéré que comme le sage et l'"inspiré", car il avait reçu la Sagesse, l'Esprit de Dieu. Dans cette logique aussi, tout ce qui était appelé "psychique" devait être déprécié.

De même, si tel est le cas, Paul a dû certainement réagir contre une telle vision des choses, car elle conduit inéluctablement à la négation de la résurrection. Sellin a alors raison de détecter un ton polémique en 44b-49, où Paul rapporterait d'abord la position de ses adversaires (vv.44b-45) pour la combattre ensuite (vv.46-49). Et la preuve de son combat résiderait surtout dans le fait qu'il transforme le δεύτερος ἄνθρωπος philonien en ὁ ἔσχατος, et dans son insistance sur le πρῶτον-ἔπειτα. Selon cette analyse de Sellin, il est enfin logique d'affirmer que Paul conserve de ses adversaires la conception de la ψυχή, d'où il tire - et pour la première fois dans l'histoire du terme - la conception négative de ψυχικός[115].

Seulement, comme nous l'avons dit plus haut, Paul était capable de faire sa propre exégèse de Gn 2. Faisant l'exégèse de ce même texte, Philon, contrairement à Paul, ne discute pas du problème de la résurrection des morts[116]. Sur fond de cette discussion paulinienne, il y a moyen de saisir le v.46 en le rapprochant non point avec Gn 2,7, mais avec une interprétation eschatologique d'Ez 37,1-14. Le Judaïsme intertestamentaire interprétait ce dernier texte comme traitant de la résurrection future des morts, comme l'indique la citation en GenR 14,8 par association verbale du terme πνοή/πνεῦμα ζωῆς[117]. Or, en Ez 37,1-14, deux scènes sont présentées. Dans

---

[114] Cf. PHILON, *Legum allegoriae I*, § 31.

[115] Cf. G. SELLIN, *Der Streit um die Auferstehung*, 174-194. Cf. aussi J.D.G. DUNN, «I Corinthians 15:45», 128-130.

[116] Cf. PHILON, *Legum allegoriae* I, 31-42.

[117] Il est particulièrement intéressant de noter comment l'expression "*souffle* de vie" que l'on trouve en Gn 2,7 n'est pas expliqué de la même façon dans GenR 14,9 (cf. J. NEUSNER, *Genesis Rabbah*, 157) et chez PHILON, *Legum allegoriae* I, 42. Alors que le premier recourt à des textes bibliques, le dernier fait une vraie spéculation philosophique. Certes, comme affirme C. Mondésert dans l'Introduction à *Legum allegoriae* (pp.21-22), ce traité est du point de vue du contenu "une théologie toute inspirée du Pentateuque et de la révélation transmise par Moïse; une cosmologie religieuse dans la perspective de la Genèse; enfin, les principes essentiels d'une doctrine spirituelle,

la première, les os humains desséchés, expression d'un être humain déjà mort, revêtent la chair, les tendons, les nerfs, etc..., mais ils restent toujours morts. Dans la deuxième scène, c'est la réception de l'Esprit de Dieu, esprit de vie (πνεῦμα ζωῆς: vv.5-6), qui fait qu'ils vivent, que la promesse de Dieu (καὶ ζήσεσθε: vv.6.14) s'accomplit (v.10).

Dans ce texte d'Ez l'Esprit est l'agent d'une possibilité de vie pour un corps psychique déjà mort; il est l'agent d'une résurrection, d'un début de vie d'un deuxième homme, à partir du premier qui était déjà mort; il est τὸ πνεῦμα ζῳοποιοῦν. Pour le chrétien Paul, l'expérience d'un Esprit de Dieu qui donne vie à un homme déjà mort, s'est vérifiée en premier lieu en Jésus (cf. 1 Co 15,3-4; Rm 8,11). Voilà pourquoi, le Christ est le premier homme de ceux qui ressuscitent, de ceux qui reçoivent le corps spirituel. Par rapport à Adam, le tout premier homme de ceux qui meurent, il vient après, comme point de départ d'une vie qui ne meurt plus. Ceci était, en fait, un *topos* chrétien: "nous savons, dit Paul aux Romains, que le Christ, étant ressuscité des morts, ne meurt plus; la mort n'a plus de pouvoir sur lui" (cf. Rm 6,9-10)! Ce *topos* ne nécessitait pas une démonstration; on y recourait pour démontrer autre chose[118]. En d'autres termes, les conclusions de l'exégèse paulinienne ne devaient pas ressembler à celles de l'exégèse philonienne. Les deux exégèses ne partaient pas de mêmes prémisses.

Il est aussi question d'un *topos* chrétien en 1 Co 15,47b qui ne trouve pas de correspondant en Gn 2,7. Comme le premier homme est, en tant que ψυχὴ ζῶσα, ἐκ γῆς (et non plus ἀπό de Gn 2,7), le deuxième Adam est ἐξ οὐρανοῦ. Sans doute, d'une part Paul pouvait donc bien déduire cet attribut par opposition à celui qui qualifie le premier Adam. Faut-il rappeler qu'une des meilleures façons de définir quelque chose est de procéder par des contraires? Mais d'autre part, nous croyons aussi qu'il y a ici l'expression d'un *topos* du christianisme primitif, selon lequel le Christ est au ciel d'où il viendra (cf. 1 Th 1,10).

Ainsi donc, Ez 37 expliquerait l'emploi par Paul de πρῶτος pour le psychique, emploi justifié par l'expression ψυχὴ ζῶσα, et de δεύτερος ou ἔσχατος pour le spirituel, car il est en relation de dépendance avec le πνεῦμα ζωῆς ou, pour parler comme l'Apôtre, par le πνεῦμα ζῳοποιοῦν. Le psychique vient toujours avant, car il est arrivé à l'existence avec la création du premier homme, Adam, prototype du corps psychique. Le spirituel vient

---

ascétique et mystique (au sens moderne de ces mots)". Il n'en reste pas moins vrai que, comparée à celle de *Genesis Rabbah*, l'exégèse de Philon n'a en commun avec celle-ci que le texte biblique qu'elles commentent, en l'occurrence Genèse. Les manières de commenter sont, en revanche, distantes. Or, quand on voit comment Paul procède ailleurs, on est dans le droit de dire que son exégèse est, dans la majorité des cas, plus proche de celle de *Genesis Rabbah* que de celle de *Legum allegoriae* de Philon.

[118] Cf. l'emploi de εἰδότες ὅτι en Rm 6,9 qui indique bien qu'il s'agit d'un enseignement traditionnel.

après, car il a été annoncé en Ez 37 pour la résurrection, laquelle, entre temps, a déjà eu lieu dans le Christ (cf. 1 Co 15,22-23), prototype du corps spirituel.

2.3.4.2.7. Σῶμα ψυχικόν et σῶμα πνευματικόν

A ce point on peut donner une définition de ces deux corps et expliquer pourquoi Paul choisit ces termes. La distinction entre ψυχικόν et πνευματικόν n'est pas due au fait que l'un habite sur la terre et l'autre dans le ciel. Elle réside plutôt dans le fait que l'un fut possédé par le premier Adam, lequel meurt dès qu'il n'a pas l'esprit, tandis que l'autre est possédé par le deuxième Adam, lequel ne meurt jamais, vu qu'il dépend désormais et pour toujours de l'Esprit vivifiant. En effet, le corps ψυχικόν est vivant (ψυχὴ ζῶσα) seulement quand il maintient sa relation à la ψυχή. Or l'expérience prouve que cette relation n'est pas éternelle[119]. Voilà pourquoi le corps psychique est par définition périssable. Le corps πνευματικόν, par contre, dépend de ce qui, en lui, est toujours actif, qui ne meurt pas et ne le quitte jamais: l'Esprit qui donne vie pour la vie éternelle, celle de la résurrection. La réalité de la résurrection du Christ prouve ainsi que le corps de la résurrection est immortel.

Sans nul doute, on comprend pourquoi Paul a abordé cette question de la résurrection des morts en commençant par une *narratio* (vv.1-11). Il connaissait les règles de l'art oratoire! Dans cette *narratio*, il a pu préparer toute la discussion de 1 Co 15 en la fondant sur des faits que personne (du moins les destinataires directs de son discours) ne met en doute[120]. En d'autres mots, les vv.46-47b font en quelque sorte écho, en le fondant d'ailleurs sur les Ecritures, à ce que Paul a posé comme incontestable de la part de tous dans la *narratio* (cf. particulièrement le v.11). Il est clair qu'en

---

[119] Selon l'anhtropologie biblique, si l'homme est ψυχὴ ζῶσα, cela veut dire justement qu'il doit mourir. Ainsi s'exprime le psalmiste par exemple: "Qui est cet homme là qui vivra (ζήσεται) et ne verra pas la mort (θάνατον)? Qui sauvera son âme (ψυχή) de la main de l'Hadès?" (Ps 88 [LXX],49). L'homme meurt dès que Dieu lui retire son πνεῦμα (Cf. encore Ps 103 [LXX],29; Qo 3,18-21).

[120] Ceci souligne bien l'importance et la particularité de cette *narratio*, car chez Paul, celle-ci est souvent déjà une partie de la *probatio* dans la mesure où elle expose un nombre de faits admis par tous en vue de la question discutée et de la thèse défendue. Selon J.-N. ALETTI, «La *dispositio* rhétorique», 395, "les *narrationes* (pauliniennes) ne font que préparer la discussion, en en dessinant le cadre, en la fondant sur des faits reconnus et admis par tous. /.../ Comme l'indiquent les dénominations grecque (διήγησις) et latine (narratio), cette partie de l'argumentation a le plus souvent une facture narrative. Non qu'il s'agisse d'un récit au sens strict, mais un certain nombre de faits, d'événements admis par tous y sont exposés, pour clarifier la question débattue et appuyer la thèse de l'orateur (ou de l'écrivain)".

tout ceci la première préoccupation paulinienne n'est pas le dualisme anthropologique[121].

Ainsi, déjà grâce à cette *narratio*, on se rend compte que le texte paulinien fournit une interprétation interne qui prouve sa cohérence, au point que comprendre ce texte paulinien du point de vue d'une polémique avec des adversaires, c'est faire de la typologie Adam-Christ des vv.45-47 la *propositio* principale de Paul dans cette micro-unité. Et, pourtant, Paul dispose cette typologie comme un argument auquel il recourt, pour soutenir le v.44b. Depuis le v.35, il ne visait certainement pas à démontrer le rapport entre les deux Adam! Ce rapport lui sert plutôt d'appui à la démonstration de l'existence du "corps spirituel" qu'il a indiqué comme étant celui avec lequel les morts ressuscitent. Pour le faire, il a placé chacun des deux Adam à l'origine de l'existence du corps qu'ils représentent respectivement.

2.3.4.2.8. v.48: conclusion de l'argumentation midrashique

Le v.48 confirme notre interprétation, en passant du particulier au général. Ce qui est dit de l'archétype, l'est aussi des types qui y dépendent. Aussi ce verset s'énonce-t-il comme le résumé de toute cette discussion qui a commencé en 44b. Depuis le v.45, en effet, c'est ici que Paul établit finalement le rapport entre les prototypes et leurs descendants. La réponse de Paul à sa question sur le type de corps avec lequel les morts en Christ viendront est complète: ils viendront avec le corps conforme à leur espèce, tel qu'il a déjà été présent en celui qui a donné origine à leur race, en l'occurrence le Christ. Après tout, l'insistance de Paul sur les apparitions du Jésus ressuscité en 15,5-8 ne contenait-elle pas cette insinuation? Jésus est apparu dans un corps - car on ne peut voir qu'un "corps" -; mais pas dans le corps qu'il avait avant d'être mis ignominieusement à mort (v.42b-43). Le corps de la résurrection du Christ est plutôt spirituel et il est l'archétype de celui avec lequel tous les morts en Christ viendront. Nous en arrivons ainsi au v.49.

2.3.5. Fonction transitionnelle du v.49

Ce verset se démarque de ce qui précède et nous trouvons que Paul lui assigne une fonction rhétorique particulière. Ici, le verbe principal est exprimé et est conjugué à un temps précis, contrairement à tout ce qui a caractérisé la *probatio* en 45-48, où il n'y a que des propositions nominales.

---

[121] Cf. aussi en ce sens B. WITHERINGTON III, *Jesus, Paul and the End of the World*. A Comparative Study in New Testament Eschatology (Downers Grove, IL, 1992) 198-199.

La conjugaison du verbe φορεῖν à la première personne du pluriel est, depuis le v.35, quelque chose de nouveau. Aussi Paul rejoint-il les pronoms personnels "nous" par lesquels il a traité, en 12-19.30-34 le problème de la négation des morts. Par ce pronom, Paul considère ce problème du point de vue de la situation concrète, la situation présente des Corinthiens. C'est une sorte d'interpellation directe! Ainsi, après avoir développé sa pensée de façon objective, pour ne pas dire impersonnelle, et avant de passer à l'étape suivante, il conclut sa discussion en revenant à la situation concrète de ses auditeurs pour leur dire que cela les concerne de plus près.

Au niveau rhétorique, pareil procédé ressemble tout à fait à une *transitio* qui permet un lien entre le problème traité et la situation du discours pour plus de crédibilité auprès de l'auditoire. De cette manière, ce verset joue une sorte de limite dans la structuration du texte[122]. C'est justement pour cela que d'aucuns trouvent que ce verset clôt bien la discussion commencée au v.35, alors que d'autres estiment qu'il commence l'étape argumentative suivante[123]. Selon la disposition structurelle du texte que nous avons suggérée plus haut, il est clair que ce verset ne conclut pas encore la discussion initiée au v.35, vu que Paul continue celle-ci jusqu'au v.53. Mais c'est le rôle de *transitio* qui lui convient le mieux, car ceux qui sont déjà au Christ et à qui Paul parle maintenant sont des vivants. Aussi va-t-il montrer dans la suite (vv.50-53) que l'acquisition du corps spirituel n'est pas réservée aux morts. Pour cette raison, on ne peut pas rattacher ce verset à 50-52. Ce serait attribuer au v.50 une fonction justificative qu'il n'a pas, vu que ce verset introduit une nouvelle thématique dont il contient la *propositio* comme nous entendons le montrer.

Pour plus de crédibilité donc Paul s'adresse directement à ses auditeurs et leur annonce: "comme nous avons porté l'image du terrestre, nous porterons de même l'image du céleste". La *lectio difficilior* φορέσωμεν, attestée d'ailleurs par d'importants manuscrits[124] pouvait être acceptée à la place de φορέσομεν si ce verset avait une valeur exhortative. Ce qui est difficile dans cette étape argumentative[125].

Quoi qu'il en soit, Paul insiste ici sur le fait que les chrétiens sont déjà de la descendance du Christ, le dernier homme. Ils lui appartiennent, même s'ils ont porté l'image du premier Adam. Ils revêtiront donc eux aussi le corps que le Christ porte déjà depuis sa résurrection. Ce corps est donc une assurance; mais une assurance future. Car, en vérité, les mêmes chrétiens ont

---

[122] Cf. H. LAUSBERG, *Elementi di retorica*, § 54,2; § 435: "Al raggiungimento della *perspicuitas* intellettuale serve la *transitio* che rende evidente la struttura del discorso ed è un'approssimazione tecnica alla situazione del discorso".

[123] Cf. la position des uns et des autres chez Ch. BURCHARD, «1 Korinther 15 39-41», 252.

[124] P⁴⁶, א, A, C, D, ... bien des minuscules et des Pères de l'Eglise.

[125] Cf. aussi B.M. METZGER (éd.), *A Textual Commentary on the Greek New Testament* (Stuttgart, ³1975) 569.

déjà une fois pour toutes porté l'image du premier homme; ils sont marqués par les caractéristiques du corps psychique: la mortalité, la fragilité et la corruptibilité (vv.42-43). Ils n'en peuvent rien tant qu'ils n'auront pas endossé les qualités du corps du deuxième homme. Car, pour Paul, c'est *par* le Christ qu'il y a résurrection des morts (v.21) et *en* lui que tous seront vivifiés (v.22); il faut donc d'abord appartenir à lui (v.23) pour être vivifié à sa parousie, pour avoir un corps spirituel en ce moment-là. C'est alors que les chrétiens ressembleront parfaitement à - c'est-à-dire porteront l'image de - leur prototype, le Christ glorifié.

Le futur indique que le corps spirituel n'est pas encore total. Bien qu'il soit une réalité, il est futur. Donc, un fait à espérer avec assurance. C'est sans doute pour cela que Paul parle de porter "l'image" de leur prototype. On peut de fait se demander pourquoi il ne dit pas carrément que les chrétiens porteront "le corps céleste". Probablement, parce que l'acquisition du corps spirituel est une réalité à venir, et surtout qu'elle suppose qu'on ressemble en tout au prototype. Sans nul doute, la transformation du corps psychique en corps spirituel, qui est l'oeuvre du Christ, est un fait futur (cf. Ph 3,20-21). Mais, c'est déjà dans la vie présente que les chrétiens reproduisent cette image du céleste, manifestant en cela que ce dernier est déjà l'aîné d'une multitude (cf. 2 Co 3,18; Rm 8,29). Ainsi, comme en portant l'image du terrestre les chrétiens ressemblent à lui par la possibilité de la mort, en portant l'image du céleste, ils ressembleront à ce dernier par la possibilité de la vivification de leur corps mortel[126].

Aussi la dimension transitionnelle de ce verset se confirme-t-elle par l'emploi du verbe "porter" à la place de "ressusciter". En effet, depuis le v.12, Paul discute de la résurrection des morts seulement. Dans ce contexte didactique, il ne dit jamais que "*nous* ressusciterons". S'il emploie le futur, il est toujours à la troisième personne et le verbe "ressusciter" ne concerne que les morts. Paul ne se sent pas parmi ces derniers. Or tout d'un coup, alors qu'il parle encore (didactiquement) du corps de la résurrection, il dit que "*nous* porterons l'image du céleste". Pourquoi leur dire qu'ils porteront (au futur), eux qui sont vivants, l'image du deuxième homme? N'est-ce pas parce qu'il veut leur montrer que la victoire sur la puissance de la mort ne concerne pas seulement les morts, mais les vivants aussi? Après tout, son enseignement concerne la vie présente de ses auditeurs. Les morts dont il est question ne sont-ils pas déjà des chrétiens? En quoi leur sort final serait-il alors différent de celui de ceux qui sont encore vivants? Ainsi avant de passer au chant de victoire (vv.54-57) Paul doit absolument parler aussi du sort de

---

[126] A ce propos, il y a probablement aussi lecture de Gn 5. Dans ce texte, Adam est le point de départ de la généalogie des hommes (γένεσις ἀνθρώπων), engendrés conformément à son idée et à son image. Ce qui frappe dans cette série, c'est la récurrence du verbe ἀπέθανεν, posé en opposition à ἔζησεν. Par associations verbales, ce texte peut être rapproché d'Ez 37.

ceux qui seront vivants à l'événement final (vv.50-53). C'est ce que nous démontrerons au chapitre troisième.

2.4. Conclusion

La thèse principale que Paul soutient en 1 Co 15,35-49 est celle de l'existence du corps immortel et impérissable pour les ressuscités. Cette thèse s'explicite comme l'affirmation de l'*altérité* du corps de la résurrection par rapport au corps d'avant la mort. L'Apôtre ne cherche pas à prouver qu'il y a un *corps* de la résurrection. Pour lui, du moment qu'on accepte la résurrection des morts, un tel corps est une réalité qui n'a pas besoin d'être prouvée. Ressusciter veut dire venir avec un corps. Mais quel genre de corps? Le même que celui d'avant la mort? Aura-t-il les mêmes qualités que celui que tous les vivants ont avant de mourir? Telle est sa question du v.35 à laquelle il a essayé de répondre dans les vv.36-49.

Dans sa réponse, nous avons remarqué comment le type d'argumentation qu'il utilise confirme progressivement que sa préoccupation est de définir la réalité du corps spirituel. Cherchant à mettre en lumière le caractère spécifique du corps de la résurrection, Paul procède par des similitudes, des contraires et des différences, passant en revue "un groupement de qualités communes à plusieurs objets, mais dont l'ensemble met en lumière ce caractère spécifique"[127]. C'est ainsi qu'il est parvenu à l'indication du *corps spirituel* comme étant celui de la résurrection.

C'est donc, dans ce même cadre définitionnel, que l'Apôtre nous fait comprendre la discontinuité qui existe entre le corps d'avant et celui d'après la résurrection. La discontinuité se situe au niveau des qualités-attributs, en même temps que persiste une certaine continuité, dans la mesure où le corps en question demeure celui du genre humain. Pour Paul, en effet, le corps de la résurrection ne sera pas du type de la plante ni de celui de l'astre, même si c'est à partir des qualités-attributs de ces derniers qu'il a pu expliquer la spécificité du corps spirituel. Voilà pourquoi, il lui fallait indiquer qu'un tel corps existe et qu'il a déjà été endossé par un homme. La typologie adamico-christologique est l'argument de poids et le plus décisif grâce auquel la définition du type du corps de la résurrection est satisfaite.

Dès lors, ressusciter veut dire toujours venir avec le corps incorruptible et immortel, qui doit être semblable à celui de Jésus ressuscité. Ressusciter veut dire porter un jour l'image de l'homme céleste, dépasser la corruption du corps dont tout homme a hérité de l'homme terrestre et devenir semblable au Christ ressuscité. Décidémment, dans une telle perspective, il est clair

---

[127] CICERON, *Partitiones Oratoriae*, §41.

qu'il y a un lien étroit entre la résurrection des morts et celle du Christ. Pour Paul, nier la résurrection des morts ne signifie rien d'autre qu'affirmer que Jésus n'est jamais ressuscité et qu'il n'y a jamais eu de corps spirituel. Dans ce cas toute cette argumentation serait inutile, car elle n'aurait aucun appui vrai ou vraisemblable. Or la confession de foi, partagée de tous - aussi bien des autres Apôtres que de ses auditeurs (cf. 15,11) - dit le contraire.

Qu'y a-t-il en tout cela d'apocalyptique ou même d'anthropologie hellénistique? Il nous faudra faire une confrontation pour mieux y répondre. Ce sera l'objet du sixième chapitre. En attendant, reformulons bien la position paulinienne dans ce passage, maintenant que nous l'avons explicitée: la résurrection des morts existe, non pas parce que les apocalypticiens y croyaient, mais parce que Jésus Christ est ressuscité. Dès lors, la résurrection des morts signifie l'immortalité de leurs corps, comme ce fut le cas du Christ. Elle n'a rien à faire avec l'immortalité de leurs âmes dont parle l'eschatologie hellénistique. Cette dernière laisse la mort encore puissante.

D'ailleurs quand on regarde de près son argumentation, Paul parvient à la confirmation de la thèse qu'il soutient grâce au procédé midrashique. C'est comme s'il communiquait à ses auditeurs que c'est dans les Ecritures qu'il faut aller chercher la réponse juste au problème de la victoire sur la mort. En fait, Paul ne spécule pas. Le type et la finalité de l'argumentation qu'il a choisis lui interdisent toute spéculation. Il veut *montrer* quelque chose, définir une réalité. Comment aurait-il réussi cette tâche s'il ne supposait pas au préalable l'existence d'une telle réalité, à savoir le corps spirituel? Aussi recourt-il à la typologie Adam-Christ. Il est clair qu'il ne la reçoit pas de Philon; il fait lui-même - et il en est conscient - sa propre exégèse de Gn 2,7.

CHAPITRE III

La pointe de la discussion paulinienne dans 1 Co 15,50-58: nécessité du corps spirituel pour les vivants et victoire éternelle sur la mort

Des études faites sur 1 Co 15,35-58, la section 1 Co 15,50-58 semble, malgré la remarque de Müller[1], la plus étudiée. Elle intéresse en particulier ceux qui étudient l'évolution de la pensée paulinienne en matière d'eschatologie, car elle semble plus proche de 1 Th 4,13-18 et de 2 Co 5,1-10. Considérée en elle-même, cependant, les problèmes qu'elle pose sont très nombreux. D'abord celui de son rapport avec ce qui précède. Est-ce que le v.50 s'attache à la partie précédente ou est-il celui qui introduit cette nouvelle unité? Est-ce que la section elle-même est engendrée par le v.35 ou est-elle une section indépendante? Quelle est sa fonction dans l'ensemble de 1 Co 15? Ensuite le problème de son organisation interne. En combien de petites unités logiques est-elle tissée? Comment progresse l'exposition de la pensée paulinienne? Enfin celui du contenu lui-même. De quoi est-il question en ces versets? De la résurrection des morts? de la transformation de tous, les vivants et les morts? ou de la victoire finale sur la mort? En outre, Paul envisageait-il d'être présent à la parousie ou bien avait-il déjà la sensation que celle-ci commençait à tarder?

Notre but est de montrer comment, en recourant au modèle rhétorique, on peut arriver à donner des réponses à toutes ces questions, réponses qui respectent la cohérence du texte paulinien. Nous commençons par un survol rapide de diverses solutions, qui ont été proposées au cours de l'histoire de l'exégèse de cette péricope.

3.1. Survol de quelques positions

L'histoire de l'interprétation de cette unité littéraire est très dense. Les limites et le but de ce travail ne nous permettent pas d'en faire une exposition

---

[1] Cf. K. MÜLLER, «Die Leiblichkeit des Heils», 172-173.

complète. Nous relevons seulement deux tendances, qui ont le plus marqué le débat, même si on ne peut pas parler ici d'une classification tranchée.

3.1.1. La mort des chrétiens avant la parousie est devenue un fait normal

Il y a ceux qui soutiennent que, dans cette péricope, Paul considère la mort des chrétiens avant la parousie comme étant devenue un fait normal. Elle n'est plus un fait surprenant et inquiétant comme chez les Thessaloniciens. Pour preuve, Paul n'emploie plus l'expression ἡμεῖς, οἱ ζῶντες οἱ περιλειπό-μενοι de 1 Th 4,15.17. A la place, il emploie un simple ἡμεῖς (v.52) dont l'extension n'est pas facile à identifier[2]. Bien plus, selon cette théorie, Paul abandonne le modèle de salut par l'enlèvement proposé en 1 Th 4,17 où la résurrection n'est qu'un moyen pour que les morts soient aussi enlevés, ensemble avec les vivants. Par contre, en 1 Co 15,50-53, c'est la résurrection qui est considérée être la voie de salut pour tous, d'autant plus que le v.36 indique clairement que tous devront mourir pour ressusciter[3]. Enfin, la description apocalyptique très marquée en 1 Th 4,13-18 est à peine remarquable en 1 Co 15.[4]

Il est vrai que, par rapport à 1 Th 4, la description apocalyptique est en récul ici. Mais cela n'est-il pas dû au fait que la question abordée par Paul en 1 Co 15 est d'une tout autre nature? Où est la pointe de Paul dans cette argumentation? Quel est le sujet principal de sa discussion dans la macro-unité 1 Co 15,50-58? Est-ce encore la description de la résurrection des morts comme en 1 Th 4? Est-ce, au contraire, suivant la logique de toute l'argumentation de 1 Co 15, la transformation des vivants, étant donné que par la résurrection les morts se présenteront transformés? A notre avis, il faut opter pour la dernière possibilité.

De fait, l'argumentation paulinienne de 1 Co 15 connaît une progression interne. Après une narration (1-11), le problème principal que l'Apôtre discute est celui de la résurrection des morts niée par certains membres de Corinthe (vv.12-34). Ensuite, Paul considère le problème du corps avec lequel les morts ressuscitent (vv.35-49). En 50-53, il s'agit maintenant de savoir si, au moment de l'héritage du règne de Dieu - c'est-à-dire au moment de la résur-

---

[2] Cf. J. BECKER, *Auferstehung der Toten*, 67-69.
[3] Cf. G. SELLIN, *Der Streit um die Auferstehung*, 46-49; B. SPÖRLEIN, *Die Leugnung der Auferstehung*, 190.
[4] Cf. G. KLEIN, «Apokalyptische Naherwartung», 256; J. BECKER, *Auferstehung der Toten*, 99-102; W. WIEFEL, «Die Hauptrichtung», 72; U. SCHNELLE, *Wandlungen*, 39. Cf. également l'exposition et la critique de ces théories de l'évolution de la pensée paulinienne par J. GILLMAN, «Signals of Transformation in 1 Thessalonians 4:13-18» *CBQ* 47 (1985) 263-268; A. GOUNELLE - F. VOUGA, *Après la mort, qu'y a-t-il?* Les discours chrétiens sur l'au-delà (Théologies; Paris, 1990) 144-146.

rection des morts -, les vivants aussi acquerront un corps autre que celui qu'ils auront en ce moment-là.

Certes, comme dit Becker[5], la question fondamentale de tout le chapitre 15 est la mort en tant que telle, dans la mesure où, parlant de la typologie Adam-Christ, 1° Paul reconnaît que tous les hommes meurent à cause d'Adam (cf. v.22a: ἐν τῷ ᾿Αδὰμ πάντες ἀποθνῄσκουσιν; v.45a: ἐγένετο ὁ πρῶτος ἄνθρωπος ᾿Αδὰμ εἰς ψυχὴν ζῶσαν); 2° il affirme aussi que cette réalité de la mort ne sera dépassée pour tous les hommes que dans le Christ ressuscité qui donne vie (cf. v.22b: ἐν τῷ Χριστῷ πάντες ζωοποιηθήσονται; v.45b: ὁ ἔχαστος ᾿Αδὰμ εἰς πνεῦμα ζῳοποιοῦν); 3° il reconnaît enfin que la mort est le dernier ennemi à être vaincu pour parler de l'avènement total du règne de Dieu (vv.25-28). Mais l'idée que Paul se fait de la mort en ce chapitre n'est pas limitée seulement à la mort en tant qu'elle a déjà eu lieu pour certains. Il nous semble qie l'Apôtre étend son idée aussi à la mort en tant qu'elle est encore à venir pour les vivants, une réalité sûre pour tous les hommes. C'est de cette dernière situation que Paul parle en 50-53, c'est-à-dire de la mort en tant qu'elle est encore une menace inéluctable pour les vivants.

Ainsi, tant qu'ils seront revêtus du corps mortel et corruptible, les vivants ne pourront prendre part au règne de Dieu. C'est cela son affirmation principale. Voilà pourquoi il va parler de la transformation des vivants. Celle des morts s'effectue dans la résurrection, vu que, comme il a déjà établi dans les versets précédents, ressusciter veut dire venir avec un corps spirituel, lequel est un corps autre que celui d'avant la mort. Ce qui permet à Paul de conclure toute sa discussion par une hymne de triomphe (54-57), où il ironise la mort en chantant la victoire éternelle de Dieu sur elle, alors qu'elle paraît déjà victorieuse pour certains ou est encore une menace à venir pour d'autres.

Autrement dit, il n'est pas aisé de dire si dans 1 Co 15,50-58 la mort *avant la parousie* est devenue aux yeux de Paul un fait normal et si c'est cela qui lui fait connaître un progrès dans la pensée et le langage eschatologiques[6]. Paul a encore en vue la parousie du Seigneur, car il affirme lui-même avec énergie que la dernière trompette sonnera (v.52bα). Bien plus, il dit qu'à ce moment là, tous ne seront pas endormis (v.51b). Certains le seront. Mais combien? Plus nombreux que les vivants? Il ne le dit pas et le texte ne

---

[5] Cf. J. BECKER, *Auferstehung der Toten*, 67: "so geht 1 Kor 15 gerade unter der Voraussetzung, daß *die gesamte adamistische Menschheit ausnahmslos dem Wesensmerkmal von Tod und Vergänglichkeit unterliegt* und ihm von sich aus nicht entrinnen kann" (Souligné dans le texte).

[6] Dans le même sens que nous, cf. aussi H.H. SCHADE, *Apokalyptische Christologie*, 207-208.

le laisse pas envisager[7]. D'autant plus qu'au v.6, quand il parle de cinq cents frères témoins de l'apparition du Christ ressuscité, il insiste sur le fait que, "parmi eux, nombreux restent jusqu'à aujourd'hui, tandis que certains se sont endormis". Lui-même comptait-il être encore vivant à cette échéance là? Nous l'examinerons plus loin.

D'ailleurs, il nous semble que la plupart des exégètes négligent de prendre en compte un élément littéraire quand ils analysent 1 Th 4,133-18. Il s'agit du participe κοιμωμένων du v.13, par lequel Paul introduit sa discussion sur la situation des morts. Dans toute l'unité 1 Th 4,13-18, le verbe κοιμάομαι est employé trois fois: deux fois au participe aoriste (vv.14.15) et une fois au participe présent (v.13). Ce dernier ne devrait pas avoir la même portée sémantique que les deux autres. Il semble hors de doute que le temps présent du v.13 indique un fait général: les chrétiens meurent, sans vouloir mettre en évidence le fait qu'ils commencent de mourir. Dans les deux autres cas, par contre, le participe aoriste indique un fait déjà accompli une fois pour toutes: il désigne les chrétiens qui, au moment de la parousie, seront déjà dans l'état des morts. Au v.16, Paul emploie le terme νεκροί pour désignerles κοιμηθέντας.

Ainsi, en 1 Th 4,13, la pensée de l'Apôtre serait: "Je ne veux pas, frères, vous laisser dans l'ignorance à propos de ceux qui meurent". Dans ce sens, κοιμωμένων, en tant que temps général, engloberait aussi ceux qui sont déjà morts, ceux qui meurent maintenant que ceux qui demain et plus tard mourront. Autrement dit, en ce v.13, Paul aborde la question de la mort des chrétiens en général, sans laisser croire qu'ils sont encore peu nombreux. Dans sa réponse aux vv.14-18, sa pensée paraît ainsi être: "il ne faut pas désespérer pour eux, car ceux qui en ce moment-là seront des morts (κοιμηθέντες), ressusciteront pour qu'ils connaissent le même sort d'enlèvement que nous les vivants". De la sorte, le texte de 1 Th 4,13-18 n'affirme pas que Paul était sûr que ceux-ci seront plus nombreux que ceux qui seront déjà morts à la parousie du Christ. Ce texte nous semble silencieux à ce propos. Nous croyons de même que ce n'est pas une telle préoccupation qui déclenche le discours paulinien en 1 Co 15.

De toutes les façons, la discussion de Paul dans 1 Co 15 est suscitée par ceux qui nient la résurrection des morts. Ce faisant, leur objecte Paul, ils reconnaissent que la mort est toujours puissante; elle n'a jamais été détruite. Il en résulte, entre autres, que le Christ lui-même n'est jamais ressuscité. Dieu n'a jamais triomphé de la mort. Le point de départ de la réflexion

---

[7]   Contre J. GILLMAN, «Signals», 275 qui dit que "for the Thessalonians, those who die before the parousia, *certainly the minority*, will not be at a disadvantage vis-à-vis the living since they will be raised up in time for the assumption with the living. For the Corinthians, those still living at the parousia, *now probably the minority*, will not be at a disadvantage since their transformation corresponds to the resurrection of the dead". (Nous soulignons).

paulinienne ici n'est donc pas le fait que la mort *avant la parousie* est devenue un fait normal, mais le fait même de (continuer à) mourir, alors que le Christ a déjà, par sa mort et sa résurrection, vaincu la mort[8]. C'est cela, à notre avis, qui fait douter de la résurrection des morts[9].

On le voit, la compréhension de notre péricope exige que l'on sache d'abord à quelle étape de l'argumentation Paul se trouve et que l'on découvre le lien qu'il y a entre cette nouvelle unité et ce qui a précédé, que l'on montre comment elle est cohérente avec l'ensemble du sujet général traité par Paul dans tout le chapitre 15. S'agit-il d'une idée principale et indépendante ou d'une idée secondaire développant une idée principale déjà énoncée plus haut? Avant toute confrontation avec ce que Paul avait dit dans une autre lettre, il faut une lecture qui respecte la cohérence interne de l'argumentation paulinienne en ce passage. Mais avant d'en arriver à cette analyse, arrêtons-nous sur un autre point qui a fait naître deux sortes de lectures dans l'histoire de l'interprétation de ce texte.

3.1.2. Parallélisme synthétique ou parallélisme synonymique aux vv.50-53?

La discussion est chaude entre ceux qui affirment que, dans les vv.50-53, Paul fait une distinction entre les vivants d'une part et les morts de l'autre, et ceux qui nient pareille interprétation. Jeremias a soutenu qu'au v.50 Paul utilise l'expression σάρξ καὶ αἷμα pour parler des vivants, tandis qu'il emploie le mot ἡ φθορά pour désigner les morts[10]. Le v.50 est considéré ainsi comme un parallélisme synthétique. Selon cette lecture, Paul revient plus loin, au v.53, sur la même distinction, utilisant la formulation τὸ φθαρτὸν τοῦτο pour parler des morts et celle τὸ θνητὸν τοῦτο pour désigner les vivants. Dans une sorte de chiasme, entre le v.50 et le v.53, Paul discute ainsi paral-

---

[8] Quant à l'interprétation correcte du v.36, nous renvoyons à notre observation faite au deuxième chapitre à ce propos (cf. supra, paragraphe 2.3.3.2.2.). Ce verset ne veut pas du tout dire que l'"inheritance of the kingdom of God cannot take place apart from death" comme l'affirme A.C. PERRIMAN, «Paul and the Parousia: 1 Corinthians 15,50-57 and 2 Corinthians 5,1-5» *NTS* 35 (1989) 514. Si cet auteur avait dit: "apart from transformation", nous serions d'accord. A moins que "apart from death" soit compris dans le sens d'une rupture inévitable entre le corps de la vie présente et celui de la vie éternelle avec Dieu. Mais il faut être prudent pour ne pas confondre cette rupture-transformation avec la rupture-mort. De même contre B. SPÖRLEIN, *Die Leugnung der Auferstehung*, 190, quand il affirme que "Paulus kennt in seinen Ausführungen *nur* die Alternative: Heil durch Auferstehung oder Unheil" (Nous soulignons).

[9] Nous avons déjà dit pourquoi nous ne pouvons pas souscrire à la proposition de ceux qui s'appuient entre autres sur cette section pour soutenir que le problème fondamental des Corinthiens était de savoir si les morts allaient prendre part ou non à la parousie du Christ. Cf. supra, paragraphe 2.1.1.

[10] Cf. J. JEREMIAS, «Flesh and Blood», 152.

lèlement de la transformation des morts d'une part et de celle des vivants de l'autre. Le v.52 le montre clairement. La transformation des morts consiste dans l'endossement de l'incorruptibilité, tandis que celle des vivants dans le revêtement de l'immortalité. L'accent est, du début à la fin, mis sur la distinction entre les deux situations. Le parallélisme synthétique du v.50 est maintenu dans toute l'unité. Ce qui a été exprimé de façon négative au v.50, est formulé de manière positive au v.53.

Contre cette proposition de Jeremias, ses détracteurs insistent sur le fait que le v.50 ne contient aucune distinction entre les vivants et les morts[11]. H φθορά n'est rien d'autre qu'une explicitation paulinienne, en milieu hellénisti-que, de l'expression traditionnelle juive σάρξ καὶ αἷμα. Les deux signifient ainsi la même chose, en l'occurrence la fragilité humaine en tant que telle, laquelle concerne à la fois les vivants et les morts. Le parallélisme est alors synonymique. Selon cette lecture, même au v.53, il n'est pas question de mettre une distinction entre τὸ θνητόν et τὸ φθαρτόν. Ces deux abstraits renvoient, en milieu hellénistique, à la seule fragilité des hommes, vivants et morts à la fois, exactement comme cela était présent au v.50. Du début à la fin, l'accent porte sur cette fragilité humaine. Ici aussi, ce qui a été formu-lé de façon négative au v.50 est exprimé de manière positive au v.53.

Nous reprochons aux uns et aux autres de ne pas tenir compte du sujet principal de la discussion. Certes, Paul parle de la transformation de tous, morts et vivants, mais comment en parle-t-il? Nous verrons que la transfor-mation des morts n'est qu'une référence pour parler de celle des vivants. C'est cette dernière qui est sa grande préoccupation en 50-53. Comment les vivants se présenteront-ils à la parousie, pour hériter du règne de Dieu, alors qu'ils sont encore pourvus d'un corps mortel et corruptible? Jeremias a donc raison de souligner la distinction entre les morts et les vivants au v.50; mais cette distinction ne se trouve pas au v.53 qui est l'explicitation de la trans-formation des vivants, exprimée au v.52bγ.

De cette manière, les détracteurs de ce point de vue de Jeremias ont tort d'éliminer la distinction entre les deux catégories au v.50, à cause du fait que le v.53 ne la contient pas. Certes, ils ont raison de souligner que cette péricope est très marquée par des termes hellénistiques, mais, à notre avis, il faudra justement respecter la portée de ces mots en milieu hellénistique.[12] Dans l'analyse qui va suivre, nous revenons sur ce problème pour montrer

---

[11] Cf. E. SCHWEIZER, «σάρξ» ThWNT VII, 128; H. CONZELMANN, Der erste Brief an die Korinther (KEKNT 5; Göttingen, [12]1981) 356-357; G. KLEIN, «Apokalyptische Naher-wartung», 253, note 53; J. GILLMAN, «Transformation», 316-319; A.C. PERRIMAN, «Paul and the Parousia», 514.

[12] Nous aurons à montrer plus loin (cf. infra, paragraphes 3.3.1.2.2., 3.3.1.4.3.1. et 3.3.1.4.3.2.) que c'est cette logique hellénistique qui oblige à maintenir une distinction entre ἡ φθορά et φθαρτός alors que ἀφθαρσία est à la fois un opposé de φθορά et de φθαρτός.

comment ce chiasme apparemment concentrique du v.50b-c ne peut être que déroutant pour certians critiques[13].

3.2. Où Paul met-il l'accent en 1 Co 15,50-58?

Le point de vue des uns et des autres nous paraît insuffisant, parce que ces critiques ne saisissent pas correctement ni le sujet principal de la discussion paulinienne ni la façon dont Paul le développe dans cette macro-unité des vv.50-53.

Il appert que la meilleure façon d'aborder un texte est d'en saisir les techniques d'exposition employées par son auteur et d'en suivre le déploiement progressif de la (des) *propositio(nes)*. Quelle fonction argumentative Paul attribue-t-il à chacune de ses affirmations? Quel lien entretiennent celles-ci entre elles? Jouent-elles le même rôle quant à la démonstration de l'idée que Paul considère principale en 1 Co 15,50-58? Quelle est l'idée principale en question? S'étend-elle sur l'ensemble de l'unité des vv.50-58? Quelle fonction rhétorique faut-il attribuer aux vv.54-58 dans toute l'argumentation de 1 Co 15?

Nous allons à présent procéder à une telle analyse. Dans celle-ci nous montrons comment, grâce au modèle rhétorique, les vv.50-53 ne doivent pas être unis aux vv.54-58. Alors que ceux-ci constituent l'ultime étape de toute l'argumentation de 1 Co 15, ceux-là sont la troisième étape de l'unité argumentative commencée au v.35. Nous avons déjà dit plus haut pourquoi nous les traitons, malgré tout, ensemble dans ce chapitre de notre travail[14].

3.3. Analyse rhétorique de 1 Co 15,50-58

3.3.1. vv.50-53: troisième étape de l'unité argumentative 1 Co 15,35-53: la transformation à la parousie sera pour tous, les vivants aussi

3.3.1.1. v.50b: sub-propositio du v.35: nécessité du corps spirituel pour les vivants

Jeremias a très bien montré que l'expression τοῦτο δέ φημι, ἀδελφοί commence une nouvelle unité. Sellin, par contre, trouve que le v.50 conclut la partie

---

[13] Cf. infra, tout le paragraphe 3.3.1.2.
[14] Cf. supra, paragraphe 0.3.

précédente[15]. Mais le modèle rhétorique aidera à trancher. Car, en effet, sans insister sur les autres arguments, soulignons le fait que ce verset énonce vraiment une nouvelle thématique qui est développée dans la micro-unité (vv.50-53) qu'elle engendre. Mais surtout, il en est même la *propositio*. Ce qui ne veut pas dire que cette nouvelle unité n'a pas de lien avec ce qui précède.

Certes, Paul semble déborder, non seulement les limites de la thèse soutenue depuis le v.12, mais aussi celles de la question qu'il a posée au v.35. Dans l'unité 50-53, il ne s'agit plus uniquement de la résurrection des morts mais de la transformation de tous, morts et vivants[16]. Cependant, on sait que sortir des bornes d'une *propositio* précédente n'équivaut pas toujours à s'éloigner d'elle. Cela peut être tout simplement l'énonciation d'une *sub-propositio* ayant pour but de préciser celle qui l'engendre. Ainsi, pour une interprétation juste de cette unité, il convient de savoir si la *propositio* de cette section est indépendante ou subordonnée à celle de la section précédente.

De façon schématique, en effet, l'argumentation paulinienne qui commence au v.35 a évolué ainsi:

v.35: *propositio-problèma*: avec quel genre de corps ressuscitent les morts?

vv.36-49: réponse-argumentation en trois phases:

. 36-38: première réponse: le corps d'avant n'est pas celui d'après la mort. Le cas du grain et de la plante le prouve. L'exemple paraît, cependant, malheureux, car la plante qui surgit après la mort du grain meurt encore! D'où,

. 39-41: deuxième réponse: il y a des corps terrestres (êtres vivants) et des corps célestes (astres). Comme ceux-ci sont immortels, on peut donc parler de corps immortel. Mais cette réponse ne satisfait pas non plus, car on n'a jamais vu une chair (σάρξ) devenir un astre (ἀστήρ)! D'où,

---

[15] Cf. J. JEREMIAS, «Flesh and Blood», 154-155 et G. SELLIN, *Der Streit um die Auferstehung*, 75, note 11. Pour ce dernier, et à la suite d' E. Schweizer, même le terme "ἀδελφοί" du v.50 n'indique pas un début d'une nouvelle section littéraire, car il y a des cas où Paul emploie ce mot pour conclure une section. C'est le cas de 1 Co 7,14; 11,33; 14,39 et même 15,58. Seulement, Sellin ne remarque pas que dans *tous* ces cas-là, "ἀδελφοί" est alors *toujours* suivi d'un impératif ou d'un subjonctif aoriste exhortatif, lequel invite les "frères", auxquels Paul s'adresse, à réagir de manière conséquente à ce qu'il a exprimé dans l'unité logique précédente. Ce n'est pas le cas en 1 Co 15,50 où le vocatif ἀδελφοί n'est suivi ni par l'un ni par l'autre mode temporel.

[16] Cf. aussi G. SELLIN, *Der Streit um die Auferstehung*, 223. Le problème que Paul affronte ici n'est plus la résurrection des morts, mais la fin de la mort en tant que telle. Ce qui est une question aussi palpitante pour les vivants. D'où son intérêt pour le sort des vivants.

. 42-49: troisième réponse, avec la *propositio-thesis*: il y a un corps spirituel (πνευματικόν) depuis que Jésus est ressuscité. Jésus est ainsi comme Adam, le premier de son genre. La réponse à la question posée au v.35 est ainsi complète au v.49: ceux qui ressusciteront viendront avec un corps spirituel, semblable à celui de Jésus dont ils portent l'image. Aussi cette réponse est-elle suffisantte et définitive. Seulement, cette réponse fait surgir une autre question, que Paul ne pose pas explicitement, mais qu'il entrevoit auprès de ses auditeurs. S'il est vrai que les morts ressusciteront avec le corps spirituel, semblable à celui de Jésus ressuscité, qu'adviendra-t-il alors aux vivants, lesquels, d'une part ne seront pas morts pour pouvoir ressusciter, et d'autre part, restent des mortels en tant qu'ils portent en eux l'image du premier homme? Comment expérimenteront-ils la victoire sur la mort, vu qu'il reste inscrit dans leur corps actuel qu'ils doivent mourir? La préoccupation de l'Apôtre est donc centrée sur les vivants, mais par rapport à l'expérience des morts qui ressusciteront déjà transformés, avec un corps spirituel. Le v.50 introduit donc un autre problème, suscité par la réponse à celui posé au v.35. Dans ce sens, le v.50 est subordonné à ce dernier, car il est là pour préciser davantage le v.35. Du reste, la typologie adamico-christologique des versets précédents (vv.21-22; 44-49) est si totalisante pour *tous* les hommes[17] que le discours paulinien de 1 Co 15 serait incomplet, si l'Apôtre, avant de chanter victoire aux vv.54-58, ne s'était pas concentré sur la situation de ceux qui parviendront vivants au moment de l'avènement du règne de Dieu[18]. Bref, si, en 50-53, Paul pose la transformation des vivants comme condition à remplir pour avoir part au règne de Dieu, c'est puisque la mort reste encore un réel problème pour eux, vu qu'ils ne pourront pas "ressusciter".

3.3.1.2. v.50b: *propositio* des vv.50-53

Peut-on vraiment considérer le v.50 comme la *propositio* de cette nouvelle unité littéraire? Pour répondre à cette question, il faut d'abord saisir le contenu de ce verset. Paul y affirme une vérité en deux assertions coordonnées. 1° Un être de chair et de sang (σάρξ καὶ αἷμα) ne peut hériter du règne de Dieu. 2° La corruption (ἡ φθορά) non plus n'hérite de l'incorruptibilité. L'interprétation de ces assertions est conditionnée par le sens que l'on donne aux expressions "chair et sang" et "corruption" ainsi qu' au genre de coordination que Paul introduit entre les deux.

---

[17] Cf. v.22a: πάντες ἀποθνῄσκουσιν; v.48a: οἷος ὁ χοικός, τοιοῦτοι καὶ οἱ χοικοί et v.22b: πάντες ζῳοποιηθήσονται; v.48b: οἷος ὁ ἐπουράνιος, τοιοῦτοι καὶ οἱ ἐπουράνιοι.

[18] Le problème de Paul à partir du v.50 n'est donc pas celui de "how this new body is given", comme l'affirme J. JEREMIAS, «Flesh and Blood», 155.

3.3.1.2.1. v.50b-c: un chiasme concentrique déroutant

Quelqu'un pourrait facilement disposer ce verset selon cette sorte de chiasme concentrique:

v.50b   a :   σὰρξ καὶ αἷμα βασιλείαν Θεοῦ κληρονομῆσαι
        b :   οὐ
        c :   δύναται
v.50c   b':   οὐδὲ
        a':   ἡ φθορὰ τὴν ἀφθαρσίαν κληρονομεῖ.

Mais y a-t-il vraiment ici un chiasme concentrique parfait? Pour y répondre, commençons par savoir de quel genre de parallélisme il s'agit. Est-il question d'un parallélisme synthétique comme l'a soutenu Jeremias ou d'un parallélisme synonymique défendu par Gillman?[19] Dans les deux cas, la solution se situe dans la compréhension de l'expression "σὰρξ καὶ αἷμα" et du terme "ἡ φθορά". Dans un parallélisme synthétique, Paul ferait une distinction entre la condition des vivants (σὰρξ καὶ αἷμα) et celle des morts (ἡ φθορά) à la Parousie du Christ (βασιλεία Θεοῦ, ἀφθαρσία)[20]. Dans ce cas, le v.50b est complété par le v.50c. Dans un parallélisme synonymique, par contre, le v.50c n'est qu'une traduction et une explicitation en termes hellénistiques du v.50b. Si tel est le cas, Paul ne parlerait que de l'homme, en tant qu'être fragile (σὰρξ καὶ αἷμα = ἡ φθορά) et ne ferait pas une discrimination entre les vivants et les morts. Chacune des solutions a des répercussions sur l'interprétation de l'ensemble de cette unité littéraire en elle-même et de sa fonction dans l'ensemble de 1 Co 15.

Selon Jeremias, en effet, si les vv.50b et 50c sont en parallélisme synthétique, la conséquence est que la section 35-58 est composée selon un modèle chiastique, où les deux questions posées par Paul au v.35 sont déve-

[19] Cf. supra, paragraphe 3.1.2.
[20] Le lien entre le règne total de Dieu et la parousie du Christ a été affirmé dans les vv.23-28. Paul considère le règne de Dieu comme s'accomplissant à la parousie du Christ, c'est-à-dire quand ceux qui sont au Christ seront rendus vivants (cf. ζωοποιηθήσονται du v.22) et que le Christ remettra son pouvoir à Dieu, qui lui a tout soumis, même la mort. Depuis la résurrection du Christ jusqu'à sa parousie, c'est le règne du Christ. Celui de Dieu est cependant aussi dans le règne du Christ, vu que c'est Dieu qui soumet au Christ ses ennemis. Mais le règne de Dieu devient *totalement* effectif seulement quand le Christ lui-même se soumet à Dieu, c'est-à-dire à sa propre parousie. Cf. aussi G. GRESHAKE, *Die Auferstehung der Toten in der gegenwärtigen theologischen Diskussion* (Essen, 1969) 278-281; J.N. ALETTI, «L'Argumentation de Paul: 1 Co 15», 72-77. Autrement dit, le règne du Christ ne commence pas avec sa parousie pour durer jusqu'à la fin du monde, comme l'avait interprété A. SCHWEITZER, *La mystique de l'Apôtre*, 82-83.

loppées ainsi: le v.35c aux vv.36-49 et le v.35b aux vv.50-57[21]. Nous avons montré, en étudiant la section 35-49, pourquoi une telle disposition ne se justifie pas. Les questions pauliniennes du v.35 ne sont qu'une seule question qui s'explicitent mutuellement[22]. Mais, cette dernière compréhension n'exclut pas la suggestion de considérer le v.50 comme étant en soi-même un parallélisme synthétique, comme nous allons le soutenir dans cette étude. Le problème de fond reste alors l'interprétation des termes employés par Paul.

3.3.1.2.2. Σὰρξ καὶ αἷμα synonyme de ἡ φθορά?

Gillman rejette le parallélisme synthétique parce qu'il trouve que l'expression "chair et sang" d'une part et le terme ἡ φθορά de l'autre ne peuvent être respectivement réduits aux vivants et aux morts seulement[23]. Pour soutenir que l'expression "chair et sang" ne s'applique pas aux seuls vivants, Gillman recourt à Si 14,17-18:

v.17   πᾶσα σὰρξ ὡς ἱμάτιον παλαιοῦται
       ἡ γὰρ διαθήκη ἀπ᾽ αἰῶνος θανάτῳ ἀποθανῇ
v.18   ὡς φύλλον θάλλον ἐπὶ δένδρου δασέος
       τὰ μὲν καταβάλλει, ἄλλα δὲ φύει
       οὕτως γενεὰ σαρκὸς καὶ αἵματος
       ἡ μὲν τελευτᾷ, ἑτέρα δὲ γεννᾶται

[toute chair, comme une tunique, vieillit;
en effet, la règle de tous les temps est qu'elle doit mourir.
comme une feuille verte sur un arbre luxuriant,
les unes tombent, tandis que d'autres bourgeonnent
ainsi une génération de chair et de sang;
l'une prend fin tandis que l'autre est engendrée].

Pour Gillman, ce texte montre que l'expression "de chair et de sang" inclut aussi "ce qui est déjà mort"[24]. Nous remarquons, cependant, que
1° le texte de Si 14,17-18 indique seulement que dans la nature d'un être fait de chair et de sang, il est inscrit qu'il mourra sûrement (θανάτῳ ἀποθανῇ). Cela ne veut pourtant pas dire que cet être de chair et de sang *peut aussi être un mort*. En réalité, l'auteur part de l'observation d'une disposition séculaire (διαθήκη ἀπ᾽ αἰῶνος) et énonce une loi générale pour tous les êtres

---

[21] Cf. J. JEREMIAS, «Flesh and Blood», 156-157. Cf. aussi dans le même sens M.C. DE BOER, *The Defeat of Death*, 128.

[22] Cf. aussi K. MÜLLER, «Die Leiblichkeit des Heils», 178-184.

[23] Cf. J. GILLMAN, «Transformation», 316-320.

[24] Cf. J. GILLMAN, «Transformation», 316.

du même genre (πᾶσα σάρξ; γενεά). Mais cette loi générale concerne seulement ceux qui vivent encore. On est de la race de chair et de sang dès qu'on est engendré et jusqu'à la mort. Le verbe τελευτᾷ indique ainsi seulement le fait de mourir et non pas aussi le fait d'être mort. La disposition éternelle est que quiconque est fait de chair et de sang devra mourir.[25] Certes cette évaluation est basée - dirions-nous - sur des cas de mort déjà advenus; mais, dans l'expression "chair et sang", on n'englobe pas ceux qui sont déjà morts. D'ailleurs, l'idée de l'auteur de Si 14,17-18 est que toutes les générations des êtres vivants meurent et laissent la place aux autres. Ainsi, l'accent porte sur le mot "γενεά" plutôt que sur l'expression "chair et sang"; car, l'auteur veut indiquer comment une génération succède à une autre et inviter à profiter de sa génération, quand on est encore de chair et de sang. D'où la comparaison entre γενεά σαρκὸς καὶ αἵματος et φύλλον θάλλον. La génération de chair et de sang est comme la feuille verte qui n'est telle que tant qu'elle est encore sur l'arbre. Dès qu'elle tombe, elle ne l'est plus.

2° Le contexte immédiat de Si 14,17-18 montre que l'expression "chair et sang" ne peut pas inclure les morts. Si 14,11-19 invite l'auditeur à faire du bien et surtout à jouir de ses biens avant de mourir (v.13: πρὶν σε τελευτῆσαι), car la mort ne tardera pas (v.12: θάνατος οὐ χρονιεῖ). Pour cela, il rappelle à l'auditeur qu'il est de "la race de chair et de sang", et qu'en tant que tel, il devra certainement mourir. D'où l'invitation à jouir maintenant de ses biens, quand il est encore vivant (chair et sang), car on ne sait rien du shéol (vv.12.16). Là, il n'est plus "chair et sang", comme quand une feuille verte tombe d'un arbre luxuriant. Une fois mort, la chair et le sang n'existent plus; c'est le processus de corruption qui commence. Ceci correspond d'ailleurs à l'idée que l'on se faisait du shéol en milieu juif de l'époque (cf. Si 14,12.16). Le shéol était le siège de ceux qui sont sans vie, le domaine de la mort.[26]

Selon N.J. Tromp, une des raisons pour lesquelles le shéol est appelé "profondeurs" est que ce dernier terme permet de faire une distinction claire entre les morts et les vivants[27]. En tout cas, après la mort, on ne parle que

---

[25] Nous sommes ici en présence d'une traduction grecque d'un infinitif absolu hébreu dont le sens est bien précis. Cf. P. JOÜON, *Grammaire de l'hébreu biblique* (Rome, 1982) §123e. La construction θανάτῳ ἀποθανέομαι revient aussi dans les versions grecques de la Bible en Gn 2,17; 3,4; Nb 26,65; 35,18 ('A); Jg 13,22; 21,5 ('A); 1 S 14,39.44; 20,14; 22,16; 2 S 12,14; 14,14; 1 R 2,37.42; 2 R 1,4.6. 16; 8,10; Jr 33,8; Ez 18,13 ('A). Dans tous ces cas, cette construction indique le fait que l'on ne peut pas du tout échapper à la mort annoncée.

[26] Cf. Ch. BARTH, *Die Errettung vom Tode in den individuellen Klage- und Dankliedern des Alten Testamentes* (Zollikon, 1947) 77-80; N.J. TROMP, *Primitive Conceptions of Death and the Nether World in the Old Testament* (BibOr 21; Rome, 1969) 130.

[27] "Sheol's being called ''deep'' is first of all to be interpreted as an expression of the distance between the domain of death and the land of the living: anybody who is in Sheol is removed and alienated from God and the human community, and therefore from life",

des os desséchés, des cadavres sans chair ni sang[28]. Car, le sang a déjà été consommé par la poussière qui devra le rendre à la résurrection annoncée (cf. Is 26,21c-d)[29]. Il en résulte que l'importance de Si 14,17-18 pour la compréhension de 1 Co 15,50 réside dans l'affirmation qu'un homme fait de chair et de sang ne peut hériter du règne de Dieu, parce qu'il est inscrit dans sa nature qu'il doit absolument mourir. L'expression ne peut donc pas en soi inclure ce qui est déjà mort.

Par contre, nous souscrivons à l'analyse que Gillman fait de l'expression "chair et sang" dans ses occurrences néotestamentaires (Ga 1,16; Ep 6,12; He 2,14; Mt 16,17). Il a raison de dire que dans presque chacun de ces textes, exception faite d'Ep 6,12, aucune connotation éthique ne semble être impliquée[30]. Cette observation constitue une réponse juste contre l'interprétation éthique de 1 Co 15,50-53 proposée par Morissette[31]. Cependant, Gillman profite d'une telle observation pour assumer que l'expression "chair et sang" puisse englober aussi ce qui est mort. D'ailleurs, on a l'impression que cet auteur n'échappe pas à une certaine confusion. Car, après examen de ces textes du Nouveau Testament, il dit que l'idée centrale de l'expression chair et sang du v.50 est de renvoyer à la personne humaine en tant qu'elle est considérée du point de vue de la finitude, de la fragilité et de la précarité de sa nature[32]. Jusqu'à ce point, nous sommes totalement d'accord, car dans ce sens, il ne peut s'agir que des vivants dont on souligne la fragilité, même si cette affirmation est basée sur l'expérience de ceux qui sont déjà morts. Mais si on veut dire par là que l'expression "chair et sang" inclut aussi "ce qui est mort", nous hésitons à l'admettre. Aucun texte ne peut justifier une telle assomption. En Ga 1,16, par exemple, l'affirmation οὐ προσανεθέμην σαρκὶ καὶ αἵματι est en réel parallélisme synonymique avec la proposition οὐκ ἔστιν κατὰ ἄνθρωπον du v.11. De fait, dans ce passage apologétique Paul exclut toute implication de quelque homme (en tant que vivant), particuliè-

---

N.J. TROMP, *Primitive Conceptions of Death*, 130. Dans Si 41,1-4 et Qo 9,7-10, le shéol est aussi un lieu de distinction entre les vivants et les morts.

[28] Cf. la vision des ossements desséchés chez Ez 37, où le premier signe de vivification est la réception de la chair.

[29] Cf. aussi P. GRELOT, «Théologie de la mort dans l'Ecriture Sainte» *SVSpir* 76 (1966) 143-193; ici surtout pp. 148-154; IDEM, *De la mort à la vie éternelle*. Etudes de théologie biblique (LD 67; Paris, 1971) 57-58; W. BERG, «Jenseitsvorstellungen im Alten Testament mit Hinweisen auf das frühe Judentum» in *Die größere Hoffnung der Christen*. Eschatologische Vorstellungen im Wandel (QD 127; Freiburg - Basel - Wien, 1990) 30-38.

[30] Cf. J. GILLMAN, «Transformation», 318.

[31] Cf. R. MORISSETTE, «'La chair et le sang ne peuvent hériter du Règne de Dieu' (*I Cor.*, *XV, 50*)» *ScEs* 26 (1974) 39-67.

[32] Cf. J. GILLMAN, «Transformation», 318. Cf. aussi B. WITHERINGTON III, *Jesus, Paul and the End*, 199-200.

rement les autres Apôtres, dans la connaissance qu'il eut de l'Evangile du Christ, au moment de sa vocation.

Avec Jeremias, nous trouvons donc qu'en 1 Co 15,50, l'expression "chair et sang" ne parle que des vivants, mais des vivants dont on souligne la fragilité, le fait qu'ils peuvent (mieux encore doivent) mourir. L'expression se retrouve, avec la même acception, dans Si 17,31 dont le contexte (Si 17,25-32) permet d'en saisir la portée. Dans le Nouveau Testament, c'est surout He 2,14 qui exprime la même idée, la mettant en lien avec le fait que ceux qui sont de chair et de sang sont destinés à la mort. Si Jésus est mort, c'est parce qu'il a partagé ce qui est commun aux hommes: chair et sang. Mieux, il est devenu chair et sang pour qu'il puisse aussi expérimenter la mort, afin de mieux détruire celle-ci[33].

Certes, pour celui qui est déjà mort, on dira qu'il *a été* de chair et de sang. Mais il s'agit d'un temps passé. Dans ce cas, on met l'accent sur le temps où il *avait été* en vie pour indiquer qu'il ne pouvait pas vivre éternellement. Il a été de chair et de sang veut dire qu'il devait mourir et c'est pour cela qu'il est mort (He 2,14). Bien que la mort y soit supposée, l'expression la conçoit comme un fait certain, mais à venir. Tant qu'il est de chair et de sang, l'homme est un être destiné à la mort. Et c'est pour cela qu'il ne peut pas hériter du royaume de Dieu, la mort étant pour Paul le grand ennemi de Dieu et de son règne (vv.26-28). Ainsi l'expression "chair et sang" contient de soi une distance entre Dieu et l'homme. Il y a déjà ici exprimée l'exigence d'une transformation.

Quant au terme φθορά, Gillman trouve qu'il ne peut pas signifier, - comme l'a proposé Jeremias -, "corps en décomposition" et qu'il ne peut donc pas renvoyer seulement aux morts. Pareille signification est, selon lui, "inconsistante" dans l'emploi paulinien de ce terme. Pour preuve, il recourt à Rm 1,23 où Paul oppose l'homme corruptible (φθαρτός ἄνθρωπος) au Dieu incorruptible (ἄφθαρτος Θεός). Puisque l'adjectif φθαρτός qualifie un être animé (l'homme) parmi une série d'autres êtres animés (oiseaux, bêtes et reptiles), c'est que, conclut Gillman, les expressions anthropologiques de Paul peuvent inclure à la fois les vivants et les morts[34].

Nous observons néanmoins ce qui suit.

1° Il est étonnant de voir qu'ici Gillman ne fasse pas directement l'étude des autres textes pauliniens où le terme φθορά est employé. A côté de 1 Co 15,42.50, en effet, ce terme revient trois fois dans le corpus paulinien

---

[33] Les autres occurrences de l'expression dans le Nouveau Testament (Mt 16,17; Ep 6,12) n'indiquent pas clairement la fragilité de l'homme, mais quelque chose de semblable. Elles soulignent l'incapacité pour un homme (être vivant) de pénétrer seul, sans l'aide divine, le mystère du plan de Dieu (Mt 16,17; cf. Ga 1,16) ou son impuissance vis-à-vis des forces extraterrestres (Ep 6,12). Quoi qu'il en soit, en aucun lieu l'expression ne fait allusion à des êtres déjà morts qu'elle peut inclure.

[34] Cf. J. GILLMAN, «Transformation», 316.

(Ga 6,8; Rm 8,21; Col 2,22). Il est vrai que Gillman va analyser ces trois textes plus loin[35], mais il évite de les étudier déjà ici, car, à notre avis, ils vont à l'encontre de son assertion, selon laquelle "corpses in decomposition" est une interprétation "inconsistante" dans l'usage paulinien du terme φθορά. En effet, le terme φθορά a une connotation morale en Ga 6,8 et Col 2,22. Il fait en plus penser au *résultat final* d'une situation donnée[36]. En Rm 8,21, par contre, il est employé pour désigner le sort de la création entière. A ce niveau cosmologique, la "corruption" semble être une puissance qui domine et rend la création esclave[37]. Quel est alors l'emploi "consistant" du terme φθορά chez Paul et où demeure-t-il? Ne faut-il pas à chaque fois privilégier le contexte?

2° Malheureusement, pour appuyer son idée, Gillman analyse, à ce niveau, Rm 1,23 où le mot utilisé n'est même pas φθορά, mais φθαρτός. Comme nous le montrerons plus loin, les deux termes φθορά et φθαρτός qui, apparemment peuvent être interchangés en 1 Co 15,42.50 et 53.54, ne le doivent pas. Bien plus, pourquoi Gillman ne prend-il pas aussi en considération 1 Co 9,25 où φθαρτός ne qualifie pas un être vivant[38]? N'est-ce pas un autre cas d'occurrence de ce terme dans les lettres pauliniennes? Pour Paul aussi - comme partout d'ailleurs - φθαρτός n'est pas seulement limité aux êtres animés!

L'analyse de Gillman semble donc sélective. Et nous ne pouvons que la rejeter. *Ipso facto* il devient problématique de voir un parallélisme synonymique qu'elle cherche à soutenir au v.50b-c. En tout cas, même si Paul en 50c emploie des termes hellénistiques, ceux-ci ne traduisent pas pour autant ni n'explicitent l'expression sémitique "chair et sang". Φθορά ne peut pas, à notre avis, qualifier ici σάρξ καὶ αἷμα. En milieu hellénistique, en effet, il sera très difficile de trouver un texte qui emploie ἡ φθορά pour parler de la *fragilité de l'homme*. Ce terme n'indique que le résultat final ou un état d'un être ayant déjà connu la corruption (morale ou physique)[39].

Il est cependant à noter que le terme φθορά du v.42b est en relation avec le σῶμα ψυχικόν du v.44a et que ce dernier peut être identifié avec σάρξ καὶ αἷμα du v.50b[40]. Toutefois, au v.42b Paul formule bien que le σῶμα ψυχικόν

---

[35] Cf. J. GILLMAN, «Transformation», 319.
[36] Cf. aussi 2 P 2,12.
[37] Cf. aussi 2 P 1,4; 2,19.
[38] Cf. aussi 1 P 1,18.23.
[39] Il est d'ailleurs intéressant d'observer qu'ARISTOTE, *De la génération et de la corruption* 317a 20-23, considérait la corruption d'un être comme le résultat final d'un processus de dissociation de particules, transformant cet être en un autre. "La simple génération (γένεσις) et la destruction (φθορά) ne se produisent pas par l'association et la dissociation de particules, mais par un changement qui s'opère sur la totalité d'une chose et qui transforme cette chose en autre chose". Cf. aussi 335a 24-335b 7 où il distingue entre τὸ γενητόν et τὸ φθαρτόν et ἡ γένεσις et ἡ φθορά.
[40] Cf. G. SELLIN, *Der Streit um die Auferstehung*, 74.

du v.44a est déjà semé *dans* la corruption (ἐν φθορᾷ) pour être ressuscité *dans* l'incorruptibilité (ἐν ἀφθαρσίᾳ). Evidemment, au v.50c, Paul n'emploie pas ἐν φθορᾷ, mais on peut supposer que dans sa pensée il n'est pas loin de cela: φθορά exprime ici tout ce qui est ἐν φθορᾷ.

Toute bonne logique d'ailleurs oblige qu'on fasse une distinction entre la fragilité et la corruptibilité d'un être, d'une part, et sa corruption effective de l'autre. Celle-ci indique, nous l'avons dit, un état final et suppose l'existence d'un état de corruption qui a déjà eu lieu, alors que le premier annonce que cela est possible, que cela pourra advenir. Aussi, au v.50b-c, Paul fait-il la même distinction. Il affirme, en effet, que tout homme, qui est encore vivant (fait de chair et de sang) ne peut hériter du règne de Dieu; de même que celui qui est déjà mort (soumis à la corruption) n'hérite pas de l'incorruptibilité.

3.3.1.2.3. Portée sémantique de οὐδέ et cohérence interne du v.50

A ce point de la discussion on se rend compte que la difficulté réside dans la façon dont Paul a coordoné le v.50b et le v.50c. Nous proposons d'attribuer à la particule δέ de οὐδέ une nuance comparative. Cela se comprend si, en suivant la logique de l'argumentation, nous nous rendons compte que Paul cherche plus à résoudre ici la question de ceux qui seront encore vivants à la parousie que celle de ceux qui seront déjà morts. Il indique que pour hériter du règne de Dieu les vivants eux aussi devront subir une transformation, *de même que* les morts n'héritent pas de l'incorruptibilité sans la transformation de leurs corps déjà corrompus. Il y a une sorte de parallélisme servant à mettre sur le même pied d'égalité deux situations qu'on croirait différentes.

Un tel parallélisme peut déjà être soutenu grâce à l'architecture que nous avions indiquée plus haut à propos de la macro-unité littéraire des vv.35-53. Nous avons, en effet, signalé qu'entre les vv.35-44a et les vv.50-53, il existe une disposition chiastique, rendue possible grâce à l'unité centrale formée des vv.44b-49. C'est le recours à la typologie adamico-christologique, exprimée en cette unité centrale, qui permet de mettre sur le même pied d'égalité les morts et les vivants. Aussi comprend-on la présence de la première personne du pluriel au v.49. Nous avons signalé comment ce dernier verset joue le rôle d'une transition nécessaire pour parler des vivants. Le parallélisme est donc synthétique, dans la mesure où il ne reprend pas seulement en d'autres mots la même idée, mais plutôt ajoute un élément conceptuel différent.

Ainsi, à partir du v.50 Paul affirme: ce qui doit se faire pour les uns (les vivants) correspond à ce qui se fait pour les autres (les morts). Dans ce sens οὐδέ pourrait être traduit simplement par "ni même". Mais, comme nous allons le montrer, ce qui nous pousse à donner à cette particule une valeur comparative "de même que ne ... pas", c'est le respect de la manière dont Paul lui-même exprime sa pensée. En effet, Paul ne dit pas: "la chair et le sang ne peuvent hériter du royaume de Dieu, οὐδέ (ni même) la corruption ne *peut hériter* de l'incorruptibilité", mais plutôt: "la chair et le sang ne peuvent hériter du royaume de Dieu, οὐδέ (de même que = comme) la corruption n'*hérite* pas de l'incorruptibilité".

De cette manière, même le rapport entre βασιλεία Θεοῦ et ἡ ἀθανασία devient clair. L'objection de taille que ne manquent pas de soulever ceux qui rejettent le parallélisme synthétique est la suivante: si on admet que σὰρξ καὶ αἷμα indique les vivants et ἡ φθορά les morts au moment de la parousie du Christ, pourquoi Paul emploie-t-il "incorruptibilité" pour ceux qui sont déjà morts et "règne de Dieu" pour ceux qui sont encore vivants? Selon Morissette, la distinction des deux premiers termes obligerait à établir aussi une opposition entre "Règne de Dieu" et "incorruptibilité"[41]. Ce qui est de toute évidence impossible dans ce contexte.

Pour nous, au lieu de parler d'opposition, il faut parler de distinction. En effet, Paul emploie aussi ces deux termes pour souligner la diversité de situation entre les vivants et les morts. Un coup d'oeil attentif au parallélisme en question permet de donner une réponse adéquate:

----	σὰρξ καὶ αἷμα	βασιλείαν θεοῦ	κληρονομῆσαι	οὐ	δύναται
οὐδὲ	ἡ φθορά	τὴν ἀφθαρσίαν	κληρονομεῖ	--	--------

Paul, on le voit, oppose les mots tels qu'on les utilise habituellement. Si nous concédons qu'en milieu juif σὰρξ καὶ αἷμα a pour contraire normal βασιλείαν Θεοῦ[42], tandis qu'en milieu hellénistique ἡ φθορά trouve souvent son contraire en ἡ ἀφθαρσία, rapprochant les deux mentalités, on dirait que σὰρξ καὶ αἷμα s'explicite par ἡ φθορά, alors que βασιλεία Θεοῦ s'explicite par ἡ ἀφθαρσία. C'est ce que les défenseurs du parallélisme synonymique ont mis en relief. Cependant, il faut suivre la manière dont Paul a exprimé sa pensée. Dans la disposition ci-haut présentée, il n'y a que le verbe κληρονομεῖν qui est repris dans les deux volets. Et pourtant, malgré cela, il faut relever ceci: alors qu'en 50b il est conjugué à l'infinitif aoriste, étant donné qu'il est le complément du verbe δύναται, en 50c il ne dépend pas de ce dernier et est conjugué à l'indicatif présent. Il ne s'agit pas en tout cas d'une simple ellipse du verbe δύναται pour raison de style. Mais, il nous semble qu'avec cette formulation, Paul exprime bien sa pensée.

---

[41] Cf. R. MORISSETTE, «La chair et le sang», 48. Cf. aussi J. GILLMAN, «Transformation», 314; A.C. PERRIMAN, «Paul and the Parousia», 514.

[42] Cf. J. JEREMIAS, «Flesh and Blood», 152; R. MORISSETTE, «La chair et le sang», 49.

D'un côté, il exclut seulement une "possibilité": le fait de reconnaître à quelqu'un d'hériter (οὐ δύναται κληρονομῆσαι), tel qu'il est, du Règne de Dieu. L'atmosphère de tout le chapitre indique qu'une telle possibilité est réservée à quiconque est encore vivant au moment de la Parousie, vu que Paul vient de montrer que les morts, eux, viendront avec le corps spirituel. De l'autre côté, Paul nie un "fait réel" (οὐδὲ ... κληρονομεῖ): la corruption n'entre pas en possession de l'incorruptibilité. Cette négation catégorique n'est compréhensible que pour quiconque est déjà dans l'état de corruption, mieux, est déjà corrompu. Dans l'esprit de tout le passage, il ne s'agit là que de ceux qui sont déjà morts. Une fois que l'on est mort, en effet, on est déjà dans l'état de corruption; on n'est plus incorruptible; à moins que l'on parle de transformation (cf. v.42b)[43].

Dans l'unité précédente (vv.35-49), Paul a discuté de cette transformation, mais seulement en ce qui concerne les morts. Le terme lui-même n'y a pas été employé, mais la fréquence des adjectifs ἄλλος (7 fois) et ἕτερος (2 fois) ne laisse pas l'ombre d'un doute. Les morts qui vivent déjà dans la corruption seront ressuscités dans l'incorruptibilité (cf. v.42b: σπείρεται ἐν φθορᾷ, ἐγείρεται ἐν ἀφθαρσίᾳ). C'est cela leur transformation (cf. v.52: οἱ νεκροὶ ἐγερθήσονται ἄφθαρτοι), condition requise pour leur participation au règne de Dieu à la parousie du Christ. Et cela a été déjà affirmé. Quant aux vivants, ils devront aussi être transformés à la manière de ceux qui sont morts. Telle est la nouveauté que Paul révèle (cf. v.51).

Il y a donc une sorte de comparaison entre les deux états: tels quels les vivants ne peuvent hériter du règne de Dieu "comme" les morts en tant que tels n'héritent pas de l'incorruptibilité. Mais, comme les morts viennent avec un corps autre, il faut aussi que les vivants se présentent avec un corps autre. Il faut que dans les deux cas, il y ait transformation. Dans ce sens, Jeremias a, à notre avis, plus ou moins saisi le raisonnement paulinien en percevant cette sorte de comparaison dans les vv.50-53 entre la situation des morts et celle des vivants[44]. Puisque la description de l'événement de la résurrection des morts a déjà fait l'objet des versets précédents, Paul la considère désormais comme point de référence quand il parle de ce qui se passera avec les vivants. Autrement dit, ce n'est pas, comme affirme Jeremias, que les morts sont changés en endossant l'incorruptibilité exactement comme les vivants devront endosser l'immortalité, mais bien le contraire. Les vivants devront endosser l'immortalité et l'incorruptibilité exactement comme les morts auront endossé l'incorruptibilité. C'est seulement quand cette condition

---

[43] Autrement dit, au point de vue sémantique, le chiasme concentrique reporté plus haut n'est pas la disposition la plus adéquate pour ce verset, vu que le centre (le verbe δύναται) ne commande pas le deuxième volet. Il n'empêche qu'au point de vue stylistique, ce chiasme est indéniable!

[44] "Just in the same manner as the living are changed by putting on immortality, so are the dead changed by putting on incorruption (50-53)", J. JEREMIAS, «Flesh and Blood»", 157.

sera remplie que l'on parlera de l'accomplissement de l'Ecriture qui annonçait la fin éternelle de la mort (54-55).

Par ailleurs, adopter le parallélisme synthétique n'implique pas forcément que βασιλεία Θεοῦ et ἀφθαρσία du v.50b s'opposent. La distinction entre les deux termes est nécessaire pour montrer qu'il n'y a pas pure équivalence. L'ἀφθαρσία est une caractéristique de la βασιλεία Θεοῦ pour ceux qui sont déjà morts et qui seront ressuscités. Mais elle n'est pas l'unique caractéristique équivalente à celle-ci. Pour ceux qui ne sont pas encore morts et qui seront transformés, sans jamais connaître la mort, il y a en plus l'ἀθανασία.

En résumé, le v.50 énonce une condition que les vivants doivent remplir pour hériter du règne de Dieu à la parousie du Christ. Dans le langage paulinien, exprimé aux vv.23-28, il est question de la victoire finale sur la mort. Paul énonce cette condition pour les vivants en relation avec ce qu'il a déjà affirmé au sujet des morts à la même échéance parousiaque. Il ne peut donc pas s'agir de parallélisme synonymique[45]. Il appert que la nouvelle *propositio* de la micro-unité des vv.50-53 est seulement le v.50b, car il contient l'affirmation principale que Paul n'a pas encore démontrée dans les versets précédents. Mais il convient de montrer que Paul soutient cette affirmation dans ce qui suit, pour dire que le v.50b est une *propositio*.

D'ailleurs, l'emploi même du verbe κληρονομεῖν au négatif indique qu'il s'agit d'une énonciation d'une condition qu'il faut absolument encore préciser. Ce verbe est utilisé dix-huit fois dans le Nouveau Testament, dont six chez Paul. Ces six cas pauliniens sont en plus les seuls où le verbe est employé au négatif. Or, dans tous les dix-huit cas ce verbe signifie le fait que quelqu'un entre en possession de ce qui lui revient de droit, dans l'état où il se trouve. Quand il y a négation, cela signifie qu'il y a (encore) indignité de la part de celui qui peut hériter. Cela ne convient pas à son état, à moins que quelque chose d'autre soit achevé, ou qu'une autre condition soit accomplie. Une telle condition doit être exprimée, explicitée. Autrement la pensée reste suspendue, incomplète (cf. 1 Co 6,9.10; Ga 4,30; 5,21). Si donc le v.50b est la *propositio*, il faut donc qu'elle soit complétée. Comme Paul énonce sa condition de façon négative, il cherchera à l'expliciter. Dire que les vivants ne peuvent hériter du règne de Dieu, comme les morts n'héritent de l'incorruptibilité, n'est pas suffisant. Encore faut-il préciser de façon positive ce que cela signifie. De fait, l'Apôtre s'empresse d'expliciter son affirmation aux vv.51-52a et de la soutenir dans les vv.52b-53.

---

[45] Aussi rejetons-nous la position de ceux qui, comme K. MÜLLER, «Die Leiblichkeit des Heils», 228-229, insistent sur le fait que le v.50c est l'adaptation paulinienne d'une affirmation traditionnelle, qui lui fut transmise.

3.3.1.3. vv.51-52a: la *ratio* du v.50: il y aura encore des vivants;
mais tous, morts et vivants, seront transformés

3.3.1.3.1. Fonction argumentative de ἰδού μυστήριον

Une idée n'est *propositio*, au sens technique, que quand elle est immédiatement soutenue par une argumentation. Est-ce bien le cas pour le v.50?[46] Peut-
on montrer que les vv.51-52a explicitent ou appuient le v.50b? Certes, c'est
par la particule γάρ que Paul introduit d'habitude la justification de ses *pro-*
positiones. Cette particule manque ici. Mais cela ne suffit pas pour ne pas
considérer les vv.51-53 comme explicitation de la *propositio* du v.50b. Car,
dans l'affirmation ἰδού μυστήριον ὑμῖν λέγω qui introduit le v.51, l'adverbe
ἰδού permet à l'Apôtre d'exposer plus clairement l'affirmation précédente.
Cet adverbe joue le rôle de démonstration; par nature, la pragmatique d'un
déictique, c'est de présenter un sujet ou un objet à quiconque le tient pour
inconnu ou a besoin de beaucoup d'éclaircissement, d'introduire une énonciation servant à préciser la pensée[47]. En français, on pourrait le traduire par
"tenez!"

Par ailleurs, le mot μυστήριον révèle que Paul concentre sa pensée sur
le sort des vivants. Tous les emplois de ce mot dans les lettres dites authentiques, exception faite de Rm 11,25, ne sont pas d'application ici (Rm 16,25;
1 Co 2,1.7; 4,1; 13,2; 14,2), car Paul ne s'y présente pas comme celui qui
pose l'acte de révéler quelque chose qui est encore caché à ses auditeurs.
Seul en Rm 11,25 - plus proche de 1 Co 15,51 - Paul dit qu'il révèle un
mystère dont il ne veut pas que ses auditeurs continuent à être ignorants. Ce
mystère est un élément nouveau qu'il introduit dans la discussion par rapport
à ce qui précède, mais qui a pour finalité d'expliciter ce que les auditeurs

---

[46] Cf. à ce propos cette affirmation de M.C. DE BOER, *The Defeat of Death*, 130: "It is one
of the curious features of this solemn claim that Paul does bother to make explicit to his
readers why this should be so!"

[47] Dans l'art oratoire ἰδού joue de fait le rôle d'*evidentia* pour introduire une accumulation
littéraire ayant une fonction de spécification. Selon H. LAUSBERG, *Elementi di retorica*,
§ 369, "se il pensiero che si vuol esporre dettagliamente è un oggetto concreto da
rappresentare, specialmente una persona o una cosa (che si intende descrivere), oppure
un processo collettivo di avvenimento più o meno simultaneo, l'esposizione dettagliata
(spesso più libera dal punto di vista sintattico e che usa, per l'idea, tutti i mezzi della
expolitio si chiama e v i d e n t i a (illustratio, demonstratio, descriptio; ἐνάργεια,
ὑποτύπωσις, διατύπωσις, ἔκφρασις). La vivace esposizione dei dettagli presuppone una
simultanea testimonianza visiva, che nella realtà si presenta come *ticoscopia* "osserva-
zione di un muro" (Il. 3,161 ss.), prodotta per gli oggetti assenti (passati, presenti e
futuri) da un'azione vissuta dalla fantasia (φαντασία, visio). /.../ Per la riproduzione
nell'ascoltatore del processo di fantasia creato dall'autore servono formule come ἴδοις ἄν
(Il. 1,22), cernas (Aen. 4,401), credas (Aen. 8,691), ponite ante oculos (Cic. leg. agr.
2,20,53), figure-toi (Androm. 3,8,999; Athalie 1,2,248), as vu (Rol. 1989)".

n'arrivent pas à saisir d'eux-mêmes. Le mystère dépasse en quelque sorte la simple logique humaine.

A ce niveau du discours de 1 Co 15, on ne peut pas dire que c'est la résurrection des morts qui est ce mystère que Paul révèle maintenant. Ce n'est pas non plus la transformation des morts ressuscitants qui serait une révélation. Les adjectifs ἄλλος et ἕτερος employés avec insistance en 39-41, peuvent être facilement synthétisés dans le mot "transformation". Il n'est pas besoin que l'Apôtre appelle un tel "résumé" du nom de "mystère" qu'il dévoile. La révélation n'est abrupte (ἰδού) que s'il s'agit d'une nouveauté, d'un fait inouï, auquel on ne pensait même pas. Paul communique, en effet, un détail qui n'a pas encore jusqu'ici fait partie de la longue discussion de 35-49[48].

3.3.1.3.2. Que disent les vv.51-52a?

Que les vv.51-52a constituent une unité étoffant la *propositio* du v.50 cela se dégage aussi de son contenu. Pour expliciter sa pensée, Paul affirme trois choses:

1° Jusqu'à la venue solennelle du Christ, tous le chrétiens ne seront pas morts (πάντες οὐ κοιμηθησόμεθα). Cette affirmation précise respectivement les deux expressions employées dans le verset précédent, σάρξ καὶ αἷμα et ἡ φθορά.

2° Malgré cette situation (endormis ou vivants), tous seront transformés (πάντες δὲ ἀλλαγήσομεθα). L'Apôtre spécifie ainsi la condition que les vivants, autant que les morts, doivent remplir pour hériter du règne de Dieu. C'est la transformation.

3° Pour tous (les morts et les vivants), la modalité et le moment de cette transformation sont: "en un instant, en un clin d'oeil, au dernier son de la trompette".

Mais, tout ne paraît pas aussi simple à saisir. Car, bien des questions se posent pour la compréhension de cette petite unité (51-52a). Est-ce qu'elle contient l'idée selon laquelle la mort est considérée comme un fait normal? Autrement dit, peut-on y percevoir une allusion au fait que des cas de morts soient devenus plus nombreux à Corinthe qu'à Thessalonique? Comment interpréter les propositions πάντες οὐ κοιμηθησόμεθα et πάντες δὲ ἀλλαγησόμεθα du v.51? Où doit-on mettre l'accent? Sur les morts ou sur les vivants? Paul lui-même se comptait-il parmi les vivants dont il parle ici? Et la construction paratactique du v.52a, quelle information ajoute-t-elle? Peut-on s'en passer et toujours être proche de la pensée paulinienne?

---

[48] Cf. aussi B. Spörlein, *Die Leugnung der Auferstehung*, 120.

Le conflit des interprétations des vv.51-52a est apparu déjà dans la transmission du texte lui-même. Dans cette analyse, nous acceptons les raisons fournies par la Commission des spécialistes qui a étudié ce cas et optons pour la leçon qu'elle propose[49]. Ainsi nous nous intéressons directement aux questions les plus brûlantes de cette micro-unité, énumérées au paragraphe précédent. Une réponse adéquate exige que l'on suive l'enchaînement logique de la pensée de Paul dans toute l'unité littéraire 50-53.

3.3.1.3.3. Organisation interne des vv.50-53

A : *(propositio* sous forme négative)		v.50b:	σὰρξ καὶ αἷμα βασιλείαν θεοῦ οὐ κληρονομῆσαι δύναται
		v.50c:	οὐδὲ ἡ φθορὰ τὴν ἀφθαρσίαν οὐ κληρονομεῖ
B : *(ratio)*	a :	v.51b:	πάντες οὐ κοιμηθησόμεθα
		v.51c:	πάντες δὲ ἀλλαγησόμεθα
	b :	v.52aα:	ἐν ἀτόμῳ, ἐν ῥιπῇ ὀφθαλμοῦ,
	c :	v.52aβ:	ἐν τῇ ἐσχάτῃ σάλπιγγι
B': *(confirmatio)*	c':	v.52bα:	σαλπίσει γὰρ
	b':	--------	-------------
	a':	v.52bβ:	καὶ οἱ νεκροὶ ἐγερθήσονται ἄφθαρτοι
		v.52bγ:	καὶ ἡμεῖς ἀλλαγησόμεθα
A': (reprise conclusive de la *propositio* sous forme positive)		v.53a:	δεῖ γὰρ
		v.53bα:	τὸ φθαρτὸν τοῦτο ἐνδύσασθαι ἀφθαρσίαν
		v.53bβ:	καὶ τὸ θνητὸν τοῦτο ἐνδύσασθαι ἀθανασίαν

Trois remarques s'imposent à propos de ces parallélismes. La première chose à relever est que cette unité est bien compacte et cohérente en elle-même. Du v.51b au v.52aβ, on sent que la pensée coule d'un trait. Non seulement la répétition de πάντες, mais aussi l'emploi du δέ disjonctif crée l'unité de pensée au v.51b-c. La juxtaposition du v.52a apporte des précisions sur la modalité et le moment du déroulement des événements que l'Apôtre révèle. En outre, la reprise du verbe σαλπίγγω et surtout la particule γάρ font que le v.52b est une confirmation de ce qui précède. Nous venons de le dire, les vv.51-52a constituent la *ratio* que Paul énonce pour préciser davantage la *propositio* précédente, mais une *ratio* qui exige elle-

---

[49] Cf. B.M. Metzger (éd.), *A Textual Commentary*, 569.

même d'être confirmée dans la suite. De même, la particule γάρ indique que le v.53 est conçu comme une explication du v.52bγ. Nous avons déjà dit que le v.53b reprend de façon positive l'affirmation négative de 50b-c. La deuxième chose à observer est que l'élément **b** (v.52aα) n'est pas repris en 52b. Mais il peut être bien sousentendu entre **c'** et **a'** sans faire tort à l'exposition de la pensée. La dernière remarque concerne la correspondance entre **a** et **a'**. Exception faite du verbe ἀλλάσσω employé en 51c et 52bγ, il n'y a pas d'autres indices littéraires apparents. Voilà pourquoi, l'interprétation correcte des deux πάντες de 51b-c devient décisive pour comprendre la foncttion explicative de **a'** par rapport à **a**.

3.3.1.3.4. v.51b: l'extension de πάντες

En affirmant que "tous, nous ne mourrons pas" (v.51b), Paul affirme seulement que certains mourront et certains autres non. Il tient ainsi à établir une différence de situations. Etre vivant ou être mort est d'une certaine importance à la parousie. Cela attire l'attention sur l'égalité du sort final. Car tous, les vivants comme les morts seront transformés. La particule δέ du v.51c est adversative, pour indiquer combien Paul trouve que la transformation n'est pas une condition que remplissent seulement les morts. Elle ne constitue ni leur privilège, ni leur devoir. L'un et l'autre πάντες de 51b-c concernent à la fois les morts et les vivants. Toutefois, ils n'ont pas la même connotation, car l'un est dans une proposition affirmative (51c), tandis que l'autre dans une négative (51b). Cette nuance devient effectivement plus claire au v.52bβ-γ.

Voilà pourquoi il est intéressant de se demander: sur quoi Paul insiste-t-il dans l'affirmation du v.51b? Sur les vivants, sur les morts ou sur les deux à la fois? Certes, πάντες englobe les deux à la fois. Mais, il nous faut noter que de la formulation de type impersonnelle qu'est le v.50, Paul passe à une tournure concrète et personnelle, par l'emploi du "nous". Ce "nous" porte l'attention vers Paul et vers ceux à qui il s'adresse; donc vers les vivants.

Sans doute, l'assertion "tous, nous ne mourrons pas" ne veut pas dire "personne ne mourra". Autrement, elle contredirait toute l'argumentation de 1 Co 15. Elle veut dire seulement que certains parmi nous, les vivants, mourront, tandis que certains resteront en vie. L'attention est, dans tous les cas, à présent, centrée sur les vivants. Car, si Paul avait pensé à mettre l'accent sur les morts, sur le fait que tout le monde devra mourir avant de ressusciter, il aurait, comme certains manuscrits l'ont transmis[50], simplement formulé ainsi sa phrase: πάντες κοιμηθησόμεθα. Il est clair que ces leçons

---

[50] Cf. א, A*, Origne^{grec2/3}, etc.

témoignent d'une correction tardive, après qu'on s'était rendu compte du retard de la parousie.

Ou encore, l'Apôtre aurait formulé sa pensée ainsi: "nous ne vivrons pas tous, mais nous serons tous transformés". Dans ce cas, ce qui serait nié, ce serait le fait de vivre jusqu'à la parousie. Ici, par contre, ce que Paul nie explicitement, c'est le fait que tous soient morts. En d'autres mots, il reconnaît que certains seront morts, tout en mettant l'accent sur le fait que d'autres vivront encore en ce moment-là. Ainsi, s'il est vrai qu'au v.51c il affirme l'universalité de la transformation, au v.51b il met l'accent sur les vivants. Certes, tous, les morts comme les vivants, seront transformés, mais il s'agit d'un *tous* qu'il utilise à cause des vivants dont il faut voir le sort au moment de la parousie. Voilà pourquoi nous considérons que la *propositio* de cette unité (50-53) est seulement l'idée contenue dans le v.50b, précisée et étoffée par les vv.51-52a. De la sorte, nous pouvons dire que même ces derniers versets font partie de la *propositio*. Ils ne sont pas encore le début de la *probatio*, mais seulement une précision de 50b. La *probatio* commence en 52b.

3.3.1.3.5. v.52a: portée du langage apocalyptique

Selon nous, il faut diviser la première partie du v.52 en deux segments. Le v.52aα fournit la manière dont la transformation s'opérera. Elle sera instantanée et avec la rapidité d'un clin d'oeil (ἐν ἀτόμῳ, ἐν ῥιπῇ ὀφθαλμοῦ). Il s'agit d'un événement qui ne dure pas longtemps et qui ne se prête pas à l'observation. Paul évite une description qui risque de créer une atmosphère théatrale à laquelle certains (les vivants) assisteraient pour voir comment les morts ressuscitent. Mais, cette indication veut surtout souligner combien la transformation est le sort de tous, des morts et des vivants à la fois et surtout comment la transformation des vivants sera égale à celle des morts et contemporaine d'elle. Cette information est donc absolument indispensable pour saisir la spécificité de 1 Co 15, 50-53 par rapport à 1 Th 4,13-18.

En effet, on est loin de 1 Th 4,16-17 où prévaut la logique du "d'abord les morts, puis les vivants". La préoccupation de l'Apôtre dans ce dernier texte était de dire comment les vivants n'allaient pas devancer les morts à la parousie du Seigneur (1 Th 4,15). Aussi présente-t-il la résurrection des morts comme un événement qui a lieu de manière que les morts, *avec les vivants ensemble*, soient conduits avec le Seigneur qui vient à leur rencontre (1 Th 4,14.17). Les morts ne seront donc pas en désavantage par rapport aux vivants. Le problème auquel il fournit une réponse en 1 Co 15,50-53 impose une autre façon d'exprimer la réalité. Il s'agit ici de préciser que les vivants comme les morts se présenteront, au moment de la parousie, au même moment *déjà transformés*. Personne ne se pésentera en spectateur de l'autre.

Ce qui est nouveau en 1 Co 15 par rapport à 1 Th 4, c'est cette transformation instantanée et rapide de tous.

Ainsi, Paul n'a pas abandonné la logique de 1 Th 4 à cause du retard de la parousie. Ce n'est pas le fait qu'il y ait beaucoup ou peu de morts qui fait que Paul change de théorie; ce n'est pas parce que la mort est devenue un fait normal avant la parousie qu'il propose la résurrection comme le modèle de salut pour tous. C'est plutôt le nouveau sujet de discussion qui l'impose. Le texte de 1 Co 15 est clair. Le modèle de salut pour tous n'est pas la résurrection, mais la transformation. Car, celle-ci, n'en déplaise à Sellin[51], n'équivaut pas à la résurrection. Paul distingue bien l'état des vivants de celui des morts. Les vivants n'auront pas à ressusciter, puisqu'ils ne seront jamais morts! Mais, ils devront eux aussi être transformés, car ils sont encore de chair et de sang, c'est-à-dire il reste inscrit dans leur corps qu'ils doivent mourir. Etre transformé est leur unique voie pour échapper à cette règle qui marque leur corps psychique, celui du premier Adam, qu'ils portent. Quant aux morts, leur résurrection constitue leur transformation. Ainsi, même si les deux sujets connaissent le même sort final (la transformation), Paul prend soin de distinguer leurs cas.

Le v.52aβ, quant à lui, indique le temps où cette transformation aura lieu. C'est quand la dernière trompette sonnera (ἐν τῇ ἐσχάτῃ σάλπιγγι). Dans la littérature apocalyptique chrétienne, le temps de la fin est un moment décisif qui est annoncé par la dernière trompette. Il correspond à celui de la parousie du Christ et du commencement du règne de Dieu[52]. C'est aussi le temps de la victoire finale sur le mal, le péché et la mort, après le jugement des vivants et des morts qui ont dû ressusciter. Introduisant ce motif de la dernière trompette, Paul indique, de façon condensée, non seulement le quand de la transformation de tous, mais surtout sa conviction que la parousie aura lieu au moment où il y aura encore des vivants. Ce qui veut dire qu'au v.36, il n'a pas affirmé que tous devront mourir pour être sauvés. C'est donc seulement cette assurance que Paul veut communiquer en recourant à ce langage apocalyptique. Mais, il reste qu'à ce niveau de l'enchaînement d'idées, il n'a pas encore dit en quoi consiste cette transformation des vivants par rapport à celle des morts. Il nous semble que c'est ce qu'il explicite aux vv.52b-53.

---

[51] Cf. G. SELLIN, *Der Streit um die Auferstehung*, 47-48.

[52] Cf. Ap 11,15: Καὶ ὁ ἕβδομος ἄγγελος ἐσάλπισεν. καὶ ἐγένοντο φωναὶ μεγάλαι ἐν τῷ οὐρανῷ λέγοντες, Ἐγένετο ἡ βασιλεία τοῦ κόσμου τὸ κυρίου ἡμῶν καὶ τοῦ Χριστοῦ αὐτοῦ, καὶ βασιλεύσει εἰς τοὺς αἰῶνας τῶν αἰώνιων. Cf. aussi Mt 24,31; Is 28,13.

3.3.1.4. vv.52b-53: la *confirmatio*: les morts ressusciteront incorruptibles et les vivants seront changés en immortels

3.3.1.4.1. v.52ba: reprise tronquée des éléments apocalyptiques

Pour affermir son argumentation, Paul commence par confirmer (cf. γάρ) la *ratio*, en vue de soutenir la *propositio* de cette macro-unité (v.50b). La dernière trompette sonnera, en effet (v.52bα). Quand cette trompette sonnera, alors les événements se dérouleront de façon que le contenu du v.51b-52aα se confirme: ceux qui, parmi nous, seront déjà morts en ce moment-là ressusciteront alors incorruptibles. Et nous serons transformés. Mais quand sonnera-t-elle cette dernière trompette? Paul ne s'en préoccupe pas. L'essentiel, pour lui, est de reconnaître que ce moment là aura lieu. De fait, il est important pour la réalisation de la transformation, laquelle constitue la victoire sur la mort. Dans notre disposition structurale de l'unité littéraire en question, cette affirmation occupe même le centre. Ce qui ne veut pas dire forcément que la pointe de la micro-unité se situe là. D'ailleurs, le fait que Paul ne répète plus l'indication modale (**b**) déséquilibre la centralité de cette assertion et constitue probablement un indice que Paul ne veut pas insister sur cet élément des discours apocalyptiques. Il s'empresse de dire ce qui lui tient à coeur.

3.3.1.4.2. L'extension de ἡμεῖς

C'est dans les vv.52bβ-53 que l'Apôtre répond à la question que le lecteur s'est posée au v.51: qu'est-ce donc que cette transformation? En quoi, particulièrement pour les vivants, consiste-t-elle? Mais sa réponse: "les morts ressusciteront incorruptibles, et nous, nous changerons" soulève le problème de l'extension de ἡμεῖς du v.52bγ. Ce pronom équivaut-il à πάντες du v.51c ou désigne-t-il seulement les vivants? Dans ce dernier cas, Paul se compterait parmi les vivants à la parousie du Seigneur. Dans le premier, ἡμεῖς comprendrait aussi les morts. On le voit, la réponse de Paul n'est pas à simplifier, d'autant plus qu'elle a de l'incidence sur ce que certains critiques croient être la pointe de sa discussion en la macro-unité 50-53, à savoir la normalisation du phénomène de la mort avant la parousie et la proposition de la résurrection comme modèle de salut pour *tous* les chrétiens[53]. Il faut donc bien analyser cette micro-unité (52bβ-53) pour ne pas passer à côté de la pointe de toute la macro-unité.

---

[53] Cf. supra, paragraphe 3.1.1.

3.3.1.4.2.1. Paul et l'éventualité de sa mort avant la parousie

Il nous semble que pour répondre à la question de l'extension de ἡμεῖς il convient de savoir au préalable si Paul affirme ici qu'il allait être présent en tant que vivant ou non, à la parousie. Déjà en analysant le v.51c on pouvait poser la question de savoir si Paul s'excluait du nombre des morts avant la parousie. Nous avons dit plus haut que la théorie de l'évolution de la pensée paulinienne trouve un de ses fondements dans la réponse que l'on donne à cette question[54].

Il ne transparaît pas dans la formulation de 1 Co 15,51 que Paul s'excluait de ceux qui seraient morts avant la parousie. Il ne dit pas: "certains mourront, tandis que moi je resterai parmi les vivants". Cependant, le "nous" de 15,51b ne dit pas non plus qu'il s'excluait de ceux qui n'allaient pas mourir. Il ne permet pas du tout de dire de quel côté Paul se situait[55]. Car, en lisant 1 Co 15,32 on se rend compte que déjà en ce moment où il écrit 1 Co, il envisageait aussi la possibilité de sa mort, au point qu'il en fait un argument de poids dans sa défense en faveur de la résurrection des morts. Autrement dit, il n'était pas préoccupé par le fait qu'il allait oui ou non prendre part vivant à la parousie du Seigneur.

Ceci dit, voici encore quelques observations d'ordre général, basées aussi sur ce que d'autres lettres, dont le contexte est semblable à 1 Co 15, nous communiquent de la conviction paulinienne sur ce point.

1° Paul n'a jamais parlé de la date précise de la parousie du Seigneur. Comme tous les chrétiens, il savait qu'un tel jour aurait lieu! Cette certitude est exprimée dans la présente péricope par le motif de la dernière trompette. Celle-ci sonnera (ἐν τῇ ἐσχάτῃ σάλπιγγι; σαλπίσει γάρ: 15,52). Mais quand exactement? Il ne le dit pas; en fait, il ne le savait pas (cf. 1 Th 5,1). Pourquoi Paul devait-il alors s'exclure de prendre part vivant à cet événement, comme s'il savait qu'il mourrait avant que cet événement n'ait eu lieu?

2° Comme d'autres chrétiens aussi, Paul savait qu'avant cet événement, il y avait des chrétiens qui étaient déjà morts (1 Co 15,6.51b; cf. 1 Th 4,13). Mais en même temps, il était sûr que tous les chrétiens ne seraient pas morts (1 Co 15,51b). La réalité de la mort de certains chrétiens avait provoqué quelque inquiétude sur le sort de pareils morts dans la communauté de Thessalonique. On pensait que ces morts seraient désavantagés à la parousie du Seigneur. Paul indiqua aux Thessaloniciens la résurrection comme le moyen par lequel les morts prendraient part à l'avènement du Christ, afin d'être, avec ceux qui sont encore vivants, pour toujours avec le Christ (1 Th 4,16-18; 5,10). Ainsi, devant cette situation là, Paul lui-même n'était pas du

---

[54] Cf. supra, paragraphe 1.1.2.
[55] Cf. aussi G. KLEIN, «Apokalyptische Naherwartung», 256, note 71.

tout inquiété par ces cas de mort. On le voit en parler avec sérénité, s'appuyant sur sa foi en la résurrection du Christ (1 Th 4,13-14).

3° Même à Corinthe, il garde la même assurance. Le fait que certains membres de cette communauté ne croient pas à la résurrection des morts (1 Co 15,12) est un indice que pour ces chrétiens-là la résurrection du Christ en laquelle ils croient aussi (vv.1-11) n'avait aucune incidence sur le sort des morts (vv.12-34). Dans ce cas, estime Paul, la mort resterait l'unique puissance invincible. Tout serait fini, après la mort (v.19), dans ce sens que même si on croyait à la vie dans l'au-delà, la mort resterait une puissance sans pareille, à laquelle personne n'échapperait. C'est pourquoi nous avons dit plus haut que dans le cas de Corinthe c'est la mort en tant que telle qui posait problème. Elle était considérée comme le dernier vainqueur![56] Voilà pourquoi, la finalité de cette argumentation paulinienne est de montrer comment la mort sera vaincue définitivement (v.54-57).

Bref, même dans ce contexte, Paul reste serein, se basant à nouveau sur la foi en la résurrection du Christ (1-11.20). Il n'a même pas peur de mourir, à cause du Christ (vv.31-32). Il ne se pose pas la question de savoir s'il participera vivant ou non à la parousie du Christ. Car, pour lui, comme il l'avait déjà affirmé en 1 Th 4,13-18, les morts ont toujours la résurrection comme moyen pour être-là à la parousie (1 Co 15,20-21). Cette résurrection n'a lieu que dans le Christ et signifie l'endossement instantané du corps spirituel incorruptible, semblable à celui du Christ (1 Co 15,35-49). Ainsi, comme à cette parousie tous les hommes doivent être vivifiés, il faut que la mort qui est inscrite dans l'être de tout homme soit elle-même détruite pour que les vivants aussi se présentent incorruptibles et immortels.

---

[56] Cf. supra, paragraphe 3.1.1. Ainsi, contrairement à ce que soutient A.T. LINCOLN, *Paradise Now and Not Yet*, 35-37, le problème fondamental des Corinthiens n'était pas de savoir si les morts allaient prendre part ou non à la parousie du Christ. Cette préoccupation était celle des Thessaloniciens. En revanche, dans 1 Co 15, Paul doit parler de la fin de la mort comme puissance qui continue encore à lutter contre Dieu. Ce n'est pas pour rien qu'il va la personnifier aux vv.54-55, pour parler de sa fin. Ch. BARTH, *Die Errettung vom Tode*, 68.75, affirme que c'est en tant qu'elle est personnifiée que la Mort est, dans l'Ancien Testament et paerticulièrement dans la littérature sapientielle, considérée comme l'ennemi de Dieu. Cf. aussi P. GRELOT, *De la mort à la vie*, 60-61. Et comme la mort frappe toute la descendance du premier Adam (même Jésus le fut) à cause du corps psychique, tous ceux qui parviendront vivants à la parousie resteront toujours sous la menace de la mort, tant qu'ils auront ce corps de chair et de sang.

3.3.1.4.2.2. Ἡμεῖς s'entend des vivants seulement

Si en employant ἡμεῖς, Paul se comptait parmi les vivants[57] et si, selon l'organisation interne de cette micro-unité, la première personne du pluriel du v.51b ne contredit pas le πάντες du v.51c, c'est que ce "nous" indique seulement qu'au moment où il écrit Paul se sent un avec ceux à qui il écrit et qui sont encore vivants. Ainsi, contrairement à Klein et à Sellin, nous considérons que ἡμεῖς ἀλλαγησόμεθα s'entend des vivants seulement[58]. Il est vrai que le verbe ἀλλάσσω est employé au v.51c pour *tous*, déjà morts et encore vivants. Mais, cela n'a pas à surprendre, car Paul conçoit la résurrection des morts comme leur transformation. Ressusciter veut dire venir avec le corps spirituel, se présenter sous une forme autre. Voilà pourquoi, au v.52bβ, il ne dit plus seulement que les morts ressusciteront, mais, résumant ce qu'il a déjà dit plus haut, qu'ils ressusciteront "incorruptibles". Telle est leur transformation. Celle des vivants doit encore être décrite. C'est à notre avis ce qu'il fait en 52bγ-53. Ainsi, ἡμεῖς du v.52bγ désigne seulement les vivants[59].

Ce qui le confirme encore, c'est la position emphatique de ce pronom. Si Paul avait pensé à inclure les morts, il n'aurait pas recouru à ce pléonasme. De fait, il ne l'emploie pas au v.51c, où il a en vue les deux cas à la fois. Un autre argument pour limiter l'extension de ἡμεῖς aux vivants, c'est la particule καί qui précède le v.52bγ. Elle n'indique pas une succession temporelle, à la manière de πρῶτον, ἔπειτα de 1 Th 4,16-17[60]. Ici,

---

[57] Cf. aussi les raisons fournies et la conclusion tirée par J. GILLMAN, «Transformation», 319-320.

[58] Cf. G. KLEIN, «Apokalyptische Naherwartung», 253; G. SELLIN, *Der Streit um die Auferstehung*, 46-47.

[59] Il reste vrai que la transformation est le sort de tous, des morts et des vivants; il n'y a pas de différence de sort sur ce point. Sauf qu'il faut prendre en considération les précisions suivantes: 1° La transformation des morts s'appelle incorruptibilité et celle-ci se remarque à la résurrection. Selon certains textes apocalyptiques, on peut en effet ressusciter encore corruptibles. D'où l'existence de la deuxième mort, après le jugement. Cf. Ap 21; 2 Bar 49,1-51,16; 4 Esdr 7, 32-131. Mais pour Paul ici, la résurrection des morts dans le Christ veut dire automatiquement résurrection en tant qu'incorruptibles. 2° La transformation des vivants s'appelle à la fois immortalité et incorruptibilité, dans ce sens qu'ils recevront le corps incorruptible sans avoir jamais connu la mort même.

[60] Cf. G. SELLIN, *Der Streit um die Auferstehung*, 47 et B. LINDARS, «The Sound of the Trumpet: Paul and Eschatology» *BJRL* 67 (1985) 776, qui pensent que ἡμεῖς est équivalent à πάντες du v.51c. Mais pour qu'il en soit ainsi, il faut alors considérer que le v.52b exprime une succession des faits du genre: 1. trompette finale; 2. résurrection des morts; 3. transformation de tous: morts et vivants. Une telle lecture serait proche de 1 Th 4,16-17; mais surtout de 2 Bar 49-51. Cependant elle ne rend pas justice au texte de 1 Co 15, qui affirme clairement que quand les morts ressuscitent, ils ressusciteront incorruptibles. Ils n'ont donc plus la forme qu'ils avaient avant de mourir, comme le dit 2 Bar 50,2-4. Paul l'avait déjà dit en 1 Co 15, 35-49: quand les morts viennent, ils

καί exprime la simultanéité et l'égalité dans l'opération de transformation des vivants par rapport aux morts[61]. Enfin, nous ne minimisons pas la position antithétique que ἡμεῖς occupe par rapport à οἱ νεκροί du v. 52bβ. Καὶ ἡμεῖς pourrait ainsi être traduit par "quant à nous (les vivants)".

Mais, ce pronom personnel ne trahit nullement une conscience ni un désir d'être absolument vivant à la parousie. Car, pour Paul, la conviction constante reste que morts ou pas morts, tous ceux qui sont dans le Christ prendront part à la parousie du Seigneur (1 Co 15,23.48-49; cf. aussi 1 Th 4,16-17; 5,10)[62]. C'est ce qu'il affirme aussi dans ce v.52b. Cette conviction se confirme dans notre texte par l'absence de toute allusion à la résurrection et au jugement de tous les hommes en général[63]. Bref, Paul veut seulement indiquer ici la transformation comme la condition nécessaire que les vivants doivent remplir pour qu'ils prennent part au règne de Dieu.

3.3.1.4.3. L'épiphonème du v.53

Paul explicite cette vérité de la nécessité de la transformation des vivants au v.53, lequel confirme que le pronom ἡμεῖς désigne seulement les vivants: Δεῖ γὰρ τὸ φθαρτὸν τοῦτο ἐνδύσασθαι ἀφθαρσίαν καὶ τὸ θνητὸν τοῦτο ἐνδύσασθαι ἀθανασίαν. Cette explicitation (γάρ) donne la définition de ce que Paul entend par transformation du corps des vivants. Le sens du δεῖ est que les

---

ressuscitent *déjà* avec un corps spirituel, c'est-à-dire ἄφθαρτοι, car ils étaient déjà dans la φθορᾷ et ressuscitent dans l'ἀφθαρσίᾳ (v.42b). Voir une succession chronologique en 1 Co 15,52 serait alors imposer une autre transformation aux morts ressuscités *déjà* incorruptibles. Ce qui serait aussi en contradiction avec l'instantanéité indiquée par ἐν ἀτόμῳ ἐν ῥιπῇ ὀφθαλμοῦ du v.52aα et qui concerne et les morts et les vivants à la fois. Il est ainsi préférable de comprendre le καί de 52bγ comme expression de cette instantanéité: à la dernière trompette, les morts ressuscitent incorruptibles, pendant que les vivants changent aussi leur forme extérieure.

[61] B. SPÖRLEIN, *Die Leugnung*, 121, note 2 pense de la même façon, mais il hésite à l'assumer à cause du v.51c: "Hier könnte man höchstens - das wäre dann der Aussage von V.51 genau entgegengesetzt - das Verwandeltwerden als eine Art der Auferstehung bezeichnet sehen; mit καὶ ἡμεῖς wäre die Verwandlung der Lebenden dann eng an die Auferstehung der Toten angeschlossen". Nous ne voyons pas en quoi cette interprétation serait opposée au v.51c. La transformation des morts qui est annoncée (cf. l'extension de πάντες) ne fera pas suite à leur résurrection préliminaire. Autrement, cela contredirait la précision éclairante du v.52bβ.

[62] Il est donc inutile de restreindre le πάντες du v.51c aux seuls vivants, comme le soutient B. SPÖRLEIN, *Die Leugnung*, 121.

[63] C'est d'ailleurs cela qui fait que pour Paul ressusciter veut dire venir déjà avec le corps spirituel. Quand il parle de résurrection ici, il n'en parle que pour ceux qui sont déjà au Christ (v.23). Cf. aussi J. JEREMIAS, «Flesh and Blood», 155-156. Nous verrons plus loin, en analysant 2 Co 5,1-10, comment Paul fait jouer l'élément du jugement dans ce concept de résurrection des chrétiens (cf. infra, paragraphe 4.3.3..7.).

vivants ne pourront pas échapper à cette condition. Pour celui qui ne remplit pas cette condition, la victoire finale sur la mort n'est pas gagnée et cela a des conséquences sur l'avènement même du règne de Dieu. Car, tant que les vivants ne seront pas transformés, la mort sera encore une menace. Le verbe δεῖ fait ainsi écho à οὐ δύναται du v.50b. De la condition négativement exprimée, on passe à son explicitation positivement formulée. De la sorte, le v.53 se présente comme une sentence finale, un vrai *épiphonème*, où Paul, après un discours explicatif, conclut cette unité en reprenant la *propositio* qu'il avait énoncée au v.50b[64].

3.3.1.4.3.1. τὸ φθαρτὸν τοῦτο - τὸ θνητὸν τοῦτο: parallélisme antithétique?

Selon cette lecture, pour que le v.53 confirme que le pronom ἡμεῖς concerne seulement les vivants, il faut que les termes abstraits τὸ φθαρτὸν τοῦτο et τὸ θνητὸν τοῦτο renvoient à eux. C'est ce que nous proposons, nous éloignant ainsi à la fois de Jeremias et de Gillman. Jeremias a, en effet, soutenu que, par ces mots, Paul fait encore une fois une distinction entre les morts, désignés par τὸ φθαρτόν et les vivants, désignés par τὸ θνητόν[65]. Nous sommes, par contre, d'accord avec Gillman à ce propos, quand il dit que pareille distinction n'existe pas ici. Seulement, nous ne partageons ni son point de vue selon lequel l'unique réalité désignée est la condition humaine à l'abstrait (comprenant les morts et les vivants à la fois) ni son argumentation. Pour montrer, en effet, que les antithèses τὸ φθαρτὸν τοῦτο - ἀφθαρσία et τὸ θνητὸν τοῦτο - ἀθανασία n'ont rien à voir avec la distinction de Jeremias, Gillman recourt à trois textes. Le premier est une citation incomplète d'un passage de Plutarque dans *Moralia* 960, où Scolarus s'exprime ainsi:

ὡς τῷ θνητῷ τὸ ἀθάνατον ἀντίκειται καὶ τῷ φθαρτῷ τὸ ἄφθαρτον καὶ σώματι γε τὸ ἀσώματον ...

[comme au mortel est opposé l'immortel, et au corruptible, l'incorruptible, et à un corps, l'incorporel ...][66]

Pour Gillman, vu que dans ce texte les termes "mortel" et "corruptible" sont parallèles au terme "corps", pendant que les mots "immortel" et "incorruptible" sont en parallélisme avec "incorporel", cela veut dire que θνητόν et φθαρτόν désigneraient la même chose. Paul, continue-t-il, pouvait bien cautionner la correspondance entre les premiers mots de ces trois paires, mais

---

[64] Au sujet de l'*épiphonème* comme une figure rhétorique de pensée, cf. H. LAUSBERG, *Elementi di retorica*, § 399.

[65] Cf. J. JEREMIAS, «Flesh and Blood», 152.

[66] Cf. PLUTARCH's *Moralia* 960. Notre traduction.

il aurait accepté difficilement l'équivalence entre "immortel", "incorruptible" et "incorporel"[67].

Que faut-il en penser? Un parallélisme ne veut pas toujours dire équivalence. De fait, nous remarquons que Gillman n'a pas cité le passage dans son intégralité[68]. Ce qui l'empêche de percevoir la fonction de ces parallélismes. En effet, Plutarque montre clairement que le sujet de discussion est l'opposition entre "rationalité" (τὸ λογικόν) et "irrationalité" (τὸ ἄλογον) et que tout ce qu'il dit avant cette affirmation sert à faire comprendre sa thèse. Devons-nous alors mettre de l'équivalence entre "rationalité", "corps", "mortel" et "corruptible" d'une part et entre "irrationalité", "incorporel", "immortel" et "incorruptible" de l'autre? Le but de ces parallélismes dans ce texte n'est pas d'établir une identité entre τὸ φθαρτόν et τὸ θνητόν ni tout simplement d'en signaler l'interchangeabilité. Scolarus soutient seulement que comme (ὡς) dans chaque paire (συζυγία) chaque terme a une antithèse, de même (οὕτως) ce qu'il voulait montrer se justifie: le "rationnel" ne peut pas rester seul, sans son opposé, l'"irrationel"[69].

Dans cette logique, on peut même dire que Plutarque ne considère pas du tout θνητόν et φθαρτόν comme ayant le même sens. Ils ont certainement quelque nuance qui les différencie. Celle-ci peut ou ne pas être la distinction entre ce qui est vivant et ce qui est mort. Seulement, ce n'est pas cela l'objet de discussion de ce texte. Il est donc compréhensible qu'il n'y ait dans ce texte, quand Plutarque emploie τὸ θνητόν et τὸ φθαρτόν, aucune distinction entre les vivants et les morts[70]. On ne peut ainsi pas trancher de façon catégorique. Tout au plus, ce texte nous indique que dans 1 Co 15,53-54 Paul emploie exactement les mêmes antithèses verbales que celles rencontrées ici: τὸ θνητόν opposé à τὸ ἀθάνατον et τὸ φθαρτόν opposé à τὸ ἄφθαρτον. Le texte qui suit, en revanche, ne respecte pas ces paires antithétiques et semble donner raison à Gillman.

Le deuxième texte que celui-ci cite est, de fait, *De opificio mundi*, 119 de Philon, où celui-ci montrant que la tête dispose de sept organes indique la bouche comme le septième, le décrivant comme suit:

δι᾽ οὗ γίνεται θνητῶν μέν, ὡς ἔφη Πλάτων, εἴσοδος, ἔξοδος δ᾽ ἀφθάρτων: ἐπεισέρχεται μὲν γὰρ αὐτῷ σιτία καὶ ποτά, φθαρτοῦ σώματος φθαρταὶ

---

[67] Cf. J. GILLMAN, «Transformation», 317.

[68] Il donne la suite de ce texte seulement en anglais. En grec le texte continue ainsi: οὕτως ὑπάρχοντι τῷ λογικῷ χρῆναι τὸ ἄλογον ἀντικεῖσθαι καὶ ἀνθυπάρχειν καὶ μὴ μόνην ἐν τοσαῖσδε συζυγίαις ἀτελῆ τήνδε λείπεσθαι καὶ πεμπρωμένην. [… de même, au logique qui existe, il convient de lui opposer et lui contreposer l'illogique, de sorte que, dans ces paires, elle ne soit pas laissée seule, incomplète et mutilée.]

[69] D'ailleurs, quand Autobulus, dans la suite de la discussion, rétorque, il montre à Scolarus, qu'il est inutile de recourir à une telle démonstration, vu qu'il y a abondance d'"irrationalité" dans tout être pourvu d'âme.

[70] Cf. J. GILLMAN, «Transformation», 317.

τροφαί, λόγοι δ᾽ ἐξίασιν ἀθανάτου ψυχῆς ἀθάνατοι νόμοι, δι᾽ ὧν ὁ λογικὸς βίος κυβερνᾶται.

[par où, comme dit Platon, se fait d'une part l'entrée de ce qui est mortel, et de l'autre, la sortie de ce qui est incorruptible: en effet, d'une part, la nourriture et la boisson, nourritures périssables d'un corps périssable, entrent par elle, de l'autre, sortent par elle des paroles, lois immortelles d'une âme immortelle, grâce auxquelles la vie rationnelle est gouvernée.][71]

Dans ce texte, les choses mortelles (θνητῶν) qui entrent par la bouche (εἴσοδος, ἐπεισέρχεται) sont les nourritures périssables (φθαρταὶ τροφαί) du corps périssable (φθαρτοῦ σώματος). Τὸ θνητόν et τὸ φθαρτόν sont donc ici bien interchangeables et signifient la même chose. Τὸ θνητόν ne peut être limité à ce qui est vivant et τὸ φθαρτόν à ce qui est mort, d'autant plus que τὸ φθαρτόν qualifie bien τὸ σῶμα. De même les choses impérissables (ἀφθάρτων) qui sortent de la bouche (ἔξοδος, ἐξίασιν) sont les lois immortelles (ἀθάνατοι νόμοι) d'une âme immortelle (ἀθανάτου ψυχῆς). Ἀθάνατον et ἄφθαρτον sont ainsi équivalents. Par dessus tout, les oppositions sont d'une part entre θνητόν et ἄφθαρτον et de l'autre entre φθαρτόν et ἀθάνατον. Elles ne sont donc pas couplées comme dans le texte de Plutarque et dans 1 Co 15,53-54.

Par ailleurs, la deuxième paire d'opposition (φθαρτόν - ἀθάνατον) se présente comme l'explicitation de la première (cf. γάρ). D'où la conclusion justifiée de Gillman: en soi, ces adjectifs ne peuvent renvoyer à une distinction entre ce qui est vivant d'une part et ce qui est mort de l'autre.

Toutefois, il faut bien tenir compte du contexte. Ici, c'est en réalité les substantifs σώματος et ψυχῆς d'une part, et de l'autre, les réalités qui entrent par l'un (τροφαί) ou sortent de l'autre (νόμοι) qui justifient cette contraposition. L'accent est donc mis sur l'opposition entre ces substantifs plutôt que sur les adjectifs épithètes. Bien plus, la perspective est clairement dualiste, avec une connotation méprisante pour le corps, aspect que Gillman aime mettre à l'avant plan[72]. Or, nous l'avons dit, - et Gillman en est conscient -, Paul n'oppose pas ici le corps à l'âme[73]. Cela est compréhensible,

---

[71] Cf. PHILON, *De opificio mundi*, 117. Notre traduction.

[72] Cf. J. GILLMAN, «Transformation», 317. S'il est vrai que le texte de Platon auquel Philon pense est *Timée* 75 d-e, alors on voit bien comment Philon l'a fort transformé en y introduisant cette connotation méprisante pour le corps et ce qui y entre. Les termes θνητόν, φθαρτόν, ἄφθαρτον et ἀθάνατον ne sont pas présents chez Platon. Ce dernier parle plutôt du nécessaire (ἀναγκαῖον) pour ce qui entre et du meilleur (ἄριστον) pour ce qui sort. Et surtout, il n'oppose pas du tout dans son texte le corps à l'âme, mais seulement le corps (σῶμα) à l'intelligence (φρονήσις).

[73] Cf. J. GILLMAN, «Transformation», 318.

car la préocupation première de l'Apôtre n'est pas l'anthropologie, mais la sotériologie.

D'ailleurs, depuis le v.35, son argumentation est concentrée sur la pluralité des corps, déterminée par la diversité de qualités même au sein d'un genre identique de corps (cf. v.41). Paul met plus l'accent sur les qualités qui déterminent, non pas deux réalités diverses, mais une même et seule réalité, en l'occurence, le corps. Autrement dit, sa préoccupation majeure n'est pas la continuité de la personne, mais la discontinuité du corps avec lequel cette personne (morte ou vivante) apparaît à la parousie. Il n'exprime aucun sentiment de mépris à l'égard de ce corps qu'il considère comme l'élément d'identification et de différenciation d'un être[74]. Encore mieux, dans 1 Co 15,50-53, l'immortalité n'est pas une qualité de l'âme, inhérente à elle. Elle est plutôt le fruit de la transformation du corps (mortel) à la parousie.

La dernière référence que fournit Gillman est Sg 9,14-15:

λογισμοὶ γὰρ θνητῶν δειλοί, καὶ ἐπισφαλεῖς αἱ ἐπίνοιαι ἡμῶν. Φθαρτὸν γὰρ σῶμα βαρύνει ψυχήν, καὶ βρίθει τὸ γεῶδες σκῆνος νοῦν πολυφρόντιδα.

[en effet, les réflexions des mortels sont timides et instables nos pensées. Un corps périssable, en effet, appesantit une âme et l'enveloppe corporelle de terre comble un esprit très soucieux.]

Gillman relève les mêmes contrastes déjà repérés dans les textes précédents: "mortels", "corps périssable" et "tente terrestre" sont parallèles entre eux et opposés à l'"âme" et à l'"esprit très soucieux". De même, comme dans le texte précédent, φθαρτόν qualifie σῶμα, qui est supposé être vivant. La conclusion est donc que dans ce texte θνητόν ne peut être distingué de φθαρτόν. Car, tous les deux désignent des êtres vivants.

Sans reprendre ce que nous avons dit à propos des textes de Plutarque et de Philon, signalons d'abord que l'anthropologie de ce texte est bien dualiste, divisant l'homme entre d'une part le corps (φθαρτὸν σῶμα) et de l'autre l'âme (ψυχή). Le rapport entre ces deux parties de l'homme est que le corps est comme une prison pour l'âme[75]. C'est cela qui justifie (cf. γάρ du v.15) que les pensées et les réflexions des *mortels* soient instables et timides. Ces mortels, c'est *nous*, les hommes; donc les vivants. C'est ainsi que le θνητῶν du v.14 n'est pas à la rigueur parallèle à φθαρτὸν σῶμα du v.15, mais bien à ἡμῶν. On ne voit donc pas comment dans ce cas les mortels signifient la

---

[74] Cf. supra, paragraphe 2.3.3.4.3.

[75] Ce texte est, de fait, très proche de PLATON, *Axiochos* 365e-366a, que nous reporterons plus loin dans l'analyse de 2 Co 5,1-10. C'est la raison pour laquelle nous avons préféré traduire σκῆνος par *enveloppe corporelle* plutôt que par *tente* (cf. infra, paragraphe 4.3.3.1.1., note 70).

même chose que le corps corruptible. Alors qu'au v.14, on envisage l'homme entier - corps et âme (cf. ἡμῶν) -, qui est mortel (θνητόν), au v.15 la discrimination est nette: le corps reçoit une qualification; il est cette partie là de l'homme mortel (θνητῶν-ἡμῶν) qui est corruptible (φθαρτόν) et qui s'oppose à l'esprit (ψυχή-νοῦς).

Ce sont là trois textes qui ne nous donnent pas une signification unique des mots analysés. Nous ne pouvons donc pas, à partir d'eux, conclure, comme Gillman, que Paul par les termes abstraits τὸ φθαρτόν et τὸ θνητόν de 1 Co 15,53-54 indique l'unique réalité de la condition humaine comprenant à la fois les vivants et les morts. Ils nous instruisent surtout que le sens d'un mot dans un texte ne dépend pas seulement de sa sémantique, mais aussi et surtout de sa pragmatique. Celle-ci précise le sens d'un mot particulier dans son contexte, distinguant sa signification de ses synonymes, même si le mot peut être utilisé ailleurs en parallélisme synonymique avec un autre[76].

3.3.1.4.3.2. τὸ φθαρτὸν τοῦτο - τὸ θνητὸν τοῦτο: parallélisme synonymique

Fort de cette prudence, nous estimons que ces trois passages nous autorisent à dire que les termes abstraits du texte paulinien ne renvoient pas à la distinction entre les vivants (toujours mortels, mais pas encore morts) et les morts (ayant déjà subi la corruption), mais à une seule réalité, les vivants seulement (mortels et corruptibles)[77].

De fait, trois raisons nous poussent à considérer les deux adjectifs neutres substantivés comme désignant une seule réalité, en l'occurrence les vivants, et à ne pas y voir une distinction entre les vivants et les morts. La première est le contexte où ils sont employés, c'est-à-dire l'enchaînement logique de l'argumentation paulinienne dans cette péricope. En effet, nous avons déjà reconnu que Paul, après avoir bien démontré que les morts viendront avec un corps spirituel, discute dans cette étape de son argumentation du sort qui est réservé à, ou mieux, de la condition que doivent remplir ceux qui parviendront vivants à la parousie. Pour lui, ceux-ci, exactement comme

---

[76] Nous signalons, à ce propos, la prudence à laquelle C. Spicq, *Notes de lexicographie du Nouveau Testament* (OBO 22/1; Fribourg . Göttingen, 1978) 5, invite les usagers de son ouvrage. Il pose, en effet, les deux textes suivants en tête de son travail. "L'emploi du langage ressemble à la circulation de la monnaie: lui aussi, c'est l'usage habituel et familier qui le consacre, et sa valeur diffère selon les époques" (Plutarque, *Les oracles de Pythie*, 24). "Le sens d'une phrase est son idée, le sens d'un mot est son emploi" (E. Benveniste, *Problèmes de linguistique générale*, Paris, 1974, II, p. 226).

[77] Même le texte de Philon peut être interprété en ce sens. De fait, au début du paragraphe (*De opificio mundi*, 117), cet auteur affirme qu'il veut montrer que l'hebdomade, ayant quitté les sphères divines est descendue vers *nous*, spécifiant ce *nous* comme les races mortelles (τοῖς θνητοῖς γένεσιν). Et toute la description qui suit indique que ces mortels sont les hommes vivants.

les morts, seront transformés (v.51). Mais en quoi consiste leur transformation dont il parle au v.52bβ? C'est ce que Paul explicite (γάρ) au v.53. "Il faut, en effet, que ce corruptible-ci revête l'incorruptibilité et que ce mortel-ci revête l'immortalité" pour parler de la transformation des vivants.

Τὸ φθαρτὸν τοῦτο et τὸ θνητὸν τοῦτο sont l'expression de la situation des vivants, considérée du point de vue de la mort qu'ils n'ont pas encore connue, mais qui plane encore comme une menace à venir, inévitable. Ces adjectifs ne sont donc pas rendus abstraits pour seulement souligner l'aspect de la fragilité humaine, comprenant en cela à la fois les vivants et les morts. Cette abstraction met en valeur seulement la fragilité humaine de ceux qui ne sont pas encore morts ni corrompus.

En effet, θνητόν fixe en soi la pensée sur la mortalité, sur la possibilité de mourir, c'est-à-dire sur la mort, mais en tant qu'elle n'est pas encore advenue. Certes, la constatation de la mortalité est basée sur des cas de morts déjà advenus dans l'espèce, car on ne conclut à la "mortalité" d'un être que quand on a constaté que d'autres êtres de son genre sont effectivement morts. Mais le mot θνητόν ne peut être employé qu'à propos de ceux qui peuvent encore mourir - et donc des vivants. L'abstraction (τὸ θνητόν) est ainsi une généralisation pour tous ceux qui partagent encore la mortalité, c'est-à-dire ceux qui appartiennent au genre du mortel, et qui ne sont pas encore morts, mais peuvent mourir (ou mourront certainement) un jour (cf. Si 14,17-18). Bien plus, le terme "mortel" ne s'applique (exception faite de l'*Opificio mundi* 119 de Philon, cité plus haut) qu'aux êtres "animés", c'est-à-dire aux êtres qui ont la vie et dont la fin de la vie s'appelle "mort" (θάνατος). Il y a même dans la LXX un cas très intéressant où θνητόν est une traduction de l'hébreu יִח (cf. Jb 30,23). Il ne peut donc pas normalement avoir la même extension que "corruptible"[78].

Φθαρτόν, nous l'avons signalé plus haut[79], s'applique, de fait, à tous les "existants" (les êtres animés compris) dont la fin de l'existence commence au moment de leur "corruption". Au niveau de la simple abstraction, on ne conclut à la "corruptibilité" d'une chose que quand on a constaté que, comme d'autres cas semblables, il peut être soumis à la "corruption" (φθορά). L'abstraction (τὸ φθαρτόν) étend ainsi la constatation à tous les êtres du même genre[80]. Mais il s'agit d'un être qui n'est pas encore soumis à cette corruption.

---

[78] Cf. aussi R. BULTMANN, «θνητός» *ThWNT* III, 22; W. BIEDER, «θνητός» *EWNT* I, 379-380.

[79] Cf. supra, paragraphe 3.3.1.2.2.

[80] En Rm 2,4 se trouve un autre cas d'abstraction d'un adjectif: Paul parle de τὸ χρηστόν pour indiquer la bonté de Dieu, c'est-à-dire le fait que Dieu est bon. Ainsi, l'abstrait τὸ φθαρτόν désigne la corruptibilité, c'est-à-dire le fait qu'on est corruptible et τὸ θνητόν, la mortalité, c'est-à-dire le fait qu'on est mortel. L'avantage de ces adjectifs abstraits est de mettre en évidence, non pas l'être concerné en tant que tel, mais la caractéristique par laquelle on le distingue des autres.

C'est ici que nous comprenons pourquoi chez Paul φθαρτόν ne signifie pas φθορά[81].

Quand il s'agit des êtres vivants, des mortels donc, la corruption (au sens matériel) est normalement le résultat de la mort. Les deux moments ne coïncident pas, même si on peut les utiliser l'un pour l'autre. L'un (corruption) est le résultat de l'autre (mort). Dans ce sens aussi, la corruptibilité (au sens matériel) d'un homme suppose qu'il y ait d'abord mortalité pour lui. De là la corruptibilité veut dire également et à la fois sa mortalité. Aussi est-on en droit de donner indistinctement les deux attributs à un homme vivant: mortel ou corruptible[82]. Mais, même dans ce cas, à voir de plus près, ils ne renvoient pas au même état, vu que la mort ne veut pas dire automatiquement la corruption[83]. La corruption est supposée être la victoire totale de la mort. Et c'est puisque τὸ θνητόν et τὸ φθαρτόν renvoient à deux états différents qu'il faut les distinguer.

Cette distinction, cependant, ne veut pas dire que τὸ φθαρτόν est en rapport avec ce qui est déjà décomposé, ce qui est ἐν φθορᾷ et qui ressuscite ἄφθαρτον, alors que τὸ θνητόν renvoie à ce qui peut encore mourir. Les deux attributs renvoient à la situation d'un être animé encore en vie, qui n'est pas encore mort; à un être qui n'a pas encore connu la corruption, quand bien même on sait qu'il est mortel et corruptible. C'est, à notre avis, l'interpré-

---

[81] Nous remarquons, cependant, que d'une part τὸ φθαρτόν est dans les vv.53.54 opposé à ἀφθαρσία, alors que de l'autre dans les vv.42b.50, ce dernier est opposé à φθορά. Dans ce cas, φθαρτόν et φθορά pourraient alors être compris de la même façon. Seulement, nous l'avons dit, φθορά ne désigne que le résultat final d'une corruption déjà en acte! Ce qui ne peut pas être dit de φθαρτόν, lequel suppose que la corruption est encore à venir et n'a même pas encore commencé. Nous affirmons cela même si, au v.52, Paul dit que les morts ressusciteront ἄφθαρτοι, terme communément employé comme l'opposé de φθαρτόν. Mais, cet emploi de Paul se justifie parce qu'en grec ἀφθαρσία a les deux sens de "incorruptibilité" et de "incorruption". De même ἄφθαρτος veut dire soit "incorrompu", soit "incorruptible". Dans ce cas aussi seul le contexte permet la précision. Par contre φθαρτός signifie seulement "corruptible" et φθορά seulement "corruption". Cf. aussi G. HARDER, «φθείρω, κτλ.» ThWNT IX, 94-106; T. HOLTZ, «φθείρω, κτλ.» EWNT III, 1009-1013.

[82] Cf. ce parallélisme qu'on trouve dans 4 Esdr 7,15: "Pourquoi t'inquiéter de ce que tu sois corruptible? Pourquoi t'émouvoir de ce que tu sois mortel?" Cf. aussi 2 M 7,16 et Rm 1,23 où φθαρτός est employé à l'endroit d'un homme.

[83] Quand un homme est encore vivant, il est encore τὸ θνητόν (et donc aussi τὸ φθαρτόν). Mais une fois qu'il est mort, il n'est plus τὸ θνητόν; et en tant que τὸ φθαρτόν le processus de corruption commence jusqu'au moment où il n'y aura plus que ἡ φθορά. L'opposé de φθαρτόν dans ce cas est ἄφθαρτον. Mais ce dernier signifie à la fois "incorruptible" et "incorrompu". Dans ce dernier cas, il s'oppose à ce qui est déjà ἐν φθορᾷ. Aussi comprend-on que la transformation des morts veut dire ressusciter ἄφθαρτοι alors que celle des vivants signifie revêtir l'ἀφθαρσίαν.

tation qui convient le mieux à ces versets pauliniens, où Paul explicite ce que veut dire la transformation pour les vivants à la parousie du Seigneur[84].

Par ailleurs, l'emploi de l'adjectif démonstratif τοῦτο aussi bien pour φθαρτόν que pour θνητόν est notre deuxième raison. Si, par τὸ φθαρτόν Paul désignait les morts, pourquoi emploie-t-il alors τοῦτο qui indique bien quelque chose qui est là, que l'on voit là où l'on est? "Ce corruptible-*ci*" ne peut pas être employé pour ce qui est déjà corrompu! L'adjectif τοῦτο ne peut avoir de lien qu'avec celui qui parle et celui à qui on parle. Or Paul et ses auditeurs, nous l'avons dit, constituent le ἡμεῖς, lesquels sont encore des vivants.[85]

Le troisième argument qui nous permet de soutenir qu'il s'agit seulement des vivants est l'emploi du verbe ἐνδύομαι. Ce verbe suppose l'action de mettre un vêtement sur un corps qui n'a pas encore été détruit[86]. Ce qui ne fait penser qu'aux vivants, car ils sont encore là, avec leur corps psychique, lequel n'a pas encore été soumis à la corruption comme dans le cas des morts[87]. Leur transformation ressemble ainsi au fait d'endosser un habit, pour justement avoir une nouvelle apparence.

On rapproche souvent ces vv.53-54 de 2 Co 5,2-4 où ἐνδύομαι est devenu ἐπενδύομαι.[88] Ce rapprochement a l'avantage de confirmer qu'en 1 Co 15,53-54 il s'agit des vivants, vu qu'en 2 Co 5 il est aussi uniquement question d'eux. Ce sont les vivants qui, en des circonstances de grande souffrance désirent superposer sur le corps souffrant le corps glorieux promis. Pour Paul, un tel désir de superposition serait comme désirer la victoire finale sur la mort sans la transformation[89]. Dans les deux textes, il reconnaît

---

[84] Il ne faut pas cependant croire que le but de ces versets pauliniens est de dispenser un enseignement sur la biologie chrétienne. Nous croyons seulement qu'il faut d'abord prendre les mots que Paul utilise dans leur acception ordinaire, tout en tenantn compte du contexte où on les trouve.

[85] Cf. aussi A.C. PERRIMAN, «Paul and the Parousia», 514.

[86] Cf. aussi B. SPÖRLEIN, *Die Leugnung*, 121. De l'avis contraire, cf. A.C. PERRIMAN, «Paul and the Parousia», 514. Evidemment, il faut reconnaître que nous ne partageons pas la thèse de B. SPÖRLEIN, *Die Leugnung*, 113-121, selon laquelle Paul, par l'emploi du verbe ἐνδύομαι, affirme ici la continuité du corps d'avant la mort. Certes, nous admettons que Paul suppose la continuité de la personne humaine; cependant, il insiste sur la discontinuité au niveau des caractéristiques intrinsèques entre le corps d'avant la mort et celui du moment de la résurrection. Ceci vaut également contre J. GILLMAN, «Transformation», 331-332.

[87] Il devient à nouveau clair pourquoi au v.49 Paul emploie le verbe φορεῖν, lequel a la même connotation que le verbe ἐνδύομαι. Selon notre analyse, c'est grâce à ce verset, et particulièrement au verbe φορεῖν, que Paul passe à la situation des vivants au moment de la parousie.

[88] Cf. J. GILLMAN, «A Thematic Comparison: 1 Cor 15:50-57 and 2 Cor 5:1-5» *JBL* 107 (1988) 439-454.

[89] Cf. 2 Co 5,4: ἐφ' ᾧ οὐ θέλομεν ἐκδύσασθαι ἀλλ' ἐπενδύσασθαι ἵνα καταποθῇ τὸ θνητὸν ὑπὸ τῆς ζωῆς. Dans ce texte, Paul soutient l'idée de la transformation des vivants qui

que l'action du revêtement constitue la manière "objective" par laquelle s'accomplira la transformation des vivants au moment où les morts ressusciteront incorruptibles.

Notre conclusion est qu'en 1 Co 15,53, il ne s'agit pas de distinction entre morts et vivants. De même, il ne s'agit pas de la pure abstraction qui indiquerait la fragilité humaine tout simplement, comprenant à la fois les vivants et les morts. Ἡμεῖς du v.52bγ désigne seulement les vivants et le v.53 est son explicitation. Ainsi pour Paul, c'est de l'accomplissement par les vivants de la condition de transformation que dépend l'avènement total du règne de Dieu, c'est-à-dire la victoire finale sur la mort. Celle-ci consistera, pour ceux qui seront encore vivants - c'est-à-dire τὸ θνητόν, et donc à la fois τὸ φθαρτόν -, dans le fait de recevoir à la fois l'immortalité (ἀθανασία) et l'incorruptibilité (ἀφθαρσία), de ne plus être capables de mourir ni d'être corrompus.

A cette étape de l'argumentation, Paul vient de donner une solution au problème de cette macro-unité, celui du comment de la transformation de tous en général et des vivants en particulier. En d'autres mots, il vient de confirmer la *ratio* du v.51. De cette façon il présente la transformation comme la condition préliminaire pour parler de la victoire finale sur la mort. Il lui fallait absolument expliciter en quoi consiste cette transformation pour les vivants. Mais, ce qui lui importe n'est plus seulement de dire qu'il y aura résurrection et transformation, mais de dévoiler la finalité de cette transformation.

Aussi Paul indique-t-il dans la suite qu'une fois cette transformation accomplie, on pourra parler de la fin de la mort pour tous. Nous avons en effet signalé plus haut comment le vrai problème de ceux qui nient la résurrection des morts à Corinthe nous semble être le mystère même de la Mort, perçue comme Puissance inéluctable, malgré la foi en la mort et la résurrection du Christ. Même l'analyse des termes hellénistiques présents dans les vv.50-53 nous a mis devant le fait que c'est la mort qui est décisive et qui oblige à faire une distinction entre les vivants (= encore mortels et corruptibles) et les morts (= déjà soumis à la corruption). Ainsi Paul est logique quand il dit: dès que les vivants seront transformés au même moment où les morts ressusciteront incorruptibles, la mort sera "vaincue" pour toujours (εἰς νῖκος: v.54), aussi bien pour les morts que pour les vivants. Il n'y aura plus d'inquiétude à son égard. Bref, elle n'existera plus. Comment alors

---

consisterait dans une sorte de ἐκδύσασθαι du corps mortel (cf. τὸ θνητόν) pour, selon 1 Co 15,53, ἐνδύσασθαι le corps glorieux futur. A notre avis, Paul, en 2 Co 5, est contre l'action de ἐπενδύσασθαι, car elle exclut celle de ἐκδύσασθαι. Ce serait une superposition sans transformation. Cf. infra, paragraphes 4.3.3.2.2.4., 4.3.3.2.2.6. et 4.3.3.2.2.7.

ne peut-il pas conclure toute l'argumentation de 1 Co 15 en ironisant sur la puissance apparente de la mort pour encourager les auditeurs à avoir confiance?

3.3.2. vv.54-58: la *peroratio* de 1 Co 15: l'acquisition du corps spirituel par tous ceux qui sont dans le Christ est la victoire finale sur la mort et le commencement du Règne total de Dieu

La micro-unité des vv.54-58 laisse bien voir que pour Paul l'avènement total du règne de Dieu dépend de la réalisation de la condition exprimée au v.53. La victoire éternelle de tous sur la mort (v.54) ne peut être chantée que quand les vivants aussi ne porteront plus en eux la marque de mortalité du premier Adam. Ainsi, par la construction ὅταν ... τότε, Paul reconnaît que la réalisation de la transformation des vivants (cf. répétition textuelle du v.53 au v.54a-b) est en lien absolu avec l'accomplissement de la parole de l'Ecriture qui annonce (cf. ptc. parfait) la victoire éternelle sur la mort[90]. Certes, avec cette formulation, il confirme que la réalisation de la trans- formation des vivants est un fait absolument à venir; il n'est pas encore du moment présent: il est une espérance (cf. le futur ἀλλαγησόμεθα qu'il explicitait au v.53)[91]. Toutefois, cette formulation fait de la transformation une certitude dont on ne peut douter, du fait que cette victoire est déjà acquise dans le Christ (v.57).

Ainsi, dans cette petite unité conclusive de toute la discussion de 1 Co 15, Paul a raison de revenir à sa distinction de la situation des morts et de celle des vivants. Comment s'y prend-il pour développer sa conclusion dans cette dernière étape? On voit qu'il cite deux textes de l'Ecriture: Is 25,8 et Os 13,14. Mais dans quelle mesure ces textes scripturaires appuient-ils sa conclusion, selon laquelle l'endossement de l'immortalité et de l'incorruptibi- lité par les vivants signe la victoire finale sur la mort, aussi bien pour les morts que pour les vivants? Il nous semble que la réponse à cette interroga- tion se trouve dans celle que l'on donnera aux questions qui se posent à propos des passages scripturaires cités par Paul.

---

[90] J. GILLMAN, «Transformation», 320 a raison de dire que "the rationale for the δεῖ of v.53 is given in the Scripture citation of vv.54-55".

[91] Ce n'est pas là un indice pour soutenir que Paul répond à ceux qui pensaient à une résurrection déjà réalisée dans le baptême comme l'estiment J. BECKER, *Auferstehung der Toten*, 79 et A.T. LINCOLN, *Paradise Now and Not Yet*, 33-37. Nous avons déjà dit que si on peut identifier les adversaires de Paul, c'est après avoir saisi de quoi Paul lui-même parle. Et de notre analyse, il semble que ses "adversaires", ou du moins ceux avec lesquels il discute, étaient ceux qui croyaient encore à la Puissance invincible de la Mort, malgré leur foi dans le Christ.

3.3.2.1. vv.54-55: un *midrash* sur la mort

3.3.2.1.1. Citations ou traduction personnelle de Paul?

En lisant Is 25,8 et Os 13,14 tels que Paul les cite aux vv.54-55, deux observations s'imposent. 1° Paul rassemble deux textes ayant originairement deux sens opposés. 2° Il transforme d'ailleurs, non seulement le contenu original, mais aussi la lettre même de ces deux passages. D'où ces quelques questions. De quelle version biblique Paul tire-t-il ses citations? Autrement dit, sommes-nous ici en présence des citations littérales ou d'une traduction personnelle? S'il est question de citation littérale, de quelle version alors? S'il s'agit de traduction personnelle, de quelle source et selon quel procédé? Ces questions sont d'une importance capitale, dans la mesure où elles concernent la manière dont Paul cite et utilise généralement les Ecritures dans ses argumentations. Nous l'avons déjà vu à propos des vv.45-47. Pour mesurer ses qualités de bon exégète et apprécier l'aboutissement de son argumentation, il est nécessaire de voir comment Paul procède ici.

Commençons par une comparaison entre le texte paulinien et ceux de la LXX, du TH[92] et d'autres versions grecques de l'époque intertestamentaire.

1 Co 15,54: κατεπόθη ὁ θάνατος εἰς νῖκος est la citation d'Is 25,8, lequel est ainsi exprimé dans la LXX et le TH:

LXX: κατέπιεν ὁ θάνατος ἰσχύσας

TH: בלע המות לנצח

Il est clair que le texte paulinien n'est pas une citation textuelle de la LXX par le fait que dans cette dernière version le verbe καταπινεῖν est conjugué à l'actif plutôt qu'au passif et qu'à la place de εἰς νῖκος il y a ἰσχύσας. Il n'y a aucun autre cas dans la LXX qui indique que l'adverbe hébreu לנצח est aussi traduisible par le grec ἰσχύσας. Trois sont les traductions possibles: εἰς νῖκος, εἰς τέλος ou εἰς τὸν αἰῶνα. Et dans tous ces cas, il a le sens de "jusqu'à la fin", "pour toujours", "éternellement"[93]. Mais, on

---

[92] Nous faisons une distinction entre TH, le texte hébraïque non vocalisé et TM, le texte hébraïque vocalisé par les Massorètes.

[93] E.E. ELLIS, «A Note on Pauline Hermeneutics» *NTS* 2 (1955-56) 127,131, avait proposé de traduire לנצח du TH par "dans la victoire" à cause du sens que le verbe נצח avait en araméen. D.A. KOCH, *Die Schrift als Zeuge*, 57-60, a bien accueilli cette proposition et l'a même soutenue par d'autres arguments. Mais, il reste que la meilleure façon de traduire la préposition εἰς dans cette formule est celle de "jusqu'à". Εἰς τέλος, εἰς αἰῶνα, εἰς νῖκος ont ainsi la même connotation de "jusqu'au bout, jusqu'à la fin, jusqu'au triomphe". Ce qui en français veut aussi dire "pour toujours". Dans le Nouveau Testament, l'autre cas - et le dernier - où εἰς νῖκος est employé, en dehors de 1 Co 15,54, est celui

se tromperait de croire que Paul fait ainsi une traduction personnelle du TM. Le piel בלע du TM ne peut d'aucune manière être traduit par un passif. D'où Paul a-t-il alors tiré cette citation? Aurait-il forcé le texte vétérotestamentaire pour servir sa cause?

Ces mêmes questions se posent à propos de la citation d'Os 13,14 au v.55. Voici les diverses versions:

1 Co 15,55:   ποῦ σου, θάνατε, τὸ νῖκος;
              ποῦ σου, θάνατε, τὸ κέντρον;

LXX: ποῦ δίκη σου, θάνατε;
              ποῦ τὸ κέντρον σου, ᾅδη;

TH: אהי דבריך מות

             אהי קטביך שאול

La version paulinienne n'est pas une citation du texte de la LXX, car, d'une part, elle remplace le mot δίκη par νῖκος et le mot ᾅδη par θάνατε; de l'autre elle intervertit la position des mots dans la phrase. Elle ne peut pas non plus être une traduction directe du TH, du fait déjà qu'elle traduit les termes מות et שאול par le seul vocable de θάνατος[94]. Bien plus, alors qu'il y a des cas où קטב est, dans la LXX aussi rendu par κέντρον, le terme דבר n'est jamais traduit par νῖκος. D'où la pertinence de notre question posée plus haut: Paul aurait-il alors forcé les textes vétérotestamentaires?

Grâce à l'étude de Ch. D. Stanley, quelqu'un pourrait dire que ces questions ont perdu de leur poids[95]. Cet auteur montre qu'en 1 Co 15,54-55, Paul cite littéralement Is 25,8, mais selon une autre version grecque de son temps, la version théodosienne (Θ)[96]. Cependant, continue Stanley, Paul serait le premier à fondre, comme en une seule citation, Is 25,8 et Os 13,14.

---

de Mt 12,20. Celui-ci est la citation d'Is 42,3, lequel a, dans la version de la LXX, εἰς ἀλήθειαν. Cette dernière traduction rend très bien לאמת du TH. Mais, le sens est le même que celui de εἰς νῖκος: "jusqu'au bout", "jusqu'à la vérification, à la réalisation totale de l'acte".

[94] Notons en passant que la LXX n'est pas constante dans la traduction du terme hébreux שאול par le terme grec ᾅδης. Parfois, elle le traduit par θάνατος. Pour preuve, citons parmi tant d'autres les trois textes suivants:

2 S 22,6	Ps 18 (17),6	Ps 116 (114),3
TH : שאול - מות	TH : שאול - מות	TH : מות - שאול
LXX : θάνατος - θάνατος	LXX : ᾅδης - θάνατος	LXX : θάνατος - ᾅδης

La traduction de 1 Co 15,55 ressemble sur ce point à 2 S 22,6 de la LXX.

[95] Cf. Ch. D. STANLEY, *Paul and the Language of Scripture. Citation Technique in the Pauline Epistles and Contemporary Literature* (SNTS 74; Cambridge, 1992).

[96] Is 25,8 est, de fait, ainsi traduit par Θ : κατεπόθη ὁ θάνατος εἰς νῖκος. La version d'Aquila ('A) et celle de Symmaque (Σ) divergent: 'A : καταποντίσει τὸν θάνατον εἰς νῖκος; Σ : καταποθῆναι ποιήσει τὸν θάνατον εἰς τέλος.

Dans cette logique, Paul n'a falsifié aucun texte, car de telles versions existaient déjà[97]. Ainsi, on ne serait plus à l'époque où on croyait que Paul forçait et changeait les textes à dessein[98].

Mais il reste que malgré cette observation, on ne saurait dire avec assurance si Paul avait ces versions-là à portée de main. D'ailleurs, il ne faudrait pas négliger le problème de la datation de ces versions[99]. Et même si on concédait que Θ existait à l'époque de l'Apôtre[100] - peut-être sous une forme encore incomplète, en tant que Ur-théodosion -, il faudrait encore savoir pourquoi Paul avait préféré telle version, et non pas telle autre, dans tel contexte déterminé. Ici, par exemple, comment expliquer sa compréhension d'Os 13,14 au v.55?

De façon générale, il nous paraît que Paul cite tel ou tel texte de l'Ecriture en fonction de la logique de l'argumentation qu'il est en train de développer. Ainsi, comme en 1 Co 15,45-47, il procède ici de façon midrashique, pour appuyer son point de vue. Le changement qu'il introduit dans les textes d'Is et d'Os consiste, après tout, dans le nouveau sens qu'il attribue à la mort.

---

[97] Cf. Ch. D. STANLEY, *Paul and the Language*, 210.

[98] A propos de Rm 10,6-8, par exemple, H. WINDISCH, *Paulus und das Judentum* (Stuttgart, 1935) 70, trouvait que Paul "den Text des Mose mit derselben Souveränität und Willkür korrigiert und zurechtstutzt". On sait que le progrès des recherches en matière des techniques de citations scripturaires chez Paul ne permet plus pareil jugement. Cf. A.T. HANSON, *Studies in Paul's Technique*, 145-149; surtout p. 146: "Sometimes at least, what looks to us like a passage where Paul has altered the text of Scripture to suit his purpose turns out to be nothing of the sort. Paul is in fact quoting the translation of the Hebrew which he had before him. It happens to be different from the LXX". D.A. KOCH, *Die Schrift als Zeuge*, 57-81, abonde dans le même sens en parlant même de "vorpaulinische Septuagintarezensionen in den Zitaten des Paulus".

[99] Cf. D. BARTHÉLEMY, *Les dévanciers d'Aquila*. Première publication intégrale du texte des fragments du dodécaprophéton trouvés dans le désert de Juda, précédée d'une étude sur les traductions et récensions grecques de la Bible réalisées au premier siècle de notre ère sous l'influence du rabbinat palestinien (SVT 10; Leiden, 1969).

[100] Selon D. BARTHÉLEMY, *Les dévanciers d'Aquila*, 148, "nous avons donc un premier terminus ad quem assez ferme pour l'oeuvre de Théodotion. Peut-on préciser encore sa date? La première épître aux Corinthiens (XV 54) cite Is. XXV 8 sous la forme: κατεπόθη ὁ θάνατος εἰς νῖκος qui ne correspond ni à la Septante (κατέπιεν ὁ θάνατος ἰσχύσας) ni à Aquila (καταποντίσει τὸν θάνατον εἰς νῖκος) ni à Symmaque (καταποθῆναι ποιήσει τὸν θάνατον εἰς τέλος) mais seulement et exactement à Théodotion qui est pour le livre d'Isaïe la seule forme de recension connue appartenant au groupe καίγε. Si l'on doit remonter la date de Théodotion plus haut qu'Aquila, il y aurait donc même tout lieu de la remonter avant l'année 57, date de la première épître aux Corinthiens". Cf. aussi E. PUECH, *La croyance des esséniens*, 73.

3.3.2.1.2. Is 25,8 et la défaite de la mort

Montrer comment Paul, partant d'Is 25,8 et d'Os 13,14, fait ici un *midrash* sur la mort veut dire deux choses[101].

1° Il s'agit de reconnaître que l'Apôtre prend en considération le contexte de chaque texte qu'il cite et le rapproche de sa propre argumentation, c'est-à-dire de la *propositio* qu'il soutient et démontre progressivement. C'est ainsi que la citation d'Is 25,8 est à comprendre dans le contexte original. Certes, on sait qu'à ce propos Is 25,8 n'est pas aisé à situer dans le livre d'Isaïe[102]. Mais il reste que les exégètes sont d'accord pour le situer dans ce qu'ils appellent la "petite apocalypse" isaïenne (Is 24-27), probablement de l'époque post-exilique[103], qui parle de l'achèvement de l'oeuvre de Dieu sur terre. Cette consommation sera précédée du jugement divin sur tous les peuples, sans exclure le peuple de Yhwh et la cité sainte Jérusalem. Le grand signe d'une telle fin sera l'enlèvement de la mort et du voile de deuil qui enveloppe tous les peuples. Ce jour là sera le Jour du Seigneur, Jour de sa colère contre ses ennemis et de l'établissement de son règne pour ses élus[104]. En tenant compte de ce contexte, on se rend compte que Is 25,8 est proche de toute l'argumentation paulinienne (1 Co 15), dans la mesure où Paul énonce dans celle-ci des conditions qui doivent être remplies pour que l'on puisse dire que le règne de Dieu s'est réalisé. Et le point de vue paulinien est clair: parmi ces conditions, la fin définitive de la mort est déterminante (cf. 1 Co 15,28)[105].

2° Il convient par conséquent de comprendre Is 25,8 en fonction de l'étape où Paul se trouve avec son argumentation. Cette considération permet

---

[101]   Encore une fois, bien des chercheurs affirment que Paul procède souvent par midrash. Cf. par exemple E.E. ELLIS, «A Note on Pauline», 131-132, qui écrit: "Taken as a whole, the Pauline citations reflect in a substantial measure the *pesher* type moulding of the text which in some cases is determinative for the N. T. application of the passage. While this at times involves a choosing and rejecting between texts and/or targums known to the apostle, more often the interpretative paraphrase appears to be created *ad hoc* by Paul or by the early Church before him". Cependant, ils sont rares les exégètes qui montrent, pour chaque cas spécifique, comment Paul arrive à faire du *midrash*.

[102]   D'aucuns remettent même en question son authenticité isaïenne. Cf. à ce propos, G.F. HASEL, "Resurrection in the Theology of Old Testament Apocalyptic" *ZAW* 92 (1980) 276, note 10.

[103]   Cf. G.B. GRAY, *A Critical and Exegetical Commentary on the Book of Isaiah I-XXXIX* (ICC 38; Edinburgh, 1912) 397-404; J.D.W. WATTS, *Isaiah 1-33* (WBC 24; Waco, TE, 1985) 294-312.

[104]   Cf. E. PUECH, *La croyance des esseniens,* 66-73; J.D.W. WATTS, *Isaiah 1-33,* 298-300.

[105]   Selon G.F. HASEL, «Resurrection», 276, "the emphasis on resurrection is a part of the interest in victory over death (Isa 258a) in the Isaiah Apocalypse. The ultimate demonstration of the glory of God and his control over history comes to expression in Yaweh's act of resurrecting his faithful. This act reveals that he has total control over life and death".

de comprendre pourquoi la version de la LXX ne passe pas ici; en même temps elle permet de justifier le passif de la citation paulinienne. Il ne suffit pas de dire que ce passif provient de la version Θ. Par contre, en tenant compte de tout ce que Paul a déjà affirmé dans les versets précédents, le passif s'explique logiquement. A ce niveau du discours, Paul vient de dire qu'Is 25,8 ne se vérifiera que quand les morts seront ressuscités et que la transformation des vivants aura lieu. Or, si Is 25,8 se vérifie, cela veut dire que Paul ne peut plus attribuer à la mort une force de destruction (LXX). En outre, comme il a affirmé aux vv.24-28 que la puissance de Dieu se manifeste totale seulement après la destruction de la mort, l'Apôtre préfère ainsi un passif qui a l'avantage de mettre en valeur l'action de Dieu lui-même, qui soumet tout (vv.27.57). Il est donc question au v.54 d'un passif théologique. En même temps, ce passif a un autre avantage sémantique: faire de la mort un sujet apparent, en faire une Puissance qui agissait et qui, en ce moment-là, aura subi l'action de destruction. Dans cette logique, la voix passive met encore plus en évidence la force du sujet réel qu'est Dieu par Jésus Christ.

3.3.2.1.3. Os 13,14 et l'ironie paulinienne sur la mort et ses adjuvants

L'interprétation que nous venons de donner d'Is 25,8 dans 1 Co 15,54 se confirme quand on prend en compte les "modifications" apportées au texte d'Os en 1 Co 15,55. En effet, la citation d'Os 13,14 est pareillement à saisir dans son contexte primitif. Ici aussi, on sait que la défectuosité du texte fait que les exégètes ne sont pas sûrs de son contenu même. Mais, la majorité des critiques est d'accord pour dire que le contexte primitif d'Os 13,14 consent un choix[106]. Il s'agit de Dieu qui, pour punir Ephraïm de son péché mortel, interpelle la mort et ses adjuvants pour frapper la rebelle, qui ne suit pas la volonté divine. Par contre, dans l'argumentation paulinienne ici, une telle invocation a perdu son sens. Comment Paul arrive-t-il alors à donner une tout autre perspective à ce texte?

La réponse se trouve, encore une fois, dans la prise en considération de l'étape à laquelle Paul se trouve dans son argumentation. En effet, si la mort est détruite à jamais (v.54), comment justifier que certains textes vétérotestamentaires continuent d'évoquer la mort comme punition de Dieu? Il nous semble que Paul, partant du principe midrashique selon lequel la Parole de Dieu contenue dans les Ecritures est une et ne peut se contredire dans ces diverses parties[107], cite ainsi Os 13,14 au v.55 avec un ton d'ironie, car il

---

[106] Cf. G. BERNINI, *Osea-Michea-Nahum-Abacuc* (NVB 30; Roma, 1970) 202-206.
[107] Cf. C.K. STOCKHAUSEN, «Paul the Exegete», 197-198.

faut entendre le contraire de ce que dit le texte de l'Ancien Testament[108]. Si au v.54 il affirme que la mort a été engloutie à jamais, cela veut dire que la mort a été vaincue; elle a été rendue inefficace, au point que l'on peut se moquer de son éventuelle victoire et de son aiguillon.

Cette ironie est donc très significative. Le *midrash* paulinien consiste dans ce nouveau sens de la mort. Alors que dans le texte de l'Ancien Testament auquel il fait appel, la mort est invoquée - par Dieu lui-même - comme l'ultime punition contre ceux qui n'ont pas observé ses instructions (sa Loi) et se sont éloignés de la présence salvatrice de Dieu, ici Paul indique que la mort n'est plus le dernier mot, la fin de la vie avec Dieu[109]. Par la résurrection et la transformation obtenue dans le Christ, c'est la mort elle-même qui sera engloutie jusqu'au triomphe, à jamais.

Hors du contexte paulinien, une telle ironie est insaisissable. Or, c'est pour rester fidèle à sa logique de distinction amorcée au v.50 que, selon toute vraisemblance, Paul parvient à modifier la citation d'Os. Ainsi il emploie le terme νῖκος en rapport avec ceux qui sont déjà morts et le mot κέντρον en relation avec ceux qui sont encore vivants et sont encore menacés. Certes, nous ne perdons pas de vue le fait que le terme νῖκος du v.55 semble être influencé par celui du v.54 (*gezerah shawah*). Mais celui-ci a une connotation adverbiale normale. Εἰς νῖκος veut toujours dire "pour toujours", "à jamais" et il est une juste traduction de לנצח du texte hébreu d'Is 25,8, comme en témoigne la version théodosienne. Au v.55, par contre, l'Apôtre remplace le grec δίκη et l'hébreu דבר. Ce dernier terme, dans la Bible hébraïque, apparaît seulement dans la liste des menaces que Dieu profère à l'endroit de son peuple rebelle[110]. Si Paul remplace le terme δίκη par celui de νῖκος c'est sans doute parce qu'il veut ironiser sur la victoire (apparente) de la mort. D'un simple instrument de menace (δίκη de la LXX ou דבר de TH), il en a fait un véritable triomphateur (νῖκος). Et la mort est réellement triomphante là où on ne croit pas à la résurrection des morts ni à la puissance de Dieu de ressusciter ces derniers, là où tout est considéré comme fini pour eux: ils ont été vaincus par la mort, peut-on dire (cf. v.19; cf. aussi Sg 2,1-9). Dans la logique paulinienne, la résurrection future des morts ne peut que faire acclamer: "Où est, ô mort, ta victoire!"

---

[108]   Au sujet de l'*ironie* de parole et de l'*ironie* de pensée, cf. H. LAUSBERG, *Elementi di retorica*, §§ 232-234. 426-430. Cf. aussi QUINTILIEN, *Institution Oratoire IX*, 2,44-46.

[109]   Ce qui fit dire aux traducteurs de la *BJ* que "S. Paul /.../ l'interprète selon les usages de son temps où l'on ne craignait pas d'isoler une phrase de son contexte" (cf. note *h*). Notre analyse indique juste le contraire. Paul tient compte du contexte de ce texte qu'il cite.

[110]   Cf. à ce propos J.C. De MOOR, «'Death, Where is Thy Sting?'» in *Ascribe to the Lord*; Biblical and Other Studies in Memory of Peter C. Craigie (éds. L. ESLINGER - G. TAYLOR) (JSOTSS 67; Sheffield, 1988) 99-107.

Quant au terme κέντρον, il n'y a pas de doute qu'il s'agit d'un instrument de menace exercée envers quelqu'un qui vit encore pour le faire plier et le soumettre. La mort exerce une telle menace sur les vivants par la peur qu'elle inspire de la fin de la vie et de la corruption qui s'en suit. Dans l'Ancien Testament, les "serviteurs" de la mort-menace sont représentés sous des formes variées: le fléau, le vent d'est, la famine, la maladie grave, la peste (cf. Dt 32,23-26; Ps 91,5-6).[111] Ils indiquent l'action destructrice de la mort, en l'absence de Yhwh.[112] Le contexte d'Os 13,14 en témoigne (cf. Os 13,15). Et sans la perspective de résurrection, ces menaces constituent le triomphe de la mort (cf. Rm 8,34-37). Nous n'affirmons pas par là que les vivants dont Paul parle ici sont seulement ceux qui souffrent de maladie grave dans leurs corps. Ce sont tous ceux qui, du fait de porter encore le corps psychique, sont mortels. Selon la conviction de Paul la transformation future des vivants ne peut que faire jubiler: "Où est, ô mort, ton aiguillon?"

Que Paul remplace alors, dans le deuxième stique, le mot ᾅδη par celui de θάνατε, cela n'est plus étonnant. L'enchaînement de sa logique, nous l'avons relevé plus haut, permet de mettre au centre de sa discussion la réalité de la mort en tant que telle, qu'elle soit encore en perspective pour les vivants ou qu'elle soit déjà une triste réalité pour les morts. Ch. Barth a montré que dans certains psaumes une simple menace de mort, une maladie grave par exemple, est souvent traduite en terme de mort par le souffrant qui prie Dieu, lui demandant de le délivrer des griffes de la mort.[113] C'est la mort donc qui est décisive. Paul lui-même n'échappe pas à ce phénomène linguistique de métonymie. Il arrive souvent, en effet, qu'il appelle tout simplement les souffrances, les persécutions, les maladies, la faim, l'épée, etc. du nom de θάνατος (cf. 2 Co 4,10-11; Rm 8,35-36). Signalons ensuite ce que Koch et Stanley ont aussi bien remarqué: la substitution de ᾅδη (LXX) par θάνατε vise avant tout un effet rhétorique. Le parallélisme entre les deux stiques met en évidence comment le verset est serré, pendant que la triple répétition du terme θάνατος (v.54 compris) insiste sur la conviction fondamentale qui est au coeur de tout ce qui a précédé: la victoire finale de Dieu sur la mort.[114] Il faut peut-être ajouter que Paul évite le mot shéol (ᾅδης), car celui-ci accompagne généralement le terme mort (θάνατος) pour signifier que

[111] Cf. aussi J.C. De MOOR, «O Death», 106.

[112] Cf. R. MORISSETTE, «Un midrash sur la mort (I Cor., XV, 54c à 57)» *RB* 79 (1972) 174-175.

[113] Cf. Ch. BARTH, *Die Errettung vom Tode*, 91-110; cf. aussi N.J. TROMP, *Primitive Conceptions of Death*, 129-130; R. MARTIN-ACHARD, *De la mort à la résurrection d'après l'Ancien Testament* (BT; Neuchâtel - Paris, 1956) 44; B. RIGAUX, *Dieu l'a ressuscité*. Exégèse et théologie biblique (SBFA 4; Paris, 1973) 3-22; P. GRELOT, «La théologie de la mort», 160-171.

[114] Cf. D.-A. KOCH, *Die Schrift als Zeuge*, 169-170; Ch. D. STANLEY, *Paul and the Language*, 214-215.

celle-ci a effectivement vaincu[115]. Elle n'est plus une menace dans ce cas, mais un fait. Etre dans les enfers veut dire être déjà mort pour toujours, sans espoir de retour[116]. Ce que Paul n'admet justement pas en 1 Co 15.

3.3.2.2. vv.56-57: l'origine de la mort et la victoire en Jésus Christ

3.3.2.2.1. v.56: une glose tardive?

Que par l'emploi des termes νῖκος et κέντρον Paul veuille se conformer à sa distinction formulée au v.50, respectivement entre ceux qui sont déjà morts et ceux qui sont encore vivants, cela se confirme dans la suite de son discours. De fait, si les questions du v.55 sont une ironie rhétorique, alors la pensée paulinienne peut être considérée aussi complète à ce point. On ne peut lire le v.56 comme une réponse au v.55b. Avec celui-ci l'affirmation de la victoire de Dieu sur la mort ne nécessite plus la poursuite du discours. Or, tout se passe comme si au v.56, Paul répondait à la question du v.55b. Qqu'en est-il au juste? En outre, le lien que Paul fait entre l'aiguillon de la mort, le péché et la loi au v.56 déboussole.[117] Comment peut-il déboucher sur une telle réponse? Cela semble n'avoir aucun lien logique avec ce qui précède.

Ce n'est pas pour rien que J. Weiß proposa de considérer ce verset comme une interpolation tardive, basée sur le développement de Rm 5-8[118]. H. Lietzmann y vit plutôt un excursus, où Paul pose seulement, sans les développer, les germes de ce qui sera exposé en Rm.[119] Ce verset constitue donc une affirmation qui semble sortir de son contexte.

Mais, le modèle midrashique peut aussi expliquer comment le v.56 n'est pas une interpolation. Il nous semble qu'il s'agit d'un commentaire paulinien basé sur le contexte d'Os 13,14. En effet, si Yhwh menace de détruire Ephraïm, de le livrer aux puissances de la mort, c'est à cause de son péché, de

---

[115] Cf. Ch. BARTH, *Die Errettung vom Tode*, 111.113.

[116] Sans aucun doute, il ne faudrait pas aussi perdre de vue le fait que le terme ᾅδης ne revient aucune fois chez Paul. D'où le commentaire de D.-A. KOCH, *Die Schrift als Zeuge*, 170: "Angesichts der breiten Verwendung in der LXX ist das völlige Fehlen von ᾅδης bei Pls nicht Zufall anzusehen. Für Pls dominierend ist das Verständnis des Todes als einer den Menschen durch die Sünde beherrschenden Macht (vgl. 1 Kor 15,56 und 15,26). Mit ᾅδης ist dagegen die Vorstellung eines räumlich gedachten Todesbereichs verbunden, die für Pls unwesentlich ist".

[117] Ce n'est pas le lien entre le péché et la mort qui est insolite. Il ne s'agit là que d'une pensée fondamentalement biblique. Cf. aussi P. GRELOT, *De la mort à la vie*, 62-68. Ce qui est paulinien ici, c'est le lien entre la mort et la loi. D'où provient cette intuition paulinienne?

[118] Cf. J. WEISS, *Der erste Korintherbrief* (KEK 5; Göttingen, ⁹1920) 380.

[119] Cf. H. LIETZMANN, *An die Korinther*, 88.

son idolâtrie et de son apostasie (cf. Os 12,15; 13,1-2.12; 14,2). La force (la gravité: δύναμις) de ce péché consiste dans la non observation de la Loi, dont le premier commandement est le respect de l'unicité de Yhwh. Dans tout Osée le reproche adressé aux maisons d'Israël et de Juda, est de n'avoir pas, en des moments difficiles qui menaçaient même de mort, gardé confiance en Yhwh, et d'avoir recouru à des dieux ou des sauveurs étrangers. Tant qu'Ephraïm ne se convertissait pas, cela ne pouvait qu'aggraver son péché et - selon la logique prophétique - entraîner inéluctablement la mort (cf. "la compassion se dérobe à mes yeux", 13,14e; cf. aussi 14,10). Dans le contexte d'Os, donc, la menace est proférée à cause du péché contre la Loi, qui viole le premier commandement même du décalogue. On peut donc comprendre que Paul puisse mettre ensemble la mort, le péché et la Loi.

Le commentaire du Targum sur Os 13,14 corrobore cette interprétation. Selon le Targum, en effet, Os 13,14 évoque la menace de Dieu de retirer sa Shekinah du milieu de son peuple, coupable de transgression de la Loi[120]. C'est pour cette raison que le Targum rapproche Os 13,14 d'Os 5,6.15 et de Mi 3,4[121], où il est affirmé que Yhwh s'est éloigné d'Ephraïm, d'Israël et même de Juda, à cause de leur péché et de leur manque de conversion.

C'est donc probable que le v.56 fonctionne comme une sorte d'objection au chant de victoire exprimé dans les versets précédents où le regard est posé sur le futur, sur le pas encore. Avec ce verset, Paul revient sur le présent des chrétiens et reconnaît, partant du contexte d'Os 13, que le péché existe encore et que l'on peut encore pécher. Ce qui peut faire douter de la victoire annoncée. La particule δέ du v.56a pourrait, ainsi, être traduite par "certes", concession à laquelle Paul répond au v.57: "Certes, l'aiguillon de la mort, c'est le péché; et la puissance du péché, c'est la loi. Mais, grâce soit à Dieu qui nous donne la victoire par l'intermédiaire de notre Seigneur Jésus Christ".

---

[120] Cf. Str-B III, 483: "Nun werde ich selbst מימרי (wörtlich: 'mein Wort') unter ihnen sein zum Töten לקטול u. mein Wort zum Verderben לחבלא; weil sie meine Tora übertreten haben, werde ich meine Schᵉkhina von ihnen entfernen".

[121] Cf. R.P. GORDON, Studies in the Targum to the Twelve Prophets. From Nahum to Malachi (SVT 51; Leiden - New York - Köln, 1994) 133. Cf. aussi W.J. HARRELSON, «Death and Victory in 1 Corinthians 15:51-57: The Transformation of a Prophetic Theme» in Faith and History. Essays in Honor of Paul W. Meyer (éds. J.T. CARROLL - Ch.H. COSGROVE - E.E. JOHNSON) (Atlanta, GE, 1990) 149-159.

3.3.2.2.2. v.57: la victoire sur le péché est déjà victoire sur la mort

N'en déplaise à F.W. Horn et à W. Schmithals, le v.56 ne devrait pas être considéré comme une interpolation tardive[122]. Sans ce verset, on ne comprendrait pas non plus l'assurance du v.57. Celui-ci est posé comme une antithèse (cf. δέ) à l'objection sournoise contenue dans le v.56. Il est une réponse au doute qui est exprimé dans ce constat-ci: le péché est encore à l'oeuvre, rendu puissant par l'existence même de la Loi. Paul répond au v.57 en assurant ses auditeurs que la victoire dont il est question n'est pas un fait réservé à Jésus seul, advenu une fois pour toutes. La victoire sur le péché est un fait présent et permanent pour ceux qui croient au Christ, car c'est Dieu qui nous la donne (διδόντι ἡμῖν) par l'intermédiaire de notre Seigneur Jésus Christ en qui la Loi et le péché sont dépassés, et en qui la mort n'aura plus de triomphe.

Sans doute, Paul ne développe pas cette idée ici, comme il le fait en Rm 5-8; mais cette pensée n'est pas du tout hors du sujet traité en 1 Co 15. Qui douterait du fait que l'allusion à l'origine du péché et l'affirmation de la victoire sur la mort renvoient à la typologie Adam-Christ déjà exprimée dans les unités littéraires centrales des deux macro-unités précédentes (vv.20-28 et vv.44-49)? Ainsi, sans les vv.56-57 l'argumentation paulinienne resterait seulement une espérance qui ne tient pas compte de la situation présente. Grâce à eux, Paul reconnaît combien le pas-encore du salut total n'est pas un empêchement à l'accomplissement futur et éternel de la victoire sur la mort, car celle-ci est déjà à l'oeuvre en Jésus Christ et est assurée de façon permanente pour les chrétiens par Dieu.

En d'autres mots, cette conclusion des vv.56-57 revient sur la conviction paulinienne selon laquelle il n'y a de victoire sur le péché et la mort qu'en Jésus Christ (cf. vv.3.17). La foi en lui sauve et n'est pas inféconde. Ainsi grâce aux vv.56-57 l'Apôtre peut, en se concentrant sur la vie présente de ses auditeurs, exhorter ceux-ci à persévérer dans leur engagement chrétien (v.58): "Voilà pourquoi, mes frères bien aimés, devenez fermes, inamovibles, excellant toujours dans l'oeuvre du Seigneur, sachant que votre labeur n'est pas vain dans le Seigneur". Le v.58 devient ainsi une *exitus*, qui interpelle concrètement les auditeurs, en conclusion à une argumentation démonstrative qui concerne un des éléments fondamentaux de leur foi au Christ ressuscité.

---

[122]   Cf. F.W. HORN, «1 Korinther 15,56 - ein exegetischer Stachel» *ZNW* 82 (1991) 88-105; W. SCHMITHALS, *Die Briefe des Paulus*, 32: "Mit V.56 erläutert eine sekundäre Hand V.55". Cf. encore IDEM, *Theologiegeschichte*, 55.

3.3.2.3. Fonction rhétorique de 1 Co 15,54-58

Nous pouvons, à présent, revenir sur la fonction de la macro-unité formée des vv.50-58 dans l'ensemble de 1 Co 15. M. Bünker considère toute la macro-unité comme la *peroratio* de l'unité littéraire des vv.35-58.[123] Mais selon notre analyse, l'hypothèse de Bünker ne tient pas, car nous trouvons qu'il faut séparer les vv.50-53 de ceux qui les suivent. L'analyse littéraire révèle, en effet, que les vv.50-53 constituent le troisième volet (A') de la macro-unité commencée au v.35. Dans ce troisième volet Paul, après être passé par une étape intermédiaire (vv.44b-49 = B), complète la réponse à sa question posée au v.35. De même que Paul aux vv.29-32 achève le raisonnement déclenché par la question qu'il a posée au v.12, ainsi, par les vv.50-53, il boucle sa pensée commencée au v.35. Il indique avec clarté son point de vue que les similitudes des vv.36-41 avaient tenté de faire comprendre progressivement. Il élargit en même temps ses vues en englobant tout le genre humain. Grâce à la typologie adamique développée dans la partie centrale (vv.42-49) il montre que les vivants, comme les morts, sont tous concernés par la condition de la transformation du corps psychique en corps spirituel. Sans cette idée, son argumentation serait incomplète.

En effet, comme l'altérité dont il est question dans les vv.36-41 n'implique pas l'acquisition d'un *autre* corps (chaque espèce a son corps), mais la transformation du "premier" corps, corruptible, en celui de la résurrection, incorruptible, et comme les vivants, à la parousie, auront le premier corps, il devient logique qu'ils devront, eux aussi, satisfaire à la même condition pour hériter du règne de Dieu. C'est ce qu'il fallait préciser en 50-53 à la suite de 35-49[124].

L'analyse rhétorique confirme ce jugement en indiquant comment la *propositio* du v.50 qui engendre cette petite unité (51-53) dépend de la *propositio* du v.35, et en est une *sub-propositio*. Celle-ci n'a pas pour fonction de reprendre en grandes lignes les idées exprimées en 35-49, mais complète ce qui manquait jusqu'ici au développement du v.35.

Par contre, les vv.54-58 ressemblent à une péroraison. Les théoriciens de l'art oratoire assignent à celle-ci une double fonction: récapitulation de ce qui a été dit et amplification finale. Alors que la première fonction vise à rafraîchir la mémoire de l'auditeur, la deuxième se concentre sur ses émo-

---

[123] Cf. M. BÜNKER, *Briefformular und rhetorische Disposition im 1. Korintherbrief* (GTA 28; Göttingen, 1984) 71-72.

[124] Une telle subdivision de 1 Co 15,35-53 répond bien au critère que J. LAMBRECHT, «Structure and Line of Thought in 2 Cor 2,14-4,6» *Bib* 64 (1983) 349, énonce quand on veut parler d'une structure concentrique de type **ABA'**: "In an A-B-A' structure the A' -part is rarely a pure repetition of A, no matter how closely the two passages are attuned. Moreover, the author must harmonize the A' -part with the content of B. It follows, therefore, that there are also many corresponding elements between B and A'".

tions pour le pousser à se décider en faveur de la cause que l'orateur défend[125]. Mettant la première fonction un peu dans l'ombre, ces mêmes théoriciens insistent sur le fait que, dans la péroraison, le discours doit acquérir plus de force par l'ampleur de son style, de ses mots, de ses figures, etc. dans le but de le rendre convaincant, d'émouvoir les âmes jusqu'au fond et de les entraîner dans les intérêts qui sont ceux de l'orateur.

De même, en ces vv.54-58, il nous apparaît que Paul donne une grande ampleur à son discours. Certes, Paul n'y récapitule pas de façon claire les diverses étapes de son argumentation; mais il n'y a pas de doute que le problème du quand et du comment de la fin éternelle de la puissance de la mort - problème qui, selon nous, doit avoir été à la base de la négation de la résurrection des morts parmi les Corinthiens - est résolu. De la sorte, Paul interpelle directement ses auditeurs (v.58) pour leur dire qu'il y a un lien étroit entre leur foi en Jésus Christ et leur situation personnelle. Ainsi, mettre en doute la défaite définitive de la mort serait mettre en doute la puissance de Dieu contre la mort; ce serait rendre vaines les prophéties, ne point leur accorder la chance de se réaliser; bref, ce serait perdurer dans le péché, rendre celui-ci victorieux. Que de thèmes déjà abordés dans les parties précédentes! Par ailleurs, on voit que Paul élève le discours à son point culminant, avec un but précis: gagner définitivement ses interlocuteurs à sa cause. L'hymne de victoire, les apostrophes contre la mort, l'action de grâce à Dieu, qui rend les chrétiens victorieux, ne constituent rien d'autre qu'une amplification visant à décider les chrétiens de Corinthe à persévérer dans la bonne oeuvre.

Voilà pourquoi, nous proposons de considérer les vv.54-58 comme une *peroratio* de 1 Co 15[126]. Selon la terminologie de l'auteur de *RhétHer*, nous pouvons tenir ces versets pour la *mise en valeur* de l'argumentation, que cet auteur distingue du résumé[127]. Mais, quelle que soit la terminologie, il importe de remarquer que Paul, pour conclure sa discussion, amplifie sa thèse en ces versets.

---

[125] Cf. ARISTOTE, *Rhétorique III*, 1419b 30-33; CICERON, *De oratore II*, §332; *Partitiones oratoriae*, §52-53.59; QUINTILIEN, *Institutione oratoria VI*, I,1-2.

[126] De cette manière, la subdivision proposée par Chr. BURCHARD, «1 Korinther 15 39-41», 252, mérite seulement d'être corrigée: "Es ist deshalb denkbar, v. 50-58 nicht zusammen als zweiten oder dritten Teil von v. 35-58 zu behandeln, wie es oft geschieht, sondern v. 50-52 als dritten Teil einer v. 35-52 umfassenden Untereinheit und v. 53-58 als Schlußteil des ganzen Kapitels für sich". Cette subdivision ne tient pas, parce qu'elle détache le v.53 de l'unité qui précède. Notre analyse a montré que ce verset est déterminant pour bien interpréter les vv.50-52, car c'est au v.53 que Paul reprend de façon positive - sous forme d'épiphonème - ce qu'il a affirmé de façon négative au v.50b.

[127] "Nous employons la mise en valeur, une fois l'argumentation établie, pour donner éclat et ampleur à la cause. Le résumé conclut succinctement en reprenant les différentes parties de l'argumentation", *RhétHer* II, 28.

3.4. Conclusion

La péricope 1 Co 15,50-53 est sans nul doute l'une des plus utilisées, à cause du v.52, pour mettre en évidence la dépendance de Paul de l'apocalyptique juive. Notre analyse vient de montrer que ce verset ne constitue pas l'affirmation principale de l'Apôtre dans l'unité littéraire 15,50-53. En continuant l'argumentation démarrée au v.35, c'est au v.50 que Paul énonce une nouvelle *propositio*. Celle-ci concerne le sort de ceux qui seront vivants à la parousie, car le développement des vv.35-49 ne pouvait pas ne pas soulever une question à ce propos. S'il est vrai qu'à cette échéance les morts viendront avec un corps spirituel, qu'en sera-t-il alors des vivants? Vont-ils hériter du règne de Dieu tels qu'ils sont? Ne seraient-ils pas en désavantage, étant donné qu'ils auraient un corps encore soumis aux lois de la mortalité et de la corruptibilité? Paul répond que tous les chrétiens, vivants ou morts, seront transformés et montre en quoi consiste la transformation des vivants.

Dans la deuxième micro-unité (54-58), qui est, en réalité, la *peroratio* de 1 Co 15, il devient clair que cette transformation des vivants n'est pas seulement une condition qui doit être remplie pour qu'eux aussi aient part au règne de Dieu. Elle est aussi requise pour parler de la fin même de la mort pour toujours. De là on rejoint une autre idée de Paul exprimée plus haut dans son argumentation: le lien entre la destruction de la mort et l'avènement même du règne total de Dieu. En effet, Paul en avait déjà parlé dans les vv.23-28. Il y a affirmé que le Règne de Dieu ne commencerait que quand le dernier ennemi, la mort, serait vaincu. Autrement dit, tant qu'il y aura la mort, le règne de Dieu ne sera pas encore *totalement* en acte (v.28: ἵνα ᾖ ὁ Θεὸς πάντα ἐν πᾶσιν). Encore mieux, le règne de Dieu veut dire victoire totale et définitive sur tous les ennemis de Dieu, en particulier et en tout dernier lieu sur la mort. Dans ces vv.54-58, Paul revient donc sur cette idée de la victoire totale sur la mort et conclut ainsi toute son argumentation en la mettant de nouveau en valeur: tant que les vivants ne seront pas transformés, on ne pourra pas parler de la fin de la mort, et cela même si les morts seront ressuscités immortels[128].

C'est alors qu'on se rend compte que le problème fondamental de Paul dans 1 Co 15 est: comment peut-on dire que le chrétien dépasse la finitude humaine, qui s'exprime dans le fait que la mort frappe *tous* les descendants du premier Adam? L'Apôtre enseigne *l'immortalité du corps* comme solution ultime à ce problème crucial de la victoire définitive sur la mort et ses instruments. En d'autres mots, Paul fait de l'immortalité du corps, c'est-à-

---

[128] Cf. H.H. SCHADE, *Apokalyptische Christologie*, 207 qui retient aussi que dans les vv.50-57 Paul cherche à préciser les vv.23-28. Mais, dans la suite de son étude, nous n'avons pas vu comment il le démontre.

dire du revêtement du *corps spirituel*, pareil à celui du Christ, le critère par lequel on se rendra compte que le règne de Dieu, dont il était question dans les vv.26-28, est effectivement en acte. Il n'y a qu'elle qui rend tous les hommes, morts ou vivants, vainqueurs de la mort et de la mortalité.

Il nous apparaît clair que dans 1 Co 15,35-58 l'Apôtre ne considère pas la résurrection comme le modèle de salut pour tous les hommes. La résurrection est réservée seulement à ceux qui sont déjà morts et elle est la voie du salut éternel seulement quand elle signifie pour eux ressusciter incorruptibles. Quant aux vivants, c'est par la transformation instantanée, c'est-à-dire simultanée, à la résurrection des morts, qu'ils hériteront du règne de Dieu. C'est cette *transformation*, du corps mortel en corps immortel et du corps déjà corrompu en corps incorruptible, qui constitue le modèle de salut.

Il appert que la préoccupation paulinienne est avant tout sotériologique. L'analyse de 2 Co 5,1-10 et de Rm 8,18-30, à laquelle nous procédons dans les chapitres suivants, révèle la même chose: le point de départ des discussions pauliniennes est le problème de la manifestation du salut complet de ceux qui sont dans le Christ et non pas le retard de la parousie du Christ.

CHAPITRE IV

L'objet de la discussion paulinienne en 2 Co 5,1-10: la souffrance du chrétien et la gloire éternelle

La péricope 2 Co 5,1-10 est une des plus discutées dans l'histoire de l'exégèse du corpus paulinien[1]. Les chercheurs ne s'accordent ni sur son sens ni sur son rôle dans lamdeuxième lettre de Paul aux Corinthiens comme, du reste, dans l'ensemble de la pensée paulinienne[2]. Nous voulons montrer que cette unité ne peut être suffisamment comprise que dans la mesure où l'on découvre sa vraie fonction rhétorique dans l'argumentation paulinienne de 2 Co 1-7. En 2 Co 5,1-10, en effet, Paul recourt à une idée logique, connue de lui et de ses auditeurs, pour appuyer une thèse qu'il avance un peu plus haut. Nous commencerons par faire un bref survol des analyses consacrées à cette unité rhétorique. Ensuite, après avoir délimité celle-ci, nous analyserons progressivement les unités minimales qui la composent, indiquant en particulier comment celles-ci sont agencées entre elles et font progresser l'argumentation, et fixant chaque fois notre regard sur la pointe de chaque petite unité.

4.1. Survol de quelques positions

Les positions adoptées par les exégètes sur cette unité sont très variées selon que l'on s'intéresse au problème de l'orientation du texte, à celui de la méthode appropriée ou à celui du contenu. Généralement, l'interprétation d'un texte exige que l'on se pose toutes ces questions à la fois. En ce qui concerne l'orientation de 2 Co 5,1-10, la problématique est posée en termes

---

[1] Cf. E.-B. ALLO, *Saint Paul. Seconde Epître aux Corinthiens* (Ebib; Paris, 1956) 137-155; A. FEUILLET, «La demeure céleste et la destinée des chrétiens» *RSR* 44 (1956) 165-192, 387-395; P. HOFFMANN, *Die Toten in Christus*, 254-267; K. PRÜMM, *Diakonia Pneumatos*. Der zweite Korintherbrief als Zugang zur apostolischen Botschaft. Auslegung und Theologie. Band II. Theologie des zweiten Korintherbriefes. Erster Teil: Apostolat und christliche Wirklichkeit (Rom-Freiburg-Wien, 1960) 262-264.

[2] Cf. G.M.M. PELSER, «Resurrection and Eschatology in Paul's Letters» *Neot* 20 (1986) 42 où, à ce propos, il affirme: "Perhaps the safest answer to the question regarding the eschatology of this passage should be a *non liquet.*"

d'évolution du langage eschatologique de Paul par rapport à son enseignement contenu dans les épîtres antérieures (1 Th et 1 Co).

4.1.1. Retard de la parousie et influence hellénistique

Un bon nombre de critiques retient que 2 Co 5,1-10 est un «enseignement
nouveau» sur l'eschatologie paulinienne. Cette nouveauté est comprise par
certains comme un changement de la perspective primitive, et par d'autres
comme un élément de plus qui ne change rien mais complète la doctrine.

4.1.1.1. Changement de la perspective primitive

Bien qu'il parle de «développement homogène», P. Benoit est de ceux qui
pensent à un changement du point de vue primitif[3]. Pour lui, en effet, "il y
a dans la pensée de Paul un développement, mais un développement homogène, qui est une progression en profondeur à partir de l'expérience
fondamentale: sa rencontre avec le Christ sur le chemin de Damas. A ce
progrès continu on peut assigner trois causes: la maturation même de l'esprit
qui contemple et réfléchit; le choc des événements: questions qu'on lui pose,
crises qui ébranlent ses communautés; enfin la marche du temps et de sa
propre vie. En ce dernier domaine, le retard de la Parousie et l'approche de
sa mort ont eu une importance décisive sur l'évolution de son langage
apocalyptique"[4]. Ainsi, Paul évoluerait surtout dans sa compréhension du
«quand» et du «comment» de la résurrection de l'homme, le tournant décisif
se situant en 2 Co[5].

Nous n'allons pas discuter ici le concept d'évolution que P. Benoit a le
mérite d'avoir bien défini. On ne peut pas, en effet, considérer la pensée de
Paul comme monolithique, reçue une fois pour toutes à la conversion. Paul
a certainement, au gré des circonstances et avec le temps, approfondi sa
relation au Christ. Toutefois, nous avons le droit de nous demander si cet
approfondissement doit absolument être conçu comme changement de
perspective.

Ce que nous remettons principalement en question dans cette théorie est
le fait de considérer 2 Co 5,1-10 comme l'étape décisive d'une telle évolution
dans la pensée eschatologique paulinienne. Car, si Paul avait, en 2 Co 5,1-
10, changé de point de vue à propos de la résurrection, comprise comme
revêtement de la gloire à la fin des temps, comment expliquer qu'il y croit

[3] Cf. aussi J.-F. COLLANGE, *Enigmes*, 190-191.
[4] P. BENOIT, «L'évolution du langage», 299.
[5] Cf. P. BENOIT, «L'évolution du langage», 316-318; IDEM, «Résurrection à la fin des
temps», 94-95.

encore et l'affirme dans les épîtres postérieures à 2 Co (cf. Rm 8,11.23; Ph 3, 20-21)? En outre, avec G.F. Wessels, nous trouvons que même en Col et Ep, Paul (ou son disciple) croit encore à la résurrection générale des morts à la parousie, même s'il parle déjà d'être ressuscité avec le Christ dans le baptême[6]. Contrairement à ce que l'on pense souvent, l'eschatologie future n'est pas un phénomène marginal dans ces deux dernières lettres.

Du reste, personne n'ignore que les lettres pauliniennes ne sont pas de *summae theologiae*. En tant qu'écrits de circonstances, Paul a dû, chaque fois et selon les impératifs rhétoriques de chaque lettre, répondre aux exigences de ses auditeurs. Ceux des communautés d'Ephèse et de Colosses, étaient certainement, contrairement à ceux des communautés de Corinthe et de Rome, dans une situation telle qu'il fallait souligner davantage leur être-déjà-ressuscités-avec-le-Christ[7].

Quoi qu'il en soit, il reste pour nous que la théorie d'une évolution dans la pensée de Paul - évolution ayant son point culminant en 2 Co 5,1-10 - pourrait faire de Paul un grand égoïste, qui réduirait alors la portée des données de la foi à son avantage personnel. La logique de cette théorie laisse croire que Paul renvoie la résurrection à la parousie, seulement tant que, malgré les souffrances, il continue de vivre, - alors que les autres chrétiens meurent (cf. 1 Th 4,13-18; 1 Co 15,51-53) -. Mais dès qu'il voit et sent qu'il va mourir, il s'en préoccupe et change de perspective. Ainsi, tout tournerait à son avantage[8]. Autrement dit, il aurait, à son seul profit, changé l'attente eschatologique générale du christianisme primitif, à savoir l'attente de la résurrection des chrétiens à la fin des temps[9]! Et pourtant 2 Co 5,1 est

---

[6] Cf. G.F. WESSELS, «The Eschatology», 186-190.

[7] Cf. G.F. WESSELS, «The Eschatology», 198-199.

[8] Ainsi s'exprime P. BENOIT, «L'évolution du langage», 318: "L'éventualité d'une mort prochaine, avant la Parousie, lui devient de plus en plus familière. Cette perspective issue de ses propres souffrances, nourrie par le retard croissant de la Parousie, et renforcée sans doute par la mort de bien d'autres chrétiens autour de lui, devait lui poser un angoissant problème: quel sera *son* sort s'il meurt avant que le Christ revienne? que deviendra *son* union au Christ si *son* corps disparaît et doit attendre pour revivre une Parousie qui s'éloigne de plus en plus?". Nous soulignons.

[9] D'ailleurs, il n'y a pas unanimité parmi les exégètes sur ce qu'était la nature de l'eschatologie des tout premiers chrétiens. Selon C.L. MEARNS, «I and II Thessalonians», 137-157, l'eschatologie primitive chrétienne était celle du «déjà-là» accompagnée d'un enthousiasme «désengageant» de la part des chrétiens. Mais la mort des chrétiens devint un stimulus en faveur du «pas encore» et donc fut à l'origine de la doctrine de la deuxième venue du Christ. En d'autres termes, ce serait le besoin de corriger l'enthousiasme qui conduisit à l'eschatologie de la deuxième venue. Cette correction serait déjà aussi acquise pour Paul quand il écrit les toutes premières lettres. "The most significant change in Paul's thinking probably took place shortly before he wrote what are generally regarded as his earliest letters, the letters to the Thessalonians", 137. Si cette affirmation pouvait être bien appuyée sur des données des textes pauliniens nous serions satisfait. Malheureusement, ce n'est pas le cas. Mearns ne semble pas très éloigné de Käsemann

introduit par «nous savons que». Cette expression, comme nous le dirons bientôt, suppose un enseignement admis de tous[10]. On peut donc croire qu'il n'y a pas une aspiration égoïste de la part de l'Apôtre.

En outre la thèse de Benoit fait dépendre l'évolution de l'eschatologie paulinienne de la souffrance mentionnée en 2 Co 1,8. Il est juste de recourir à ce texte (2 Co 1,8) pour éclairer la compréhension de 2 Co 5,1-10. Un lien voulu par Paul existe entre les deux références textuelles. Cependant, plutôt que de forcer l'interprétation, il est mieux de se limiter à la cohérence interne à 2 Co 1-7 et de voir la fonction que Paul attribue à 2 Co 1,8 dans cette unité littéraire. Du reste, ce n'est pas la première fois que l'Apôtre parle de ses souffrances dans ses lettres. Il en a fait mention dans les épîtres antérieures (1 Th 2,2; 3,7; 1 Co 15,30-32)[11]. En 1 Co 15, 30-32, par exemple, il considère ses afflictions comme la preuve personnelle de sa foi en la résurrection future![12] Sans aucun doute Paul était conscient - et il l'enseignait à ses auditeurs - du fait que la foi au Christ entraînait toutes sortes de souffrances (1 Th 1,6;3,3-4). Quelqu'un pourrait non sans raison arguer que la θλῖψις mentionnée en 2 Co 1,8 semble spéciale. Néanmoins quelle fonction joue cette évocation dans le contexte de l'argumentation de l'épître? En tout cas, 2 Co 5,1-10 n'indique pas une nouvelle orientation eschatologique advenue en Paul à cause de cette souffrance de 2 Co 1,8. Du reste, est-ce correct de considérer la proposition conditionnelle de 2 Co 5,1 (ἐὰν ... καταλυθῇ) comme un indicatif où Paul dit qu'il va mourir avant la Parousie? S'agit-il d'une affirmation de fait ou d'une éventualité envisagée? Où parle-t-il du retard de la parousie ici?

4.1.1.2. Achèvement intégral de l'eschatologie paulinienne

Bien avant Benoit, Allo avait déjà réfuté la théorie de l'évolution du langage apocalyptique paulinien - même si l'évolution est considérée comme homogène. Certes, comme Benoit, Allo trouvait aussi que la péricope 2 Co 5,1-10 enseigne quelque chose de nouveau. Toutefois, il s'agit pour lui, non point d'une évolution dans la pensée paulinienne, mais d'un élément nouveau qui ajoute seulement quelque chose de plus à l'eschatologie de Paul. Sans cet élément nouveau, celle-ci serait incomplète. Selon Allo, Paul n'a pas, en 1 Co et 1 Th, parlé de l'état de vie entre la mort et la parousie. Il n'y a pas posé la question de savoir dans quel état les morts se trouvent en attendant le retour du Christ. C'est plutôt en 2 Co 5,1-10 que l'Apôtre expose sa

---

à ce propos.
[10] Cf. aussi A. FEUILLET, «La demeure céleste», 175-177.
[11] Cf. aussi P. HOFFMANN, *Die Toten in Christus*, 247-248.
[12] A ce sujet, cf. supra, paragraphe 3.3.1.4.2.1.

doctrine sur le sort des âmes individuelles entre la mort et la résurrection. Ainsi, l'«*eschatologie intégrale* de Paul» est devenue complète[13].

Cette position, apparemment satisfaisante, ne convainc pas totalement. Est-ce que 2 Co 5,1-10 répond vraiment à la question du sort de ceux qui meurent avant la parousie? Nulle part ici, Paul n'emploie le verbe κοιμάομαι qui, en 1 Th 4 et 1 Co 15, concerne bien la situation de ceux qui sont morts avant cette échéance. De même la position de Allo est discutable surtout quand, pour combattre la «théorie du corps intermédiaire», il insiste sur le fait qu'il s'agit ici du sort des «âmes individuelles»[14]. La problématique de 2 Co 5,1-10 tourne plutôt autour du corps souffrant et menacé de destruction totale[15]. Paul n'a nullement ici une conception dualiste de l'homme. 2 Co 5,1-10 est situé dans la péricope 4,7-5,10 qui, pour toute la section de 2 Co 1-7, contient les uniques occurrences du mot σῶμα[16].

Ce terme désigne une réalité intrinsèque à l'homme, au sujet, et sans laquelle un Je ne peut être Je et ne peut dire Moi, ne peut se distinguer des autres. Ceci vaut aussi pour l'expression ἡ ἐπίγειος ἡμῶν οἰκία τοῦ σκήνους de 5,1. Il est incorrect de voir en elle un équivalent de ὁ ἔξω ἡμῶν ἄνθρωπος de 4,16b. Autrement il faudrait aussi faire de οἰκοδομὴν ἐκ Θεοῦ l'équivalent sémantique de ὁ ἔσω ἡμῶν. Ce qui n'est pas possible. Car, non seulement Paul dit que cette maison vient de Dieu, n'est pas faite de mains d'hommes et est éternelle, mais il affirme aussi qu'elle est dans les cieux. Bien plus, dans les cieux, elle est pratiquement dans une position statique, alors que Paul affirme en 4,16 que notre homme intérieur est en train de se renouveler chaque jour.

Ainsi, il n'est pas question du dualisme anthropologique gréco-romain. D'ailleurs, en 2 Co 4,7-5,10, le mot ψυχή n'apparaît nullement pour désigner l'âme à opposer au corps. Certes, on ne peut rien conclure du silence de l'Apôtre, car le fait qu'il n'emploie pas le terme ψυχή n'exclut pas forcément que la pensée contienne l'idée en question. Cependant, l'étude des occurrences du terme ψυχή dans les *Homologoumena* prouve que Paul ne l'utilise pas dans le sens du dualisme hellénistique. Sur les onze fois qu'il est utilisé - et exception faite de 1 Th 5,23, où le terme est distingué de πνεῦμα et de σῶμα -, ψυχή désigne presque toujours la vie, la personne humaine, l'homme en tant qu'être vivant[17].

---

[13] Cf. E.-B. ALLO, *Seconde épître*, 160. Cf. aussi p. 119.

[14] Cf. E.-B. ALLO, *Seconde épître*, 130. Cf. déjà p. 60.

[15] Cf. aussi V. P. FURNISH, *II Corinthians* (New York, 1984) 296.

[16] Cf. les particules qui régissent l'emploi de σῶμα en cette macro-unité: ἐν (4,10; 5,6.8), ἐκ (5,6.8) et διά (5,10). Dans le reste du corpus paulinien, les occurrences d'un emploi semblable (Rm 6,12;7,4.24; 1 Co 6,20; 12,15.16.18) laissent croire à une représentation du corps comme lieu de la présence du Je.

[17] En Rm 11,3; 16,4; 2 Co 1,23; 12,15, 1 Th 2,8, le terme ψυχή est utilisé avec un pronom personnel et désigne chaque fois la *personne* remplacée par le pronom. En Ph 1,27, la

Bien plus, le contexte le plus large de 2 Co 5,1 montre que la problématique de 2 Co 1-7 tourne autour du sens des souffrances dans la vie des apôtres et des chrétiens. Déjà le *prooimion* de cette lettre donne le ton en indiquant cette problématique comme l'occasion et le but de la lettre (cf. 1,3-7). On y voit Paul centrer son discours sur l'opposition entre les mots θλῖψις, πάθημα, πάσχω et les termes παράκλησις, παρακαλέω. De même l'unité diégétique (1,8-11) prépare sans doute une réflexion sur les épreuves: «nous ne voulons pas que vous ignoriez notre souffrance endurée en Asie, à tel point que nous désespérions de vivre». Cette réflexion est sans doute celle qui est développée en 2 Co 4,17-5,10. En 2 Co 1,8-11, il n'est pas question de la peur de la mort, mais du fait que la détresse connue fit désespérer l'Apôtre même de la vie[18]. Il y a donc lieu de croire qu'en 2 Co 4,17-5,10 il ne s'agit pas de la peur de la mort, mais de l'éventualité d'un désespoir en cas de souffrance atroce.

Pour en finir avec toute tentative de déceler un enseignement nouveau en 2 Co 5,1-10, non encore dispensé par l'Apôtre dans un écrit antérieur, venons-en à l'expression déclarative «οἴδαμεν ... ὅτι» qui ouvre 5,1. Ce n'est pas le verbe οἶδα que Paul emploie quand il veut donner une information, encore inconnue à ses interlocuteurs[19]. Ce verbe exprime d'abord le fait de

---

distinction entre πνεῦμα et ψυχή ressemble à celle que Paul utilise en 1 Th 5,23. L'expression πᾶσα ψυχή de Rm 2,9 est suivi du génitif ἀνθρώπου τοῦ κατεργαζαμένου, qu'il faut considérer comme épexégétique. Le parallélisme avec παντὶ τῷ ἐργαζαμένω confirme que πᾶσα ψυχή veut dire dans ce contexte "tout homme". Cette explication vaut aussi pour πᾶσα ψυχή de Rm 13,1, où le prallélisme avec ὁ ἀντιτασσόμενος accorde à cette expression le sens d'un pronom personnel indéfini. Vu tous ces cas ainsi que les occurrences de ψυχή en 1 Co 15,45 et Ph 2,30, il appert que l'on puisse conclure que Paul emploie ce terme dans le sens de "vie", "personne", en tant qu'être vivant, plutôt que pour désigner, comme dans la philosophie gréco-romaine, la partie spirituelle de l'homme qui devrait absolument être libérée du corps.

18 Nous remarquons en plus que dans cette épître, le verbe ζάω, employé à propos des hommes, est réservé à l'acte de vivre avant de mourir et caractérise les apôtres qui continuent à vivre malgré les menaces de mort, en même temps qu'il souligne de façon subtile la puissance de Dieu qui les laisse ainsi continuer à vivre physiquement, malgré les livraisons à mort (1,8; 6,9; 13,4). Au point que dans ce cas, quand on continue à vivre, on ne vit plus pour soi-même, mais pour Dieu (5,15). Tandis que le mot ζωή semble réservé à la vie reçue dans le Christ (cf aussi 2 Co 2,16;5,4), signe du triomphe sur le péché et la mort physique. L'expression ζωὴ αἰώνιος commence à être employée seulement en Ga et les épîtres qui la suivront.

19 La formule qu'il emploie dans ce sens est γνωρίζω ὑμῖν (cf. 2 Co 8,1; 1 Co 15,1; Ga 1,11). Ou bien il recourt à la particule περὶ δέ (μέν) régissant un génitif et suivi (ou précédé) de οὐ θέλω ὑμᾶς ἀγνοεῖν (cf. 1 Co 10,1; 12,1; 2 Co 1,8; 1 Th 4,13); suivi de γραφεῖν (cf. 1 Th 4,9; 5,1; 2 Co 7,1; aussi 1 Co 7,1); suivi de οὐκ ἔχω (1 Co 7,25); d'un impératif (1 Co 16,1). Notons aussi la formule οὐ θέλω ὑμᾶς ἀγνοεῖν en 1 Co 12,1 qui est reprise immédiatement après par γνωρίζω ὑμῖν au v.3. Enfin, en 1 Co 11,3, la formule est θέλω ὑμᾶς εἰδέναι. Précisons que la formulation γνωρίζω ὑμῖν introduit en 2 Co 8,1 et Ga 1,11 une vérité encore inconnue des auditeurs que Paul informe ipso facto. En 1

connaître, une connaissance bien acquise[20]. Le contenu de la connaissance, exprimé dans la proposition complément de ὅτι est soit un enseignement donné autrefois par l'Apôtre à ses interlocuteurs (1 Th 4,2), soit une expérience vécue par ceux-ci (1 Th 3,3-4; Ga 4,13), soit une connaissance venant de la Loi (Ga 2,14), etc. Mais, dans tous les cas, il s'agit de quelque chose de déjà connu par l'intéressé au moment où Paul en parle (2 Co 1,7). En 2 Co 4,14, l'expression en question introduit même une affirmation kérygmatique concernant la résurrection de Jésus et celle des chrétiens. Syntaxiquement, elle est en relation avec πιστεύομεν et λαλοῦμεν du verset précédent, de sorte que K. Prümm n'a pas tort de considérer les autres occurrences de cette expression à partir de 2 Co 4,14 jusqu'à 2 Co 5,10, comme exprimant des vérités de la foi[21]. De toutes les façons, quand le sujet de l'expression est à la première personne du pluriel, cela implique qu'il s'agit d'une connaissance partagée aussi bien par Paul que par ses interlocuteurs. Il est question d'une idée dont ils partagent tous la vérité, ou du moins la vraisemblance. Autrement, Paul ne pouvait pas y recourir pour appuyer une autre idée, discutée ou non encore comprise. En des catégories de la rhétorique grecque ancienne on dira que Paul recourt à un *topos* qui lui est commun avec ses interlocuteurs[22].

Par contre, quand l'Apôtre veut se mettre à distance de ses destinataires, qu'il n'approuve pas leur manière d'agir ou qu'il cherche à rejeter une autre attitude contraire à la vie chrétienne, il pose une interrogation rhétorique οὐκ οἴδατε ὅτι (cf. Rm 6,16; 1 Co 3,16;5,6;6,2.3.9.15.16.19...). Introduite par la particule οὐ, une telle interrogation suppose une réponse positive: *"oui, nous le savons"*. Mais elle peut aussi signifier que Paul leur dit: *si vous ne savez pas, alors je vous informe que c'est ainsi*. Dans ce cas, il apparaît clairement que Paul retient cette vérité-là comme une vérité de la foi, que tout chrétien est supposé connaître et qu'il doit partager avec les autres.

L'expression οἶδα ... ὅτι est donc, dans bien des cas où elle apparaît chez Paul, à comprendre comme un recours à, ou un rappel d'un enseignement

---

Co 15,1, par contre, ce n'est pas le cas, car Paul précise que l'évangile qu'il annonce à ses auditeurs est ὃ εὐηγγελισάμην ὑμῖν, ὃ καὶ παρελάβετε, κτλ. Mais dans ce dernier cas, l'argumentation entière démontre que l'Apôtre recourt à cet enseignement "traditionnel" pour pouvoir révéler quelque chose de nouveau que ses auditeurs ne connaissaient pas encore.

[20] Cf. K. PRÜMM, *Diakonia Pneumatos*, 37.

[21] K. PRÜMM, *Diakonia Pneumatos*, 40: "Die *eidotes*- und *oidamen*- Formeln, die erst mit 4,13 einsetzen, entfalten die motivspendenden Glaubenswahrheiten... Die mit den *oidamen - eidotes*- Formeln gemeinte geistige Betätigung ist also wesentlich eine solche der *pistis*".

[22] A propos du terme *topos*, cf. supra, paragraphe 1.2.2.2.

antérieur que lui et ses interlocuteurs connaissent déjà[23]. On peut oser dire, sans risque de se tromper, que son contenu fait partie, comme celui de 2 Co 4,14, des réalités communes de la foi. Il fait partie du *topos* chrétien. En 5,1 donc, l'affirmation est un argument tiré d'un fonds commun unissant Paul et ses interlocuteurs.

Mais quelle est l'origine de cette tradition? Les tenants de la théorie du changement de perspective trouvent que c'est dans l'hellénisme qu'il faut situer une telle origine. Selon eux, Paul avait dû passer de la mentalité juive à la mentalité gréco-romaine. Cela se déduirait à partir des termes hellénistiques qui abondent dans les lettres successives à 1 Co.

4.1.1.3. L'état intermédiaire dans la littérature apocalyptique judéo-hellénistique

J. Osei-Bonsu[24] a proposé de voir en 2 Co 5,1-10 une affirmation paulinienne de l'état intermédiaire entre la mort et la résurrection finale. La croyance en un tel état existait selon lui dans les milieux juifs de l'époque paulinienne, lesquels étaient sous l'influence de l'anthropologie dualiste hellénistique[25]. Dans cet état, l'âme vivrait sans le corps en attendant qu'elle reçoive le corps de la résurrection qui n'aura lieu qu'à la parousie. Comme il faut s'y attendre, dans cette analyse l'accent est mis sur le mot γυμνός, reflet typique de l'idée hellénistique du dualisme anthropologique. Du reste, c'était bien là le point de vue de Allo; mais Osei-Bonsu argumente autrement[26].

Avec Osei-Bonsu nous pensons que la thèse de M.J. Harris ne trouve pas d'appui dans ce texte paulinien. Ici, en effet, Paul n'affirme pas - comme soutient Harris - que le chrétien reçoit le corps de la résurrection immédiatement après la mort[27]. Cependant, il nous faut premièrement insister sur une chose: l'emploi du terme γυμνός en 2 Co 5,1-10 et ailleurs, n'est pas - comme prétend Osei-Bonsu - une confirmation automatique d'une anthropo-

---

[23] Il est cependant logique que quand quelqu'un rappelle une doctrine à un autre, il la lui enseigne de nouveau. Dans ce cas, soit qu'il est d'accord avec la doctrine en question, soit qu'il la revoie substantiellement, à la manière de Jésus, dans son sermon sur la montagne: *vous avez entendu que..., moi, je vous dis...* (Mt 5,20-48). Ici, rien ne montre dans la suite que Paul revoit substantiellement son enseignement antérieur. Quand il discute sur la fonction de la Loi en Rm 7,7-25, il apparaît clairement qu'il revoit l'enseignement traditionnel à ce propos, en recourant à la figure rhétorique de la *correctio*.

[24] Cf. J. OSEI-BONSU, «Does 2 Cor. 5.1-10 Teach the Reception of the Resurrection Body at the Moment of Death?» *JSNT* 28 (1986) 81-101.

[25] Cf. J. OSEI-BONSU, «The Reception», 89-94.

[26] Cf. encore J. OSEI-BONSU , «The Intermediate State in the New Testament» *SJT* 44 (1991) 186-187.

[27] Cf. M.J. HARRIS, *Raised Immortal* (London, 1983) 98-100.

logie paulinienne dualiste comme chez Platon, Philon et dans le Corpus Hermeticum[28]. Osei-Bonsu a raison d'affirmer que l'hellénisme avait déjà pénétré les traditions juives à l'époque du Nouveau Testament[29]. Mais il est toujours important de distinguer, sur ce point, entre les idées et le langage. Nous allons montrer particulièrement comment, grâce à 1 Co 15,36, ce terme γυμνός reçoit une toute autre signification et, surtout, que ce qui préoccupe Paul ici est le salut même du *corps* et non celui de l'âme.

Deuxièmement, ce que Osei-Bonsu néglige, c'est de voir où Paul met l'accent en 5,1. En effet, l'Apôtre ne dit pas seulement que, tenant compte du contexte de persécutions où il vit, il pourrait mourir à tout moment[30]. Mais il pose en plus l'accent sur ἐάν. Cette particule, suivie d'un aoriste dans la protase et de n'importe quel temps dans l'apodose, n'indique pas une réalité, mais une éventualité[31]. Il convient en tout cas de la distinguer de ὅταν[32]. Paul ne reconnaît donc pas seulement qu'il pourrait mourir, mais il affirme qu'*au cas où* il mourrait, il est assuré d'une maison qui est dans les cieux. Il est désormais clair qu'il ne dit pas à quel moment cette mort adviendra, ni même qu'il mourra avant la parousie. Il parle de la mort seulement comme d'une éventualité, vu les persécutions et les souffrances qu'il endure dans son corps mortel (4,10-11). Autrement dit, ce n'est pas la mort, en tant que telle, qui suscite son argumentation ici. Elle y est mentionnée en tant qu'aboutissement logique, mais éventuel, d'un raisonnement centré sur le rapport entre la gloire future et la souffrance du moment présent[33]. Ainsi, sans nier le fait que c'est à la parousie que le corps spirituel est donné, Paul, dans son enchaînement d'idées, relève que c'est cette conscience qui rend impatient quand on souffre, quand on est écrasé et qui

---

[28] Cf. J. OSEI-BONSU, «The Reception», 90-92.
[29] Cf. à ce propos différents articles de P.W. VAN DER HORST, *Hellenism - Judaism - Christianity*: Essays on Their Interaction (Kampen, 1994); cf. aussi M. HENGEL, *Judentum und Hellenismus*, 1.
[30] Cf. J. OSEI-BONSU, «The Reception», 83.
[31] Cf. M. ZERWICK, *Graecitas biblica*, § 320.
[32] Cf. aussi J.H. ULRICHSEN, «Die Auferstehungsleugner», 795.
[33] *Le Nouveau Testament et Psaumes* (TLB; Luxembourg, 1993) traduit 2 Co 5,1 ainsi: "Nous le savons, en effet, le corps qui est notre demeure sur la terre doit être détruit, mais Dieu construit pour nous dans les cieux une demeure éternelle qui n'est pas l'oeuvre des hommes". Dans la note *a* qui explique "le corps", les traducteurs affirment: "Il s'agit du corps conçu comme la demeure de l'âme: image fréquente dans la littérature grecque de l'époque, mais qu' on trouve déjà en Is 38,12 (Voir aussi Sg 9,15)". Cette traduction semble considérer la conjonction ἐάν de 2 Co 5,1 comme indiquant une affirmation générale. Pareille interprétation de ἐάν suivi d'un aoriste est possible, comme l'indique E.G. JAY, *New Testament Greek*. An Introductory Grammar (London, 1958) 228. Mais, il faut remarquer que Paul n'énonce pas ici une vérité générale. Partant plutôt de sa situation particulière de souffrance, il prend en considération ce que pourrait être la fin désastreuse d'une telle situation et exprime sa conviction d'être sauvé.

justifie le désir de revêtir par-dessus, au moment de l'écrasement, ce qu'on espère encore (5,2-4).

Certes, dans la littérature apocalyptique, à laquelle Osei-Bonsu recourt pour soutenir que Paul parle de l'état intermédiaire des âmes/esprits, il y a des cas où des esprits attendent, sans corps, le jugement final, occasion de leur résurrection (1 Hen 22,1-13; 101,4-5.11; 4 Esdr 7,75-101). Néanmoins, il faut se rendre compte que l'anthropologie de ces textes n'est pas aussi claire qu'on le pense pour se permettre de dire qu'il y a vraiment un dualisme. A propos de 4 Esdr 7, par exemple, G. Stemberger trouve qu'il y est souvent question de l'âme en tant qu'elle désigne l'homme entier[34]. Ensuite, il convient de remarquer que tous ces textes ne considèrent pas la résurrection comme une réalité que tous ces esprits expérimenteront au bout de l'état intermédiaire. Il y en a qui ne se réveilleront pas. Si la résurrection est prévue, elle semble réservée aux seuls justes, qui auront ainsi l'occasion de fouler le nouveau ciel et la nouvelle terre, fruits de leur transformation (cf. 1 Hen 22,13; 45,1-5; 104,2). En fait, le concept de résurrection n'est pas homogène dans ces textes de 1 Hen. Enfin, il faut se demander si dans ces textes-là, la résurrection est vraiment considérée comme réception des corps *autres*, comme le soutenait Paul en 1 Co 15,35-53 et qu'il le dit en d'autres mots ici[35]. Nous montrerons bientôt qu'il y a, sur ce point, effectivement continuité entre ces deux textes pauliniens. Car, le refus d'une superposition du corps futur de la gloire au corps actuel de la souffrance indique justement que Paul croit à la nécessité de la transformation pour parler de la victoire finale dans le Christ sur la condition humaine de fragilité et de mortalité.

De tout ceci, il résulte que la question du rachat du corps est fondamentale pour saisir l'eschatologie paulinienne. Mais dans quelle mesure Paul a-t-il été influencé par l'anthropologie hellénistique? Est-ce que les termes employés suffisent pour dire qu'il avait adopté celle-ci et que c'est grâce à elle qu'il évolua dans son eschatologie? Pour y répondre adéquatement, analysons encore le point de vue de T.K. Heckel[36].

---

[34] Cf. G. STEMBERGER, *Der Leib der Auferstehung*. Studien zur Anthropologie und Eschatologie des palästinischen Judentums im neutestamentlichen Zeitalter (ca. 170 v. Chr. - 100 n. Chr.) (AnBib 56; Rome, 1972) 75-78. A propos de 1 Hen, cf. aussi U. FISCHER, *Eschatologie und Jenseitserwartung im hellenistischen Diasporajudentum* (BZNW 44; Berlin - New York, 1978) 62-70.

[35] Sur le concept du corps de la résurrection dont parlent la plupart de ces textes, cf. G. STEMBERGER, *Der Leib der Auferstehung*, 115-116.

[36] Cf. T.K. HECKEL, *Der Innere Mensch*.

4.1.1.4. Re-élaboration paulinienne des motifs platoniciens?

Selon Heckel, Paul fait usage, comme un bon nombre de ses contemporains, du concept platonicien de l'homme intérieur provenant du platonisme religieux[37]. Les adversaires avec lesquels l'Apôtre dialogue en 2 Co 4,16-5,10 sont des platoniciens du genre de Philon d'Alexandrie[38]. Selon Heckel, pareille affirmation se justifie, car il y a des renvois explicites et des renvois implicites aux adversaires à travers les lettres pauliniennes. Paul aurait cependant re-élaboré ces idées reçues. Cette «rédaction» serait le fruit d'une profonde réflexion illuminée par sa foi au Christ. On ne pourrait donc pas, conclut Heckel, comprendre la position paulinienne, si on n'a pas compris qu'il a emprunté ses idées à Platon[39].

Cette hypothèse mérite d'être prise pour ce qu'elle est. D'abord, il est vrai qu'en 2 Co 4,16 et Rm 7,14-25 Paul fait usage de deux expressions que l'on trouve dans le texte de la *République* 9,588A-589B - à savoir celles de l'homme intérieur et de l'homme extérieur. A priori, donc, on peut recourir à Platon pour éclairer ces textes pauliniens et leurs contextes. Mais est-ce à dire, en ce qui concerne particulièrement 2 Co 4,16-5,10, qu'il s'agit de la même idée de sorte qu'on doive la comprendre seulement grâce à cette idée platonicienne?

Heckel lui-même ne reconnaît-il pas que le contexte dans lequel se trouve le v.18 ne permet pas d'y voir une autre origine si ce n'est celle christologico-paulinienne[40]? Ce qui est étrange est qu'il ne le dit pas aussi clairement à propos du concept de "l'homme intérieur". Peut-être parce que, pour lui, malgré cette orientation christologique du contexte, il y aurait une convergence des traditions qui ne peut faire douter de l'origine platonicienne de l'idée d'"homme intérieur". En 2 Co 4,16-5,10, soutient cet auteur, il y aurait au moins cinq traditions qui ont toutes une même origine, celle de l'hellénisme platonicien: la tradition de "l'homme intérieur" (4,16), le concept du corps comme maison de l'âme (5,1), la nudité de l'âme comme idéal (5,3), l'image de l'être citoyen ou étranger quand on est dans le corps (5,6.8), et l'εἶδος comme le plus élevé état de vie par rapport à celui de la foi (5,7)[41]. Ces éléments seraient parvenus à Paul par l'intérmédiaire d'une longue tradition qui part de Platon en passant par Philon. Ainsi, sans le

---

[37] Cf. T.K. HECKEL, *Der Innere Mensch*, 133.

[38] En ceci, Heckel est d'accord avec le point de vue de Sellin sur 1 Co 15. Cf. T.K. HECKEL, *Der Innere Mensch*, 137-138; G. SELLIN, *Der Streit um die Auferstehung*, 70,225. Cf. aussi L. SCHOTTROFF, *Der Glaubende*, 150-151.

[39] Cf. T.K. HECKEL, *Der Innere Mensch*, 130-131.

[40] Cf. T.K. HECKEL, *Der Innere Mensch*, 108-109.

[41] Cf. T.K. HECKEL, *Der Innere Mensch*, 116-123.

recours au platonisme des adversaires avec lesquels Paul est en dialogue, il serait grandement difficile de saisir la portée de sa pensée[42].

Mais que sait-on vraiment de l'ampleur de l'influence de Platon à l'époque néotestamentaire?[43] D'ailleurs, comme dans la plupart des cas, un tel raisonnement fait imaginer deux possibilités. Ou Paul a utilisé des mots de son temps, mais avec sa compréhension à lui; alors, il est inutile de chercher tout le processus qu'il a suivi pour passer du sens courant au sens personnel. Ou il dépend effectivement d'une école particulière (ici celle de Platon); alors il faut montrer le processus en question, celui de la discussion de Paul avec ses adversaires sur le contenu de leur vocabulaire. Mais, il faudrait aussi dans ce cas montrer qu'il connaissait bien Platon et qu'il discutait avec des adversaires. Malgré l'option de Heckel pour cette deuxième possibilité, il reste que ce chemin n'est pas convaincant[44]. Dans ce travail, nous sommes en train de montrer que le texte paulinien à l'étude est vraiment cohérent en lui-même. Dès que l'on a saisi ce que Paul soutient et cherche à défendre, le choix des mots se trouve éclairé par la composition elle-même et l'enchaînement logique des idées.

En 2 Co 5,1-10 Paul répond à la question fondamentale de savoir pourquoi le chrétien continue de souffrir alors qu'il croit qu'il a été sauvé dans le Christ. Formulée de façon objective, cette question pourrait être ainsi exprimée: est-ce que les souffrances que l'Apôtre endure en ce moment-ci ne mettent pas en question la gloire future? Que dire au cas où ces souffrances aboutissaient à la destruction complète du corps, c'est-à-dire à la mort? Paul continue, d'une certaine manière, de soutenir en cette unité littéraire son affirmation de 4,17, pendant qu'il fait l'apologie de son ministère. Dans cet ordre d'idées, la reprise en 5,5 du verbe κατεργάζομαι de 4,17, mettant en exergue le rôle de Dieu dans la réalisation de la gloire future est un indice à ne pas minimiser.

L'enjeu de la discussion paulinienne en 2 Co 4,17-5,10 est ainsi certainement de taille; il est *théo*-logique: montrer que les souffrances que l'Apôtre endure dans son corps ne sont pas un indice qu'il est désavoué par Dieu et qu'il n'est pas son ministre (cf. 4,7). Ce n'est pas pour rien que dans sa bénédiction (1,3-7), Paul a insisté sur la consolation, indiquant qu'elle trouve sa source en Dieu et a Dieu pour agent premier.

---

[42] Cf. T.K. HECKEL, *Der Innere Mensch*, 31-88. Du reste, pour l'auteur, cette "tradition" aurait continué jusqu'à nos jours. Cf. *Ibidem*, 211-229.

[43] Cf. H. DÖRRIE, «Le renouveau du platonisme à l'époque de Cicéron» *RTP* 24 (1974) 13-29.

[44] Cf. T.K. HECKEL, *Der Innere Mensch*, 131-133.

4.1.2. L'interprétation christologique de la demeure céleste

Nous partageons par conséquent l'avis de ceux qui, à propos de 2 Co 5,1-10, retiennent deux choses[45]. D'abord qu'il n'est pas principalement question ici de parousie, ni du «quand», ni du «comment» de la résurrection[46]. En 5,1 en particulier, Paul affirme seulement sa foi dans le salut, en cas de la destruction de sa vie sur cette terre[47]. Ensuite la pensée que Paul affirme en 2 Co 5 ne change rien à ce qu'il avait soutenu en 1 Th et 1 Co à propos de la résurrection et du revêtement du corps céleste. Entre en particulier 2 Co 5,1-5 et 1 Co 15,50-57, on retrouve les mêmes thèmes fondamentaux. Tous les deux parlent du corps glorieux de la résurrection et ils ont en commun ces éléments-ci: l'emploi du langage du revêtement (ἐνδύσασθαι, ἐπενδύσασθαι, ἐκδύσασθαι) et la citation ou l'allusion au texte d'Is 25,8. Ainsi, les différences que ces deux textes présentent sont justement dues à leurs contextes divergents, mieux, aux situations rhétoriques différentes[48]. C'est en respectant cette divergence d'impératifs rhétoriques qu'on peut comprendre non seulement ce que Paul affirme, mais aussi pourquoi en 2 Co 5,1-5, son langage semble nouveau, sans pourtant l'être.

Cependant, reconnaître que la pointe du discours de 2 Co 5,1-10 n'est pas un «enseignement nouveau» sur l'eschatologie, n'est pas une eschatologie «rénovée», n'équivaut pas à épouser la position de J.-F. Collange, lequel soutient que dans cette péricope il n'est pas avant tout question d'eschatologie, vu que l'orientation de ce texte est christologique[49]. D'abord nous retenons que Paul recourt tout de même à un enseignement eschatologique déjà connu pour justifier une autre thèse d'orientation eschatologique selon laquelle les souffrances du temps présent préparent progressivement à la gloire future[50]. Tout compte fait, toute la section 2 Co 4,7-5,10 est d'orientation eschatologique[51]. Réfuter la dimension "eschatologique" de cette argumentation paulinienne nous semble relever plutôt du problème de la définition du terme "eschatologie".

---

[45] Comme représentants de ce groupe, nous mentionnons P. HOFFMANN, *Die Toten*, 268-270; J. GILLMAN, «A Thematic Comparison», 441-442; W. LILLIE, «An Approach to II Corinthians 5:1-10» *SJT* 30 (1974) 59-70.

[46] Cf. J. GILLMAN, «A Thematic Comparison», 441-442.

[47] Cf. aussi P. HOFFMANN, *Die Toten*, 269.

[48] Cf. encore J. GILLMAN, «A Thematic Comparison», 449-454; cf. aussi J. LAMBRECHT, «La vie engloutit ce qui est mortel. Commentaire de 2 Co 5,4c» in *La Pâque du Christ. Mystère de salut*. Mélanges offerts au P. F.-X. Durwell pour son 70ᵉ anniversaire avec un témoignage du jubilaire (éds. M. BENZERATH - A. SCHMID - J. GUILLET) (LD 112; Paris, 1982) 241-243.

[49] Cf. J.-F. COLLANGE, *Enigmes*, 242.

[50] Cf. aussi J. GILLMAN, «A Thematic Comparison», 439-454.

[51] Cf. aussi R. PENNA, «Sofferenze apostoliche», 421-429.

Ensuite, l'interprétation christologique de la péricope est elle-même mal fondée[52]. Collange trouve que quand Paul dit: «nous savons que», il a dans sa tête le *logion* de Jésus sur la destruction du temple reporté en Mc 14,58 et commenté par Jn 2,19-21. Comme en ce *logion*, on trouve les trois mots καταλύω, οἰκοδομή et χειροποίητος, cet auteur trouve l'interprétation christologique valable ici[53]. Certes, le but de cette solution est de montrer qu'il ne faut pas recourir à l'apocalyptique juive pour comprendre ce verset de 2 Co 5,1. Nous croyons que Collange a raison à ce sujet, même si le motif d'une demeure à venir dans les cieux, pour les justes et les élus, revient souvent dans l'apocalyptique juive des premiers siècles comme en 1 Hen 22; 39,4; 41,2; 4 Esdr 7,80.95; 2 Bar 30,2. En ces textes, en effet, la demeure dans les cieux indique une réalité concernant l'état intermédiaire des justes, qui, ayant subi persécutions à cause du Seigneur des Esprits, ont résisté jusqu'au bout et attendent le jour du Jugement[54].

Un tel sens conviendrait bien au contexte de cette section, où Paul réfléchit sur les souffrances endurées par les chrétiens. Mais ce concept - comme nous venons de le dire contre Osei-Bonsu[55] - n'a rien à voir avec ce que Paul discute dans l'argumentation 2 Co 4,17-5,10[56]. La οἰκοδομή ἐκ Θεοῦ ἀχειροποίητον αἰώνιον ἐν οὐρανοῖς dont parle 2 Co 5,1 n'est pas à identifier aux demeures dont il est question dans la littérature de l'apocalyptique juive,

---

[52] Les représentants de cette interprétation sont aussi A. FEUILLET, «La demeure céleste», 360-402; P. BENOIT, «L'évolution», 321-324; M. CARREZ, *La deuxième aux Corinthiens*, 127-129.

[53] Cf. J.-F. COLLANGE, *Enigmes*, 181-191.

[54] Cf. J. DUPONT, *L'union avec le Christ*, 149; P. FURNISH, *II Corinthians*, 294. Nous devons observer en passant que Beker n'analyse jamais 2 Co 5,1-10 pour soutenir sa thèse de la dépendance de Paul de l'apocalyptique juive. C'est plutôt D.N. SCHOLER, «The God of Peace», 57 qui le fait: "2 Cor 4:16-5:10 builds upon an apocalyptic temporal and cosmic dualism, especially in terms of the 'outer / inner nature', 'slight momentary affliction / eternal weight glory', 'what can be seen / what cannot be seen', and 'temporary / eternal' contrasts in 2 Cor 4:16-18. The concept of apocalyptic judgment is also invoked (2 Cor 5:10)". De cette manière, cet auteur soutient la thèse de Beker.

[55] Cf. supra, paragraphe 4.1.1.3.

[56] D'ailleurs, il convient de remarquer une certaine ambiguïté de cette «demeure» postmortelle dans la littérature intertestamentaire à laquelle ces auteurs recourent. Il y a d'une part les «cavernes» dont parle 1 Hen 22. Celles-ci sont des lieux où les âmes des justes ou des injustes sont gardées en attendant la fin des temps, le jour du jugement, au bout duquel il y aura la restauration de la création (cf. aussi en ce sens 4 Esdr 4,42; 7,32). D'autre part, dans 1 Hen 39,4; 41,2; 4 Esdr 4,35; 7,80.95.101; 2 Bar 30,2 il est question des «demeures» qui semblent être un privilège pour les seuls justes, au point qu'ils y vivent déjà parmi les anges de la justice de Dieu. Est-il que dans tous les cas, on souligne la transitoriété de ces «demeures». C'est d'elles que les justes (ou leurs âmes) sortiront pour être (après avoir récupéré leurs corps?) éternellement glorifiés, devenant semblables aux étoiles. Paul, en revanche, souligne ici l'éternité de la «demeure» que le chrétien a déjà dans le ciel. Par conséquent, le rapprochement entre les deux concepts devra être fait avec beaucoup de circonspection.

car alors que ces demeures sont transitoires, en attendant le Jugement final, Paul dit que la demeure céleste est éternelle. Alors que les demeures gardent encore les âmes loin de Dieu, l'expression ἐκ Θεοῦ ἀχειροποίητον de 2 Co 5,1 laisse croire que cette demeure a quelque chose de divin, met en présence de Dieu. Collange a donc raison de ne pas recourir à l'apocalyptique juive[57].

De cette manière l'affirmation de 5,1 trouve son éclaircissement seulement dans le contexte chrétien. Mais nous devons rappeler qu'une chose est de se convaincre que l'argument vient d'un *topos* commun à la communauté chrétienne, une autre de déterminer s'il s'agit d'une tradition apocalyptique spécifiquement chrétienne ou d'une tradition apocalyptique juive assumée par l'apocalyptique chrétienne primitive et reçue par Paul et ses interlocuteurs[58]. De même, on ne peut pas se baser sur la similitude verbale existant entre 5,1 et l'actuelle formulation marcienne pour soutenir que nous sommes en présence d'un *logion* de Jésus et donner immédiatement une interprétation christologique au concept οἰκοδομὴ ἐκ Θεοῦ. D'ailleurs, Collange n'a pas remarqué que le mot clé de ce *logion* de Jésus est ναός, lequel fait défaut ici. En 2 Co, il est employé une seule fois en 6,16; mais pour désigner non pas le Christ qui est dans le ciel, mais les chrétiens eux-mêmes.

4.2. De la fonction rhétorique de 2 Co 5,1-10 à son sens

A ce niveau de notre discussion, on pourrait ainsi se demander: la péricope 2 Co 5,1-10 peut-elle s'expliquer en elle-même? Quel sens faut-il lui attribuer en respectant la manière dont Paul exprime sa pensée? Si donc 5,1 n'introduit pas un enseignement nouveau exprimant un changement de perspective sur l'eschatologie, qu'enseigne alors tout le discours qu'il engendre? Autrement formulé: pourquoi Paul exprime-t-il sa pensée «habituelle» sur le corps glorieux en se servant d'autres images inédites, en l'occurence celles de la maçonnerie? La réponse exige qu'on revoie toute l'unité dans son contexte argumentatif. Certes nous ne sommes pas le premier à faire valoir que 2 Co 5,1-10 soutient une autre proposition qui la précède[59], mais on n'a pas

---

[57] Concernant les différents sens donnés aux expressions οἰκία τοῦ σκήνους et οἰκοδομὴ ἐκ Θεοῦ, cf. M.E. THRALL, *A Critical and Exegetical Commentary on the Second Epistle to the Corinthians*. vol. I. *Introduction and Commentary on II Corinthians I-VII* (ICC; Edinburgh, 1994) 360-368.

[58] Sur le rapport entre la tradition apocalyptique juive ou chrétienne primitive et son interprétation par Paul, cf. J. BAUMGARTEN, *Paulus und die Apokalyptik*, 1-4, 43-58; P. VON DER OSTEN-SACKEN, *Römer 8 als Beispiel paulinischer Soteriologie* (Göttingen, 1975) 104-124.

[59] Cf. aussi P. HOFFMANN, *Die Toten*, 268-269; J. GILLMAN, «A Thematic Comparison», 446.

suffisamment montré jusqu'à ce jour que la nouveauté du discours paulinien ici n'est pas sur le contenu de 5,1-10, mais sur le «pourquoi» du recours à cet enseignement déjà connu pour préciser l'affirmation de 4,17.

Ainsi, on se rend compte qu'un des problèmes fondamentaux dans l'interprétation de ce texte reste celui de la méthode d'analyse à utiliser. Nous disions plus haut que si la *religionsgeschichtliche Untersuchung* était absolutisée, cela pourrait conduire à des conclusions erronées. L'histoire de l'étude de cette unité littéraire que nous venons de faire le confirme[60]. Si l'on serre de près la discussion de Paul, on voit que sa problématique principale n'est pas le problème de la mort. Il traite plutôt de la souffrance et dit comment le chrétien réagit quand, étant dans le corps, il est écrasé par des épreuves (5,2-4), alors qu'il sait qu'il a une maison dans les cieux (5,1). Voilà pourquoi il devient aussi clair que même pour cette unité littéraire, on gagne plus à identifier d'abord l'affirmation principale de l'Apôtre qu'à commencer par l'identification des adversaires[61].

Aussi allons-nous montrer que la *propositio* de 2 Co 5,1 que Paul développe en 2 Co 5,2-5 n'est pas une thèse indépendante. Elle constitue, avec toute la discussion qu'elle engendre, une démonstration de la thèse énoncée en 2 Co 4,17. Elle est donc une précision de celle-ci et ne peut être comprise qu'en rapport avec elle. Ceci étant, il devient clair qu'une telle démarche nous aidera à opérer un discernement parmi les affirmations que Paul énonce en 2 Co 5,1-10, montrant leur valeur respective et discutant les problèmes relatifs à leur agencement, à leur succession, à leur hiérarchisation. Toutes les idées d'un discours ne sont pas toutes des *propositiones principales* - avons-nous dit -. Il y en a qui ne sont que des idées suffragantes. Grâce à la découverte de la *dispositio*, nous pourrons en plus déceler

---

[60] Ainsi J. DUPONT, ΣΥΝ ΧΡΙΣΤΩΙ. *L'union avec le Christ suivant saint Paul*. Première partie. «Avec le Christ» dans la vie future (Bruges - Louvain - Paris, 1952) 135-155 et A. FEUILLET, «La demeure céleste», 387-395 ont affirmé qu'en 2 Co 5,6-10 Paul est influencé par la philosophie grecque à laquelle il emprunte des expressions. Sans une pareille influence, continuent ces auteurs, l'Apôtre n'aurait pas eu la chance de sortir de l'engrenage du retard de la parousie et de la peur de la mort qu'il exprime en 2 Co 5,1-5 et qui reflète ses origines juives. De même, il n'aurait pas osé proposer la mort comme un bien à désirer pour devoir vivre déjà avec le Seigneur, immédiatement après la mort. Dupont divise en effet 2 Co 5,1-10 en trois points: en 5,1-5 Paul serait influencé par l'apocalyptique juive; en 5,6-9, par la philosophie hellénistique; en 5,10, de nouveau par l'apocalyptique juive.

[61] On ne cesse pas de se poser de questions sur leur identité. Etaient-ils des gnostiques ou des *pneumatikoi*? On ne saurait le dire avec certitude, même si certains chercheurs, comme D. GEORGI, *Die Gegner des Paulus*; W. SCHMITHALS, *Die Gnosis in Korinth*; P. HOFFMANN, *Die Toten*, 267; T.F. GLASSON, «2 Corinthians V.1-10», 145-155; J. MURPHY O'CONNOR, «Being at Home» 218-221; IDEM, «Pneumatikoi», 59-66, considèrent leur identification comme décisive à la compréhension de la pensée de l'Apôtre. Il nous semble que tout essai de solution à cette question ne fait que compliquer le texte paulinien.

comment Paul passe de 5,1-5 à 5,6-10 ou de 4,7-15 à 4,16s. De même, comme on sait qu'une *probatio* peut avoir été déjà préparée par une *narratio*, on verra comment 2 Co 1,8-10 peut être utilisé au mieux pour comprendre le sens de 2 Co 5,1-10. Enfin, on ne saurait réduire la portée de la formulation elle-même, des images ou métaphores utilisées. Si l'idée soutenue en 5,1 est une «idée commune» entre Paul et ses auditeurs, pourquoi recourt-il alors à ce langage métaphorique inexistant ailleurs dans son corpus?

Nous tenterons par conséquent de connaître la fonction que joue 2 Co 5,1-10 dans cette épître. Après avoir décelé la vraie *propositio* qui engendre les autres, nous suivrons l'enchaînement du raisonnement. Nous affinerons avant tout l'analyse de l'articulation du discours dans ses diverses petites parties qui le structurent. Pour chaque unité minimale donc, nous porterons ainsi notre attention sur sa composition littéraire, son unité syntaxique, son unité logique, et sur la pointe de son discours.

4.3. Analyse rhétorique de 2 Co 5,1-10

Le premier pas à faire est de satisfaire à ces deux questions: 1° 5,1-10 fait-il partie d'une unité rhétorique plus large? et 2° est-il aussi une macro-/micro-unité rhétorique? Le deuxième pas sera de répondre à la question: si 5,1-10 est une unité rhétorique ou fait partie d'une unité rhétorique, quels sont son sens et son rôle dans l'argumentation de Paul?

4.3.1. Délimitation de l'unité littéraire et son contexte

Où commence l'unité en question? En 5,1, en 4,16 ou en 4,7? Abordons ce point en situant 5,1-10 dans son contexte environnant. La péricope 5,1-10 est insérée dans la section 2,14-7,15 où Paul fait l'apologie de son apostolat. Thématiquement unie à ce qui précède (4,7-18), elle fait partie de la section centrale de cette apologie[62]. Paul se défend contre surtout le fait qu'on l'accuse, parmi tant d'autres accusations (3,1; 4,1-6), d'être fragile[63]. Pour Paul, les épreuves dans son ministère font essentiellement partie de celui-ci, d'autant plus que c'est à travers elles que l'excellence de la puissance peut être reconnue à Dieu (4,7)[64]. Aussi développe-t-il son raisonnement comme

---

[62] Cf. P. ROLLAND, «La structure littéraire de la Deuxième Epître aux Corinthiens» *Bib* 71 (1990) 83.

[63] Cf. aussi A. GOUNELLE - F. VOUGA, *Après la mort*, 147-148.

[64] Le verset 4,7 ouvre en effet une nouvelle thématique par rapport à ce qui précède. De 3,1 jusqu'à 4,6, il est question du ministère de la nouvelle alliance dont les apôtres ont été rendus dignes par Dieu lui-même, dans le Christ (3,5; 4,1.6). Les apôtres ne se sont

suit. D'abord il montre qu'il a réellement subi des souffrances, mais que Dieu l'a soutenu (4,8-9), et a, par son corps, manifesté la vie du Christ (4,10-11), à l'avantage des Corinthiens eux-mêmes (4,12). Ensuite il indique qu'il se base, pour continuer à parler (4,13-14), sur le contenu de la foi en Dieu, lequel a ressuscité Jésus. Cette vérité de foi fonde son espérance d'être ressuscité avec ce Jésus et d'être présenté avec les Corinthiens. Enfin, Paul résume que c'est à cause des Corinthiens et pour la gloire même de Dieu qu'il vit tout cela (4,15). Voila pourquoi il achève cette petite unité logique en revenant sur le thème du courage dont il avait déjà parlé en 4,1 (4,16a). Remarquons que jusqu'à ce niveau du discours l'appréciation de la valeur de ses épreuves est limitée aux effets de ses souffrances et de ses «chances» à ce monde présent: tout est pour les Corinthiens et afin que la gloire de Dieu soit exaltée par la multitude.

Par contre, à partir de 4,16b, Paul revient sur ses épreuves. Cette reprise est un tremplin nécessaire pour, cette fois, les mettre en rapport avec la gloire éternelle future. Les souffrances, affirme-t-il, sont en train de préparer la gloire à venir pour nous (4,17). Il précise cependant qu'un tel rapport n'est évident que pour ceux qui fixent leur regard sur ce qu'on ne voit pas (4,18). C'est alors qu'il assure que cette gloire éternelle est une réalité, d'autant plus que «nous savons (par la foi) que» même en cas de mort, nous avons une maison d'origine divine dans les cieux (5,1). Puis, développant cette dernière affirmation, il montre que c'est à cause de cette certitude que nous gémissons dans notre corps, quand nous sommes éprouvés. Ce gémissement s'exprime sous forme d'un désir ardent de revêtir cette maison céleste-là par-dessus notre corps, pour que la vie engloutisse le mortel (5,2-4). Et pourtant, continue Paul, c'est Dieu qui nous a déjà préparés à cela, du fait qu'il nous a donné les arrhes de l'Esprit (5,5). Devant une telle assurance, Paul réaffirme ainsi sa confiance (5,6a). Non

---

pas attribués ce ministère, ni en falsifiant la parole de Dieu (4,2), ni en se proclamant eux-mêmes (4,5), ni même en se recommandant eux-mêmes auprès de leurs interlocuteurs (3,1; 4,3). Cette thématique du ministère confié aux apôtres par Dieu et dans le Christ est reprise en 5,11-6,13. Paul saisit, cette fois, ce ministère comme celui de la réconciliation (5,20-21), celui de la nouvelle création dans le Christ (5,17). Mais entre ces deux blocs, 4,7 aborde un autre thème, celui du rapport entre les souffrances ou la fragilité des apôtres et la puissance extraordinaire de Dieu. Et de fait, au niveau lexicographique, 4,7-5,10 se démarque bien de son environnement par un ensemble de mots qui ne se retrouvent qu'ici dans toute la section 2,14-7,15. Il s'agit des mots suivants: θησαυρός, σκεῦος, ὀστράκινος (4,7), ἀπορέω (4,8), διώκω, καταβάλλω, ἐγκαταλείπω (4,9), νέκρωσις (4,10), σῶμα (4,10.11; 5,6.8.10), παραδίδωμι (4,11), θνητός (4,11; 5,4), ὁ ἔξω et ὁ ἔσω ἄνθρωπος (4,16.17), διαφθείρω, ἀνακαινόω (4,16), παραυτίκα, ἐλαφρόν (4,17), πρόσκαιρος (4,18), αἰώνιος (4,17.18; 5,1), σκῆνος (5,1.4), οἰκοδομή dans le sens physique (5,1), στενάζω (5,2.4), ἐνδύω (5,3), ἐπενδύομαι (5,2.4), ἐνδημέω, ἐκδημέω (5,6.8.9). L'accumulation de ce vocabulaire est un indice qui montre comment toute la section gravite autour de la réalité de la souffrance dans le corps de l'Apôtre.

point pour encourager à accepter la mort, sachant que sortir du corps est la meilleure façon d'être auprès de Dieu (5,6b-8). Mais pour chercher à lui plaire, tant que nous sommes encore dans le corps; car, il y aura une récompense basée sur les faits accomplis (5,9-10).

Dans cette logique, on se rend compte de trois choses: 1° La thématique principale commence vraiment en 4,7. 2° Cette thématique cependant est articulée en deux points: le premier (4,7-16) met un rapport entre les épreuves et la δύναμις de Dieu qui s'est déjà manifestée et se manifestera encore (cf. 1,8-10); le deuxième (4,17-5,10) met un rapport entre les épreuves et les réalités futures. 3° La péricope 5,1-10 ne peut pas être mieux comprise, si on ne la considère pas comme une *probatio* d'une thèse déjà énoncée; mais pas plus loin que 4,16.

Une hypothèse peut donc être avancée. Si l'unité littéraire 5,1-10 fait partie d'une section qui traite de la problématique des souffrances et où elle joue le rôle de *probatio* d'une *propositio*, alors son problème central n'est pas celui de la mort, mais de l'attitude qu'on prend dans les épreuves qui peuvent conduire jusqu'à la mort. Le discours est assez compliqué; mais Paul pèse ses mots. Ainsi, pour que nous parvenions à une meilleure compréhension, il faut déterminer la *propositio* que 5,1-10 développe vraiment et qui indique que la pointe de cette unité argumentative n'est pas la peur de la mort (naturelle). Est-ce 4,16 ou 4,17 qui engendre cette unité rhétorique?

4.3.2. L'unité rhétorique et sa *propositio*

4.3.2.1. 2 Co 4,16: une *transitio*

Il n'est pas dit - nous l'avons relevé - que là où il y a une structure littéraire, il y a forcément une section rhétorique, ni que le verset par où commence une unité littéraire, avec une thématique singulière, indique aussi le début d'une unité rhétorique. En effet, pour baptiser à juste titre une section du nom de «rhétorique», il faut, quand on veut faire un bon usage de ce modèle, cerner d'abord sa *propositio*.

Qu'en est-il de 2 Co 4,16? Peut-il être retenu ici comme la *propositio* qui engendre la suite du discours? Apparemment oui, car cette affirmation se situe au début d'une petite unité littéraire. Elle est concise et brève et même se présente comme une thèse. Toutefois, 4,16a montre, par l'emploi de la particule διό, qu'il introduit une unité littéraire conçue comme conséquence pratique d'un raisonnement précédent. Et à dire les choses telles qu'on les voit, 4,16b est un indice d'une reprise. Car, du point de vue littéraire, on s'attendrait normalement à ce que la particule ἀλλά qui suit οὐκ ἐγκακοῦμεν introduise, comme en 4,2, la partie positive de l'emploi de ce verbe. Mais la proposition concessive (εἰ καὶ ὁ ἔσω ἡμῶν ἄνθρωπος διαφθείρεται), reprend en d'autres mots ce qui a été dit dans les versets précédents et revient ainsi sur les raisons de ne point perdre courage. Logiquement, personne ne peut concéder quelque chose dont il n'a pas encore été discuté.

D'ailleurs, il n'y a pas de doute que la protase de cette proposition concessive reprend la thématique précédente. Le verbe διαφθείρεται qui en est la base revient seulement cinq fois dans le Nouveau Testament (Lc 12,33; 1 Tm 6,5; Ap 8,9;11,8) et plusieurs fois dans l'Ancien Testament. Généralement, il est à l'actif et signifie "détruire" un objet matériel, "dévaster un lieu", "faire périr" un homme. Pour cela, il ne peut pas avoir un sens réfléchi. Conjugué au passif comme en 2 Co 4,16, il exprime que l'objet en question subit une destruction de la part d'un autre agent se manifestant plus fort que lui. Même du point de vue moral où ce verbe désigne un homme "corrompu"(1 Tm 6,5), celui-ci semble subir cette corruption d'un agent extérieur.

Rien qu'à ce niveau, ce verbe entre donc dans la catégorie de tous les passifs précédents qui indiquaient les souffrances que subissent les apôtres. Bien plus, ce verbe n'indique pas la fin de l'acte de détruire, mais l'acte lui-même en tant qu'il est encore à l'oeuvre. On le traduirait mieux par «est en train d'être détruit». Ce qui correspond aussi aux adverbes de temps utilisés en 4,10.11 (πάντοτε, ἀεί) exprimant la continuité de ces actes. A cela nous ajoutons le fait qu'il est conjugué à l'indicatif présent et dans une protase d'une proposition concessive pour mettre en relief la réalité de l'acte, telle qu'elle est dans les versets précédents.

Par ailleurs, pour les raisons suivantes, 4,16b-c ne peut pas être retenu comme *propositio*.

1° Tandis qu'en ce verset Paul insiste sur la situation présente de l'Apôtre (ou du chrétien), dans la suite du discours, à partir de 4,17, un rapport clair est mis entre les réalités présentes et les réalités futures: les souffrances du moment vis-à-vis de la gloire éternelle (4,17); les réalités visibles face à celles qu'on ne voit pas (encore) (4,18); la maison terrestre vis-à-vis de la maison céleste (5,1); l'être-dans-le-corps (τὸ σκῆνος) face au fait de ne pas être trouvé nu (εὑρεθησόμεθα) (5,2-3); la marche dans la foi vis-à-vis de la claire vision (5,7); l'être-dans-le-corps face à la récompense future (5,10).

2° L'idée de la transformation quotidienne de l'homme intérieur (ἀνακαινοῦται ἡμέρα καὶ ἡμέρα) énoncée en 4,16c n'est pas reprise dans la suite du discours. Elle semble, au contraire, résumer à son tour tous les verbes positifs utilisés dans les versets précédents.

3° L'opposition même d'homme extérieur - homme intérieur ne revient pas plus loin. On se méprendrait à croire qu'en 5,1, la demeure céleste peut être identifiée à l'homme intérieur tandis que la maison terrestre, le corps, à l'homme extérieur. L'opposition homme extérieur - homme intérieur ne parle que de la même personne. C'est comme en 4,10-12 où les pronoms personnels ἡμεῖς, ἡμῖν, paraissent s'opposer à ἐν τῷ σώματι ἡμῶν, alors qu'il s'agit de la même personne. L'une et l'autre expressions indiquent donc à la fois la même personne humaine, soumise en ce monde à des épreuves qui sont en train de la détruire (διαφθείρεται); mais qui en même temps la renouvellent quotidiennement dans sa relation à Dieu.

4° La particule γάρ du v.17 est à considérer comme transitionnelle. Il n'est pas dit que l'emploi de cette particule indique toujours que Paul lui attribue une fonction causale ou explicative. Quand elle est transitionnelle, elle est là pour indiquer plutôt que l'affirmation qu'elle introduit entre tout de même dans la logique de ce qui précède, même si elle ne commence pas une série de preuves. En Rm 1,16 la *propositio principalis* de cette épître est aussi introduite par γάρ sans pour autant faire de 1,16 et de ce qui suit la preuve de ce qui précède.

Vu toutes ces raisons, 2 Co 4,16b-c ne peut être une *propositio*. Elle n'engendre aucune *probatio*. Elle ne fait pas "démarrer une unité logique suffisamment longue et autonome"[65]. Si donc l'affirmation de 2 Co 4,16b-c ne peut être considérée comme une nouvelle (sous-) thèse et qu'elle justifie à nouveau l'affirmation de 4,16a, quelle peut être sa fonction? Du point de vue rhétorique, Paul avait besoin d'un tremplin, pour indiquer qu'il continue avec la même thématique des versets précédents, même s'il abordait un autre aspect. Ce procédé s'appelle transition. 2 Co 4,16b-c est donc une transition, visant à faire avancer le discours en l'ouvrant sur une autre dimension.

4.3.2.2. 2 Co 4,17-18a: la *propositio*: une invitation à l'espérance

Non seulement l'assertion paulinienne de 2 Co 4,17-18a se prête à être une *propositio* exposant un nouvel aspect de la souffrance des apôtres, mais elle introduit en plus des éléments nouveaux qui sont d'une certaine façon repris dans le développement subséquent. On se rend compte en effet qu'à partir de 4,17, Paul engage des mots qui expriment le sens de la souffrance qu'il endure: celle-ci est du moment présent, c'est-à-dire passagère (παραυτίκα); elle est légère (ἐλαφρόν). A ces caractéristiques, il oppose celles de la gloire, laquelle est éternelle (αἰώνιον) et a du poids (βάρος). Cette tension entre le transitoire et l'éternel est reprise en 4,18b (πρόσκαιρα - αἰώνια) et en 5,1 où le mot σκήνους déterminant οἰκία renvoie à la réalité provisoire du corps et est opposé ainsi à la maison éternelle du ciel. L'opposition entre le visible et l'invisible de 4,18a, reprise en 4,18b, peut être aussi retrouvée dans l'opposition entre le terrestre (ἐπίγειος) et le céleste (ἐν τοῖς οὐρανοῖς) de 5,1. Elle se retrouve aussi en 5,7 où l'expression διὰ εἴδους est opposée à διὰ πίστεως et où celle-ci caractérise la réalité de notre marche présente.

---

[65] J.-N. ALETTI, «La présence d'un modèle», 10.

C'est surtout la tension entre ce présent et le futur qui tisse la logique de toute la section 4,17-5,10. Le présent, c'est ce qu'on voit (4,18); ce sont les souffrances qu'on subit (4,17); c'est la maison terrestre (5,1); ce sont les gémissements à l'occasion de l'écrasement, quand on est dans le corps (5,2.4); c'est le comportement de foi (5,7). Le futur, c'est ce qu'on ne voit pas (4,18; 5,7); c'est tout ce qui est éternel comme la gloire (4,17), la maison céleste (5,1); c'est le fait de ne pas être trouvé nu (5,3); c'est le Seigneur lui-même qui n'est plus en ce monde (5,6.8.9); c'est aussi la présentation devant le trône du Christ (5,10). Enfin, il faut aussi relever la similitude très significative des verbes κατεργάζεται (4,17) et κατεργασάμε-νος (5,5), même si apparemment les agents ne semblent pas être les mêmes.

Mais jusque là ces éléments littéraires ne prouvent pas encore que l'affirmation de 4,17-18a constitue la *propositio* de toute la suite. Il faudra analyser la *probatio*, car c'est seulement au bout de l'analyse qu'une conclusion peut être tirée. En ce moment, fixons-nous d'abord sur ce que Paul va expliquer dans le développement suivant. Quel est, en fait, le contenu même des vv.17-18a? En ces versets Paul affirme que l'épreuve des apôtres dont il a parlé plus haut[66] prépare aussi et de façon de plus en plus excessive la gloire à venir pour eux, vu qu'ils ont les yeux fixés, non pas sur les réalités visibles, mais sur celles invisibles. Cette assertion comprend deux points. 1° La réalité elle-même: il y a une relation de cause à effet entre les épreuves du moment présent et la gloire à venir. 2° Les intéressés: cette relation n'est évidente et vraie que pour ceux qui ont leur regard fixé sur les choses qu'on ne voit pas et non pas sur celles qu'on voit.

Or, si nous comparons l'affirmation de 2 Co 4,17-18 avec celle de Rm 8,24-25 dont le contexte est très proche de celui de 2 Co 4, il faut noter une relation directe entre les expressions τὸ βλεπόμενον, τὸ οὐκ βλεπόμενον et le fait d'espérer[67]. On espère ce qu'on ne voit pas en l'attendant avec constance (Rm 8,25). Cela veut dire qu'en 2 Co 4,17, il y a invitation à la constance, car la gloire qui est au bout des souffrances est à espérer. En d'autres mots, la réalité de l'abondance éternelle de la gloire n'est évidente qu'aux yeux de ceux qui maintiennent leur espérance dans leurs souffrances légères du moment présent. Bref, grâce à la *ratio* du v.18b, la *propositio* des vv.17-18a est une affirmation visant à combattre le désespoir en cas de souffrances, en révélant que l'aboutissement positif futur de celles-ci est la gloire éternelle.

---

[66] L'emploi du terme θλῖψις est à lui seul significatif. Il renvoie à θλιβόμενοι de 4,8 et par conséquent englobe la catégorie sémique de tous les participes passifs de 4,8-9 et d'autres mots de 4,10-12 en axe d'équivalence avec θλιβόμενοι. Et l'accent y est mis sur la dimension corporelle de la souffrance.

[67] On retient que 2 Co 4,16-5,10 est bien proche de Rm 8,18-25 grâce au rapprochement entre les versets suivants: 2 Co 4,17 et Rm 8,18; 2 Co 4,18 et Rm 8,24-25; 2 Co 5,2 et Rm 8,22-23; 2 Co 5,7 et Rm 8,24.

L'invitation à l'espérance est certainement le deuxième volet de ce que Paul développe en la section 4,7-5,10, le premier étant d'affirmer la puissance de Dieu qui se manifeste dans des corps fragiles et fragilisés de ses serviteurs. Ceci se confirme, quand nous recourons à ce qu'il faut à juste titre appeler la *narratio* où Paul a jeté les semences préparant cette argumentation. Ce passage diégétique se situe en 1,8-11 où, exactement comme ici l'information sur la souffrance en 1,8 fixe le regard des auditeurs, non point sur le désespoir de Paul, mais sur la finalité de cette souffrance-là: *nous avons porté en nous-mêmes notre arrêt de mort, afin que nous ne soyons pas ceux qui mettent leur confiance en eux-mêmes, mais en Dieu, qui ressuscite les morts. C'est lui qui nous a délivrés d'une telle mort et nous en délivrera; en lui, (nous avons déjà espéré et) nous maintenons l'espérance (ἠλπίκαμεν) qu'il nous en délivrera encore* (1,9-10)[68].

L'évocation de cette condamnation à mort sert à fonder l'invitation à l'espérance en une réalité future. Et c'est ce que Paul fait encore en 4,17-18. Or justement une des réalités futures qui fondent la foi des chrétiens est l'affirmation selon laquelle nous avons, en cas de mort, une maison d'origine divine, dans les cieux (5,1). Paul n'hésite pas ainsi de faire appel à une idée de l'enseignement eschatologique chrétien pour soutenir sa pensée sur l'aspect positif futur des souffrances présentes[69].

---

[68] Rien qu'en ces quatre versets (2 Co 1,8-11), nous trouvons l'ensemble des mots essentiels qui reviennent dans la section littéraire 2 Co 4,7-5,10. Ce sont les mots θλῖψις, ὑπερβολήν, δύναμιν, ἐβαρήθημεν, ἐξαπορηθῆναι, θανάτου, ἐγείροντι τοὺς νεκρούς, διὰ πολλῶν εὐχαριστηθῇ. Nous ajoutons à cela la construction grammaticale semblable entre 1,9 et 4,7: une proposition principale où l'Apôtre parle de ce qu'il a en lui (verbe ἔχω + complément d'objet direct + ἐν αὐτοῖς) suivi d'une subordonnée finale-consécutive introduite par ἵνα et dans laquelle Paul parle de la puissance qu'il faut reconnaître et attribuer seulement à Dieu et non à l'Apôtre.

[69] L'expression θλῖψις ἡμῶν est à discuter. Paul parle-t-il ici seulement de la souffrance des apôtres eux-mêmes ou y associe-t-il celle de la communauté? Si nous considérons, en effet, que l'expression θλῖψις ἡμῶν a déjà été employée en 1,4 et 1,8, alors elle désigne ici seulement l'épreuve des apôtres. Mais si nous tenons compte des indices littéraires suivants, la θλῖψις ἡμῶν de 4,17 peut bien résumer la souffrance de Paul et celle de la communauté à la fois. 1° Paul parle de cette souffrance en 1,8 comme preuve de ce qu'il affirme en 1,6-7 (montrer que eux *aussi* [καὶ ἡμεῖς] ont souffert et que par là ils se savent en communion avec les Corinthiens éprouvés). 2° Paul en a parlé pour justement indiquer son souci de consoler les Corinthiens et de les encourager aussi, comme il a lui-même été consolé et encouragé (1,4). Cependant, l'adjectif possessif ἡμῶν ajoute en 4,17 une nuance importante: il s'agit de *notre* souffrance, c'est-à-dire celle des chrétiens et non pas de n'importe quelle épreuve. N'est-ce pas ce ἡμῶν qui correspond dans ce même verset à ἡμῖν, lequel est précisé par μὴ σκοπούντων ἡμῶν κτλ. du v. 18a? En nous référant à 4,10-11, il s'agit alors seulement de la souffrance endurée à cause de Jésus. C'est celle-là qui engendre la gloire éternelle. Et c'est pour cela qu'un tel aboutissement n'est pas évident aux yeux de ceux qui fixent leur regard sur les réalités visibles.

4.3.3. 2 Co 4,18b-5,10: développement de l'argumentation

Pour développer cette *propositio*, Paul procède par étapes. 1° Il précise sa thèse par des équivalences des mots et par l'insistance sur l'opposition entre passager et éternel, visible et invisible, présent et futur soulignant ainsi la catégorie de l'espérance chrétienne (4,17-5,1). 2° Il continue le développement de sa thèse en affrontant le problème des gémissements exprimés au moment de la souffrance et causés, non pas par le retard de la parousie, mais par la certitude même de la gloire future, de la victoire de la vie sur le mortel (5,2-5). 3° Il conclut en insistant à nouveau sur l'importance de la situation présente, le temps de la foi, en vue de la récompense future (5,6-10). Nous allons parcourir son raisonnement en suivant ces trois unités minimales.

4.3.3.1. 2 Co 4,18b-5,1: souffrances présentes et gloire éternelle

4.3.3.1.1. Organisation interne de 4,17-5,1

Pour appuyer son affirmation de 4,17-18a, Paul précise d'abord la deuxième partie de cette affirmation (v.4,18b). Ensuite il légitime la première (v.5,1), de sorte qu'il en sort une petite unité sous la forme d'un chiasme simple. Remarquons tout de suite que cette composition littéraire de 2 Co 4,17-5,1 ne doit pas faire penser à une unité close, vu que 5,1 fait démarrer une autre strophe; il s'agit donc d'une structure polystrophique:

propositio	A	4,17	α:	τὸ γὰρ παραυτίκα ἐλαφρὸν τῆς θλίψεως ἡμῶν
			β:	αἰώνιον βάρος δόξης κατεργάζεται ἡμῖν
	B	4,18a	α¹:	μὴ σκοπούντων ἡμῶν τὰ βλεπόμενα
			β¹:	ἀλλὰ τὰ μὴ βλεπόμενα
ratio	B'	4,18b	α²:	τὰ γὰρ βλεπόμενα πρόσκαιρα
			β²:	τὰ δὲ μὴ βλεπόμενα αἰώνια
probatio	A'	5,1	α³:	οἴδαμεν γὰρ ὅτι ἐὰν ἡ ἐπίγειος ἡμῶν οἰκία τοῦ σκήνους καταλυθῇ
			β³:	οἰκοδομὴν ἐκ Θεοῦ ἔχομεν οἰκίαν ἀχειροποίητον αἰώνιον ἐν τοῖς οὐρανοῖς.

De cette disposition, il apparaît que Paul, en justifiant (γάρ: 4,18b) la deuxième partie de sa *propositio* par un parallélisme entre τὰ βλεπόμενα (4,18a) et τὰ βλεπόμενα (4,18b), précise aussi le v.17, vu que les termes πρόσκαιρα et αἰώνια qu'il oppose en 4,18b renvoient à leurs semblables de la première affirmation (πρόσκαιρα --> παραυτίκα; αἰώνια --> αἰώνιον). De cette manière, une certaine équivalence est établie entre θλίψεως ἡμῶν et τὰ βλεπόμενα, d'une part, et, entre δόξης et τὰ μὴ βλεπόμενα, de l'autre. Autrement dit, les souffrances qui sont d'un instant et qu'on voit aboutissent à la gloire éternelle qu'on ne voit pas encore.

La conjonction γάρ qui introduit l'argument décisif (5,1) fonctionne certainement ici comme une particule logique qui fournit une sorte d'appui entre ce que l'on affirme à présent et ce qui vient d'être affirmé précédemment. Elle n'est pas seulement transitionnelle comme elle l'est en 4,17 par rapport à 4,16. Dans ce cas on pourrait considérer le v.18b comme ce qui précède immédiatement et que 5,1 appuyerait. Mais, ce n'est pas l'affirmation du v.18b que Paul soutient en 5,1. Dans le schéma littéraire à peine présenté le v.18b explicite directement le v.18a. Or, celui-ci spécifie seulement le datif davantage du v.17 (ἡμῖν). Ainsi l'affirmation principale elle-même du v.17 n'est pas encore soutenue. La proposition que Paul affirme en 5,1 joue ce rôle.

Les éléments de parallélisme suivants sont un indice que 5,1 aborde les choses dans le même sens que 4,17 et qu'il le justifie. En effet, le génitif explicatif τοῦ σκήνους précisant ἡ ἐπίγειος ἡμῶν οἰκία indique surtout l'aspect transitoire du corps que l'on peut retrouver dans le terme παραυτίκα[70]. Et

---

[70] Dans tout le Nouveau Testament, le terme σκῆνος revient seulement deux fois, à savoir ici en 2 Co 5,1.4. Dans la LXX, on ne le retrouve qu'une fois, en Sg 9,15, où il est en parallélisme synonymique avec σῶμα. Dans la littérature grecque, il est aussi employé surtout pour désigner le corps physique par opposition à l'âme. Cf. BAGD; LJS; R. PENNA, «Sofferenze apostoliche», 418-419; T.F. GLASSON, «2 Corinthians», 1146-1148. Le corps est, dans cette littérature, considéré comme une *enveloppe* périssable qui, jusqu'à sa propre dissolution, contient l'âme immortelle. Chez Platon, en particulier, ce terme est attesté dans un dialogue apocryphe: "ἡμεῖς μὲν γάρ ἐσμεν ψυχή, ζῷον ἀθάνατον ἐν θνητῷ καθειργμένον φρουρίῳ· τὸ δὲ σκῆνος τοῦτι πρὸς κακοῦ περιήρμοσεν ἡ φύσις: [Car nous sommes une âme, animal immortel enfermé dans une prison mortelle; et cette enveloppe corporelle, la nature pour notre mal nous l'a ajustée]", PLATON, *Axiochos* 365e-366a.

Ceci dit, le terme σκῆνος ne peut désigner que le corps et nous préférons ne pas le traduire par le terme habituel de "tente", car celui-ci traduit en principe le grec σκηνή. Nous remarquons cependant qu'au-delà de la ressemblance phonologique entre σκηνή et σκῆνος, l'idée de transitoriété, c'est-à-dire de mortalité, est sousentendue par l'un et l'autre terme. Aussi coryons-nous que c'est cette dernière idée que Paul exprime en 2 Co 5,1, quand il spécifie "notre maisonnée terrestre", comme étant τοῦ σκήνους.

Remarquons aussi que le texte d'*Axiochos* à peine cité est intéressant pour l'étude de 2 Co 5,1-10, car il se trouve dans un contexte semblable à celui du texte paulinien. En effet, il est question chez Platon d'une opposition entre d'une part le corps, accablé de souffrances, de maladies et de toutes sortes de limites, et de l'autre de l'âme qui désire (ποθεῖ) ce qui est céleste, aspirant à une libération, car "quitter la vie, c'est échanger un mal pour un bien", *Axiochos* 366a-b; cf. aussi PLATON, *Phédon* 82e. Mais, à la vue du contexte immédiat de 2 Co 5 (cf. 4,7.10-11; 4,16b-c), ce n'est pas cette conception dualiste de l'homme qui est à la base de la pensée paulinienne ici; Paul met en réalité l'accent sur l'aspect transitoire du corps. Cf. aussi V.P. FURNISH, *II Corinthians*, 293. Cf. aussi B. SPÖRLEIN, *Die Leugnung der Auferstehung*, 135-136.

s'il est vrai que ce terme σκῆνος indique de façon figurative le corps de l'homme, l'expression ἡ ἐπίγειος ἡμῶν οἰκία qu'il précise est aussi à mettre en relation avec la θλῖψις ἡμῶν, étant donné que les détresses dont il est question dans toute la section 4,7-5,10 sont celles qu'on subit dans le corps (4,10-11). De même l'adjectif ἐπίγειος peut être mis en parallèle avec le même terme παραυτίκα[71]. L'un et l'autre se complètent et indiquent la dimension spatio-temporelle de ceux qui souffrent. Par ailleurs, le verbe καταλυθῇ contient un aspect de souffrance, dans la mesure où, conjugué au passif, il n'indique pas une auto-destruction progressive, mais l'intervention d'une force étrangère qui fait qu'un sujet subit l'action d'un autre[72]. Enfin, grâce à l'adjectif αἰώνιον qui apparaît dans les deux phrases, on peut mettre en parallèle βάρος τῆς δόξης et οἰκίαν ἀχειροποίητον qu'ils déterminent.

Seul le terme Θεοῦ de 5,1 poserait problème dans cette confrontation: il semble ne pas avoir de correspondant en 4,17. Et pourtant, il est très important. Mais selon G. Bertram, quand le verbe κατεργάζεσθαι est employé *in bonam partem*, c'est Dieu qui est à considérer comme «letztes Subjekt»[73]. Ainsi, non seulement c'est Dieu qui nous prépare la gloire éternelle, future (4,17; cf. aussi 5,5), mais - compte tenu de 5,1 qui précise ce qui est dit en 4,17 - cette réalité future elle-même est vraiment d'origine divine, qui n'est pas faite de mains d'hommes et appartient à la fin des temps (cf. ἐν τοῖς οὐρανοῖς). Ainsi est souligné le travail (κατεργάζεσθαι) décisif de Dieu pour la victoire finale sur la souffrance. Comme en 4,17 donc, l'opposition est maintenue en 5,1 entre la situation présente des croyants (situation de souffrances) et l'état de vie futur dont ils sont sûrs d'entrer en possession, au cas où ils étaient complètement détruits comme des maisons mises hors d'usage.

4.3.3.1.2. 2 Co 5,1: l'assurance du salut en cas de mort

Toutes ces considérations littéraires conduisent aussi à la conclusion que le but de la proposition 5,1 n'est pas de parler de la mort en tant que telle, mais de recourir à la promesse faite concernant le moment le plus critique de la vie pour appuyer l'affirmation sur les résultats futurs et encore invisibles de la souffrance endurée à cause de Jésus. Il n'y a pas à s'étonner si Paul puise dans le *topos* chrétien sur l'enseignement concernant la mort, pour légitimer une *propositio* sur les souffrances. «Nous savons que si jamais notre maison

---

[71] Quand l'adverbe παραυτίκα est précédé d'un article, il a valeur adjectivale, cf. BAGD.

[72] Le recours à Mc 14,58 dans l'interprétation de 2 Co 5,1 peut tout au plus servir à comprendre le sens du verbe καταλύω. 1° Celui-ci désigne le fait d'une destruction totale et complète d'un édifice très solide réduisant l'ensemble en ses morceaux les plus minuscules. 2° Il implique aussi que l'édifice en question devient hors d'usage.

[73] Cf. G. BERTRAM, «Κατεργάζεσθαι» *ThWNT* III, 635-637.

terrestre, notre corps, venait à être détruite, nous avons une maison, de la part de Dieu, non faite de mains d'homme, éternelle dans les cieux» est une affirmation qui convient en effet comme argument propre à encourager des chrétiens à ne pas désespérer dans leurs souffrances.

En recourant à cette assurance dont se nourrissent déjà les chrétiens à propos de la mort, Paul ne dit donc pas qu'il va mourir. Tout ce qu'il affirme en 4,10-11 est qu'il est toujours livré à la mort. Et c'est cet ensemble d'expériences qu'il appelle en 4,12 du terme générique de θάνατος. Même en 1,9 ce qu'il appelle ἀπόκριμα τοῦ θανάτου est justement le contenu de la θλῖψις ἡμῶν de 1,8. Il ne dit pas pour autant qu'il va mourir avant la parousie. En 1,10 d'ailleurs, il espère être encore délivré de la mort, sans pour autant l'exclure vu qu'il fonde son espérance sur le Dieu qui ressuscite les morts. Ainsi tout ce qu'il dit en 5,1 est qu'il trouve que la destruction totale du corps n'est pas le dernier résultat des souffrances chrétiennes. Celles-ci produisent plutôt la gloire éternelle, car même dans le cas de la mort, l'admission auprès de Dieu est assurée. Cela, les chrétiens le savent déjà tous. Dans cet enchaînement du raisonnement, la maison non faite des mains d'homme, éternelle, dans les cieux est aussi l'explicitation de la gloire mentionnée en 4,17-18, laquelle est aussi éternelle, une réalité invisible, à espérer[74].

Il est alors question en 5,1 de l'état glorieux dont seront couverts les chrétiens au moment du triomphe de Dieu sur la mort. Selon 1 Co 15,53-54, une telle situation se vérifie par le revêtement du corps spirituel. Il y a de quoi affirmer que la maison céleste dont parle Paul en 2 Co 5,1 n'est rien d'autre que le corps spirituel. Paul sait que depuis la résurrection du Christ un tel corps existe et que c'est en le revêtant que les chrétiens, fragiles et corruptibles, triompheront de la mortalité et de la mort[75].

---

[74] Sur 95 fois où le terme οἰκία est employé dans le Nouveau Testament, il revient 8 fois dans le corpus paulinien (1 Co 11,22; 16,15; Ph 4,22; 1 Tm 5,13; 2 Tm 2,20; 3,6 et les deux occurrences de 2 Co 5,1). Au-delà de quelque petite nuance qu'on peut repérer ici et là, le dénominateur commun à toutes ces occurrences est celui de "maisonnée", de "famille", d'"un chez-soi", c'est-à-dire du lieu où quelqu'un se trouve chez soi, où il habiterait à l'aise, en toute sécurité et sans peur. Dans ce sens, si la "maisonnée" terrestre n'assure pas une telle sécurité, il n'y a pas de doute qu'on ne s'y trouve pas à l'aise, qu'on y demeure comme si on était à l'étranger et que cela suffit logiquement pour désirer de se retrouver vite là où il y a plus de paix. Désormais, contrairement à ce qu'affirme J. DUPONT, *L'union avec le Christ*, 155, l'unité de pensée entre l'unité 5,1-5 et 5,6-10 est maintenue.

[75] 2 Co 5,1 fait penser à He 9,11 où le terme σκηνή est employé suivi de οὐ χειροποίητος. Avec A. VANHOYE, *Prêtres anciens, prêtre nouveau selon le Nouveau Testament* (PD; Paris, 1980) 214-220, nous sommes de l'avis que cette expression de He 9 désigne le corps glorieux du Christ. Certes, sur les 20 fois où le mot σκηνή revient dans le Nouveau Testament, aucune occurrence ne se trouve chez Paul et il faudrait être prudent si on veut recourir à He 9, 11 pour interpréter 2 Co 5,1, d'autant plus que σκηνή et σκῆνος ne

4.3.3.2. 2 Co 5,2-5: le désir de l'engloutissement du mortel par la vie et les gémissements dans la souffrance

4.3.3.2.1. 2 Co 5,1: une *sub-propositio*

Affirmation traditionnelle, appuyant la *propositio* énoncée en 4,17, le verset 5,1 ne peut donc être séparé de son contexte immédiat précédant. Mais quel rapport ce verset entretient-il avec le développement argumentatif qu'il déclenche? L'unité littéraire 2 Co 5,2-10 confirme-t-elle notre compréhension, selon laquelle 5,1 n'est pas un enseignement nouveau dans l'eschatologie paulinienne, mais plutôt argument servant à étoffer 4,17? Autrement dit, pouvons-nous soutenir, contrairement à Allo[76], qu'aux vv.5,2-10 il n'y a pas un changement de perspective par rapport à ce qui précède?

Le moment est venu d'aborder la question de savoir si Paul parle de la peur de la mort en 5,2-5, quand il parle des gémissements[77]. Car, si l'on admet que Paul, en 5,2-4, a peur de la mort, alors il faut également accepter qu'il y a une sorte de contradiction entre ce qu'il dit ici et le but qu'il visait en 4,17 et qu'il a exposé jusqu'en 5,1, à savoir montrer pourquoi les chrétiens ne devraient pas avoir peur de la mort. Bref, quels sont le sens et la fonction de 5,2-5 dans cette argumentation?

La première voie d'issue pour décider si Paul aborde ou non une autre question en cette nouvelle micro-unité est de voir le sens de la reprise de certains termes de 5,1 dans la suite de l'argumentation. En effet, même si cette répétition n'est pas textuelle, le maintien de l'opposition entre les mots σκήνει (cf. ἐν τούτῳ) et οἰκητήριον ἡμῶν τὸ ἐξ οὐρανοῦ (5,2.4), et la continuité de la tension entre le présent et le futur sont déjà un indice que Paul ne change pas de sujet par rapport à ce qu'il vient de parler aux vv.4,17-5,1[78].

Notons par ailleurs que la section est introduite par καὶ γάρ. L'association de ces deux particules ne revient que dans un contexte où le discours qu'elles introduisent continue la discussion engagée peu avant et dont on est en train de parler[79]. De fait, ayant énoncé l'affirmation déjà

---

désigne pas en principe la même chose (cf. supra, paragraphe 4.3.3.1.1., not 70). Pareille prudence éviterait de donner une interprétation christologique de la maison céleste dont il est question dans notre texte. Mais, on ne nierait pas le fait que He 9 permet de dire qu'en 2 Co 5,1 il s'agit aussi d'une réalité dont l'existence a commencé avec la résurrection du Christ.

[76] Cf. E.-B. ALLO, *Seconde Epître*, 140.

[77] Parmi ceux qui parlent de la "peur de la mort" citons aussi O. CULLMANN, *Immortalité de l'âme ou Résurrection des morts. Le témoignage du Nouveau Testament* (Neuchâtel - Paris, 1956) 71-74.

[78] Nous pouvons aussi relever la reprise du verbe κατεργάζεσθαι de 4,17 en 5,5.

[79] L'association des conjonctions καὶ γάρ revient 39 fois dans le Nouveau Testament. Ce qui est surtout à noter est qu'elle apparaît dans des contextes argumentatifs. Elle introduit ainsi une sorte d'argument en plus, souvent le plus convaincant, qui confirme l'assertion

connue de 5,1, comme preuve de sa thèse soutenue en 4,17, Paul passe à la *confirmatio* de la preuve. Aussi expose-t-il, en 5,2-5, la véracité de la proposition de 5,1, montrant quelles sont les conséquences logiques de l'enseignement traditionnel en question: "et c'est pourquoi, nous gémis sons...". Ainsi, dire que le v.5,1 ne peut être séparé des vv.4,17-18 dont il est un argument décisif ne revient pas à dire que 5,1 ne peut être considéré à son tour comme une *propositio* engendrant un autre commentaire. En fait, Paul dit ceci: la preuve que nous avons une maison céleste, ce sont justement les gémissements que nous émettons au moment où nous sommes écrasés. Ce qui confirme que nous sommes sûrs de son existence, c'est notre désir ardent à vouloir vite endosser, par-dessus celle dans laquelle nous sommes, cette maison céleste-là[80].

Par ailleurs, vu que parmi les exégètes le débat est alimenté par l'intelligence des termes utilisés par Paul en 5,2-4, l'analyse de certains de ces termes est alors la piste décisive, pour savoir ce qu'est la pensée de l'Apôtre. Quel est le contenu de στενάζομεν, le verbe principal de cette unité? Que veut dire ἐπενδύσασθαι dans ce contexte? Signifie-t-il la même chose que ἐνδύσασθαι du v.3? Si oui, pourquoi alors Paul a-t-il choisi - et même repris - ἐπενδύσασθαι et non pas ἐνδύσασθαι? Autrement dit, quel rapport y a-t-il entre le v.3 et le v.2? Bref, quelle est la position de Paul en 2 Co 5,2-5 après avoir exprimé en 5,1 l'assurance reçue de la foi?

Avant de suivre le raisonnement paulinien établissons d'abord le texte du v.3. En effet, la tradition textuelle comprend deux recensions. Certains manuscrits lisent ἐκδυσάμενοι, alors que d'autres contiennent ἐνδυσάμενοι. Laquelle de ces deux leçons est la plus proche de l'original?

Du point de vue de la critique externe, la forme ἐκδυσάμενοι n'est pas très attestée; elle se retrouve dans D, chez Tertullien et Ambrosiaster. Elle ne peut donc pas concurrencer avec la forme ἐνδυσάμενοι, qui est la plus répandue. La majorité des exégètes cependant optent pour ἐκδυσάμενοι. Du point de vue de la critique interne, en effet, ἐνδυσάμενοι serait tautologique à côté de οὐ γυμνοὶ εὑρεθησόμεθα[81]. Quant à nous, nous optons pour la forme ἐνδυσάμενοι; elle constitue la *lectio difficilior* que certains veulent contourner en choisissant ἐκδυσάμενοι. Cependant, notre choix ne se justifie pas

---

précédente (Ph 2,27; 1 Th 3,4; 4,10; He 5,12 ...), ou soutient l'exhortation à peine suggérée (He 4,2; 12,29); explicite l'affirmation précédente (2 Co 2,10b; 3,10) ou aussi donne les conséquences logiques de celle-là (He 13,22). Parfois, elle sert de simple particule de transition (2 Co 7,5). Sa traduction exige donc la prise en considération du contexte: «et, de fait»; «et, en effet»; «et c'est pourquoi»; «car, d'ailleurs»; etc.

[80] Voilà pourquoi nous disions que l'organisation interne de l'unité 4,17-5,1 n'est qu'une partie d'une structure polystrophique, où 5,1 sert de charnière entre duex micro-unités. Cf. supra, paragraphe 4.3..1.1.

[81] Cf. B.M. METZGER (éd.), *A Textual Commentary*, 579-580.

seulement à cause de la critique externe; nous montrerons bientôt que le raisonnement paulinien n'est pas du tout tautologique en ce verset.

4.3.3.2.2. Organisation interne et sens de 5,2-4

Partons de ce schéma qui montre comment Paul développe sa pensée en cette micro-unité des vv.2-4:

A : 5,2a: καὶ γὰρ ἐν τούτῳ στενάζομεν
B : 5,2b: τὸν οἰκητήριον ἡμῶν τὸ ἐξ οὐρανοῦ ἐπενδύσασθαι ἐπιποθοῦντες
C : 5,3 : εἴ γε καὶ ἐνδυσάμενοι οὐ γυμνοὶ εὑρεθησόμεθα
A': 5,4a: καὶ γὰρ οἱ ὄντες ἐν τῷ σκήνει στενάζομεν βαρούμενοι
B': 5,4b: ἐφ' ᾧ οὐ θέλομεν ἐκδύσασθαι ἀλλὰ ἐπενδύσασθαι
C': 5,4c: ἵνα καταποθῇ τὸ θνητὸν ὑπὸ τῆς ζωῆς

Dans ce schéma où les propositions sont en parallélisme alterné, nous observons ce qui suit. Dans les propositions A et A', Paul affirme la réalité du gémissement comme conséquence logique (cf. καὶ γάρ) du fait que nous croyons avoir la maison céleste (5,1). La proposition A' clarifie d'abord, par l'emploi de ἐν τῷ σκήνει, que le pronom démonstratif τούτῳ du verset 5,2a remplace le corps (σκῆνος) dont il a été question en 5,1. Le gémissement se fait dans le corps. Ensuite, A' ajoute une précision capitale dont la portée est souvent mal comprise: le participe présent οἱ ὄντες et le participe présent passif βαρούμενοι. La présence du premier participe devant le verbe στενάζομεν indique en vérité une insistance sur la situation actuelle de ceux qui gémissent. Une telle construction se retrouve aussi en 4,11 où ἡμεῖς οἱ ζῶντες met en évidence le fait que ceux qui sont livrés à la mort sont ceux qui sont vivants. Rm 8,23 rend encore plus nette la même expression: nous-mêmes aussi, nous gémissons *en nous-mêmes* (ἡμεῖς καὶ αὐτοὶ ἐν ἑαυτοῖς).

4.3.3.2.2.1. Pertinence sémantique du participe βαρούμενοι en 2 Co 5,4a

Selon Paul, on gémit durant qu'on est encore dans le corps fragile. Mais à quelle occasion? C'est ici que se découvre la valeur du participe βαρούμενοι. Celui-ci explicite les occasions dans lesquelles nous gémissons. En effet, ce verbe ne manque pas de rappeler l'autre occurrence (et la dernière pour toute l'épître) en 1,8, où Paul dit qu'ils étaient, lui-même et Timothée, écrasés (ἐβαρήθημεν) au-dessus de toute force au point qu'ils étaient à bout. Se trouvant dans la partie diégétique où il explicite le genre de la θλῖψις ἡμῶν du même verset (1,8), le verbe βαρεῖν est sans doute en rapport avec sa deuxième occurrence en pleine *probatio* d'une *propositio* concernant aussi la θλῖψις ἡμῶν (4,17). C'est dans des circonstances d'une souffrance atroce, où on peut même désespérer de vivre (ὥστε ἐξαπορηθῆναι καὶ τοῦ ζῆν: 1,8), que les chrétiens gémissent ardemment[82].

C'est donc une précision très importante que 5,4a apporte à 5,2a, mettant ainsi en relief la vraie perspective de l'unité 5,2-4. Βαρούμενοι lie en effet cette petite unité à la *propositio* 4,17 où le terme θλῖψις ἡμῶν est exactement le même que celui explicité par le verbe ἐβαρήθημεν en 1,8[83]. Une telle interprétation pourrait paraître exagérée, mais on ne peut pas négliger le fait que 2 Co est, parmi les écrits pauliniens, l'épître où Paul parle le plus fréquemment de ses souffrances endurées à cause du Christ. Celles-ci sont d'une part expression de la faiblesse de l'Apôtre et de l'autre occasion de l'épiphanie de la puissance de Dieu. Les souffrances sont devenues pour Paul le moment où il a finalement appris à compter seulement sur le Seigneur et non pas sur lui-même. Ainsi, grâce à l'emploi du participe βαρούμενοι, Paul reconnaît que les chrétiens gémissent quand ils souffrent tellement qu'ils désespèrent même de vivre.

Du reste, cela est tout à fait naturel. Seulement, pourquoi l'Apôtre en fait-il un objet de discussion? C'est en lisant attentivement ce qu'il exprime dans la suite de son raisonnement qu'on s'en rend compte: la discussion paulinienne se situe sur le contenu même du gémissement des chrétiens écrasés par les souffrances.

4.3.3.2.2.2. Contenu du verbe στενάζω en 2 Co 5,2b.4b

En 5,2b et 5,4b, Paul donne de fait le contenu du gémissement poussé au moment des souffrances. Dans la proposition B, le contenu de στενάζομεν est exprimé comme étant le fait que "nous désirons ardemment (ἐπιποθοῦντες) revêtir par-dessus (ἐπενδύσασθαι) notre maison venant du ciel". L'épithète τὸ ἐξ οὐρανοῦ précise qu'il s'agit de notre maison dont Paul vient de dire en 5,1 qu'elle est dans (ἐν) les cieux. Nous ne désirons donc pas aller là dans les cieux, mais que la maison, elle, vienne vers nous du (ἐκ) ciel. Certes, le qualificatif τὸ ἐξ οὐρανοῦ ne manque pas de rappeler les qualités du Christ ressuscité - et donc de son corps de gloire - dont il est question en 1 Co 15,47. Mais le fait que Paul change ἐν τοῖς οὐρανοῖς du v.1 en ἐξ οὐρανοῦ au v.2 impose une sorte de mouvement au désir: la réalité future est désirée en ce monde présent, ici-bas[84]. Il n'y a rien d'étonnant en cela. A lire 1 Th 1,10

---

[82] Il semble alors qu'on forcerait le texte en pensant que Paul a une conception hellénistique du corps, présente aussi en Sg 9,15. Cf. R. PENNA, «Sofferenze apostoliche», 420.

[83] Cf. aussi C.K. BARRETT, *A Commentary on the Second Epistle to the Corinthians* (BNTC; London, 1973) 156.

[84] Le changement du pluriel οὐρανοῖς en singulier οὐρανοῦ n'est donc pas seulement un indice du processus de re-élaboration par Paul de la tradition reçue. Cf. P. VON DER OSTEN-SACKEN, *Römer 8*, 122-123). En ne négligeant pas la variation de la particule ἐν

et Ph 3,20, l'espérance chrétienne primitive consistait à attendre que le Christ, se trouvant en ce moment dans les cieux, vienne de là pour sauver définitivement ceux qui croient en lui, en transformant leurs corps mortels en corps de gloire, semblables au sien. Dans ces deux textes, cette attente concerne ainsi un événement futur.

Par contre, une sorte d'impatience est à remarquer dans 2 Co 5,2. C'est l'emploi du verbe ἐπιποθοῦντες qui le confirme. Paul n'emploie ce verbe que pour exprimer l'absence des personnes qu'il brûle de rencontrer dans un bref délai[85]. La proposition B' revient sur ce contenu, avec une petite variation qui ne facilite pas du reste la compréhension de l'unité, mais qui est quand même très utile à cela. La particule ἐφ᾽ ᾧ indique que la manière de soupirer exprimée au v.2b est à comprendre aussi comme la raison même de ces soupirs[86]. Nous gémissons du fait que nous ne voulons pas être dépouillés, mais être revêtus par-dessus. Le verbe θέλω employé à la place de ἐπιποθοῦντες de B indique la force et la conviction avec laquelle nous gémissons d'une certaine façon en des circonstances d'écrasement.

Mais l'intelligence du développement de l'argumentation en cette micro-unité dépend aussi de la compréhension du v.3 et en particulier du sens de γυμνός et de la particule εἰ γε καί.

4.3.3.2.2.3. εἰ γε καί: concession ou condition réelle?

Cette particule a fait couler beaucoup d'encre et nous n'allons pas réactiver le débat[87]. Seulement entre les suggestions de la traduire par une concessive «quoique» ou par une condition réelle «pour autant il est vrai», nous choisissons cette dernière[88]. La tendance à considérer εἰ γε καί comme introduisant une idée de concession est soutenue par ceux qui pensent qu'en 2 Co 5,1-5, Paul exprime sa peur de la nudité ou ceux qui prétendent qu'il y combat les gnostiques en établissant son vrai point de vue[89]. Par quel indice pouvons-

---

en ἐκ on s'aperçoit de cette précision que nous trouvons cadrer avec le contexte, celle d'un mouvement ayant pour point de départ le ciel, où la réalité désirée se trouve, vers le lieu où se trouve celui qui désire.

[85]   Cf. Rm 1,11; 15,23; 2 Co 7,11; 9,14; Ph 1,8; 2,26; 4,1; 1 Th 3,6; cf. aussi 2 Tm 1,4; Jc 4,5 et 1 P 2,2.

[86]   Cf. M. ZERWICK, *Graecitas biblica*, §§ 126-127.

[87]   Cf. E.-B. ALLO, *La Seconde Epître*, 124-128; P. VON DER OSTEN-SACKEN, *Römer 8*, 112-117; M.E. THRALL, «'Putting on' or 'Stripping off' in 2 Corinthians 5:3» in *New Testament Textual Criticism*: Its Significance for Exegesis. Essays in Honour of Bruce M. Metzger (éds. E.J. EPP - G.D. FEE) (Oxford, 1981) 223-229.

[88]   Cf. d'une part E.-B. ALLO, *La Seconde Epître*, 128; P. HOFFMANN, *Die Toten*, 276 et de l'autre P. VON DER OSTEN-SACKEN, *Römer 8*, 113.

[89]   Cf. E.-B. ALLO, La Seconde Epître, 128; P. HOFFMANN, *Die Toten*, 227: "Es scheint mit dem Text vereinbar zu sein, den Vers 3 als die Abgrenzung der eigenen Anschauung

nous savoir que Paul a ici peur de la nudité de son âme sans corps, et donc de la mort, si on interprète déjà mal ce qu'il entend par «être trouvés nus»? De même, où, en ces versets, est-il dit que ses adversaires se réjouissaient d'un tel état?

Nous croyons, par contre, que Paul recourt à cette pensée comme une raison de plus qui explique ce qu'il avance en 5,2a-b et 5,4a-b. Dans ce cas, le v.3 est à considérer comme expression d'un *topos*. Ainsi, notre hypothèse de considérer cette particule comme ayant un sens conditionnel nous aide 1° à découvrir le rôle de ce v.3 par rapport au précédent; 2° à voir quel est le vrai sens des mots ἐπενδύσασθαι et οὐ γυμνοὶ εὑρεθησόμεθα.

4.3.3.2.2.4. Ἐπενδύσασθαι synonyme d' ἐνδύσασθαι?

Nous savons que le verbe ἐπενδύσασθαι est un *hapax legomenon* dans toute la Bible et l'ancienne littérature chrétienne, et qu'il est difficile de trancher sur son sens. Même dans le grec classique ou celui de l'époque néotestamentaire, ce verbe n'est pas très courant. On le trouve une fois chez Hérodote, dans un texte où il est dit que les Babyloniens revêtent une tunique de laine *par-dessus* (ἐπενδύνει) une autre de lin[90]. Chez F. Josèphe il se rencontre deux fois. Une fois pour signaler que l'habillement du grand-prêtre est différent de celui de tous les prêtres sur un point: se parant de la même façon que les prêtres, "sans rien omettre /.../ il revêt, en outre, *par-dessus* (ἐπενδυσάμενος) une tunique faite de hyacinthe"[91]. Ailleurs, Josèphe emploie ce même verbe en décrivant comment Israël manifesta son affliction lorsqu'il perdit 36 hommes: "aussi, revêtus de cilices *par-dessus* leurs vêtements (καὶ σάκκους ἐπενδύντες ταῖς στολαῖς), ils passèrent toute la journée dans les larmes et le deuil ..."[92]. Enfin, Plutarque raconte comment Charon et Mélon avaient, pour assaillir Archias et Philippe, revêtu des robes de femmes *par-dessus* leurs cuirasses en vue de ne point être reconnus[93].

---

gegen die der Gegner zu deuten. Sie haben die *gymnotês* der Seele als höchstes Heilsgut angesehen und entsprechend erstrebt, *gymnos heurêthênai*".

[90] Cf. HÉRODOTE, *Histoires I*, §195.

[91] Cf. F. JOSEPHE, *Antiquités judaïques* 3,7,4.

[92] F. JOSEPHE, *Antiquités judaïques*, 5,1,12.

[93] "ἐσθῆτας ἐπενδεδυμένοι γυναικείας τοῖς θώραξι", PLUTARQUE, *Pélopidas*, 11,2. Quand il raconte la même histoire dans *Morales* 596D, où il semble dépendre de Xénophon, il dit seulement que ces deux personnages étaient revêtus de demi-cuirasses (ἡμιθωρακία ἐνδεδυμένοι), sans dire qu'ils mirent les habits de femmes *par-dessus*. Cf. XÉNOPHON, *Helléniques*, 5,4,5. Il reste que le revêtement *par-dessus* n'implique aucun changement de l'habit simple. Quand on enlève le "par-dessus", l'habit normal reste tel qu'il était et on ne reste pas nu. L'habit était à peine caché par le vêtement de dessus.

A notre avis, Allo a raison de souligner avec insistance que "*Ependues-thai* veut dire «porter un vêtement par-dessus un autre vêtement», et pas autre chose"[94]. Et cela même si la raison pour laquelle on revêt par-dessus varie d'un cas à un autre. Seul le contexte dévoile pareille raison. Dans cette logique, ἐπενδύσασθαι ne peut pas être l'équivalent de ἐνδύσασθαι du v.3 qui suit, ni de celui de 1 Co 15,52-53[95]. Pourtant, Thrall, en partant de la critique textuelle de εἴ γε καί, a tenté de montrer qu'ἐνδύσασθαι du v.3 peut signifier la même chose que ἐπενδύσασθαι[96]. Gillman est arrivé aussi à la même conclusion, en confrontant ce texte avec celui de 1 Co 15, 50-55[97]. Mais, ces deux auteurs ne disent pas pourquoi Paul emploie ἐπενδύσασθαι en 2 Co 5,2.4 en le différenciant de ἐνδύσασθαι du v.3[98].

4.3.3.2.2.5. Γυμνός renvoit-il à l'âme dépourvue du corps?

Nous trouvons qu'il y a aussi moyen de saisir pourquoi Paul emploie le terme ἐπενδύσασθαι dans le contexte de 2 Co 5. Certains exégètes négligent, en effet, de voir comment la compréhension du mot γυμνός de 5,3 est fructueuse à ce niveau. Généralement, ce mot est saisi selon la philosophie grecque, où il indique la situation de l'âme sans corps[99]. Pourtant dans le Nouveau Testament, l'adjectif signifie seulement le fait que le corps d'un homme est nu, que la personne est sans vêtement. Il garde normalement son sens propre et pas celui figuratif[100].

---

[94] Cf. E.-B. ALLO, *La Seconde Epître*, 141.
[95] Cf. E.-B. ALLO, *La Seconde Epître*, 123.
[96] Cf. E.M. THRALL, «Putting On», 237.
[97] Cf. J. GILLMAN, «A Thematic Comparison», 449. Cf. aussi H. PAULSEN, «ἐνδύω» *EWNT* I, 1105.
[98] C'est tout à fait sur cette distinction que se base E.-B. ALLO, *La Seconde Epître*, 141 pour affirmer qu'il s'agit ici de la peur de la nudité: "Si Paul s'est servi de ce terme exceptionnel, il n'a pas dû le faire sans intention, mais bien pour signifier, non la prise d'un vêtement *après* un autre, mais *par dessus* (Plummer), car *epend.* signifie toujours cela". (Souligné dans le texte).
[99] Cf. R. PENNA, «Sofferenze apostoliche», 420; T.F. GLASSON, «2 Corinthians», 152-153.
[100] D'ailleurs même dans la littérature grecque, le terme γυμνός n'a pas que le sens figuratif. Il est vrai qu'un texte comme celui de *Cratyle*, 403b montre clairement qu'on peut parler de ἡ ψυχὴ γυμνὴ τοῦ σώματος pour désigner la situation de l'âme après la mort. C'est sans le corps qu'elle se présente dans l'Hadès. Dans le même sens on peut comprendre le texte de *Gorgias*, 523e. Ici, désolé de ses juges qui se laissent influencer par l'apparence des hommes, Zeus décide que le jugement n'aura plus lieu qu'après la mort. Car tous seront "nus" devant l'âme du juge "nu" aussi. Mais, on a l'impression que ce texte insiste plus sur la vérité et les conditions d'impartialité du jugement que sur la relation âme-corps en soi. Ce lien n'est pas donc le sens premier à mettre en évidence chaque fois que l'adjectif γυμνός est utilisé. Ainsi dans la *République*, 577b, γυμνός n'est même pas en rapport avec l'âme. Il s'agit plutôt du tyran qui, en privé, se laisse voir

Le contexte le plus intéressant pour notre cas est 1 Co 15,37. Paul, voulant parler du corps de résurrection (v.35), montre, en recourant à la similitude de la semence, comment il y a une différence entre le corps qui ressuscite et celui qui meurt. Ce qu'on sème, ce n'est pas déjà le corps à venir, mais le grain *nu*. L'adjectif γυμνός est utilisé ici pour parler d'une simple graine qui n'a pas encore reçu un autre corps de la part de Dieu, le corps semblable à celui de la résurrection. Cet adjectif n'est donc pas opposé au corps d'avant la mort du grain; mais à celui qui viendra après (τὸ σῶμα τὸ γενησόμενον). Autrement dit, γυμνός semble équivaloir au corps physique du grain non encore (ou déjà) semé et qui meurt. Il ne désigne pas la situation-de-sans-corps dans un moment intermédiaire, dans l'attente de «revêtir» le corps que Dieu lui fait. C'est plus loin (1 Co 15,53) que, continuant à développer la question soulevée au v.35, Paul emploie le verbe ἐνδύεσθαι pour désigner l'événement de l'acquisition du corps de résurrection par la transformation du corps d'avant la mort.

Ainsi, le revêtement (ἐνδύσασθαι) concerne ce que l'Apôtre a appelé plus haut, en employant l'image de la graine, le corps nu. Certes, en suivant la logique de 1 Co 15, le verbe ἐπενδύσασθαι pourrait aussi être utilisé pour désigner l'acte de revêtement du corps glorieux; mais Paul a préféré employer ἐνδύεσθαι, parce que ce verbe est le mieux adapté pour exprimer le concept de la transformation qui aura lieu pour tous (les morts et les vivants). Dans l'analyse de 1 Co 15,50-53, nous avons montré comment cette idée de transformation est très importante aux yeux de l'Apôtre: elle traduit son concept d'altérité, de rupture entre le corps nu (d'avant et d'après la mort) et le corps de la glorification[101]. Pareille idée ne serait pas bien rendue par le verbe ἐπενδύεσθαι. Car, même s'il peut donner l'impression d'engloutir le vêtement normal - vu qu'on réussit à cacher le vêtement qu'il y a en-dessous - ce verbe n'a pas la connotation de transformation, de nouveauté dans l'être, de discontinuité totale qu'implique le concept de ἐνδύεσθαι dans les textes pauliniens[102]. Nous l'avons montré, le verbe ἐνδύεσθαι en 1 Co 15,53 reprend ἀλλαγησόμεθα du v.52bγ.

Γυμνός s'applique donc au *corps* nu (non encore transformé) et non pas à l'âme sans corps, car dans le contexte de 1 Co 15, le fait d'être nu est seulement opposé au fait d'avoir obtenu le corps de résurrection. Ainsi si Paul a employé le verbe ἐνδύεσθαι en ce contexte c'est pour indiquer qu'il signifie «mettre un vêtement sur un *corps* nu», procurant une nouvelle

---

"nu", c'est-à-dire "dans la vérité". Pareil sens se trouve également dans He 4,13.

[101] Cf. supra, paragraphe 2.3.3.2.

[102] En effet, comme le remarque bien J. GILLMAN, «A Thematic Comparison», 445, la citation d'Is 25,8 en 1 Co 15,54 indique que le mortel ou le corruptible ne reste pas comme une sorte de sous-vêtement, mais est complètement détruit, exactement comme le grain *nu* doit mourir, avant de «revêtir» le corps que Dieu lui fait.

apparence à pareil corps. C'est pourquoi le fait d'être revêtu est celui d'avoir déjà acquis le corps de la résurrection.

Bref, l'état de nudité dont il est question dans ces deux textes (1 Co 15 et 2 Co 5) ne suppose aucunement la privation de quelque corps que ce soit[103]. Et cela vaut aussi bien pour ceux qui sont déjà morts que pour ceux qui sont encore vivants. Aussi convient-il d'affirmer comme en 2 Co 5,3: «une fois qu'on a été revêtu (du corps glorieux), on ne sera pas trouvé nu». Par conséquent, Paul n'exprime aucun sentiment d'horreur devant une telle situation de nudité, car elle n'implique pas qu'on est forcément privé de corps.

Il en résulte que le terme ἐνδύεσθαι est, dans le contexte de 1 Co 15, réservé à une réalité, une expérience de la fin des temps, alors que γυμνός, lui, indique, par rapport à cette expérience là, la situation d'un corps nu, non encore «revêtu» du corps de la résurrection. C'est cette lecture que nous proposons d'appliquer à 2 Co 5,2-4. Il ne sert à rien de la récuser sous prétexte qu'elle serait une tautologie menant à un «trivialem Sinn»[104]. Au contraire, le v.3 qui contient les deux mots γυμνός et ἐνδύεσθαι trouve désormais un bon commentaire. Qui plus est, il devient clair que ce v.3 joue dans cette unité le rôle d'une raison de plus sur laquelle se base Paul pour justifier la façon dont nous gémissons[105]: "Nous gémissons en désirant revêtir, par-dessus notre maison terrestre, notre maison d'origine céleste, d'autant plus qu'une fois revêtus, nous ne serons pas trouvés nus", c'est-à-dire nous ne serons plus trouvés avec le corps de la fragilité; nous ne souffrirons plus. Εἰ γε καί est alors à lire dans le sens d'une vérité admise comme condition préalable pour que le raisonnement soit vrai, et tout le v.3 est une idée déjà connue, tirée du *topos* de la foi, comme il y en a un bon nombre dans la section 4,7-5,10.

Que ce verset renvoie à une réalité de la fin des temps, cela est confirmé par l'emploi du verbe εὑρίσκεσθαι à l'indicatif futur passif. Après avoir étudié les autres occurences de ce verbe (Mt 24,46; Lc 12,43; Mc 13,36; Lc 12,37. 38; cf. aussi Ap 3,3; 16,15), D. Wenham soutient - avec raison - que son emploi en 2 Co 5,3 se justifie par la référence du texte et de son contexte à l'enseignement eschatologique de la communauté primitive[106].

---

[103] Pour l'histoire de l'interprétation de γυμνὸς κόκκος de 1 Co 15,37, cf. M. TEANI, *Corporeità*, 184-190.

[104] Cf. P. HOFFMANN, *Die Toten*, 276.

[105] Cf. aussi P. VON DER OSTEN-SACKEN, *Römer 8*, 113.

[106] D. WENHAM, «Being 'Found' on the Last Day: New Light on 2 Peter 3.10 and 2 Corinthians 5.3» *NTS* 33 (1987) 477-479.

4.3.3.2.2.6. Pertinence d'une paronomase

Grâce à cette interprétation de γυμνός et ἐνδύσασθαι, il devient possible de dire pourquoi Paul emploie le mot ἐπενδύσασθαι à côté de ἐνδύσασθαι dans 2 Co 5,2-4. Selon Paulsen, l'emploi de ἐπενδύσασθαι n'est pas hasardeux. Par ce verbe, Paul indiquerait que l'acte du ἐνδύεσθαι a déjà eu lieu dans le baptême (5,4). Ἐπενδύεσθαι indiquerait ainsi l'accomplissement de ce qui a été commencé dans le baptême[107].

Mais cette solution de Paulsen ne convainc pas. Certes, le verbe ἐπενδύεσθαι n'est pas employé au hasard et il n'est pas à identifier avec ἐνδύεσθαι. Paul ne fait pas un simple jeu de mots dépourvu de sens. Cependant, le contexte n'est pas en rapport avec le revêtement du Christ, advenu dans le baptême (Ga 3,27) ni avec les exhortations à revêtir les armes de Dieu (Rm 13,12.14; Ep 4,24; 6,11.14; Col 3,10.12; 1 Th 5,8).

En 2 Co 5, Paul continue à réfléchir sur les souffrances endurées par les chrétiens; il observe leur réaction «logique» dans une telle situation, quand ils sont sûrs de la gloire promise aux fidèles en cas de mort (5,1.3). Voilà pourquoi, seul le contexte de 2 Co 5 aide à comprendre pourquoi Paul utilise ἐπενδύεσθαι. C'est au moment de l'écrasement par le poids de souffrances que les chrétiens gémissent, souhaitant revêtir leur édifice futur par-dessus leur corps fragile; ils ne veulent pas abandonner l'habit qu'ils ont déjà, mais le superposer par un autre (cf. v.4: οὐ θέλομεν ἐκδύσασθαι ἀλλὰ ἐπενδύσασθαι). Dans ce sens, il est clair que Paul ne comprend pas le verbe ἐπενδύεσθαι de façon positive. Par ce verbe Paul exprimerait plutôt une tendance des chrétiens écrasés à manquer de patience et à vouloir plutôt bénéficier sans la souffrance de la gloire promise pour l'avenir.

Pour soutenir cette lecture, nous signalons, à part les verbes ἐπιποθοῦντες et θέλομεν, la proposition ἵνα καταποθῇ τὸ θνητὸν ὑπὸ τῆς ζωῆς de 5,4c. Cette allusion au texte d'Isaïe se trouve déjà en 1 Co 15,54b[108]. Or contrairement à 1 Co 15,54b, Paul remplace en 2 Co 5,4c ὁ θάνατος par τὸ θνητόν. Nous avons noté que dans la LXX ὁ θάνατος est parfois remplacé par ὁ ᾅδης et vice-versa et que chez Paul ὁ θάνατος peut être employé pour parler, non pas de la mort réelle, mais de toute sorte de souffrance qui menace encore les vivants de mort[109]. Grâce à cette observation, le fait que l'Apôtre remplace ὁ θάνατος d'Is 25,8 en 2 Co 5,4c par τὸ θνητόν ne peut être difficile à expliquer. C'est que, comme en 1 Co 15,53-54 où τὸ θνητόν est aussi utilisé dans le même sens, Paul a ici en vue la condition de ceux qui sont encore

---

[107] Cf. H. PAULSEN, «ἐνδύω», 1105.

[108] C'est donc avec raison que dans notre schéma proposé, cette petite proposition est parallèle à 5,3. Ce sont les seules propositions de cette unité qui soient clairement en rapport avec 1 Co 15 et sur lesquelles Paul se base pour expliquer le fait du gémissement.

[109] Cf. supra, paragraphe 3.3.2.1.3.

vivants et qui sont encore sous la menace de la mort[110] En effet, notre analyse a révélé que ὁ θάνατος d'Is 25,8 et d'Os 13,11 sous-entend en 1 Co 15,54-55 à la fois la situation des morts et celle de ceux qui sont encore vivants, tandis que τὸ θνητόν désignerait seulement celle des vivants.

Ainsi, on pourrait dire que la même logique continue en 2 Co 5,4c. Nous ne pouvons pas alors affirmer, comme pense Lambrecht, que τὸ θνητόν désigne ici aussi bien les morts que les vivants. D'ailleurs, il faut noter que Paul avait déjà employé ὁ θάνατος en 2 Co 4,12 pour indiquer les souffrances vécues dans son corps (4,10-11). S'il maintient seulement τὸ θνητόν en 2 Co 5, c'est qu'il insiste sur la situation de ceux qui sont encore vivants (5,4a), et qui expérimentent, non pas déjà la mort physique réelle, mais simplement les limites humaines à cause de la souffrance. C'est en effet quand on souffre sérieusement qu'on perd la patience d'attendre trop longtemps la gloire promise[111]. Ainsi, pour Paul, quand l'événement qui est réservé pour la fin des temps (v.3) est ardemment désiré de sorte que le gémissement s'exprime comme le fait de ne point vouloir le dépouillement, pareil gémissement équivaut à une volonté de superposition d'une réalité future à la réalité présente.

Dès lors, notre question du début, à savoir pourquoi Paul recourt ici à la fois aux métaphores de la maçonnerie et de l'habillement, trouve son explication possible. Nous pensons que, pour plus d'une raison, l'imagerie paulinienne est significative. D'abord par rapport à sa *propositio* 4,17, l'image de la demeure (οἰκοδομή) implique la solidité, la non-transitorieté de l'état de vie futur, l'éternité de la gloire future. Ensuite, l'image de la maison (οἰκία), suggérant le sentiment de l'"être-chez-soi", permet de comprendre pourquoi il est normal (du reste, pour tout homme) de désirer plus être dans "un-chez-soi" sans souffrances que dans "un-chez-soi" menacé de destruction. Cependant, par rapport aux gémissements qui en découlent, cette métaphore, mise ensemble avec le verbe ἐπενδύεσθαι, exprime une sorte d'illogicité d'un tel désir. Comment peut-on vouloir revêtir la gloire de la fin des temps déjà en ce monde, sans attendre la transformation finale? N'est-ce pas bien surprenant? Il s'agit en tout cas d'une image qui va au-delà de l'imaginable et même du crédible. Cette sorte d'*hyperbole* rhétorique, bien que relevant d'un *audacior ornatus*, est donc très significative pour l'interprétation correcte de la position de l'Apôtre.

En effet, tant que ἐνδύεσθαι exprime, comme en 1 Co 15 le processus de transformation advenant à la fin des temps et dont Dieu est l'unique

---

[110] Cf. aussi C.K. BARRETT, *A Commentary*, 156. Seulement, nous devons noter, contrairement à cet auteur, que les vivants dont il est question en cette unité ne sont pas forcément ceux qui le seront au moment de la parousie. Le problème paulinien ici n'est pas principalement celui d'assister vivant à la parousie ou non. Sa question principale tourne autour de la souffrance dans la vie des chrétiens.

[111] Cf. J. DUPONT, *L'union avec le Christ*, 152-153.

auteur, cela reste compréhensible aussi pour Paul (5,3). Mais dès que notre aspiration change d'aspect et devient l'expression de notre désir ardent à expérimenter une telle transformation au moment même de la souffrance, Paul ne trouve pas mieux que de recourir à l'étrangeté du revêtement de la maison céleste par-dessus la maison terrestre. On pourrait dire en d'autres mots qu'en employant le verbe ἐπενδύεσθαι Paul prend en même temps distance d'une telle sorte de gémissement, dans la mesure où ce gémissement devient un signe d'une impatience devant l'avènement des biens futurs. Car, nous l'avons dit, toute l'argumentation, depuis 4,17, vise plutôt à encourager les chrétiens à la persévérance et à l'espérance dans la souffrance. Ce terme «espérance» n'est certes pas employé ici, mais il est présent en 1,7 et en 1,10, deux versets qui, par anticipation, annoncent l'argumentation de 2 Co 4,17-5,10. Comme en Rm 8,18-25, l'acte d'espérer signifie attendre ce qui n'est pas encore vu. De ceci, il résulte que le vrai gémissement chrétien est celui qui s'exprime par l'espérance et qui regarde vers l'oeuvre finale de Dieu, vers ce qu'on ne voit pas (encore)[112].

4.3.3.2.2.7. Ἐκδύσασθαι synonyme d' ἐνδύσασθαι?

Il est clair désormais que Paul, par l'emploi du verbe ἐκδύσασθαι en 2 Co 5,4, précise 1 Co 15,53. En ce dernier texte, l'action de la transformation du mortel en immortel et du corruptible en incorruptible, est comprise comme l'acte de revêtir (ἐνδύσασθαι). En 2 Co 5,4b Paul souligne que revêtir la nouvelle gloire suppose le fait de se dépouiller de l'ancien vêtement. Certes, le problème ici réside en ce que ces deux verbes n'ont pas de compléments d'objets; mais au v.2 le complément du verbe ἐπενδύεσθαι est τὸ οἰκητήριον ἡμῶν τὸ ἐξ οὐρανοῦ. S'il est vrai que cet objet désigne la même chose que οἰκοδομὴ ἐκ Θεοῦ ... ἐν τοῖς οὐρανοῖς du v.1, c'est que le verbe ἐκδύσασθαι du v.4 peut avoir pour complément la οἰκία τοῦ σκήνους du v.1. Le gémissement aurait ainsi pour objet que nous voulons revêtir le corps spirituel par-dessus ce corps terrestre et que nous ne voulons pas nous dépouiller de ce dernier.

On le voit, le verbe ἐκδύσασθαι ne signifie pas mourir. Il est en rapport avec le concept de la transformation. Celle-ci est un processus qui consiste dans le binôme ἐκδύσασθαι- ἐνδύσασθαι. En effet, le verbe ἐκδύω est employé seulement quatre fois dans le Nouveau Testament (Mt 27,31; Mc

---

[112] En Ph 3,20-21, le verbe ἀπεκδέχομαι - qui est le complément du verbe στενάζομεν en Rm 8,23 - est utilisé pour indiquer le fait que les chrétiens attendent le Seigneur Jésus Christ qui transfigurera (futur) leur corps de misère en un corps de gloire semblable au sien.

15,20; Lc 10,30; 2 Co 5,4)[113]. Dans tous ces cas, il indique le fait de dépouiller quelqu'un de ses vêtements. Bien plus Mt 27,31 et Mc 15,20 sont plus intéressants, car ce verbe est employé en opposition à ἐνδύω. Il s'agit du Christ qui, ayant été vêtu d'une tunique de pourpre et flagellé, est dépouillé de cette tunique pour être revêtu de ses habits ordinaires. On retrouve pareil langage dans la LXX où le binôme ἐκδύω-ἐνδύω est utilisé onze fois (Lv 6,4; 16,23; Nb 20,26.28; Jdt 10,3; 1 M 10,62; Ct 5,3; Is 52,1-2; Ba 4,20; 5,1). Nous pouvons classer ces occurrences en deux catégories. La première concerne deux personnes qui se transmettent le pouvoir. Aaron doit ôter ses vêtements (signe de son pouvoir) pour en revêtir Eléazar (Nb 20,26.28). Ce cas ne peut concerner 2 Co 5, car en ce dernier il s'agit d'une même personne qui se dévêt et se revêt.

Le reste des textes de la LXX va dans ce sens. En tant que geste rituel, le binôme indique le changement d'habits avant ou après une nouvelle étape du rite (Lv 6,4; 16,23; Ez 44,19). Parfois, c'est le sens symbolique qui prédomine, quand les deux verbes signifient un changement de situation générale de quelqu'un ou du peuple, changement allant de la tranquillité à la supplication (Ba 4,20), de la tristesse à la joie (Jdt 10,3) ou de la souffrance à la gloire (Is 52,1-2; Ba 5,1). Dans 1 M 10,62 le binôme indique un investissement du pouvoir. Jonathan est dévêtu de ses habits ordinaires pour être revêtu de pourpre. Ainsi il devient stratège et gouverneur. C'est à ce cas qu'il faut rapprocher celui de Jésus lors de la flagellation (Mt 27,31; Mc 15,20). Bref, le dénominateur commun en chacun de ces cas, c'est que ce binôme implique un réel changement, une transformation conforme à une nouvelle réalité, de sorte que même employé seul le verbe ἐνδύομαι laisse croire à un acte d'ἐκδύομαι préalable, à une situation d'un dépouillement préalable. N'est-ce pas en ce sens qu'on entend le verbe ἐνδύεσθαι dans le corpus paulinien, là où il est dit que le chrétien a revêtu le Christ, qu'il a revêtu un nouvel homme (Ga 3,27; Rm 13,14; Ep 4,24; Col 3,10)? Dans ces cas aussi, ce verbe suppose d'abord un dépouillement[114].

---

[113] Notons aussi que deux autres cas posent un problème de critique textuelle: Mt 27,28; 2 Co 5,3. Nous avons déjà montré pourquoi en 2 Co 5,3 il faut préférer ἐνδύομαι à la place d'ἐκδύομαι. Ce n'est pas ici le lieu de débattre sur Mt 27,28.

[114] On trouve aussi pareille idée chez PLATON, *République* 620a-c. Il est vrai qu'il emploie plusieurs fois le verbe ἐνδύομαι, mais les synonymes qu'il lui donne dans le Mythe d'Er sont instructifs. Dans ce Mythe, il est question de la métempsychose. Er voit comment différentes âmes choisissent leurs vies futures (ὡς ἕκασται αἱ ψυχαὶ ᾑροῦντο τοὺς βίους). Cet acte de choisir (αἱρεῖσθαι) est icci appelé sous de synonymes nombreux, dont changer, échanger, passer à, ainsi que le verbe ἐνδύομαι. Ce dernier verbe est employé quand Er voit le bouffon Thersite choisir la vie d'un singe. Platon emploie alors le verbe revêtir (πίθηκον ἐνδυομένην). Ἐνδύομαι a donc aussi ici la connotation de changement d'aspect, car c'est ce qu'il entraîne, de sorte qu'il y a discontinuité par rapport à la forme de vie qui a précédé. Il est difficile d'imaginer que Platon ait pu utiliser le verbe ἐπενδύομαι à la place. Ce dernier n'implique pas le dépouillemen

Telle est la perspective qui se dégage en 2 Co 5,4. Dès lors, désirer "revêtir par-dessus" équivaudrait à ne pas vouloir se dépouiller du vêtement (ancien) ordinaire, à désirer la nouvelle situation sans transformation. Il faut noter comment Paul met l'accent non pas sur la négation du fait de se dépouiller, mais sur celle du vouloir se dépouiller (οὐ θέλομεν). Par contre on veut revêtir le corps spirituel, sans transformation, pour que le mortel soit englouti par la vie. En soi, cette finalité n'est pas négative, d'autant plus que le schéma proposé plus haut révèle que cette affirmation correspond à celle du v.3 et qu'elle est là comme une idée du *topos* chrétien à laquelle Paul recourt pour clarifier son argumentation. Mais bien que le contenu de cette finalité soit positif, cette aspiration deviendrait problématique, si le chrétien y aspirait sans vouloir la transformation de la fin des temps.

Bref, notre analyse explique pourquoi ἐκδύσασθαι est en opposition à ἐπενδύσασθαι en 5,4b, sans être en contraste avec ἐνδύσασθαι du v.3. En outre, on comprend pourquoi le même ἐκδύσασθαι ne pourrait pas équivaloir à la proposition γυμνοὶ εὑρεθησόμεθα de ce dernier verset. En fait, il s'agit d'une paronomase pertinente pour le sens de l'unité argumentative[115].

4.3.3.2.3. 2 Co 5,5 et l'enjeu *théo*-logique de la discussion

L'affirmation du v.5 confirme cette interprétation. En effet, Paul conclut cette micro-unité en disant: ὁ δὲ κατεργασάμενος ἡμᾶς εἰς αὐτὸ τοῦτο Θεός, ὁ δοὺς ἡμῖν τὸν ἀρραβῶνα τοῦ πνεύματος (5,5). La particule εἰς αὐτὸ τοῦτο renvoie généralement à la proposition finale introduite par ἵνα qui la précède ou la suit (Rm 9,17; 13,6; Ep 6,22; Col 4,8). Ainsi, Paul reconnaît en 2 Co 5,5 que le but poursuivi, quand on aspire à ἐπενδύσασθαι (ἵνα καταποθῇ τὸ θνητὸν ὑπὸ τῆς ζωῆς) est normal; mais il souligne en même temps que seul Dieu en est l'auteur, vu qu'il nous a déjà préparés à ce but, à cette victoire de la vie sur le mortel, sur la condition humaine de souffrance. Il l'a déjà fait, car il nous a donné l'Esprit Saint. Généralement chez Paul, l'Esprit Saint a été donné aussi comme l'instrument divin de la réalisation de la résurrection future des chrétiens (1 Co 15,45; Rm 8,11.23). Dans l'attente de l'accomplissement de la victoire finale sur les épreuves et la mort, sa présence dans le coeur des chrétiens est un gage que leurs corps seront vivifiés et complètement sauvés. Il y a de quoi considérer que 5,5 réaffirme le vrai sens de 5,1 en ramenant la pointe de toute la péricope à cette affirmation théologique.

---

préalable.
[115] Au sujet de la *paronomase* comme figure rhétorique, cf. H. LAUSBERG, *Elementi di retorica*, §§ 277-279.

Par conséquent, dans les vv.5,2-4, Paul n'exprime ni sa peur de la mort (vu que ce n'est pas cela sa problématique), ni sa peur de la nudité (étant sûr qu'une fois revêtu on ne sera jamais nu), mais une sorte de distance vis-à-vis de certains gémissements qu'on émet dans les souffrances alors qu'on continue à vivre, sûrs de la victoire finale à la fin des temps (5,1.3.4c). Ainsi, l'emploi de ἐπενδύσασθαι au lieu d'un simple ἐνδύσασθαι semble relever de ce souci de Paul: prendre ses distances par rapport aux gémissements qui exprimeraient, en attendant l'événement final, un certain désir de fuir les souffrances.

Probablement, pour Paul, les souffrances joueraient le rôle du dépouillement du vêtement que l'on a déjà (ἐκδύσασθαι). Voilà pourquoi il soutient en 4,17, qu'elles préparent à une masse éternelle de gloire. Le but proposé par Paul en 4,17 est retrouvé dans l'affirmation conclusive qui met Dieu à l'avant plan. Κατεργασάμενος (5,5) rejoint κατεργάζεται (4,17) et ils construisent une sorte d'inclusion. Bref, il n'est pas question dans cette micro-unité de la crainte de la mort. Tout ceci ne devient évident que lorsqu'on a découvert la vraie fonction et l'orientation de 2 Co 5,1-5. Pour nous, 5,1 est une preuve de 4,17, tandis que 5,2-5 est la confirmation même de la preuve[116]. C'est ainsi que nous croyons que la petite unité qui suit (5,6-10) joue la même fonction, celle de clarifier 4,17 en confirmant la vérité de 5,1.

4.3.3.3. 2 Co 5,6-10: l'être-dans-le-corps et le fait de plaire à Dieu

4.3.3.3.1. L'unité de pensée entre 2 Co 5,6-10 et 2 Co 5,1-5

Cette nouvelle micro-unité boucle la problématique des versets précédents. La logique est encore la même: le rapport et la tension entre l'expérience terrestre du chrétien et la promesse des biens futurs. Seulement emboîtant le pas à J. Dupont, A. Feuillet a soutenu que cette unité ne peut nullement être unifiée avec 5,1-5[117]. Il y aurait une dualité de perspective entre les deux

---

[116] Selon *RhétHer II*,28 "l'argumentation la plus complète et la plus parfaite est celle qui comprend cinq parties; la proposition, la preuve, la confirmation de la preuve, la mise en valeur, le résumé. Par la proposition nous indiquons sommairement ce que nous voulons prouver. La preuve est la raison qui montre - sous forme d'une brève explication - la vérité de ce que nous soutenons. La confirmation de la preuve fortifie par plusieurs arguments cette preuve brièvement exposée. /.../". Cependant, nous ne soutenons pas que Paul a appliqué ici servilement cette *dispositio* rhétorique. La *RhétHer II*,30 elle-même reconnaît que "l'argumentation *la plus complète* est celle qui comprend cinq parties: *mais elle n'est pas toujours nécessaire. /.../*". Nous soulignons.

[117] Cependant A. FEUILLET, «La demeure céleste», 385-390, rejette l'idée de Dupont selon laquelle à partir de 5,6-10 Paul épouserait complètement la vision hellénistique de la mort, alors que depuis 4,7 jusqu'en 5,5 il ne manquait pas de demeurer Juif tout en

unités. Alors qu'en 5,1-5 Paul exprimerait la peur de la mort (cf. celle d'être trouvé nu au v.3), à partir de 5,6 Paul changerait de vue: il trouverait que la mort n'est pas redoutable; elle serait au contraire souhaitable pour sortir de la vie de l'exil et aller demeurer auprès du Seigneur. Ce changement de vue est selon Feuillet un signe que l'hypothèse d'interprétation christologique de la demeure céleste de 5,1 est correcte.

Mais une telle analyse ne peut convaincre. D'abord, à cause de son interprétation de 5,1-5 comme une affirmation sur la peur de la mort. Nous venons à peine de montrer qu'il n'en est rien. Selon l'analyse faite, on pourrait même dire que, dans ces versets, Paul encourage les chrétiens à accepter la mort, pourvu que l'on ne dise pas par là qu'il encourage à désirer la mort pour échapper aux souffrances. Ensuite - et c'est ce que nous allons à présent débattre - l'interprétation de Dupont et Feuillet ne convainc pas parce qu'elle prétend qu'en 5,6-10 Paul trouve que la mort est souhaitable pour sortir de la vie de l'exil. Cette lecture ne rend pas justice à la pensée de Paul en cette ultime unité d'une réflexion sur l'aspect positif futur des souffrances présentes. En effet, même si 5,6 contient une affirmation, connue et partagée de tous (cf. εἰδότες ὅτι; cf 4,14; 5,1), celle-ci n'est pas amplement commentée dans la suite. Elle sert de maillon pour arriver à des considérations pratiques sur tout ce que Paul a dit dans l'unité précédente.

Par ailleurs, quand M. Carrez intitule cette unité en ces termes: "avec courage allons vers le Seigneur pour lui plaire avant de comparaître devant lui"[118], ne fait-il pas d'elle une conclusion exhortative de ce qui précède? Or, s'il faut accepter l'idée de conclusion, il faut rejeter celle d'exhortation. Tout *exitus* d'une argumentation n'est pas forcément exhortatif. De même, Carrez n'accrédite-t-il pas l'idée que, selon Paul, il faut d'abord être avec le Seigneur avant de chercher à lui plaire? Nulle part dans la Bible, on n'a une telle conception des choses. C'est seulement en ce monde qu'on s'efforce de plaire à Dieu pour plus tard être jugé digne de demeurer éternellement avec lui.

On peut donc à juste titre se demander si le modèle rhétorique appliqué jusqu'ici peut aussi expliquer l'unité 5,6-10 par rapport à ce qui lui précède. Paul continue-t-il la perspective des versets précédents (4,17-5,5)? Que dit-il et que ne dit-il pas dans cette nouvelle unité? Comment passe-t-il du point précédent à celui-ci? A quel moment de l'enchaînement du discours est-on? Bref, comment s'enchaîne le raisonnement à la suite de 4,17-5,5?

---

empruntant le langage et la conception grecs des choses.
[118] M. CARREZ, *La deuxième aux Corinthiens*, 133.

4.3.3.3.2. Logique interne du v.6

La micro-unité 5,6-10 se divise en deux parties: les vv.6-8 qui contiennent une autre affirmation de la foi et les conséquences logiques qui peuvent en découler, et les vv.9-10 qui sont l'ultime conclusion pratique suivie de sa justification fondamentale.

Par rapport à 5,1-5, Paul continue sa pensée, en se basant sur la certitude théologique de 5,5. En 5,6, il tire ainsi les conséquences de sa conviction sur le sens des souffrances du croyant, vivant encore dans un corps fragile: "Nous avons donc toujours de l'assurance"[119]. Il le fait en recourant à nouveau à un autre enseignement traditionnel (ὅτι)[120]: "et pourtant nous savons qu'en demeurant dans le corps, nous sommes loin du Seigneur".

L'emploi du participe présent θαρροῦντες suivi d'un autre participe, εἰδότες, pose un problème de construction, d'autant plus qu'il n'y a pas de proposition principale. Ont-ils tous les deux la même valeur, vu qu'ils sont unis par la conjonction καί? C'est bien possible, si on voit que l'auteur veut souligner la simultanéité de ces deux verbes. Si tel est le cas, le καί qui les coordonne indique cependant aussi qu'il s'agit de deux faits qui ne sont pas dépendants l'un de l'autre (comme par exemple en 4,14 où εἰδότες est subordonné à λαλοῦμεν). Dans ce cas, il ne faut pas forcément les traduire de la même façon. Il n'est pas à exclure que ce καί ait une connotation adversative marquant deux actions simultanées. On pourrait ainsi traduire: "nous avons donc toujours de l'assurance *pendant que* nous savons que..."[121].

Pour résoudre le problème, J. Murphy O'Connor attribue la citation de 5,6 aux *pneumatikoi* que Paul combattrait à Corinthe[122]. Et pourtant, en disant εἰδότες ὅτι, Paul partage certainement la vérité qu'il introduit par cette formule, même si ce n'est que de façon relative. C'est seulement ainsi que l'on comprend pourquoi il revient, pour y insister, sur le fait que nous cheminons dans un moment de foi (διά temporel) et non dans celui de la vision (v.7). Pour Paul, il est clair que ce dernier est un événement futur à espérer (4,18). Et s'il revient sur cette réalité de la vie des chrétiens, c'est parce qu'il veut souligner le fait que selon l'enseignement «traditionnel» chrétien, c'est dans ce temps de foi, où nous cheminons, que nous demeurons loin du Seigneur. Nous savons que c'est quand nous sommes encore dans le corps que nous sommes loin du Seigneur.

---

[119] La particule πάντοτε ne manque pas d'évoquer celles de 4,10-11, où il reconnaissait être toujours souffrant à cause du Christ.

[120] Cf. aussi M. CARREZ, *La deuxième aux Corinthiens*, 134.

[121] Cf. l'emploi *neutre* de la particule καί signalé par M. ZERWICK, *Graecitas biblica*, § 455α. Autres traductions possibles: "..., *même pendant que* nous savons que...", "....., *et pourtant* nous savons que..."

[122] Cf. J. MURPHY O'CONNOR, «Being at Home», 218-221.

Partant de cet élément de la foi, Paul en montre les conséquences logiques. Εὐδοκοῦμεν μᾶλλον exprime en effet un jugement humain tirant une conséquence logique et compréhensible, jugement porté sur le contenu de cette connaissance traditionnelle. Mais avant cela il prend soin de reprendre sa pensée interrompue en 5,6 par l'évocation de l'enseignement de foi. Il insiste sur le fait d'avoir courage dans les difficultés que lui procure l'être-dans-le-corps. Ainsi, le καί du v.8 crée, comme celui du v.6, une note d'opposition entre θαρροῦμεν δέ et εὐδοκοῦμεν μᾶλλον, considérés dans ce sens comme deux situations simultanées: "Nous avons de l'assurance, même quand nous trouvons beaucoup mieux d'émigrer du corps pour habiter près du Seigneur".

4.3.3.3.3. Organisation interne des vv.6-8

Pour saisir comment Paul enchaîne ses idées et quelle est sa vraie position, il convient de dégager la composition de cette micro-unité. Les vv.6-8 peuvent en effet se disposer en un schéma de forme ABCDEA'B'D'C' que voici:

A: θαρροῦντες οὖν πάντοτε   A': θαρροῦμεν δέ
B: καὶ εἰδότες ὅτι   B': καὶ εὐδοκοῦμεν μᾶλλον
C: ἐνδημοῦντες ἐν τῷ σώματι ⟍ ⟋ D': ἐκδημῆσαι ἐκ τοῦ σώματος
D: ἐκδημοῦμεν ἀπὸ τοῦ κυρίου ⟋ ⟍ C': καὶ ἐνδημῆσαι πρὸς τὸν κύριον

E: Διὰ πίστεως γὰρ περιπατοῦμεν, οὐ διὰ εἴδους

Cette disposition est sans doute compliquée, mais elle est claire. Quel-qu'un serait tenté de mettre l'affirmation E entre parenthèses. Pourtant il ne faut pas la dévaluer, car Paul la formule comme une incisive explicative (γάρ) de ce qu'il va dire. Ce n'est pas pour rien qu'il interrompt le flux de sa pensée. Cette anacoluthe n'est pas signe d'incohérence logique. Grâce à l'élément (E), Paul veut justement insister ("incidere") sur le fait que le chrétien est dans le temps de la foi. L'Apôtre comprend celui-ci comme n'étant pas encore le temps de la vision. Vu le rapport déjà signalé entre 2 Co 4,17-5,10 et Rm 8,18-30, le temps de cette vision peut être saisi comme celui de la révélation des fils de Dieu dont il est question dans Rm 8,18. Il reste un temps futur, celui des événements de la fin, car le moment actuel est celui de la non vision de la gloire future, même si celle-ci est une assurance indubitable. Le verbe φανερωθῆναι de 5,10 le confirme. Ne rappelle-t-il pas celui de Col 3,4 où ce qu'on y affirme est très proche de Rm 8,18 et même de Rm 6,4-5? C'est justement la gloire future qui constitue ce qui n'est pas en ce moment visible (cf. 2 Co 4,17.18).

L'affirmation E veut donc mettre de nouveau ceci en exergue: l'expérience que le chrétien vit (celle d'être-dans-le-corps et d'être-loin-du-Seigneur) est vécue dans le moment de l'attente, mieux de la marche. Il marche vers la vision des événements eschatologiques. En Rm 6,4-5, Paul utilise le verbe περιπατέω pour indiquer le temps de la nouvelle vie, temps compris entre le baptême et la résurrection future. En 2 Co 5,7, Paul insiste là-dessus pour dire pourquoi le chrétien devrait avoir courage (A'=A), même s'il estime qu'il serait mieux (B') d'émigrer du corps (D') et de demeurer auprès du Seigneur (C'), vu justement qu'il sait (B) qu'en demeurant dans le corps (C), il est loin du Seigneur, comme quand quelqu'un se trouve dans un pays étranger (D).

Ceci étant clair, le parallélisme entre A et A' ne nécessite pas grande explication; il s'agit de la reprise du flux de la pensée, interrompu par le besoin d'insister sur le fait que le chrétien, étant dans ce monde (être-dans-le-corps), vit encore dans l'attente du moment futur de la vision. Par contre, le parallélisme entre B et B' montre clairement qu'il y a un déplacement conceptuel. Alors que dans B il est question du savoir, dans B' il s'agit d'une sorte de conséquence logique, rationnelle que l'on tire de cette vérité commune de la foi[123]. Sachant qu'en demeurant dans le corps, il est loin du Seigneur, le chrétien trouve qu'il est préférable d'émigrer du corps pour se rendre auprès du Seigneur. Evidemment, la compréhension du verbe εὐδοκέω du v.8 est ici déterminante.

4.3.3.3.4. v.8: εὐδοκεῖν exprime-t-il une préférence ou une décision?

N. Baumert et J. Murphy O'Connor proposent de traduire ce verbe, non pas par «exprimer une préférence», mais par «exprimer une décision déjà prise». Grâce à cette traduction ces deux auteurs croient réussir à écarter l'interprétation habituelle de ce verset. Pour eux, Paul n'aurait pas exprimé ici son choix d'aller vers le Seigneur. Car, comme le verbe εὐδοκεῖν veut dire «être déjà décidé», pareille compréhension de 2 Co 5,8 serait en désaccord avec Ph 1,19-26. Dans ce dernier texte, Paul montrerait clairement qu'il *choisit* de rester dans le corps, malgré son *désir* de s'en aller pour être avec le Christ. Baumert recourt, pour soutenir cette interprétation, à Rm 15,26; 1 Co 1,21; Ga 1,5; 1 Th 2,8; 3,1 où, comme dans notre cas, εὐδοκεῖν est suivi d'un infinitif[124].

---

[123] Cf. ce que nous avons dit supra, paragraphe 4.1.1.2. à propos du sens de οἴδαμεν ὅτι.

[124] Cf. N. BAUMERT, *Täglich sterben und auferstehen. Der Literalsinn von 2 Kor 4,12-5,10* (SANT 34; München, 1973) 223-234; J. MURPHY O'CONNOR, «Being at Home», 217. Cf. aussi, G. SCHRENK, «εὐδοκέω» *ThWNT* II, 739.

Cependant, il ne suffit pas de dire que ce verbe est suivi d'un infinitif. Encore faut-il relever que la nuance dépend du temps dans lequel il est exprimé. Dans le corpus paulinien, c'est seulement quand εὐδοκεῖν est conjugué à l'aoriste qu'il indique une décision déjà prise (cf. Rm 15,26.27; 1 Co 1,21; 10,5; Ga 1,15; 1 Th 3,1; Col 1,19; 2 Th 2,12). Cela est vrai surtout s'il a pour sujet Dieu. On le remarque aussi dans les Évangiles où il n'apparaît que dans les Synoptiques et avec pour unique sujet Dieu (Mt 3,17; 12,18; 17,5; Mc 1,1; Lc 3,22; 12,32). Dans ces cas, il implique effective-ment une décision déjà prise par Dieu, un choix déjà accompli, une préfé-rence déjà manifestée envers quelqu'un, particulièrement son Fils unique (cf. aussi 2 P 1,17).

S'il est conjugué au présent on peut parler aussi de "décision", mais seulement pour un acte du passé qui dure jusqu'au moment où l'on parle (1 Th 2,8; 2 Co 12,10). Cela ressemble clairement à une option déjà accomplie, un choix déjà décidé. En 2 Co 12,10, l'idée de la décision est renforcée par le fait qu'il s'agit d'une décision obligée; en réalité, l'Apôtre n'a pas de choix (cf. vv.8-9 qui précèdent). Par contre, dans He 10,38, où le verbe εὐδοκεῖν fait partie d'une citation d'Ha 2,3-4 (LXX), l'idée d'une décision déjà prise est déséquilibrée par la condition (ἐάν + aoriste). Si le juste se dérobait, alors le Seigneur ne se complairait pas en lui. Certes, quelqu'un pourrait dire: le temps de l'apodose n'est pas important ici. Mais, si l'auteur emploie le présent, c'est que l'idée de décision ne découle pas du verbe en tant que tel, mais du temps auquel il est conjugué.

Que dire alors de 2 Co 5,8? Nous observons que même s'il est suivi d'un infinitif, εὐδοκεῖν est aussi conjugué au présent. Il n'exprime ni un fait déjà complètement passé, ni celui qui, déjà réalisé, dure encore au moment où l'Apôtre parle. Paul se situe encore à un niveau logique. On ne peut donc pas parler de décision. Certes, tout choix implique une décision, mais cet aspect de décision n'est évident que pour ce qui est déjà fait (passé). Ça ne l'est pas quand il s'agit du moment présent ou du temps futur où le choix n'a pas encore été posé (cf. Si 25,16).

Ainsi, en 2 Co 5,8 Paul exprime une préférence et pas une décision. La cohérence interne de cette argumentation suffit à elle-même pour rejeter l'opinion habituelle, selon laquelle l'Apôtre choisit de mourir pour se trou-ver, dès la mort, auprès du Seigneur[125]. Baumert et Murphy O'Connor ont raison de remettre cette opinion en question[126], mais il n'est pas nécessaire pour cela de recourir à Ph 1,19-26 et de donner un autre sens au verbe εὐδοκεῖν. Car, même en interprétant ce verbe par «exprimer une préférence», il n'y a pas contradiction entre Ph 1,19-26 et 2 Co 5,6-8. En effet, en 2 Co 5,8, Paul est encore au niveau du choix à faire, exactement comme en Ph

---

[125] Un représentant de cette opinion est J. DUPONT, *L'union avec le Christ*, 153-155.
[126] Cf. supra note 122.

1,19-23. Mais vu le contexte de 2 Co 5, l'affirmation de Paul devrait être ainsi comprise: c'est dans le temps de l'attente que l'on estime mieux, quand on est justement dans la souffrance, d'inverser la disposition des éléments de la vérité de foi. De fait, Paul intervertit la position des affirmations C et D en D' et C', formant une sorte de chiasme simple. Cependant, il faut faire attention à la spécificité de ce chiasme.

4.3.3.3.5. A propos du chiasme CDD'C' des vv.6-8

Celui-ci ne s'explique pas seulement par l'inversion de la position des verbes ἐνδημεῖν et ἐκδημεῖν, mais aussi par l'emploi des prépositions que les deux verbes commandent. De fait, la préposition πρός de C' s'oppose logiquement à ἀπό de D. Il est de même naturel de considérer la préposition ἐκ de D' comme l'antithèse logique de ἐν de C. Mais il faut noter que ces deux dernières prépositions sont celles que les verbes en question exigeraient de façon automatique (ἐνδημεῖν ἐν et ἐκδημεῖν ἐκ). Par conséquent, que la préposition ἀπό soit employée avec le verbe ἐκδημεῖν et la préposition πρός avec le verbe ἐνδημεῖν, cela est exigé, non plus par la nature même des verbes, mais par le substantif-complément κύριος que ces prépositions modifient.

Ainsi, il y a lieu de dire que l'être-dans-le-corps ne pose pas le problème d'être *dans* le Seigneur. Même si Paul ne le dit pas ici explicitement, on peut supposer que pour lui le chrétien, de par son baptême, et du moment qu'il est dans le temps de la foi, est déjà dans le Seigneur[127]. C'est donc seulement le degré de proximité spatiale qui est problématique quand le chrétien demeure encore ou ne demeure plus dans le corps[128]. En termes clairs, le fait que le corps suscite seulement ce problème de la proximité au Seigneur indique que Paul n'a pas une vision vraiment négative de l'être-dans-le-corps. La réalité du corps physique ne menace pas son-être-dans-le-Seigneur[129]. Dans cet ordre d'idées aussi, il faut admettre que même si l'Apôtre considère le temps de la vision comme meilleur par rapport à celui de la foi, ce n'est pas - n'en déplaise à Heckel[130] - cette vérité qui constitue la pointe de l'unité littéraire. Paul veut, en revanche, que l'on valorise le temps de la foi. C'est pour cela qu'il le dit avec insistance dans l'affirmation du v.7.

---

[127] Ceci confirme de plus que la maison céleste dont il est question en 5,1 n'est pas à interpréter christologiquement. Il ne s'agit pas, en effet, d'aller habiter (vivre) *dans* (ἐν) le Christ, mais *à côté de* (πρός) lui, au ciel où il est depuis la résurrection.

[128] Cf. aussi M.J. HARRIS, *From Grave to Glory*. Resurrection in the New Testament. Including a Response to Norman L. Geisler (Grand Rapids, MI, 1990) 187.

[129] Contre R. BULTMANN, *Theologie*, 202 et E. KÄSEMANN, *Leib und Leiblichkeit*, 124 qui affirment le contraire.

[130] Cf. T.K. HECKEL, *Der Innere Mensch*, 123.

4.3.3.3.6. Le parallélisme B-B' des vv.6-8 et son sens

Dès qu'on perçoit le parallélisme entre εὐδοκοῦμεν μᾶλλον (B') et εἰδότες (B), la logique de la micro-unité 5,6-10 se clarifie. Car, lorsqu'une une vérité est exprimée sous une forme disjonctive, il est plus facile d'opter pour l'une ou l'autre possibilité. Or, quel est le contenu exprimé en B? C'est que quand on demeure dans le corps, on est hors de là où est le Seigneur (C-D).

Que cette affirmation constitue une vérité que les chrétiens de l'Eglise primitive partageaient, cela revient souvent dans les lettres pauliniennes. En 1 Th 1,10, Paul affirme que la vérité selon laquelle le Seigneur Ressuscité est à présent au ciel faisait partie de son tout premier enseignement à Thessalonique. Les premiers chrétiens attendaient qu'à la fin le Seigneur viendrait du ciel pour transformer leurs corps de tant d'humiliations en corps glorieux (Ph 3,20-21). Il y avait donc une prise de conscience parmi eux du fait que l'être-dans-le-Christ ne signifiait pas l'être-avec/auprès-du-Christ. Une distance spatiale, et pas ontologique, était bien reconnue (cf. aussi 1 Th 4,17; 5,10).

Dans un tel contexte, la mort pouvait alors être doublement perçue: soit comme un autre éloignement du Seigneur, avec risque de ne point assister à sa venue (cf. 1 Th 4,13-18); soit comme une solution pour être-auprès/avec-le-Seigneur (cf. 2 Co 5,6; Ph 1,23). Le danger de la première possibilité était le désespoir et surtout une mauvaise compréhension de l'acte salvifique du Christ. Voilà pourquoi Paul déclara aux Thessaloniciens qu'envisager cette éventualité équivalait à ignorer une vérité chrétienne (οὐ θέλομεν δὲ ὑμᾶς ἀγνοεῖν). Percevoir la mort comme entraînant un autre éloignement qui ne permet pas de prendre part à la parousie du Seigneur n'est pas correct et doit être éliminé de la manière dont les chrétiens vivent leur foi.

Le danger de la deuxième possibilité est justement ce dont parle 2 Co 5,1-10: trouver préférable d'aller auprès du Seigneur et négliger le temps de la foi, désirer superposer le corps glorieux au corps physique et négliger le temps où l'on vit dans le corps. En effet, quelle est l'option que le chrétien peut rationnellement choisir (εὐδοκοῦμεν μᾶλλον) si ce n'est d'inverser la situation, quand il connaît la réalité de la distance spatiale qui demeure entre lui et son Seigneur? C'est ce que Paul dit en D' et C' où l'inversion se situe au niveau des compléments que l'on déplace d'un verbe à l'autre ainsi qu'à celui des prépositions qui les déterminent.

Fort probablement les exégètes qui ont vu en 2 Co 5,1-10 un enseignement sur l'acquisition du corps glorieux immédiatement à la mort ou un enseignement sur l'état intermédiaire, où repose l'âme sans le corps, avant la parousie[131], n'ont pas perçu que Paul situe cette inversion au niveau ra

---

[131] Cf. W. BAIRD, «Pauline Eschatology», 317 où il mentionne ceux qui soutiennent cette théorie. Cf. aussi F.F. BRUCE, «Paul on Immortality», 470-471; M.J. HARRIS, *Raised*

tionnel. C'est sans doute aussi pour cela que Dupont trouvait que Paul choisit de mourir[132]. Mais telle n'est pas la position de Paul. Celui-ci affirme simplement que comme le chrétien vit dans le temps de la foi et non de la vision, il lui est facile, surtout quand il est écrasé dans son corps par les souffrances de préférer de mourir pour se trouver auprès du Seigneur que de continuer de demeurer dans un corps qui le tient loin du Seigneur. Pareille préférence n'est pas encore une décision; elle est seulement logique. Il faudrait donc éviter de confondre cette sorte de "concession" avec la vraie position de l'Apôtre. Voilà pourquoi, sans la dévaluer, Paul relativise, dans les vv.9-10 la conviction du v.6 qu'il partage (εἰδότες ὅτι). Il prend soin d'indiquer l'attitude pratique à adopter dans le temps de la foi, c'est-à-dire quand on est encore dans le corps (cf.4,16).

4.3.3.3.7. vv.9-10 et la relativisation du v.6

Le διὸ καί introduisant les vv.9-10 montre que ce qui précède est considéré comme un ensemble de prémisses. Si on estime qu'en émigrant du corps on demeurera près du Seigneur et si on trouve mieux de le faire (v.8), *alors* c'est *aussi* un point d'honneur de lui plaire (v.9); car, en dernière analyse, il faut que nous soyons mis à découvert devant le tribunal du Christ pour qu'à chacun soit remise la récompense proportionnelle à ce qu'il a pratiqué, quand il était dans le corps, le bien ou le mal (v.10) .

Le problème des vv.9-10 consiste surtout dans le sens et la fonction du v.10[133]. Il importe, en effet, de voir que l'attention de Paul est focalisée sur le fait que tout chrétien (πάντες ἡμεῖς; ἕκαστος) sera présent à la parousie du Christ. Trois éléments indiquent qu'il met plus l'accent sur le fait d'être présent à cette parousie que sur le jugement en tant que tel. 1° L'adverbe ἔμπροσθεν est employé comme en 1 Th 2,19; 3,13 où il a une valeur eschatologique. Ce n'est pas toujours le cas (1 Th 1,3; 3,9 et surtout Ph 3,13). Mais en 1 Th 2,19; 3,13, il est accompagné de ἐν τῇ παρουσίᾳ αὐτοῦ (τοῦ Κυρίου ἡμῶν Ἰησοῦ Χριστοῦ). 2° Nous avons déjà relevé comment le verbe φανερωθῆναι est, grâce à Col 3,4, à comprendre comme parlant du moment de la parousie du Christ. Si nous ajoutons que ce verbe relève du même axe lexémique que le verbe παραστήσεσθαι de Rm 14,12, le doute s'élimine. Or ce dernier verbe est employé en 2 Co 4,14 (dans le même contexte que 2 Co 5,10), où il a une dimension clairement eschatologique. 3° Le terme βῆμα

Immortal, 101-103; J. OSEI-BONSU, «The Reception», 81-101; IDEM, «The Intermediate State», 186-187; P. ACHTEMEIER, «An Apocalyptic Shift in Early Christian Tradition: Reflections on Some Canonical Evidence» *CBQ* 45 (1983) 234.

[132] Cf. J. DUPONT, *L'union avec le Christ*, 153-155.

[133] Cf. L. MATTERN, *Das Verständnis des Gerichts bei Paulus* (AThANT 47; Zürich - Stuttgart, 1966) 153.

rappelle le jugement final que certains textes apocalyptiques mettent en évidence. En ces textes, on présente souvent le trône que vient occuper le juge avant de procéder au jugement (cf. Ap 4,2-11; TestAbr 11). D'ailleurs, c'est ce terme βῆμα qui pousse bien des exégètes à considérer Paul comme dépendant de l'apocalyptique juive.

Mais comme on le voit, Paul n'est pas préoccupé par la description d'un tel jugement[134]. Il ne dit même pas si c'est directement après la mort ou peu avant la résurrection que ce jugement aura lieu, même si le fait qu'il ne se prononce pas sur le sujet ne constitue pas un indice que pareil jugement ne le préoccupait pas. Ce silence indique seulement que cette vérité n'est pas essentielle pour lui en cette argumentation. Quelle fonction lui attribue-t-il alors?

Ce qui compte le plus, c'est le fait que Paul annonce que les chrétiens - et pas tous hommes - prendront *tous* part - morts ou vivants - à la parousie du Seigneur. L'emploi de δεῖ renforce ainsi la nécessité d'une telle participation de tous les chrétiens à l'avènement de Jésus. Tous (πάντας ἡμᾶς) se présenteront, quelle que soit la valeur des actes qu'ils auront posés. Que ceux-ci aient été bons ou mauvais (εἴτε ἀγαθὸν εἴτε φαῦλον), chaque chrétien (ἕκαστος) devra apparaître devant le tribunal du Christ. Ainsi, l'accent est d'abord mis sur cette apparition. Ensuite, l'Apôtre souligne le fait que ce qu'on accomplit dans le corps, c'est-à-dire quand on est encore vivant, sera pris en compte. N'est-ce pas cette idée qui justifie la position emphatique de διὰ τοῦ σώματος, laquelle perturbe un peu la construction de la phrase? Bref, l'accent n'est pas mis sur le bien ou le mal faits, mais sur le fait que tous les chrétiens doivent se présenter pour recevoir la récompense, que ce qu'ils ont fait soit mauvais ou bon[135]. Or Paul ne précise pas la nature de cette récompense. Consiste-t-elle ou non en un éloignement définitif du Christ? Paul ne livre aucun indice à ce sujet[136].

---

[134] Le *Testament d'Abraham* en particulier est très détaillé à ce propos (cf. 11-14). Ce texte apocalyptique est très proche de 2 Co 5,6-10 à cause aussi de sa conception de la vie comme un être-dans-le-corps, loin du Très-Haut, et de la mort comme une émigration du corps pour être auprès de Dieu (μέλλεις ἐν τῷ καιρῷ τούτῳ καταλιπεῖν τὸν κοσμικὸν βίον καὶ πρὸς τὸν Θεὸν ἐκδημεῖν: 6,25; ἤγγικεν ἡ ἡμέρα ἐν ᾗ μέλλεις ἐκ τοῦ σώματος ἐκδημεῖν καὶ ἅπαξ πρὸς τὸν κύριον ἔρχεσθαι: 15,23-25). Cf. M.E. STONE, *The Testament of Abraham*. The Greek Recensions (Texts and Translations 2, Pseudepigrapha Series 2; Missoula, MO, 1972). Mais on voit que malgré cette ressemblance, Paul n'a pas la préoccupation qu'avait l'auteur de ce Testament.

[135] Peut-être comprend-on pourquoi, contrairement à Rm 14,10, Paul parle du trône du *Christ* et non pas du trône de *Dieu*. Ce qui l'intéresse et qu'il veut mettre en relief, c'est la parousie du Seigneur et le fait que tous les chrétiens - morts ou vivants - devront y être présents. Cf. un autre point de vue chez J.L. KREITZER, *Jesus and God*, 110-111; J. BAUMGARTEN, *Paulus und die Apokalyptik*, 88.

[136] Cf. aussi L. MATTERN, *Das Verständnis*, 157-158.

Sans doute, pour bien comprendre la pensée paulinienne du v.10, il faut avoir perçu l'importance de la relativisation du v.9. C'est en effet elle qui permet de mettre en valeur et clarifier la position et la conviction de l'Apôtre. Pour lui, même dans la mort, le chrétien n'est pas séparé du Christ. On n'est pas perdu quand on meurt dans le Christ (cf. aussi 1 Co 15,19). Seule peut-être la manière de se comporter en cette vie, c'est-à-dire quand on est encore dans le corps, pourrait déplaire à Dieu et ainsi éloigner le concerné de cette communion. Inutile donc d'avoir peur des souffrances, si déjà même la mort, à laquelle elles pourraient éventuellement conduire (5,1), ne peut séparer du Christ (cf. aussi Rm 8,36-39). Le désir ardent d'endosser dès maintenant la gloire éternelle ou celui d'émigrer du corps pour être auprès du Seigneur, paraissent ainsi d'une certaine manière injustifiés, vu que même dans la mort on est auprès du Christ.

Bref, pour Paul, qu'il y ait mort ou pas, cela importe peu pour un chrétien, car il devra être-là au jour du Seigneur. Toutefois, pour parvenir à l'acquisition du corps spirituel, il faudra faire attention à la façon dont on vit dans le corps de chair et à tout ce qu'on pratique pendant que l'on vit dans ce corps. Car l'Esprit y agit déjà en tant que prémices pour la rédemption totale du corps. Le chrétien doit donc valoriser le corps dans lequel il est, vu qu'il est déjà habité par l'Esprit[137]. Voilà pourquoi (διὸ καί) tant que le croyant sera dans ce corps, il est plus honorable pour lui de plaire à Dieu. Ce qui, dans le contexte, veut dire qu'il doit laisser l'Esprit reçu en prémices (5,5) agir en lui jusqu'à la réalisation complète de sa destinée. Autrement dit, en parlant du jugement final en 2 Co 5,10, Paul reste bien logique avec le reste de cette argumentation où il a cherché à montrer qu'il ne sert à rien de vouloir brûler les étapes, sans passer par la transformation.

Ainsi donc l'Apôtre boucle son argumentation sur le rapport entre la situation présente des souffrances dans le corps et l'assurance de la gloire future en équilibrant les choses: l'assurance de notre résurrection future avec Jésus ou de notre future demeure dans les cieux, ne doit pas faire oublier que nous serons présentés devant Jésus Christ (παραστήσει: 4,14; φανερωθῆναι δεῖ ἔμπροσθεν: 5,10) pour recevoir chacun ce qui nous convient. Certes, la mention de la récompense souligne en soi la responsabilité de chacun: plutôt que de gémir en désirant revêtir sa maison céleste par-dessus son corps mortel, au moment où il est écrasé, le chrétien devrait fructifier l'ἀρραβῶνα τοῦ πνεύματος (5,5) dont Dieu l'a pourvu, en vue de la gloire finale. Mais dans ce contexte, ce que Paul veut souligner davantage c'est le fait que mort

---

[137] Cet enseignement est aussi repérable en 1 Co 6,12-20 où, comme l'indique G. SELLIN, *Der Streit um die Auferstehung*, 54-63, il est fondé sur l'unicité du Je avec le Corps. Nous reprochons cependant à Sellin son présupposé méthodologique selon lequel les paroles de Paul trahissent la thèse de ses adversaires. Ce n'est pas forcément cela. Contre aussi J. MURPHY O'CONNOR, «Corinthians Slogans in 1 Cor 6:12-20» *CBQ* 40 (1978) 391-396.

ou pas mort, le chrétien sera mis à découvert devant le tribunal du Christ.
Il devra donc prendre part à cet événement final. Contrairement à ce qu'en
pensait Benoit, la réflexion de Paul n'est donc pas du tout hésitante ici[138].
C'est aussi ce qui résulte de Rm 14,7-12, un texte très proche de 2 Co 5,9-
10[139].

Une lecture cherchant à bien déterminer quelle est la vraie position de
Paul et les vérités de foi auxquelles il recourt ne peut donc conclure que Paul
encourage ici à accepter la mort comme l'unique solution pour être auprès
du Seigneur. Au contraire, continuant sa problématique du rapport entre le
fait d'être-dans-le-corps (avec ses limites et ses souffrances) et les vérités sur
le fait futur d'être-auprès-du-Seigneur, dans sa demeure éternelle de gloire,
Paul propose d'accepter avec courage la souffrance de l'instant présent. Ce
qui signifie aussi mettre son point d'honneur à plaire au Seigneur en vue du
jour où il exercera son pouvoir de juge, le jour où la glorification finale sera
réservée aux chrétiens qui ont su sans découragement fructifier les arrhes de
l'Esprit. Ainsi, contrairement à Dupont, 2 Co 5,1-10 ne contient pas deux
points de vue inconciliables[140]. En tout cas, cette unité littéraire est bien
cohérente en elle-même. Bien plus, contrairement à ce qu'affirme C.K.
Barrett, elle n'est ni une digression, ni une illustration de la *banalité* du corps
dans la vie de l'Apôtre[141]. Elle est plutôt en cohérence avec l'argumentation
apologétique commencée en 2,14 et joue dans celle-ci la fonction particulière
de la preuve confirmant sa thèse soutenue en 4,17-18a.

4.4. Conclusion

Dans ce chapitre, nous entendions montrer que tant qu'on n'a pas découvert
la vraie fonction rhétorique de la péricope 2 Co 5,1-10 dans l'argumentation
paulinienne, on risque de mal percevoir la position de l'Apôtre. Quand, au
contraire, on prend au sérieux le fait que 2 Co 5,1 est la *probatio* de la
propositio que Paul a énoncée en 4,17-18a, alors on découvre aussi que la
logique du développement 5,2-10 qu'il déclenche ne peut pas contredire la
confession de foi que Paul fait en 5,1. En effet, si Paul parle en 5,1 de
l'assurance chrétienne vis-à-vis de la mort, il ne peut pas en 5,2-5 exprimer
sa peur en face de celle-ci ni soutenir en 5,6-10 que la mort est la meilleure
des choses à désirer. Tout au plus, il encouragerait à ne point avoir peur de
la mort, au cas où elle arriverait au bout des souffrances endurées pour le

[138] Cf. P. BENOIT, «L'évolution du langage», 318.
[139] Cf. J. BAUMGARTEN, *Paulus und die Apokalyptik*, 88.
[140] Cf. J. DUPONT, *L'union avec le Christ*, 155.
[141] C.K. BARRETT, *A Commentary*, 149.

Christ. Car pour Paul, la mort ne priverait pas les chrétiens de la gloire future, c'est-à-dire de l'acquisition du corps spirituel. En effet, la compréhension du mot γυμνός à partir du contexte de 1 Co 15 indique qu'en 2 Co 5,2-4 Paul n'exprime pas son angoisse de la nudité dont parlaient les philosophes gréco-romains. Il n'y a pas ici un enseignement sur l'état intermédiaire, sur le sort des âmes individuelles après la mort dans l'attente de la parousie.

Seul l'usage du modèle rhétorique a pu nous aider à discerner les diverses idées de Paul, à les classifier et à les hiérarchiser. Aussi avons-nous vu que Paul ne combat aucune idée tirée de son *topos* (5,1.3.6.10). Au contraire, il en a chaque fois besoin pour développer sa *propositio* de 4,17-18a. La péricope 5,1-10, continue ainsi la réflexion de Paul, non point sur la parousie, ni sur l'état intermédiaire entre la mort et la parousie, mais sur l'impossibilité des souffrances actuelles, celles du moment présent, à priver les croyants de leur gloire future. Aussi est-il clair que Paul continue l'apologie de son ministère, initiée en 2,14. De fait, notre interprétation respecte la logique interne de cette partie de la lettre où Paul cherche à défendre son ministère vis-à-vis de l'apparence de ses faiblesses. Celles-ci, qui se manifestent sous forme de persécutions, d'emprisonnements, de toutes sortes de contraintes, ne ternissent pas la puissance de Dieu qui agit en lui (1,8-10; 3,6-8; 4,7-13; 6,1-10; 12,1-12) ni même son espérance dans la résurrection future.

C'est comme si Paul faisait un raisonnement *a fortiori* entre 4,17-18a et 5,1-10 de ce genre-ci: si la mort, qui semble être un anéantissement, ne nous sépare pas du Christ, à plus forte raison les souffrances que nous endurons quotidiennement à cause de la foi au Christ; comment pourraient-elles nous en séparer? Certes, Paul n'exprime pas clairement un tel raisonnement dans ce texte, mais il y est implicite. Car, pour lui, la résurrection reste le point ferme et inébranlable qui lui permet d'endurer toute souffrance (4,14; cf. aussi 1 Co 15,30; Rm 8,35). De fait, sa conclusion est: mort ou pas mort (εἴτε ἐνδημοῦντες εἴτε ἐκδημοῦντες: 5,9), tout chrétien devra apparaître devant le tribunal du Christ. Il devra, en d'autres mots, prendre part à la parousie de son Seigneur. Voilà pourquoi pendant qu'il vit encore il a tout à gagner à plaire au Seigneur et à fructifier les arrhes de l'Esprit reçu. Ainsi le temps de la foi, celui de l'être-dans-le-corps, est mis en valeur et son importance fortement soulignée. Rm 8,18-30, que nous analysons dans le chapitre suivant, abonde essentiellement dans le même sens.

CHAPITRE V

La pointe de l'unité argumentative Rm 8,18-30: gémissements et persévérance dans l'attente de la rédemption totale du corps

En lisant Rm 5-8, on est surpris par l'apparition soudaine, en 8,18-30, du mot παθήματα d'une part, et du thème de l'attente de la création de l'autre. Une série de questions se justifient, en rapport avec la place de cette unité littéraire dans l'argumentation paulinienne en Rm, avec son organisation interne et surtout avec son contenu[1].

En effet, sa délimitation externe n'est pas aisée. Par où commence-t-elle réellement et jusqu'où va-t-elle? Quel lien entretient-elle avec ce qui précède et ce qui suit? Quant à son organisation interne, comment se déploie-t-elle? Et quelle fonction joue chacune de ses micro-unités par rapport à l'ensemble? Mais surtout quelle est sa préoccupation majeure? Est-il vraiment question de la responsabilité des chrétiens vis-à-vis du salut de la création? S'agit-il de la valeur des souffrances dans la vie du chrétien en attendant la parousie du Seigneur? De l'espérance chrétienne au moment de persécutions? Bref, quelle est la pointe de cette macro-unité, son problème principal?

Par ailleurs, beaucoup d'auteurs soutiennent que l'arrière-fond religieux qui permet de mieux comprendre cette unité est l'apocalyptique juive[2]. Quelle serait alors l'attitude de Paul vis-à-vis de celle-ci? Comment l'a-t-il utilisée ou fait fonctionner dans cette argumentation?[3]

---

[1] Cf. le résumé des problèmes exégétiques de Rm 8,18-27 dans O. CHRISTOFFERSSON, *The Earnest Expectation*, 14-18.

[2] Cf. parmi tant d'autres, *Str-B* III, 244-258; U. WILCKENS, *Der Brief an die Römer. 2. Teilband: Röm 6-11* (EKKNT 6/2; Neukirchen-Vluyn, 1980) 147-164; J.D.G. DUNN, *Romans 1-8* (WBC 38A; Dallas TE, 1988) 465-495; M. THEOBALD, *Römerbrief*. Kapitel 1-11 (SKKNT 6/1; Stuttgart, 1992) 250; W. BINDEMANN, *Die Hoffnung der Schöpfung*, 82-95; G. NEBE, *'Hoffnung' bei Paulus*. Elpis und ihre Synonyme im Zusammenhang der Eschatologie (SUNT 16; Göttingen, 1983) 82-94.

[3] Cf. J.G. GAGER, «Functional Diversity», 225-237; G. MAYEDA, «Apocalyptic in the Epistle to the Romans - An Outline» in *L'Apocalypse johannique*, 319-323; E.E. JOHNSON, *The Function of the Apocalyptic*; IDEM, «The Wisdom of God as Apocalyptic Power» in *Faith and History*. Essays in Honor of Paul W. Meyer (éds. J.T. CARROLL - Ch.H.

Nous allons procéder en quatre étapes. Nous commençons par le survol de certaines solutions avancées jusqu'à ce jour. Ensuite, nous délimitons l'extension de notre péricope. Puis, nous analysons l'argumentation de l'unité ainsi définie. Enfin, nous cernons son sens et sa fonction rhétorique en Rm 5-8.

5.1. Survol de quelques solutions

Bien des auteurs se sont occupés des questions que soulève la lecture de Rm 8,18-30, ont proposé des solutions, avancé des hypothèses. Notre propos n'est pas de faire toute l'histoire de l'exégèse de cette péricope. Nous nous limiterons à quelques représentants de la période contemporaine[4], qui a donné lieu à un débat particulièrement fécond sur le rapport entre l'apocalyptique et la pensée paulinienne. Cependant, dans le cours de l'étude, nous ne manquerons pas d'entrer en dialogue avec telle ou telle autre position qui ne figure pas parmi les quatre retenues ici.

5.1.1. Préoccupation pour le salut du cosmos?

Nous commençons avec Käsemann à cause de la manière dont il procède dans l'étude de cette péricope[5]. En effet, cherchant à identifier les adversaires que Paul aurait combattus dans Rm 8, Käsemann estime que ceux-ci étaient des enthousiastes hellénistes qui croyaient en une eschatologie déjà réalisée. Vu que dans les communautés hellénistes, on attachait beaucoup d'importance à l'Esprit et que la glossolalie dans la liturgie était considérée comme une manifestation de l'Esprit, les enthousiastes de Rome croyaient être déjà en possession de la plénitude de la vie dans l'Esprit. Ils se sentaient, comme ceux de Corinthe, vivre déjà dans l'exaltation céleste[6]. Käsemann s'appuie particulièrement sur Rm 8,26 qu'il interprète comme renvoyant à l'usage de la glossolalie.

Selon Käsemann, Paul réinterpréterait la glossolalie en la considérant non comme une expression de la puissance de l'Esprit, mais plutôt comme un cri de misère de ceux qui, se sentant encore prisonniers des conflits intérieurs, aspirent à leur libération. La glossolalie serait donc une expression de l'inachèvement actuel de la rédemption des chrétiens. Voilà pourquoi,

---

COSGROVE - E.E. JOHNSON) (Atlanta, GE, 1990) 137-148.

[4] Pour compléter l'historique, cf. H. BALZ, *Heilsvertrauen*, 15-26; O. CHRISTOFFERSSON, *The Earnest Expectation*, 19-46.

[5] Cf. E. KÄSEMANN, *An die Römer* (HNT 8A; Tübingen, [4]1980) 221-237.

[6] Cf. E. KÄSEMANN, *An die Römer*, 233.

continue Käsemann, Paul recourt à des convictions apocalyptiques pour insister sur une vérité: les chrétiens n'ont que les prémices de l'Esprit et ils doivent encore espérer la rédemption totale de leur corps, en même temps que la libération pour le reste du cosmos[7]. De cette manière, Paul aurait démythologisé la "theologia gloriae" en faveur de la "theologia viatorum". Car, étant par leur corps participants de la situation du monde créé, les chrétiens ne peuvent que gémir, exactement comme la création tout entière gémit et souffre des douleurs d'enfantement, dans l'attente de la gloire future. Voilà pourquoi, ils ne doivent pas minimiser les souffrances. En revanche, ils doivent les intégrer dans leur vie, pour ressembler au Christ et être exaltés avec lui un jour[8].

Nous avons indiqué que Beker a surenchéri cette position de Käsemann, en faisant de Rm 8,18-30 une des preuves "irréfutables" de sa propre thèse, selon laquelle sans l'apocalyptique, toute la théologie de l'Apôtre est privée de sa grille de lecture[9]. Selon Beker, c'est en ce passage que l'on voit très nettement que le substrat mental de Paul relevait de l'apocalyptique. Paul serait convaincu que sans la rédemption préalable de la création, le salut apporté par le Christ aurait manqué de finalité[10].

Disons directement, contre Beker, que dans notre passage, il n'y a qu'une proposition finale, celle du v.29, et qu'elle concerne non pas le salut de la création entière, mais celui des chrétiens: Dieu les a destinés à être "semblables à l'image de son fils, afin que (εἰς τό + inf.) il (son fils) soit le premier parmi la multitude des frères". Si nous ajoutons à cela le v.17c-d, que nous considérons comme transition nécessaire vers les vv.18-30, on se rend compte que la finalité qu'il exprime (ἵνα + aor. subj.) regarde aussi le sort, non pas de la création, mais des chrétiens.

Par ailleurs, on reproche avec raison à Käsemann de n'avoir pas saisi le problème paulinien de cette péricope[11]. D'abord, comme l'affirme E. Vallauri, le contexte dans lequel se situe ce texte n'est pas cultuel[12]. En Rm 8, la pensée de Paul se meut entre deux pôles, entre le constat d'une libération

---

[7] Cf. E. KÄSEMANN, *An die Römer*, 223. Contrairement à Th. ZAHN, *Der Brief des Paulus an die Römer* (KNT 6; Leipzig-Erlangen, ³1925) 400, qui retenait - et avec raison - que les vv.19-27 sont le développement explicatif du v.18, E. KÄSEMANN, *Paulinische Perspektiven*, 233, considère ces versets comme une "Gegenbewegung zu diesem Obersatz".

[8] Cf. E. KÄSEMANN, *Paulinische Perspektiven*, 233-234; IDEM, *An die Römer*, 231.234.

[9] Cf. supra, paragraphe 1.1.1.

[10] Cf. J.C. BEKER, *Paul the Apostle*, 17,36. Dans le même sens, cf. F. BRIDGER, «Ecology and Eschatology: A Neglected Dimension» *TynBull* 41 (1990) 298-300.

[11] Cf. P. SIBER, *Mit Christus leben*, 166, n. 212; E. VALLAURI, «I gemiti dello Spirito Santo (Rom. 8,26s.)» *RivB* 27 (1979) 97-102.

[12] Cf. E. VALLAURI, «I gemiti de llo Spirito», 98.

déjà advenue et l'attente d'un salut définitif, pas encore atteint[13]. Il n'est nullement question de culte ici, mais de sotériologie. Ensuite,la glossolalie est, dans sa nature, différente du phénomène évoqué par Paul en Rm 8,26. Selon 1 Co 14,15-17 et Ac 2,11, la glossolalie est une prière de louange et de remerciement. En Rm 8,26, il est plutôt question d'une prière d'intercession, exprimée sous forme de gémissement. En outre, en 1 Co 14, Paul dévalue la glossolalie, alors qu'en Rm 8,26 il s'agit d'une réalité très importante pour fonder l'espérance même du chrétien. Bien plus, en 1 Co 14,1-19, le phénomène de la glossolalie est lié au fait de *parler* à haute voix, même si les gens ne comprennent pas. Le verbe λαλεῖν est employé quinze fois dans cette unité-là. En Rm 8,26 Paul dit clairement qu'il s'agit de gémissements *ineffables* (ἀλάλητος). Enfin en 1 Co 14, la glossolalie, même si elle est don de l'Esprit, est accomplie par les hommes. En Rm 8,26, il s'agit de l'Esprit qui prie en gémissements ineffables.

Au demeurant, il reste aussi difficile de prouver que le cri "Abba! Père!" (8,15) était un cri des hellénistes auxquels Paul reprocherait leur enthousiasme, comme aime le souligner Käsemann[14]. Sellin a montré que le terme "enthousiasme" est souvent abusivement employé pour indiquer une situation de foi qui a caractérisé les tout premiers croyants des communautés pauliniennes. L'enthousiasme n'avait rien à voir avec l'eschatologie chrétienne. Il désignait plutôt un ensemble de phénomènes extatiques non eschatologiques, dans lesquels le don de l'Esprit permettait au "possédé" de s'évader de ce monde pour vivre dans une transcendance atemporelle[15].

5.1.2. Combat contre des chrétiens judéo-apocalypticiens déçus?

Comme Käsemann, Bindemann cherche d'abord à identifier les adversaires de Paul. Seulement, contrairement à lui, il trouve que ceux-ci étaient des chrétiens aux convictions apocalyptiques. Face aux souffrances et au retard de la parousie, ces chrétiens auraient pensé, comme les apocalypticiens juifs, à un Dieu lointain. La déception aurait conduit alors à la résignation. Paul, pour les combattre, aurait indiqué que Dieu s'est fait proche en Jésus Christ. Et comme celui-ci a souffert avant d'être glorifié, il faudrait donc que le chrétien participe à cette souffrance du Christ avant d'être glorifié[16]. Ainsi, selon Bindemann, Paul proposerait ici une théologie de l'espérance authentiquement eschatologique.

---

[13] Cf. aussi Z.I. HERMAN, «Saggio esegetico sul 'Già e non ancora' soteriologico in Rm 8» *Anton* 62 (1987) 26-84.

[14] Cf. E. KÄSEMANN, *Paulinische Perspektiven*, 234.

[15] Cf. G. SELLIN, «Die Auferstehung ist schon geschehen», 221-223.

[16] Cf. W. BINDEMANN, *Die Hoffnung der Schöpfung*, 42-54,84,90-94.

Voilà pourquoi, cet auteur retient que le problème majeur de notre péricope n'est pas un enseignement sur la création en tant que telle, ni sur la responsabilité de l'homme vis-à-vis de la création. Le problème paulinien aurait été celui de combattre l'hérésie apocalyptique et d'encourager certains membres de la communauté à peine sortie de la persécution à tenir bon. C'est ainsi que Paul aurait soutenu que les chrétiens participent, par leurs souffrances, à celles du Christ, assurés d'être glorifiés avec lui. Il faut donc qu'ils souffrent, s'ils veulent être glorifiés avec le Christ. C'est pourquoi, Bindemann propose de considérer le v.17c-d comme la thèse qui engendre l'argumentation développée en 8,18-27[17].

Certes, Bindemann a raison de chercher à comprendre Rm 8,18-27 en le situant dans son contexte littéraire immédiat. De fait, procédant de cette manière, on se rend compte que le problème principal de ce passage n'est pas un enseignement sur la création. De même, on découvre que Paul ne lutte pas contre les enthousiastes en leur indiquant que le salut n'est pas encore là, et qu'il n'aura lieu qu'au moment où toute la création sera libérée.

Toutefois, cet auteur ne précise pas comment la pensée sur la souffrance, exprimée en 8,18, vient cadrer avec le reste de la lettre où on ne sent pas une telle allusion. Peut-on vraiment, partant de ce verset, affirmer que Paul s'adresse à une communauté en proie aux persécutions? Certes, la citation du Ps 43 (LXX),23 en Rm 8,36 autoriserait à croire que Paul pense (comme dans 2 Co et Ph) à ses propres souffrances, endurées à cause du Christ. Mais quel est le vrai contenu du terme παθήματα du v.18? En outre, quel lien entretient ce terme avec le verbe συμπάσχειν du v.17c-d? Est-ce que ces deux mots s'explicitent mutuellement? Sans nul doute, le v.17c-d est très important pour saisir ce que Paul dit dans la suite. Cependant, quelle est sa vraie fonction rhétorique?

Evidemment, Bindemann propose, pour soutenir sa thèse, de considérer cette lettre comme ayant été écrite peu de temps après l'expulsion, par Claude, des juifs (donc aussi des judéo-chrétiens) de Rome[18]. Or pareil événement historique reste encore à prouver, surtout qu'aujourd'hui on ne sait pas dire avec exactitude quand une telle expulsion a eu lieu[19]. De même,

---

[17] Cf. W. BINDEMANN, *Die Hoffnung der Schöpfung*, 40-41.

[18] Cf. W. BINDEMANN, *Die Hoffnung der Schöpfung*, 65-66.

[19] L'argumentation de G. LÜDEMANN, *Paulus, der Heidenapostel*, 18.183-195, qui date une telle "expulsion" ou "restriction des droits" en l'an 41, première année du règne de Claude, et non en l'an 49, est plus convaincante à ce propos que celle de ses adversaires. Mais, dans tous les cas, il s'agit d'une supposition, car les recherches historiques n'ont pas encore découvert de documents indiscutables sur cette question. Ainsi, même si on admettait qu'une telle expulsion eut lieu en 49, ni les Ac, ni quelque autre auteur ne nous dit quand les "expulsés" purent rentrer à Rome. Choisir la date de la mort de Claude (54) - ce qui cadre avec la date communément admise de la rédaction de Rm - reste aussi malgré tout une supposition. Ce dont on est sûr est qu'en Rm il n'apparaît pas que la communauté est persécutée ou vient de sortir d'une persécution. Et le but de la lettre

affirmer que cette lettre n'a pas été adressée à toute l'église de Rome ni à une communauté faite de païens et de juifs, mais seulement au groupe judéo-chrétien de cette communauté ne répond qu'au choix d'identifier les adversaires de Paul avec des chrétiens aux convictions judéo-apocalyptiques[20]. Cela contredit ce que Paul lui-même dit à propos de ses destinataires en 1,6-7.

Par ailleurs, nous ne voyons pas comment en cette péricope, et surtout au v.17c-d, Paul dit qu'il *faut*, à l'imitation du Christ ou en communion avec lui, souffrir pour obtenir la glorification[21]. La particule εἴπερ n'introduit pas ici une condition encore à remplir ni qu'il faut remplir. Tout au plus, elle exprime une condition déjà remplie. Sinon, Paul l'emploie généralement pour exprimer une affirmation retenue comme vérité acquise (cf. aussi Rm 3,30; 8,9)[22]. Il est vrai que le γάρ du v.18 se justifie comme commencement du développement d'une *propositio*. Cependant, cette étude montrera qu'il est mieux de considérer le v.17c-d non pas comme une *propositio*, mais, comme une proposition transitionnelle, conduisant à la vraie *propositio* qu'est le v.18.

5.1.3. Tradition apocalyptico-diluvienne?

O. Christoffersson a suggéré de voir dans la tradition diluvienne l'arrière-fond religieux qui explique de façon plus précise les idées, la structure et le message de Rm 8,18-27 dans l'ensemble de la lettre. Pour lui, en effet, dire que l'arrière-fond est "apocalyptique" c'est rester vague, car il s'agit là d'un domaine très large, aux multiples motifs[23]. Malheureusement, cette intéressante suggestion ne satisfait pas sur un bon nombre de points.

Certes, l'explication cosmologique du mot κτίσις cadre bien avec notre texte[24]. Mais cette interprétation ne peut nullement être suggérée par la

---

n'est pas de consoler, mais d'annoncer que le salut de Dieu est offert à tous les hommes, hébreux et païens, dans la foi en Jésus (1,16-17) et que les chrétiens qui sont à Rome sont aussi sauvés, car ils ont été eux aussi appelés (Rm 1,5-7).

[20] Cf. W. BINDEMANN, *Die Hoffnung der Schöpfung*, 62.

[21] Cf. aussi P. SIBER, *Mit Christus leben*, 140, note 137. Par contre J. MURRAY, *The Epistle to the Romans* (NICNT; Grand Rapids, MI, 1968) 310, retient aussi les souffrances comme "the precondition of being glorified together with Christ (vs.17)".

[22] Cf. aussi P. SIBER, *Mit Christus leben*, 139-140. En 1 Co 8,5, εἴπερ exprime une condition réelle à remplir. Par contre, il n'est pas aisé de trancher en 1 Co 15,15. Le contexte peut autoriser l'une ou l'autre interprétation.

[23] Cf. O. CHRISTOFFERSSON, *The Earnest of the Expectation*, 138-145.

[24] "From the background of the tradition, it seems probable that by the word κτίσις Paul in this text denotes the sub-humain Creation. First, the Flood tradition explains the present situation of Creation as being enslaved under meaninglessness and destruction. According to the tradition Creation was, *and still is*, subjected to futility through the

tradition diluvienne. D'abord, dans cette tradition, c'est le mot γῆ qui est utilisé. Ensuite, γῆ n'y signifie pas, comme pense Christoffersson, le cosmos, mais la terre en tant qu'elle est le lieu où habitent les hommes et qui est différent du ciel, le lieu de l'habitation de la divinité. Souvent, ce terme remplace πᾶσα σάρξ, ὑμεῖς, ψυχὴ ζῶσα (Cf. Gn 9,8-17; 1 Hen 7,2-5; 87, 1)[25]. En tout cas, le mot πᾶσα (ou ὅλη) κτίσις semble y être absent.

De même Christoffersson réfute ceux qui essaient de comprendre le v.20 grâce à Gn 3,17. Pour lui, en ce dernier texte biblique, ce n'est pas le verbe ὑποτάσσεσθαι qui est employé, mais l'adjectif ἐπικατάρατος (maudit)[26]. Or, dans la tradition diluvienne non plus, ce n'est pas le verbe ὑποτάσσεσθαι qui est utilisé pour parler de l'action subie par la terre, mais des expressions en rapport avec la violence et les abominations commises par les Veilleurs et les Géants[27].

Prenons enfin en considération le v.26, où Christoffersson trouve que l'action de l'intercession de l'Esprit est explicable grâce à la prière des anges devant Dieu. Il faut remarquer que dans la tradition diluvienne le verbe

---

teaching of the fallen Watcher(s) (1En 6-8; 10:8), and was destroyed by the giants (1En7:3-7). Second, the Flood tradition explains the groaning of Creation: it was groaning, *and in the apocalyptic perspective still is*, because of the oppression caused by the fallen angels and the giants (1En 8:4; 9:3,10). Third, the strange consciousness on the part of Creation is in harmony with the Flood tradition, whereby the earth accused the Watchers and the giants (1En 9:3; 87:1). Fourth, the promise of deliverance from oppression was given through God's command that at the final judgment the evildoers will be destroyed and the earth will regain its original blessedness (1En 10:7-11:2). In the apocalyptical perspective the final destruction *is still to come*. The oppressed Creation thus can be pictured as longing for the final judgment, i.e. its deliverance", O. CHRISTOFFERSSON, *The Earnest Expectation*, 139. (Nous soulignons). D'abord, nous observons de façon générale que toutes ces références pourraient être interprétées aussi autrement, comme le prouvent les conclusions plus convaincantes de D.E. GOWAN, «The Fall and Redemption of the Material World in Apocalyptic Literature» *HBT* 7 (1985) 99-100. Ensuite, relevons deux choses spécifiques: 1° En Rm 8,19-22, il n'est pas question de création *nouvelle*, de terre *nouvelle* qu'annonce la tradition diluvienne. Paul parle plutôt de la libération de la création de "l'esclavage de la corruption". 2° Selon la tradition diluvienne, la terre que nous habitons aujourd'hui est la *terre nouvelle*, venue après le déluge (cf. Gn 8,21-22; 2 P 3,5-7). Depuis lors, le mal est venu dans le monde, non plus à cause de la présence des géants, mais à cause du coeur mauvais de l'homme dès son enfance (cf. Gn 8,21).

[25] Nous citons le texte grec de 1 Hen selon M. BLACK (éd.), *Apocalypsis Henochi Graece* (PVTG 3; Leiden, 1970).

[26] Cf. O. CHRISTOFFERSSON, *The Earnest of the Expectation*, 37.

[27] Cf. 1 Hen 9,9: ὅλη ἡ γῆ ἐπλήσθη αἵματος καὶ ἀδικίας; 10,20: en s'adressant à Michel, le Très-Haut lui donne entre autres cette mission: καὶ σὺ καθάρισον τὴν γῆν ἀπὸ πάσης ἀκαθαρσίας καὶ ἀπὸ πάσης ἁμαρτίας καὶ ἀσεβείας, καὶ πάσας ἀκαθαρσίας τὰς γινομένας ἐπὶ τῆς γῆς ἐξάλειψον, κτλ. On ne voit pas ici une allusion à une soumission, d'autant plus que le verbe principal "purifier" de 10,20 s'oppose clairement aux verbes "dévaster, détruire, faire disparaître" de l'unité précédente (1 Hen 10,1-16).

ἐντυγχάνειν n'est employé qu'à propos de la terre elle-même ou des esprits des hommes eux-mêmes, qui, violentés par les Géants, demandent aux anges de porter leur cause devant le Très-Haut[28]. Mais les auteurs de ces textes n'expriment jamais "l'intercession" des anges devant Dieu par le verbe ἐντυγχάνειν.

Il y a bien d'autres points sur lesquels nous reviendrons dans notre discussion et qui montrent combien il est difficile d'accepter l'hypothèse de Christoffersson[29]. Il est vrai, comme il le dit, que la transmission d'une tradition ne reprend pas toujours les mots textuels de l'original et que la présence des motifs et la cohérence du thème suffisent[30]. Mais il est aussi vrai que le fait d'identifier dans une tradition littéraire la présence de mêmes mots ou motifs avec ceux employés par Paul ne suffit pas pour soutenir que la cohérence de la pensée paulinienne est à comprendre grâce à cette tradition-là. Au demeurant, le vrai problème n'est pas tant d'identifier l'arrière-fond historico-religieux qui explique mieux un texte paulinien[31], que de savoir ce que Paul affirme ou soutient dans une unité argumentative donnée. A partir de là, on pourra se poser la question de savoir quelle fonction il attribue à telle ou telle affirmation qu'il tire éventuellement de quelque *topos* du milieu environnant.

Comment faut-il comprendre notre démarche? Nous n'entendons pas déprécier l'examen de l'emploi et du sens de la parole κτίσις auquel se livre Christoffersson. Une telle analyse se justifie. Seulement, la conclusion qu'il en tire doit être remise en question, quand, partant d'un bon nombre de textes de la littérature apocalyptique, lesquels expriment plus ou moins la même idée que celle de Paul, il trouve que cette littérature est l'unique arrière-fond qui étoffe les idées et la position de l'Apôtre. Le problème principal pour l'exégèse de Rm 8,19-23 est-il vraiment constitué en premier lieu par le sens de la parole κτίσις ou par celui du rapport entre l'affirmation du v.19 et celle du v.18? Est-il vrai que Paul, dans les vv.19-23, universalise l'affirmation du v.18? Autrement dit, y énonce-t-il une nouvelle thèse de même niveau que celle du v.18?

---

[28] Cf. 1 Hen 7,6; 9,3.10.

[29] Signalons en passant que G. GAGER, «Functional Diversity», 328-330, aborde le problème dans le même sens. Pour lui, le v.18 est à comprendre comme exprimant l'idée, souvent courante dans des textes apocalyptiques, de la nécessité des souffrances avant de parvenir à la gloire finale. Dans les vv.19-23, Paul universaliserait la tension qu'il vient d'établir au v.18 entre les souffrances du temps présent et la gloire future. Ainsi, c'est toute la nature qui traverse ce moment de souffrances, de sorte que la souffrance du croyant apparaît non pas comme un cas isolé, mais comme une phase dans le processus cosmique de naissance dont le point culminant sera la liberté des enfants de Dieu. Cf. aussi F.-X. DURRWELL, *La résurrection de Jésus mystère de salut* (Paris, [10]1976)198-200.

[30] Cf. O. CHRISTOFFERSSON, *The Earnest Expectation*, 78-93.

[31] Concernant les termes υἱοί/τέκνα τοῦ θεοῦ, ἅγιοι de cette péricope et le recours à la méthode comparatiste pour les expliquer, cf. aussi G. NEBE, *'Hoffnung' bei Paulus*, 53.

5.1.4. Sotériologie anthropologique?

Après une longue période où, partant des motifs présents dans l'apocalypti-que juive, l'on faisait valoir que Rm 8,18-22 comprend un enseignement théologique sur le sort de la création, H. Schwantes a, de son côté, affirmé qu'en cette unité littéraire, Paul est loin de soutenir pareille position théologi-que[32]. Cette discussion de l'Apôtre sur la situation de l'univers ne serait qu'un argument en vue de son anthropologie. C'est le sort des croyants qui l'intéresse. Il recourt à une tradition apocalyptique bien connue, non pas pour indiquer qu'il s'agit là de son enseignement sur le sort de l'univers, mais pour appuyer son affirmation du v.18[33]. Dans la même ligne, A. Vögtle syn-thétise qu'il ne s'agit pas de "schöpfungstheologische" mais de "anthropolo-gisch-soteriologische Aussage"[34]. La dimension apocalyptique des verbes στενάζω et ὠδίνω signalerait que les souffrances du temps présent sont comme des catastrophes messianiques eschatologiques qui annoncent une libération imminente des croyants[35].

Un des points négatifs de cette explication se situe dans le fait que ces auteurs vont trop vite en besogne, en exploitant le sens apocalyptique des verbes στενάζειν et ὠδίνειν. Certes, le langage de ces versets pauliniens ressemblent à celui que l'on trouve dans des textes apocalyptiques; mais, si on ne recourait pas à ceux-ci le texte de Paul resterait-il hermétique? Par ailleurs, nous reprochons à Schwantes sa solution de considérer les vv.20-21 comme une glose. En éliminant ces versets du texte original, il contourne maladroitement, sans le résoudre, le problème de leur présence et de leur fonction dans l'enchaînement d'idées dans cette unité littéraire. N'est-ce pas le prix que l'on paie quand on veut projeter la logique des religions environnantes dans les textes pauliniens?

Toutefois, il reste pour nous que la conclusion de Schwantes et de Vögtle, selon laquelle l'affirmation d'une "théologie de la création" n'est pas le but principal visé par Paul en ce passage, est plus proche de la logique du

[32] H. Schwantes, *Schöpfung der Endzeit*. Ein Beitrag zum Verständnis der Auferstehung bei Paulus (AT I 12; Stuttgart, 1963) 43-52.
[33] "Den Sätzen über die Gegenwart und Zukunft des Kosmos (V.19-22) kommt keine *Aussage-*, sondern nur eine *deutende Funktion* zu", H. Schwantes, *Schöpfung der Endzeit*, 51. (Souligné dans le texte).
[34] Cf. A. Vögtle, *Das Neue Testament und die Zukunft des Kosmos* (Düsseldorf, 1970) 183-208. Repris presque tel dans «Röm 8,19-22: eine schöpfungstheologische oder anthropologisch-soteriologische Aussage?» in *Mélanges Bibliques* en hommage au R.P. Béda Rigaux (Gembloux, 1970) 351-366.
[35] Cf. A. Vögtle, «Röm 8,19-22», 355,360-361. Remarquons que Bindemann aussi, et nous l'avons relevé, a soutenu la même idée: il n'y a pas en Rm 8,18-27 un enseignement spécifique sur le salut du cosmos.

texte paulinien. S. Lyonnet était aussi du même avis[36]. Malheureusement, cette interprétation n'a pas eu de succès. Très préoccupés par le problème du salut du cosmos et du triomphe du règne de Dieu, la plupart des exégètes trouvent qu'il y a en Rm 8,18-30 une sorte d'écologie chrétienne[37]. La discussion n'est donc pas encore close. Où se situe la pointe de cette unité argumentative? Cette question mérite encore d'être résolue.

5.2. De la cohérence interne au sens de Rm 8,18-30

Nous reconnaissons que Rm 8,18-30 est une unité difficile à interpréter et qu'à ce titre toutes ces études se justifient, dans la mesure où chacune d'elle tente de donner une explication que l'on ne peut pas rejeter en bloc. Mais, il est aussi clair que le problème est finalement celui de la méthode que l'on emprunte pour atteindre son but. Christoffersson, par exemple, affirme que tant que l'on n'aura pas découvert l'arrière-fond religieux de cette unité on n'arrivera jamais à bien l'expliquer[38]. Käsemann et Bindemann, comme bien d'autres encore, étaient/sont, après tout, du même avis. Seulement, chacun, partant de l'analyse des mots présents dans l'unité, identifie le milieu où de telles idées auraient été en vogue pour indiquer ensuite comment Paul a été influencé par un tel milieu.

Nous estimons, en revanche, que s'il y a une lecture qui explique la cohérence interne d'un texte, sans qu'il soit nécessaire de recourir à son arrière-fond historico-religieux, c'est celle-là qu'il faut préférer. Une telle lecture est celle qui, à propos d'une argumentation, s'intéresse d'abord à la situation rhétorique plutôt qu'à la situation historique. Elle ne néglige pas celle-ci, ni la sous-estime, mais elle lui accorde un rôle de second plan. Par ailleurs, une telle lecture doit aussi rendre compte entre autres de deux choses: 1° comment la macro- ou micro-unité n'est intelligible que grâce à

---

[36] "Une première affirmation, écrivait-il, se dégage sans aucun doute de l'ensemble de l'argumentation de l'Apôtre: la rédemption de l'univers ne se conçoit qu'à partir de la rédemption de l'homme; celle-ci est première, à tous égards". S. LYONNET, *Les étapes du mystère du Salut selon l'épître aux Romains* (BibOe 8; Paris, 1969) 202; IDEM, "Redemptio «cosmica» secundum Rom 8,19-23" *VD* 44 (1966) 235-236; cf. IDEM, *Etudes sur l'Épître aux Romains*, 248; IDEM, *Exegesis epistulae ad Romanos*. Cap. V ad VIII (Except. Rom 5,12-21) (Rome, 1966) 238.

[37] Cf. J.C. BEKER, *Paul the Apostle*, 362-367; IDEM, «Suffering and Triumph in Paul's Letter to the Romans» *HBT* 7 (1985) 107-108,114; S. VOLLENWEIDER, *Freiheit als neue Schöpfung*. Eine Untersuchung zu Eleutheria bei Paulus und in seiner Umwelt (FRLANT 147; Göttingen, 1989) 382-383,392-396; M. THEOBALD, *Römerbrief 1*, 249-251; encore très récemment, J. BOLT, «The Relation Between Creation and Redemption in Romans 8:18-27» *CTJ* 30 (1995) 34-51.

[38] Cf. O. CHRISTOFFERSSON, *The Earnest Expectation*, 33. Cf. aussi p. 138.

ce qui la précède et/ou à ce qui la suit et 2° comment elle contribue elle-même à la compréhension de ce qui la précède et/ou de ce qui la suit. D'où la question: le modèle rhétorique est-il en mesure de satisfaire à ces conditions dans l'étude de Rm 8,18-30? L'analyse que nous allons faire nous aidera à répondre à cette question.

Commençons par délimiter l'unité littéraire de notre étude, c'est-à-dire par indiquer à quel niveau de l'argumentation paulinienne nous nous trouvons.

5.3. Délimitation de l'unité rhétorique

Il est généralement admis que le v.18 est le début de notre unité littéraire. Les opinions divergent plutôt sur l'extension de cette unité. S'étend-elle jusqu'au v.27, au v.30 ou au v.39?[39] A l'examen, nous remarquons que les vv.19-27 tiennent ensemble, du fait que la pensée qu'ils expriment tourne autour d'un même thème: les gémissements. Du v.28 au v.30, la pensée prend une autre tournure, tout en soutenant ce que Paul a exprimé au v.18. La section 8,19-30 fonctionne ainsi comme une argumentation à deux étapes, s'efforçant de développer l'affirmation formulée au v.18[40]. Pour mieux comprendre ce que nous disons ici, commençons par l'examen d'une question: quelles sont les étapes argumentatives qui précèdent notre unité, et dont on peut dire qu'elle découle logiquement?

5.3.1. Problème principal de Rm 5-8

Les exégètes sont généralement d'accord pour affirmer que l'épître aux Romains peut être divisée en quatre grandes sections: 1,18-4; 5-8; 9-11; 12-15[41]. Celles-ci développent progressivement la *propositio principalis* de toute l'épître qu'est 1,16-17. La péricope 8,18-30 se situe donc vers la fin de la

---

[39] Cf. à ce propos O. CHRISTOFFERSSON, *The Earnest Expectation*, 16; G. NEBE, *'Hoffnung' bei Paulus*, 82-83.260, note 5.

[40] Ainsi, la subdivision que P. ROLLAND, *L'Epître aux Romains*. Texte grec structuré (Rome, 1980) 29-30 propose ne nous convainc pas. Car, en séparant les vv.18-21 de l'unité qui suit et en les rattachant, comme deuxième paragraphe de la section, à celle qui précède, cet auteur manque de voir la fonction rhétorique du v.18 et l'extension de la macro-unité que ce verset engendre.

[41] Cf. E. KÄSEMANN, *An die Römer*; J.D.G. DUNN, *Romans 1-8*; M. THEOBALD, *Römerbrief 1*. L'hésitation se vérifie surtout à propos de la localisation du chapitre 5. Est-il la conclusion de Rm 1-4 ou l'introduction de Rm 6-8 ou les deux à la fois, c'est-à-dire 5,1-11 comme conclusion de Rm 1-4 et 5,12-21 comme introduction de Rm 6-8? A ce propos, cf. J.-N. ALETTI, «La présence d'un modèle», 17-22.

deuxième grande unité, Rm 5-8. Aussi faut-il, pour mieux comprendre cette péricope, savoir ce qu'est le problème principal de Rm 5-8?

Après avoir indiqué en Rm 1-4 que tous les hommes, sans exception et depuis le commencement, ont péché et sont justifiés par la foi, Paul, en Rm 5-8, réfléchit sur le statut et l'agir de ceux qui ont été gratuitement justifiés, sur les conséquences d'une telle justification et l'espérance qu'elle engendre. Dans un exorde (5,1-11), il affirme que nous avons déjà été réconciliés avec Dieu par la mort et la résurrection de son Fils et grâce à l'effusion de l'Esprit dans nos coeurs. Pour l'Apôtre, cela veut dire que la mort, qui avait été introduite à cause du péché d'un seul homme (Adam) et qui, pour cela, a marqué tous les hommes - parce que tous ont péché -, a été détruite grâce à l'obéissance d'un seul homme (le Christ). C'est en celui-ci et en lui seul que nous avons la vie éternelle: Rm 5,12-19. Ces derniers versets constituent une sorte de *narratio*, où Paul exprime les points sur lesquels il se fondera pour soutenir son argumentation[42].

5.3.2. Rm 5,20-21: *propositio principalis* de Rm 5-8

Dans ce cadre, Paul affirme aussi que, même la Loi, qui avait été conçue comme moyen de salut, n'avait pas pu libérer les hommes de la situation du péché. Par contre, elle n'a fait qu'augmenter le péché. Ce qui souligne la singularité de la grâce obtenue dans le Seigneur Jésus Christ, car, là où le péché a abondé, la grâce a surabondé (5,20-21). Cette affirmation déclenche alors une longue argumentation qui va jusqu'à 8,39. Aussi constitue-t-elle la *propositio principalis* de cette grande section. Paul soutient et développe cette *propositio* d'abord grâce à des *sub-propositiones* de type diatribique que S.K. Stowers appelle "objections and false conclusions"[43] (Rm 6-7). Ensuite, à partir de Rm 8,1, l'Apôtre change de technique, énonçant lui-même les conclusions vraies, mais ayant pour but de dissiper quelque doute, ou de répondre à une objection tacite[44]. Une *peroratio* de type diatribique conclut clairement la discussion en 8,31-39.

L'explicitation de la *propositio* 5,20-21 commence donc en 6,1 et terminera en 8,30. En 6,1-14, Paul affirme que les chrétiens ne doivent pas continuer à pécher (ἐπιμένω τῇ ἁμαρτίᾳ), sous prétexte qu'ils ne vivent plus sous le contrôle de la Loi, mais dans le temps de la gratuité. Car une fois qu'ils sont baptisés, ils sont morts avec le Christ et nés à une vie nouvelle.

---

[42] A propos de la fonction rhétorique d'une *narratio* paulinienne, cf. J.-N. ALETTI, «La *dispositio* rhétorique», 395.

[43] Cf. S.K. STOWERS, *The Diatribe and Paul's Letter to the Romans* (SBLDS 57; Chico, CA, 1981) 119-154, spécialement pp. 148-152.

[44] Rm 8 est ainsi une grande antithèse à ce qui est exposé en Rm 5-7. Cf. aussi P. ROLLAND, «L'antithèse de Rm 5-8» *Bib* 69 (1989) 396-400.

Evidemment, leur situation est diverse de celle du Christ. Celui-ci est mort une fois pour toutes et est déjà ressuscité. Une fois ressuscité, la mort n'a plus de pouvoir sur lui. Les chrétiens, eux, sont morts au péché dans le baptême, mais leur résurrection est encore à venir. C'est en ce moment-là qu'ils vivront avec le Christ. Grâce au baptême, ils ont déjà acquis une autre identité, même s'ils sont encore dans le corps de péché. La vie nouvelle à laquelle ils sont nés consiste donc à ne pas soumettre leurs membres, c'est-à-dire leurs corps mortels, au péché.

En 6,15-7,6, Paul s'appuyant sur deux arguments réaffirme à nouveau ceci: le fait que les chrétiens vivent déjà sous le régime de la grâce ne les autorise pas à pécher. Il en appelle à leur connaissance (οὐκ οἴδατε ὅτι: 6,16; ἢ ἀγνοεῖτε ... ὅτι: 7,1). Dans le premier argument (6,12-23), Paul soutient que l'on est esclave de celui à qui on obéit, à qui on est soumis. Et quand on l'est, on doit le vivre avec cohérence. Mais une fois libéré, on ne peut plus obéir à celui qui tenait esclave. On devient, par contre, serviteur du nouveau chef. Il en est de même des chrétiens. Avant la grâce en Jésus, ils étaient esclaves du péché et ils produisaient les oeuvres du péché qui conduisent à la mort. Mais maintenant (νῦν: v.19) qu'ils sont libérés du péché, ils ne sont plus ses esclaves; ils deviennent esclaves du nouveau maître, Dieu, qui les a libérés en vue de la sanctification et de la justification.

Le deuxième argument (7,1-6) joue en vérité le rôle d'une conclusion[45]. Paul fournit un cas particulier: la situation d'une femme mariée. Celle-ci est, de par la loi, soumise à son mari. Tant que celui-ci vit encore, elle commet l'adultère (et donc mérite la mort) si elle prend un autre homme. Mais une fois que son mari meurt, elle est libre de prendre un autre homme sans qu'elle commette l'adultère. De cet exemple Paul conclut que les chrétiens sont aujourd'hui liés à un autre (mari), le Christ, qui vit encore et vivra éternellement (car il est ressuscité de la mort: v.4; cf. 6,9). Se soumettre au péché équivaut à être adultères (et donc passibles de mort). D'où la conclusion: les chrétiens doivent être logiques jusqu'au bout, vivre selon la nouveauté, c'est-à-dire l'Esprit (καινότητι πνεύματος) et non selon l'ancienneté, c'est-à-dire la loi (παλαιότης γράμματος)[46].

Par ailleurs, il devient clair que Paul ne veut pas s'en prendre à la Loi; ce qui le préoccupe le plus, c'est la force du péché[47]. Paul est conscient du fait que malgré la grâce obtenue dans le Christ, malgré leur nouveau statut,

---

[45] Cf. A. GIENIUSZ, «Rm 7,1-6: Lack of Imagination? Function of the Passage in the Argumentation of Rom 6,1-7,6» *Bib* 74 (1993) 389-400.

[46] πνεύματος et γράμματος sont ainsi des génitifs épexégétiques, cf. M. ZERWICK, *Graecitas biblica* § 45.

[47] Remarquons que sur 48 emplois du mot ἁμαρτία en Romains, 36 se trouvent dans 5-7, soit 75%; tandis que sur 74 emplois de νόμος seulement 28 se trouvent dans 5-7, soit 37,8%. Il ressort de ce rapport que le problème central de Rm 5-7 est le péché dans la nouvelle identité des chrétiens.

c'est-à-dire même s'ils n'ont plus rien en commun avec le péché, les chrétiens courent le risque de pécher encore, sont encore exposés à la possibilité du péché. D'où son insistance sur la cohérence de vie dans la nouvelle situation. D'où aussi sa précision, dans une *sub-propositio*, sur le rapport entre la Loi mosaïque et le péché (7,7-25).

A partir de 7,7, en effet Paul, dans une sorte de monologue intérieur, montre que la Loi, même si elle est sainte, n'a pas résolu le problème du péché. Elle est impuissante et incapable de sauver l'homme (v.24). Elle reste sainte et spirituelle, mais l'homme étant de chair (σαρκινός: v.14), elle ne rend pas impuissant le péché qui est dans l'homme (c'est-à-dire dans ses membres). Pour Paul, avec la Loi de Moïse, l'homme reste le même, divisé en lui, incapable d'accomplir le bien qu'il veut. C'est une Loi qui ne détruit pas les autres lois auxquelles l'homme, à cause de la chair, est soumis. Elle ne libère pas du péché qui habite en l'homme, au point qu'elle est devenue un instrument dont s'est servi le péché pour se manifester, pour être vivant et ressenti, pour affirmer sa puissance[48]. Cette puissance du péché s'exerce donc sur tout homme avant sa foi au Christ (cf. les aoristes de 7,7-12)[49]. C'est seulement quand on est dans le Christ qu'on n'est plus sous la domination du péché (cf. aussi l'aoriste en 7,6). Il est évident que Paul développe ici 5,20a - c'est-à-dire la première affirmation de la *propositio principalis* (5,20-21) de toute la section littéraire Rm 6-8 -, en utilisant des éléments présents dans la *narratio* (5,12-19).

Grâce à ce développement de 7,7-25, Paul arrive à démontrer le lien intrinsèque entre le péché et la chair, en nommant celle-ci "le corps de mort", et, un peu plus loin, "le corps de péché". Il en résulte qu'il n'y a pas de péché s'il n'y a pas de corps mortel, c'est-à-dire la chair et ses membres[50]. Cela peut être dit de tout homme, du païen ou du juif. Avec ou sans la loi, tous ont péché (cf. 3,9.23), par l'intermédiaire du corps de

---

[48] Sur les 14 emplois du mot ἁμαρτία dans cette micro-unité (7,7-25), 9 sont au nominatif et 1 est complément de ὑπό avec un verbe passif indiquant qu'il en est l'agent. Un peu plus haut, c'est en 6,12.14 que le même emploi est présent. Et là, Paul considère le péché comme une force qui peut régner (βασιλεύειν, κυριεύειν). Plus haut encore, la pensée est la même en 5,12.13.20.21. Le péché est une force qui peut agir d'elle-même. Il commande comme une loi. Il soumet l'homme à sa guise, si celui-ci n'est pas pourvu d'une autre puissance.

[49] C'est pour cela que même ceux qui ne connaissent pas la loi pèchent (cf. 1,19-32).

[50] Il est intéressant de relever en passant que pour soutenir que la loi n'est pas responsable de la situation du péché, mais que c'est la chair (7,14), Paul finira par dire que la loi a été impuissante par l'intermédiaire de la chair (ἐν ᾧ ἠσθένει διὰ τῆς σαρκός) et que Dieu a envoyé son propre fils avec une chair semblable à celle du péché, condamnant ainsi le péché dans la chair, "afin que le précepte de la loi fût accompli (τὸ δικαίωμα τοῦ νόμου πληρωθῇ) en nous dont la conduite n'obéit pas à la chair, mais à l'Esprit" (8,3-4). De toute évidence, l'antithèse est entre l'Esprit et le péché. Mais s'attaquer au péché veut dire s'en prendre à la chair.

péché, de ce corps mortel avec ses convoitises (6,12-13). Ipso facto, l'Apôtre met en évidence l'incapacité de la Loi à sauver, même si elle est spirituelle et a été conçue pour procurer la vie. La Loi mosaïque n'entraîne que la condamnation et pas le salut (7,24a.25b), car elle n'a rien fait pour le corps mortel. Par contre, il y a une loi nouvelle qui, elle, réussit à sauver les hommes de l'esclavage du péché et de la mort. Qu'eest-elle? Paul revient là-dessus en 8,1-13.

5.3.3. Rm 8,1: *propositio* de Rm 8

Pour Paul, le chrétien est sans aucun doute celui qui vit sous la nouvelle loi, car il est celui que le Christ a déjà rendu libre du péché une fois pour toutes (ἐφάπαξ: 6,10). La vie chrétienne n'est plus sous le péché ni sous la faiblesse de la chair. Seulement, quelque objection surgit: le chrétien n'est-il pas, comme tout homme, dans un corps mortel qui favorise le péché? N'est-il pas sous la domination de la loi de la chair? Pour répondre à cette objection, Paul, dans une sorte de *synkrisis*, assure, à partir de 8,1, que la libération a déjà eu lieu (aoriste) et qu'avec elle le chrétien est passé sous une autre loi (cf. 6,15-23)[51]. Même s'il est encore dans la chair, il n'a plus rien en commun avec le péché. Voilà pourquoi Paul peut nettement soutenir qu'"il n'y a pas de condamnation pour ceux qui sont dans le Christ". Aussi nous faut-il considérer ce verset comme une nouvelle *propositio* qu'il développe

---

[51] Cf. aussi l'argumentation conclusive en 7,1-6 où il montre que dans le Christ les chrétiens sont légitimement passés d'un mari à un autre. Selon H. LAUSBERG, *Elementi di retorica*, § 391,1, la *synkrisis* est une figure rhétorique qui consiste en une antithèse comparative correspondant à ce qu'on appelle en français, la *diaphore* et que l'on définit comme «figure de rhétorique où l'on répète un mot déjà employé en lui donnant une nouvelle nuance de signification» § 289, note 26. De fait, en Rm 8,2, Paul emploie le mot νόμος en lui donnant une autre signification. Selon S. LYONNET, «Rm 8,2-4», 312 = *Etudes sur Romains*, 231, "si l'Apôtre, après avoir déclaré avec tant de force que nous avons été affranchis du νόμος, n'hésite pas à nommer également νόμος cela même qui nous en a libérés, c'est tout simplement parce qu'il désire utiliser les catégories mêmes de ses adversaires et se faire mieux comprendre d'eux". A notre avis, telle n'est pas la raison pour laquelle Paul emploie le mot νόμος pour parler du nouveau statut du chrétien. C'est plutôt la connaissance des règles de la rhétorique qui le lui permet. Il met en effet en jeu ici un bon nombre de figures rhétoriques de style et de pensée, la *synkrisis*, la *correctio*. Dans ce cas, aussi, on ne peut pas dire qu'il s'adressait forcément à des adversaires. Il pouvait recourir à un tel procédé pour instruire ses fidèles qui sont, de fait, ses auditeurs. C'est pratiquement la même figure de style que Paul applique en 7,7-25 où, comme nous venons de dire, il joue sur l'équivocité du terme νόμος pour montrer comment la Loi mosaïque, bien qu'elle soit sainte, a été impuissante devant d'autres lois, celles de l'esclavage du péché. On peut aussi se rendre compte du recours de l'Apôtre à la même figure en 2 Co 3.

en ce chapitre 8. En même temps, il reste, par rapport à 5,20-21, une *sub-propositio*, car il explicite cette affirmation principale-là.

Il n'y a pas de condamnation pour le chrétien parce que celui-ci a été placé sous une autre loi, il a reçu l'Esprit de la vie dans le Christ. Cet Esprit a libéré (aoriste) le chrétien du commandement du péché et de la mort. Mais la raison fondamentale de tout cela, c'est Dieu lui-même. En envoyant son Fils dans une chair semblable à celle du péché, il a accompli ce que la loi ne pouvait réaliser par le moyen de la chair; il a condamné le péché dans la chair, dans le but que le précepte de la loi fût accompli "en nous dont la conduite n'obéit pas à la chair, mais à l'Esprit" (8,2-4). Alors qu'en 6,1-7,25, Paul avait souligné de façon insistante la force du péché dans le corps mortel de l'homme sous la Loi, mais sans l'Esprit, en 8,1-39, il va insister sur la puissance de l'Esprit dans et pour le corps mortel du chrétien. Avant il disait: "le péché habite en moi" (7,17.20); maintenant, il affirme: "l'Esprit habite en vous" (8,9.11)[52]. Avant, c'était la vie passée et révolue; maintenant, c'est la vie future du chrétien sans la Loi, mais sous l'Esprit (ὑμεῖς δὲ οὐκ ἐστὲ ἐν σαρκὶ ἀλλὰ ἐν πνεύματι εἴπερ πνεῦμα Θεοῦ οἰκεῖ ἐν ὑμῖν)[53].

C'est cette habitation de l'Esprit dans le chrétien qui doit encourager en quelque sorte ce dernier à ne point avoir peur. Malgré le fait qu'il est dans la chair, il n'y a plus de condamnation pour lui. Selon 5,18, la condamnation est le fruit du péché et a commencé pour tous avec le péché d'Adam (5,16)[54]. Dans le Christ, par contre, on est déjà libéré et Dieu a condamné le péché dans la chair. Le péché a été réduit à néant[55]. Ainsi, en 8,1-13 Paul reprend ce qu'il n'a fait que dire jusqu'ici pour exhorter les chrétiens à ne pas demeurer dans le péché: ils ont déjà été libérés du péché (6,18.21.22). Cette libération a eu lieu dans la mort et la résurrection du Fils de Dieu, Jésus Christ. Elle trouve son origine dans l'effusion de l'Esprit de vie, effusion accomplie par Dieu pour ceux qu'il aime. C'est désormais cet Esprit qui habite dans le chrétien (présent). Paul l'avait aussi déjà affirmé dans l'exorde

---

[52] Notons aussi ici que 21 emplois sur 34 du terme πνεῦμα en Rm se trouvent au chapitre 8, soit 61,8%. Dans 5-7, il n'apparaît que deux fois (5,5; 7,6) et, dans les deux cas, en antithèse évidente avec le moment où régnait le péché et ses conséquences.

[53] D'ailleurs, tout le chapitre 8 est à considérer comme réponse (antithétique) à la question explicitement posée en 7,24b, laquelle est à son tour le point culminant d'une discussion suscitée par un constat: l'homme, à cause de sa chair, a été soumis au péché. Nous venons de voir que Paul, dans cette discussion (6,1-7,25), a soutenu que les chrétiens ne doivent pas pécher, à cause du nouveau statut qu'ils ont dans l'Esprit et de ce que ce statut implique (cf. 7,5-6).

[54] D'ailleurs, même le verbe κατακρινεῖν est, en Rm, utilisé seulement en rapport avec le péché commis (2,1; 8,34; 14,23).

[55] Cf. à ce propos, l'explication judicieuse de S. LYONNET, «Rm 8,2-4», 233-235, qui propose de comprendre le verbe κατακρινεῖν de 8,3 à la lumière de Jr 31 et d'Ez 35-39.

(cf. 5,5)[56]. Ce qu'il explicite ici, c'est que comme cet Esprit a joué un grand rôle dans la résurrection de Jésus, il jouera aussi le même rôle dans la vivification des corps mortels des chrétiens (futur: 8,11)[57].

La conclusion que Paul tire de ces observations est tout entière centrée sur l'attitude à adopter vis-à-vis de la chair (8,12). Par l'emploi de la particule ἄρα οὖν Paul conclut habituellement, en peu de mots, ce qu'il a dit précédemment avant de passer à l'étape suivante[58]. Mais, ici, cette conclusion exige un développement, mieux une explicitation. Ainsi, contrairement à Th. Zahn et d'autres, nous pensons qu'une nouvelle étape argumentative ne commence pas en 8,14[59]. Paul justifie seulement cette sorte d'exhortation en explicitant davantage sa pensée. Certes, il attribue aux chrétiens, pour la première fois, le titre de "fils - enfants de Dieu" (υἱοὶ - τέκνα Θεοῦ). Jusque là, le terme υἱὸς Θεοῦ n'était employé que pour Jésus seul. Mais, l'Apôtre vient d'affirmer en 8,9-11 que quiconque n'a pas l'Esprit du Christ, celui-là ne lui appartient pas. Ainsi, celui qui l'a, lui appartient. Et quand on l'a, on est sûr de bénéficier du privilège de Jésus Christ, d'être vivifié dans son corps mortel; d'être, en d'autres mots, fils de Dieu comme Jésus Christ (cf. 1,4).

---

[56] Un *exordium* a aussi pour fonction d'annoncer ce dont il sera question dans le discours. Selon CICERON, *De Oratore II*, 315.320, "c'est l'exorde, peut-on dire, qui donne une idée du reste du discours et lui sert de recommandation". De même, "il faut que tout exorde contienne comme en germe la cause entière, facilite et fraye l'accès auprès d'elle". Nous montrerons plus loin que le lien entre la souffrance, la persévérance et l'espérance dont il est aussi question en 8,19-25 était de fait déjà annoncé dans cet exorde.

[57] Sans doute, une meilleure interprétation du v.10 est ici décisive. Nul n'ignore que ce verset constitue une *crux interpretum*. Mais, quelle que soit la solution proposée, il est important de souligner que celle-ci ne doit pas être dictée par le refus ou l'admission d'un dualisme anthropologique chez Paul. Telle n'est pas sa préoccupation centrale. Ce que Paul met en exergue est que, même s'ils appartiennent au Christ et que l'Esprit du Christ habite en eux, les chrétiens ne sont pas encore ressuscités avec lui. Cela est dû au fait qu'ils sont encore dans des corps mortels. Cela veut dire que la libération dans le Christ n'a pas encore eu des conséquences positives sur le corps des chrétiens. La résurrection est un fait futur pour eux et elle consistera en la vivification de leurs corps mortels (cf. aussi 6,5.6.8). Car, si le corps est mort, c'est à cause du péché; et même si le péché a déjà été condamné dans la chair (8,3), il reste que le corps a, depuis lors, l'attribut de corps de péché. Par contre, l'Esprit est vie et à cause de la justice accomplie par Dieu, il agira aussi en faveur de ceux en qui il habite. Il est l'Esprit du Christ et de celui qui a ressuscité Jésus.

[58] Cf. 5,18; 7,3.25; 9,16.18; 14,12.19; Ga 6,10; 1 Th 5,6.

[59] Cf. Th. ZAHN, *Der Brief*, 394; J.A. FITZMYER, *Romans*. A New Translation with Introduction and Commentary (AB 33; New York, 1993) 497; I. de la POTTERIE, «Le chrétien conduit par l'Esprit dans son cheminement eschatologique (Rm 8,14)», in *The Law of the Spirit in Rom 7-8* (éd. L. DE LORENZI) (SMBSBO 1; Rome, 1976) 233; G. HELEWA, «'Sofferenza' e 'speranza della gloria' in Rom 8,17» *Teresianum* 39 (1988) 234-240.

Il est donc normal que dans cette conclusion, Paul explicite davantage cette idée en focalisant son attention sur la filiation divine des chrétiens.

Ayant ainsi établi que les chrétiens sont, par l'Esprit, fils de Dieu, il est normal que, poursuivant l'explicitation de sa pensée, Paul passe à l'affirmation de la conséquence qui découle d'une telle dignité de fils: l'héritage des biens futurs (vv.16-17b). Une fois que l'on a reconnu le statut de filiation de quelqu'un, il est tout à fait logique d'affirmer qu'il a des droits à l'héritage. Autrement dit, l'héritage des biens de quelqu'un est la preuve décisive que l'on est son fils légitime[60]. Paul traduit cette idée en recourant à la figure rhétorique de la *gradatio*, lui permettant d'amplifier son argumentation. En effet, cette *gradatio* fait que les mots de la fin d'une affirmation indépendante sont repris au début de celle qui suit, conduisant vers le climax qu'est κληρονόμοι μὲν Θεοῦ, συγκληρονόμοι δὲ Χριστοῦ: v.17bα-β.

Ainsi, Paul affirme que l'Esprit qui habite en nous fait de nous les héritiers de Dieu et les cohéritiers du Christ. En d'autres termes, s'il est vrai que nous avons reçu l'Esprit de filiation, cela veut dire aussi que nous sommes héritiers de Dieu et donc frères du Christ. A l'idée de filiation est donc absolument unie celle de l'héritage des biens de Dieu et de cohéritage de ceux du Christ (cf. génitif Χριστοῦ). Les chrétiens deviennent héritiers de Dieu seulement parce qu'ils sont frères du Christ.

Au bout de ce développement, nous considérons que Paul a expliqué pourquoi il a affirmé en 8,1 qu'il n'y a pas de condamnation pour ceux qui sont dans le Christ Jésus. S'il n'y en a pas, c'est parce qu'ils ont déjà l'Esprit de liberté qui fait d'eux des fils de Dieu et des cohéritiers du Christ. On peut donc considérer 8,17 comme la frontière de l'argumentation commencée en 8,2. A partir du v.18, commence une autre argumentation. De fait, la thématique devient autre, avec l'apparition soudaine du terme παθήματα. Or, il n'y a pas de doute qu'en 8,31-39 l'Apôtre reprend, en le résumant, ce qu'il a développé en 8,1-17. Ainsi, nous croyons qu'il faut suivre le raisonnement jusqu'à 8,31-39 pour saisir la pertinence de cette analyse.

5.3.4. Rm 8,31-39: *peroratio* de Rm 5-8

Non seulement Paul, en Rm 8,31-9, résume bien sa discussion développée dans tout le chapitre 8 (et même dans toute la section de Rm 5-8), mais cette micro-unité littéraire apparaît être une grande *peroratio*. En effet, Paul donne l'impression d'y reprendre les grans thèmes développés dans la partie argumentative qui la précède. Ainsi, en 8,31-39 un certain rapport entre l'affirmation de la justification, c'est-à-dire la non-condamnation de ceux qui

---

[60] Cf. aussi Ga 4,6-7.

sont dans le Christ (8,1; cf. aussi 5,1) et le fait de souffrir, est mis en évidence. Et ce rapport est justement d'exclusion. Paul, en effet, y conclut: "Que dire après cela? Si Dieu est pour nous, qui sera contre nous? ... Qui se fera l'accusateur de ceux que Dieu a élus? ... Qui nous séparera de l'amour du Christ?" (8,31-35a). Il nous semble que ces questions reprennent en d'autres mots ce que Paul affirmait en 8,1-17

Or pour concrétiser ces questions, il énumère une liste des péristases: "la tribulation, l'angoisse, la persécution, la faim, la nudité, les périls, le glaive" (8,35b-36). Ces souffrances ne constituent-elles pas pour certains observateurs une manifestation patente que Dieu ne soutient pas ceux qui lui sont fidèles? Nous croyons qu'il s'agit ici de ce que l'Apôtre a traité dans les vv.18-30. Ainsi, l'objet principal de ces versets est celui de répondre à l'objection que constitue la présence des souffrances dans la vie du chrétien. Voilà pourquoi, la réponse finale et solennelle résonne comme un jurement. "Rien ne pourra séparer le chrétien de l'amour de Dieu manifesté dans le Christ Jésus notre Seigneur!" (8,37-39).

Autrement dit, cette *peroratio* permet au lecteur de voir clairement à quel niveau Paul se situe quand il introduit subitement le sujet de παθήματα en Rm 8,18. Ce que Paul vise en premier lieu, c'est sauver l'affirmation de l'amour et de la fidélité de Dieu envers les chrétiens, surtout quand ceux-ci souffrent à cause de leur être-dans-le-corps-mortel. De fait, le langage des vv.31-39 rappelle bien celui de 2,1-16, où la question du jugement et de condamnation est posée à propos des pécheurs. En ces derniers versets, Paul affirme que personne ne peut prétendre accuser un autre, pour la simple raison que tous ont péché. En même temps il met en évidence la gratuité de la justification divine (2,4). Et c'est cette justification gratuite (5,1-11) qui est le fondement de l'espérance et de l'invitation à ne point demeurer dans le péché. Celui-ci a déjà été réduit à l'impuissance et condamné dans la chair.

Ainsi Rm 8,31-34 insiste sur cette fidélité de Dieu, sur sa justice et sa miséricorde, sur la gratuité de son amour. Or cet amour s'est manifesté quand nous étions encore pécheurs, c'est-à-dire au moment où nous méritions la condamnation; *a fortiori* maintenant que nous sommes déjà justifiés dans le sang de son fils, qu'il a spécialement envoyé pour condamner le péché dans la chair (cf. 5,5-11; 6,4-6.8; 8,3s). Pourquoi alors croire que les tribulations du moment présent sont un signe que cet amour de Dieu n'existe plus? N'est-ce pas proclamer une sorte de contradiction en Dieu? Si celui-ci nous a aussi choisis en son Fils et s'il a fait de nous ses enfants, cohéritiers du Christ, rien ne pourra nous séparer de lui! Aucune autre puissance ne pourra triompher contre les élus de Dieu. Car, c'est grâce à Dieu lui-même que nous vainquons tout cela (8,37). Ceci dit, on se rend compte que Paul ne pouvait pas ne pas aborder la question du rapport entre les souffrances du moment présent et la dignité des fils de Dieu. C'est ce qu'il fait en 8,18-30. Le lien logique que cette unité entretient avec son contexte immédiat et avec toute l'argumentation paulinienne en cette grande section de Rm 5-8 devient clair. On voit comment Paul passe d'une section à l'autre. La fonction du v.17c-d devient évidente pour la compréhension même de l'argumentation de Rm 8,18-30.

5.4. L'argumentation de Rm 8,18-30

L'analyse qui vient d'être faite confirme qu'au v.17 Paul semble achever un enchaînement d'idées qu'il reprend en 8,31-39. Mais est-ce pour autant que le v.18 est introduit de façon abrupte et que la section littéraire qu'il déclenche est hors du sujet? Un indice littéraire aide à répondre à cette question: grâce au v.17c-d, le v.18 commence une autre thématique qui n'est pas totalement nouvelle par rapport à l'affirmation principale de l'unité argumentative de Rm 8,1-17b, à savoir la non condamnation de ceux qui sont dans le Christ, à cause de leur filiation grâce à l'Esprit. Autrement dit, Paul passe à Rm 8,18-30 sans faire un saut violent d'idées.

5.4.1. v.17c-d: une *transitio*

Commençons par une observation typiquement littéraire: à la fin du v.17 l'Apôtre ajoute une incisive (17c-d) comme pour éclairer la courte affirmation du v.17bβ. La fraternité des croyants avec le Christ, laquelle justifie leur héritage commun des biens de Dieu, est selon lui affirmée par le fait que les croyants participent dans leur vie aux souffrances du Christ. Leurs souffrances ne nient pas leur cohéritage des biens du Christ, dans la mesure où elles sont communion aux souffrances du Christ et qu'une telle communion a pour fin la communion à la gloire du Christ.

Il faut cependant reconnaître qu'entre cette incisive et l'affirmation qu'elle explique, le lien n'est pas du tout naturel. De toute évidence, le concept de συμπάσχειν est introduit de façon soudaine. Quel rôle lui attribue alors Paul dans cette argumentation? Bindemann a proposé de le considérer comme la *propositio* qui engendre l'argumentation de 8,18-27 (cf. γάρ: v.18)[61]. Qu'en est-il?

---

[61] Cf. W. BINDEMANN, *Die Hoffnung der Schöpfung*, 40-41. D'autres auteurs considèrent aussi que le v.17c-d est l'affirmation qui engendre toute la discussion des vv.18-30. Cf. par ex. H. BALZ, *Heilsvertrauen*, 93; J.D.G. DUNN, *Romans 1-8*, 486. Par contre, Th. ZAHN, «Die seufzende Kreatur, Röm. 8,18-23., mit Rücksicht auf neuere Auffassungen» *JDT* 10 (1865) 514, considérait que le discours entamé au v.18 n'est pas engendré uniquement par le v.17c-d. Pour lui, c'est toute l'unité 8,13-17 que Paul soutient à partir du v.18. A notre avis, les vv.13-17 sont logiquement plus en relation avec ce qui précède

Du point de vue grammatical, l'affirmation de 17c-d, qui est une incisive de 17bβ, fait partie de l'étape argumentative précédente. Cependant, le fait même que Paul en fait une incisive, alors qu'il n'y a pas de lien logique avec ce qui précède, est un indice que Paul lui attribue, au niveau rhétorique, une autre fonction[62]. Le contexte permet d'affirmer qu'il s'agit du rôle de transition. Un peu plus haut, Paul avait déjà fait recours à un tel procédé. En effet, après avoir développé 6,1-14a, l'affirmation de la *propositio* en 6,15 est faite sans grand choc grâce à 6,14b qui en constitue une bonne transition. Ce n'est pas pour autant que 6,14b peut être considéré comme *propositio*. Il en est de même de 8,17c-d. Sa fonction est de pouvoir atténuer le heurt que provoquerait le commencement abrupt de la *propositio* du v.18 par rapport à ce qui précède. En effet, elle permet de passer doucement à un autre aspect du problème débattu[63].

Car, le débat est le même et concerne le fait qu'il n'y a pas de condamnation pour ceux qui sont dans le Christ (8,1). Pareille affirmation ne pouvait pas ne pas occasionner une objection, concernant la souffrance que connaissent les chrétiens en ce monde[64]. Le fait qu'ils continuent d'endurer toute sorte de souffrances n'est-il pas une preuve contre l'affirmation de 8,1? Mais, au lieu d'introduire brutalement cette question dans sa discussion, Paul a préféré une transition heureuse, même si celle-ci paraît forcée par rapport à ce qui précède. Elle reste transition, parce que ce n'est pas elle que Paul va démontrer dans la suite.

En réalité, le verbe συμπάσχειν ne sera pas explicité par le substantif παθήματα du v.18. Dans toute la discussion en 8,18-30, Paul ne dira pas que les souffrances des chrétiens sont des participations aux souffrances du Christ et qu'à cause de cela, les chrétiens seront glorifiés avec le Christ. Par contre, il va insister sur l'action de Dieu lui-même, sur son choix, pour montrer que même les souffrances ne peuvent séparer les chrétiens de l'amour gratuit de Dieu. La dimension christologique du v.17c-d disparaît presque complètement de l'unité 8,18-30.

Pourquoi est-ce que la communion des chrétiens aux souffrances du Christ par leurs souffrances n'y est plus explicitée? La réponse est que la particule εἴπερ de 8,17 ne fait rien d'autre qu'introduire une idée que les chrétiens admettent comme vérité. Et Paul n'a justement pas besoin de la démontrer dans la suite. Grâce à elle, cependant, il peut en 8,18 exprimer son point de vue sur le rapport entre les souffrances des chrétiens et leur

---

qu'avec ce qui suit. Cela ne veut pas dire qu'il n'y ait aucun lien entre eux et les vv.18-30. Leur contenu est de fait l'occasion de l'objection à laquelle Paul est en train de répondre aux vv.18-30.

[62] Cf. aussi U. WILCKENS, *Römer vol. 2*, 152; G. NEBE, *'Hoffnung' bei Paulus*, 82-84.

[63] Sur la fonction d'une *transitio* dans l'art oratoire, cf. H. LAUSBERG, *Elementi di retorica*, § 54.

[64] Cf. aussi G. NEBE, *'Hoffnung' bei Paulus*, 82.

future glorification[65]. Pour lui, il ne faut pas penser qu'à cause de la souffrance nous ne sommes plus enfants de Dieu. Autrement dit, il ne faut pas estimer que les souffrances de ce moment sont une preuve que Dieu ne nous a pas encore justifiés dans le Christ. Pour Paul, il n'y a pas de lien entre les deux. On ne peut pas les mettre sur la même balance. Les passions du moment présent ne peuvent tarir notre dignité d'enfants de Dieu et les droits d'héritage qui nous reviennent, car il y va de l'amour de Dieu pour ses élus.

Si telle est la réponse synthétique, on saisit désormais ce qu'est l'enjeu de Paul dans les vv.18-30. L'enjeu de la discussion y est essentiellement *théo*-logique. Il s'agit de dire dans quelle mesure l'amour que Dieu manifeste à ceux qui sont dans le Christ n'est pas affecté par la souffrance que ceux-ci pourtant endurent encore. Effectivement, les questions des vv.31-39 prouvent bien qu'il y a une sorte de doute qu'engendrent les souffrances de tout genre dans le chrétien et qui peut faire sous-estimer la gloire même à laquelle il est destiné[66]. C'est ce que Paul élimine en affirmant solennellement le contraire en 8,18[67].

Bref, le problème paulinien en Rm 8,18-30 n'est pas de prouver que par leurs souffrances les chrétiens participent à celles du Christ pour être glorifiés avec lui (v.17c-d), mais de montrer que leurs souffrances ne doivent pas être estimées comme une objection à la réalisation du plan de Dieu. Elles ne doivent pas provoquer le doute sur l'accomplissement total du choix que Dieu a déjà fait d'eux, c'est-à-dire leur prochaine glorification, laquelle équivaut à la révélation totale de leur dignité de fils (v.18). Cet événement se réalise par la rédemption de leurs corps mortels. Voilà pourquoi, au lieu de considérer le v.17c-d comme la *propositio* qui déclenche ce qui suit, il est préférable d'y voir une transition. La vraie *propositio* se situe au v.18. Et elle introduit un débat qui est éminemment *théo*-logique!

5.4.2. v.18: la *propositio* de Rm 8,18-30

Ceci dit, le v.18 est à considérer comme *propositio* en tant qu'il engendre une macro-unité argumentative ayant pour finalité de le clarifier. Cependant,

---

[65] Le fait que Paul commence le v.18 par λογίζομαι indique qu'il prend position vis-à-vis d'une autre façon de juger les choses (cf. dans ce sens, 2 Co 10,2; 11,5). Cf. H.W. HEIDLAND, «λογίζομαι, λογισμός» *ThWNT* IV, 287-295; ici, 290-291.

[66] Cf. M. EBNER, *Leidenlisten und Apostelbrief*. Untersuchung zur Form, Motivik und Funktion der Peristasenkataloge bei Paulus (FB 66; Würzburg, 1991) 386 où il affirme que Rm 8,35-39 pose le problème existentiel de la récompense du juste exprimant ainsi une "theologische Herausforderung der Rechtfertigungstheologie".

[67] En fin de compte, le problème paulinien se révèle à ce niveau vétérotestamentaire. N'est-il pas celui de la souffrance du juste, de l'élu de Yhwh? Il y a là déjà une clé pour comprendre le v.28.

par rapport à ce qui précède, il est une *sub-propositio*, car toute l'argumentation qu'il déclenche vise à répondre à des objections que la *propositio* de 8,1 ne peut manquer de susciter aux yeux de quelque observateur réaliste[68].
Après avoir montré que le v.17c-d joue le rôle d'une *transitio*, il résulte que la saisie correcte du sens que Paul attribue aux termes de συμπάσχειν et παθήματα aux vv.17.18 est la première condition pour suivre l'enchaînement de l'argumentation. Nous rejetons l'avis de Bindemann selon lequel les vv.18-27 sont le développement du v.17c-d[69], parce que cette interprétation n'accorde pas aux termes συμπάσχειν et παθήματα les nuances qui leur conviennent dans ce contexte. La deuxième condition pour suivre le déroulement de l'argumentation paulinienne en 8,18-30 est de définir exactement ce que Paul dit au v.18. Sur quoi met-il l'accent? Sur la succession logique entre παθήματα et δόξα, comme le suggère le v.17c-d ou sur la comparaison de leur valeur respective? Procédons par étapes. En premier lieu, comment faut-il comprendre le verbe συμπάσχειν au v.17c et le substantif παθήματα au v.18?[70]

5.4.2.1. Συμπάσχειν et παθήματα

Pour déblayer le terrain, il convient de signaler que le verbe συμπάσχειν ne revient que deux fois dans tout le Nouveau Testament: en 1 Co 12,26 et ici. Dans le contexte de 1 Co 12,26 l'Apôtre insiste sur la communion de destin entre les chrétiens à cause de l'unité indissoluble du seul corps qu'ils forment: "un membre souffre-t-il, tous les membres souffrent avec lui". Ainsi, il n'y a pas de doute qu'en Rm 8,17 il indique une communion de souffrances *avec* le Christ. Comment faut-il comprendre cela?

Cette question mérite d'être posée, pour la simple raison que le verbe πάσχειν lui-même, dans cinq cas sur sept où il est employé dans le corpus paulinien, renvoie toujours à des épreuves connues par Paul lui-même ou par les chrétiens *pour* ou *à cause de* Jésus (2 Co 1,6; Ph 1,29; 1 Th 2,14; 2 Th 1,5; 2 Tm 1,12). 1 Co 12,26 et Ga 3,4 sont loin de cette idée de souffrir *pour* et encore plus loin de celle de souffrir *avec* le Christ. Deux petites conclusions découlent de cette observation. 1° Contrairement aux Synoptiques, Ac, He et 1 P, Paul n'emploie jamais le verbe πάσχω pour parler des

---

[68] En analysant 2 Co 5,1-10, nous avons rencontré un tel phénomène dans le cas de 2 Co 4,17 par rapport à 4,7 et dans le cas de 2 Co 5,1 par rapport à 4,17. J.-N. ALETTI, «La présence d'un modèle rhétorique», 10, signale comment chez Paul une *propositio* est souvent énigmatique, exigeant une précision progressive au moyen d'autres *propositiones*. Dans ce cas, la première devient *propositio principalis*, et celles qui lui sont suffragantes, des *sub-propositiones*.

[69] Cf. W. BINDEMANN, *Die Hoffnung der Schöpfung*, 41.

[70] Cf. W. MICHAELIS, «Συμπάσχω, πάθημα» *ThWNT* V, 924-925, 929-934.

souffrances de Jésus. Cela ne veut pas dire qu'il n'en parle pas. Au contraire! Seulement, quand il en parle, employant d'autres mots, il indique directement la passion et la mort de Jésus sur la croix. Dans ce cas, Rm 8,17 veut
dire que les chrétiens, par leurs souffrances, participent à la passion et à la
mort du Christ sur la croix. 2° L'emploi du verbe συμπάσχειν en Rm 8,17
pour parler de la communion des chrétiens aux souffrances du Christ est un
cas singulier chez Paul. Par conséquent, l'idée que ce verset exprime est
aussi un cas singulier dans le corpus paulinien.

Il y a certes des cas où Paul parle des souffrances endurées *à cause de*
la foi au Christ comme s'il s'agissait des souffrances subies par le Christ lui-
même. Aussi peut-on à la rigueur les interpréter comme des souffrances *avec*
le Christ (cf. 2 Co 4,8-12; Col 1,24; Ph 3,10). Cependant, Paul leur donne
comme finalité la glorification du Christ dans son corps d'Apôtre. Une fois
(Ph 3,10-11), il espère en obtenir sa propre glorification, c'est-à-dire la
résurrection. Mais, c'est seulement dans le cas où il en mourrait.

Par ailleurs, il faut noter le fait que Paul traduit ce concept de souffrir
avec quelqu'un en termes de partager les souffrances de celui-ci. C'est le cas
de 2 Co 1,7 où κοινωνοί ἐστε τῶν παθήματων signifie que les Corinthiens
souffrent autant que lui-même. Ils supportent avec constance, eux aussi, les
souffrances que Paul et Timothée endurent (2 Co 1,6). Ainsi, leurs souffrances sont les mêmes que celles des Apôtres, endurées *à cause du* Christ. Une
chose importante est cependant à relever: même dans ce contexte où Paul
parle également des souffrances du Christ, il ne dit pas que les chrétiens
participent, par leurs épreuves, à celles du Christ. Il ne dit pas non plus qu'il
est mieux qu'ils souffrent pour qu'au bout de leurs tribulations ils soient
glorifiés avec le Christ.

La question posée plus haut, celle de savoir ce que συμπάσχειν veut
vraiment dire en 8,17, est donc pertinente. Car, en tâchant d'y répondre, on
s'aperçoit qu'on ne peut pas purement et simplement comprendre συμπάσχειν
comme équivalent à παθήματα de 8,18, à cause d'une nuance particulière
que contient ce dernier.

Πάθημα en effet, est utilisé neuf fois et de deux façons dans le corpus
paulinien.

1° Dans six cas (2 Co 1,5.6.7; Ph 3,10; Col 1,24; 2 Tm 3,11), il
indique les souffrances de toute sorte qu'endure quelqu'un dans sa personne.
Ces occurrences se situent dans un contexte de persécutions subies de
l'extérieur, de la part des adversaires, *à cause de* la foi au Christ. Il y a dans
ce cas un rapport avec les souffrances du Christ ou de l'Apôtre, proposées
comme modèles. Le verbe πάσχειν apparaît parfois dans un tel contexte (2
Co 1,6). Dans ce contexte, cependant, Paul ne les interprète pas comme des
souffrances subies *avec* le Christ, mais à cause de lui. Tout au plus, il les
considère comme une sorte d'imitation du Christ. Ainsi, le ton est positif à
l'égard de ce genre de souffrances, surtout quand le mot indique les
souffrances même du Christ (2 Co 1,5; Ph 3,10). Celui qui en parle s'en

réjouit (Col 1,24), car pour lui elles conduisent à la communion finale avec le Christ. C'est surtout en ce sens qu'on peut les considérer comme participation aux souffrances du Christ en vue d'être glorifié avec lui.

2° En Rm 7,5 et Ga 5,24, par contre, le terme πάθημα indique les passions que le péché engendre dans l'homme, dans sa chair. Le contexte est celui de l'opposition entre l'être-dans-la-chair et l'être-en-Jésus Christ. Dans ce cas, il est question de quelque chose d'inhérent au corps même, mieux à la *chair*, entendue comme expression de la faiblesse humaine. C'est la chair, ou quelque chose qui est inhérent à elle, qui produit ces παθήματα; elle ne les subit pas des tierces personnes, de l'injustice des hommes. Entre elles et les péchés, il y a un lien direct. Le terme le plus proche dans ce cas est ἐπιθυμία (Ga 5,24; Cf. Rm 6,12;7,8). Cependant, contrairement aux persécutions, ces passions sont pour le chrétien un fait dépassé. Le chrétien n'est pas soumis à elles. Si tout homme semble soumis à elles, le chrétien, lui, les a déjà crucifiées en ayant crucifié la chair[71].

Naturellement, par l'emploi de l'indicatif présent en 8,17c-d, le contexte de Rm 8,18 s'éloigne de celui de Rm 5,7 et de Ga 5,24, où les verbes principaux sont conjugués à l'indicatif aoriste. Dans Rm 8,18, la pensée de Paul nous renvoie aux passions endurées de l'extérieur, sens le plus courant chez lui[72]. On vient de le dire, Paul ne les interprète jamais comme des souffrances subies *avec* le Christ, mais comme une imitation de celles du Christ. Aussi s'en rejouit-il et parfois y perçoit-il la finalité d'une participation à la résurrection du Christ. C'est dans ce sens que le terme παθήματα de Rm 8,18 peut être traité comme explicitant συμπάσχειν de 8,17.

Seulement, il faut remarquer une grande discordance entre ces deux termes dans ce contexte. Συμπάσχειν est explicitement mis en relation avec la conglorification. Celle-ci est sa finalité (ἵνα), tandis que παθήματα est clairement considéré comme un concurrent de la glorification (ἄξιος ... πρός). Il y a une rivalité, un conflit entre les deux qui suggère une note négative d'opposition, d'exclusion (οὐκ) entre eux[73].

---

[71] Cf. ici G. GAGER, «Functional Diversity», 347; surtout aussi sa note 10.
[72] Cf. J.D.G. DUNN, *Romans 1-8*, 468. Il est faux, cependant, de dire que nulle part ailleurs Paul ne pense à ses souffrances chrétiennes sans les voir en même temps comme une participation aux souffrances du Christ. Notre analyse prouve le contraire. En outre, il est fort possible que J.C. BEKER, «Suffering», 108, ait raison d'affirmer que dans Romains "Paul distinguishes between suffering at the hands of human injustice and suffering at the hands of the power of death - or as we might say, at the hands of nature". Cependant, il y a lieu de se demander si l'on peut réduire les παθήματα de Rm 8,18 seulement à la dernière forme, comme le fait cet auteur. Il n'y a pas de raison suffisante pour en exclure les souffrances produites par l'injustice des persécuteurs. En ce verset, Paul a un concept très englobant de la souffrance, tel que les vv.35-36 l'indiquent aussi.
[73] Cf. aussi G. NEBE, *'Hoffnung' bei Paulus*, 84.

Ceci dit, il faudra éviter de réduire les παθήματα aux seules souffrances physiques, provoquées par des persécutions ou des injustices des hommes. La longue liste des péristases de 8,35-37 et l'énumération de diverses puissances en 8,38-39 en disent long. La liste détaillée de 8,35-37 est un indice clair que Paul n'a pas en tête un genre de souffrance précis. Du reste, toutes les fois qu'il recourt à cette liste des péristases (cf. 1 Co 4,10-13; 2 Co 4,8-12; 6,4-10; 11,23-30), Paul amplifie et englobe, dans son concept de souffrances, toute sorte d'adversités qu'il rencontre dans son ministère[74].

Notre interprétation se confirme par ailleurs si nous prenons en considération le sens du mot θλῖψις employé en 5,3. Sans doute, le thème des tribulations énoncé en ce verset annonçait déjà la discussion de Rm 8,18-30. Contre ceux qui soutiendraient que le terme θλῖψις indique seulement les souffrances physiques, nous affirmons que dans le corpus paulinien il ne signifie pas seulement ce genre de souffrances[75], mais désigne parfois une certaine oppression, une sorte d'inquiétude intérieure qui prive de la paix. C'est le cas de 2 Co 2,4; 8,13. En Ph 4,14, il indique la situation de dénuement total dans laquelle l'Apôtre se trouvait avant de bénéficier de l'assistance des Philippiens. Dans d'autres textes, il renvoie à la récompense finale des pécheurs (Rm 2,9 et 2 Th 1,6). Dans ce dernier cas, il ne peut pas s'agir de la seule souffrance physique, d'autant plus que le mot est employé en opposition à δόξα ou à ἄνεσις que l'on réserve aux fidèles de Dieu.

De soi, donc, le mot θλῖψις n'exclut pas qu'en Rm 5,3, Paul pense à toute sorte de tribulations qui dénotent quelque contradiction, expriment quelque situation malheureuse et sombre dans la vie d'un chrétien. Il n'y a pas que la souffrance physique qui trouble la paix déjà acquise en Jésus Christ. Même la seule prise de conscience d'être fragile vis-à-vis du péché pourrait entraîner une oppression intérieure, qui peut être aussi désignée comme θλῖψις. En toute évidence, Paul assigne à la θλῖψις du moment présent le rôle d'engendrer l'espérance. Il est donc préférable de respecter l'imprécision paulinienne et de voir que le terme θλῖψις de 5,3 ainsi que la liste des péristases de 8,35-37 aident à comprendre le terme παθήματα de 8,18 dans un sens générique, le plus englobant possible[76].

---

[74] Sur 8,38-39 qu'il suffise de rappeler ce point de vue de S. LYONNET, «L'amour efficace du Christ. Rom 8,35.37-39» *AsSeign* 49 (1971) 14: "le sens précis de chaque terme n'est pas aisé à déterminer; l'Apôtre semble vouloir rester dans le vague afin de mieux évoquer tous les obstacles que l'imagination superstitieuse des hommes peut inventer /.../".

[75] Cf. aussi J.M. COURT, «Paul and the Apocalyptic Pattern» in *Paul and Paulinism*: Essays in Honor of C.K. Barrett (London, 1982) 59-61.

[76] Dans ce sens, Zahn a raison de penser que par παθήματα, Paul "alles Übel und Leid zusammenfaßt, was der Christ wie der Mensch überhaupt während seines Lebens auf Erden und in seiner noch unerlösten leiblichen Natur zu erfahren bekommt", Th. ZAHN, *Der Brief*, 400.

De tout ceci, il découle qu'une juste interprétation du mot παθήματα s'avère décisive pour la compréhension de toute l'unité 8,18-30. Ce terme renvoie à toutes les adversités que réserve le monde au chrétien, qui tourmentent celui-ci, et auxquelles il est d'une certaine manière soumis sans le vouloir, du fait qu'elles sont liées à son être-dans-le-monde. Mais quel est le contenu de cette *propositio* du v.18?

5.4.2.2. Contenu de Rm 8,18

Connaître la portée du terme παθήματα n'est pas encore suffisant pour saisir toute la *propositio* et l'argumentation qu'elle engendre. Qu'affirme alors exactement Paul au v.18? Sur quoi met-il l'accent? C'est que, répondant à l'objection (cf. λογίζομαι), il assure que la gloire future qui est sur le point d'être révélée en faveur des chrétiens dépasse de très loin les passions que ceux-ci vivent en ce moment-ci. La compréhension de cette affirmation dépend 1° du respect qu'on doit à chacun de ses éléments, à savoir la gloire future d'une part, et les souffrances présentes de l'autre; et 2° de l'attention au type de rapport que l'Apôtre établit entre elles.

D'une part, en effet, Paul prend soin de préciser les réalités qu'il rapproche. Les παθήματα ne représentent pas n'importe quelles souffrances, mais seulement celles du moment présent des chrétiens. Si, se basant sur ce que Paul a dit plus haut, ὁ νῦν καιρός est compris comme le moment dans lequel les chrétiens vivent maintenant, c'est qu'il ne s'agit pas des épreuves que peut subir n'importe qui, mais de celles que connaissent ceux qui, par le baptême, sont déjà dans le Christ, ont reçu l'Esprit, mais attendent encore l'événement final. En effet, en 3,26 ἐν τῷ νῦν καιρῷ indique justement le temps dans lequel la justice de Dieu se manifeste, temps commencé avec la délivrance accomplie en Jésus Christ. C'est le temps de la foi en Jésus Christ qui justifie et sauve en attendant le moment final de l'apocalypse de la colère de Dieu[77]. C'est entre ces deux moments que le chrétien, éprouvé par toute sorte d'afflictions, risque de remettre en question sa filiation. Ainsi, contrairement à ce que dit J. Knox, nous ne pensons pas que Paul fait une réflexion sur le contraste entre l'ordre présent et l'âge nouveau qui va bientôt arriver[78].

---

[77] Cf. aussi Ga 2,20 où l'on trouve les deux expressions ἐν σαρκί et ἐν πίστει comme indiquant la situation présente (νῦν) dans laquelle vit le croyant Paul.

[78] Cf. J. KNOX, *The Epistle to the Romans*. Exegesis (IB 9; Nashville, 1954, ²1982) 518. Sans doute, ce point de vue de Knox est conditionné par l'assomption qu'en Rm 8,18-30 Paul expose principalement une théologie du sort de la création. Pourtant, chez Paul, l'âge nouveau a déjà eu lieu avec l'événement Jésus Christ et par l'effusion de l'Esprit, grâce auquel il n'y a plus de condamnation pour ceux qui sont dans le Christ. La réflexion de l'Apôtre porte alors sur le rapport entre les souffrances endurées en ce temps

De même aussi pour la gloire. Il ne s'agit pas ici de n'importe quelle gloire, mais de celle qui va bientôt être manifestée. Autrement dit, même si elle est déjà acquise, le problème se situe au niveau de sa manifestation. Elle n'est pas encore visible. Il y a donc une allusion au moment même de cette manifestation finale. A la lumière d'autres cas du corpus paulinien où le substantif ἀποκάλυψις et le verbe ἀποκαλύπτω sont employés, et dont les contextes sont proches de celui-ci, un tel moment est celui de la parousie du Christ (1 Co 1,7). Rm 2,5 conçoit ce moment-là comme celui de la manifestation de la colère et du jugement de Dieu; mais il met surtout l'accent sur la récompense: la gloire, l'honneur, l'incorruptibilité, la vie éternelle pour ceux qui sont constants dans la pratique du bien (cf. aussi 2 Th 1,7). C'est en fait le moment de la communion des chrétiens à la dignité du Fils de Dieu, Jésus Christ, leur Seigneur (1 Co 1,7-9).

En Rm 8,18, il s'agit de cette gloire qui sera manifestée à la parousie du Christ. Un peu plus loin, en Rm 13,11-14, Paul reviendra sur cette imminence de la parousie pour soutenir ses exhortations parénétiques[79]. Bien plus, en 8,18, il est affirmé que la gloire n'est pas dévoilée en faveur de n'importe qui, mais seulement "en faveur de nous" (εἰς ἡμᾶς), qui désigne sans aucun doute les chrétiens. Il s'agit d'une gloire encore à venir, dans le sens qu'il faut encore attendre sa *manifestation* totale. Il s'agit d'une gloire qui est déjà là en réalité, mais qui reste encore cachée. Il est donc question de la gloire dont nous bénéficions déjà depuis notre baptême, mais que nous ne voyons pas encore à cause du corps souffrant. La discussion paulinienne se situe à ce niveau de la *révélation* d'une réalité qui existe déjà, mais qui est remise en question à cause de ce qu'on voit et expérimente quotidiennement. Voilà pourquoi nous ne sommes pas d'accord avec Cambier qui dit qu'au v.18 Paul introduit une "proposition de foi que l'on n'a pas à discuter, mais à accepter comme faisant partie de l'événement du salut"[80]. Pourquoi Paul la justifie-t-il alors dans la suite? Autrement, il se limiterait à dire qu'après les souffrances, il y a la glorification et à indiquer l'imminence de cette échéance.

---

de l'attente et la gloire qui sera révélée en plénitude à la parousie.

[79] Comment peut-on alors affirmer que dans cette lettre le retard de la parousie se fait déjà sentir? Cf. P. BENOIT, «L'évolution du langage», 311; W. BINDEMANN, *Die Hoffnung der Schöpfung*, 89-90.

[80] J. CAMBIER, «L'espérance et le salut dans Rom 8,24» in *Message et Mission*. Xᵉ Anniversaire de la Faculté de Théologie de l'Université Lovanium (Kinshasa, 1967) 84. Cambier précise sa pensée en continuant: "la phrase ne se présente pas comme une opinion de S. Paul, mais comme une affirmation de la foi chrétienne". C'est fort possible qu'elle le soit. Mais, dans ce texte de Rm et pour cette communauté, elle est bien une thèse que Paul avance et qu'il va démontrer dans la suite, une vraie *propositio*, au sens technique du terme, qui engendre une macro-unité pour sa soutenance. Il s'agit donc d'une affirmation qui n'est pas encore admise de tous.

D'autre part, l'Apôtre ne veut pas seulement dire que la gloire future est proche. Cela suffirait pour consoler une communauté des persécutés, l'invitant à supporter ses souffrances éphémères[81]. Au contraire, grâce à la construction ἄξιος... πρός, Paul dit une autre vérité, principale ici: il n'y a pas de comparaison possible entre les passions subies maintenant et la glorification future qui est l'oeuvre de Dieu en faveur de ses élus. Les mettre en rapport n'est rien d'autre que mettre Dieu en question, agent de l'acte de révélation de la gloire qui aura bientôt lieu. De fait, le passif de l'infinitif ἀποκαλυφθῆναι renvoie à l'agent de cet acte, qui est Dieu lui-même. Pour Paul, il ne faut pas accorder aux passions plus de poids qu'elles n'en ont. Il ne faut pas les surestimer. Leur présence n'a pas à dévaluer la gloire. Zahn avait ainsi raison de souligner le fait qu'au v.18 Paul insiste plus sur cette incomparabilité (οὐκ ἄξιος ... πρός) que sur l'imminence de la gloire (τὴν μέλλουσαν δόξαν ...)[82]. Ainsi, on se rend compte que cette incomparabilité trouve toute son importance seulement si on saisit la portée des attributs que Paul accorde à chacun des mots comparés.

Bref, l'Apôtre veut montrer que cette filiation dont nous sommes sûrs de la très proche manifestation est un état de loin supérieur à celui dans lequel nous sommes marqués par les passions. Paul, on le sait, veut montrer aux chrétiens qu'il n'y a aucune condamnation pour ceux qui sont déjà dans le Christ Jésus (8,1). Même les afflictions qu'ils connaissent encore ne constituent pas une objection au fait que dans le Christ et par l'Esprit ils sont fils de Dieu et en tant que tels héritiers de Dieu et cohéritiers du Christ. Tel est l'enjeu de l'argumentation que Paul développe dans les vv.19-30, à la suite de son affirmation du v.18, reconnaissant, d'une part qu'il y a situation de passions et que, de l'autre, malgré tout, la gloire à laquelle sont destinés les chrétiens est sans pareille; les passions ne peuvent ternir la valeur élevée de cette gloire.

---

[81] G. NEBE, 'Hoffnung' bei Paulus, 83, rapproche Rm 8,18 de 1 Hen 104,1-11 pour montrer comment toute cette péricope trouve ses racines dans le sol de l'apocalyptique juive. Dans cette perspective, Paul confronterait ici les souffrances du moment présent à la libération qui suivra dans le futur. Il est vrai, pareille confrontation était un motif fréquent dans la littérature intertestamentaire. Cf. G.W.E. NICKELSBURG, Jewish Literature Between the Bible and the Mishnah (London - Philadelphia, 1981). Mais quand on situe 1 Hen 104 dans son contexte, on se rend compte que, contrairement à la pensée qui s'y exprime, Paul ne vise pas ici à consoler les justes persécutés et à les encourager, en se basant sur le fait qu'ils sont en fin de compte destinés à une plus haute gloire. Il parle plutôt de ces souffrances en tant qu'elles peuvent menacer la foi dans le salut déjà acquis, en tant qu'elles peuvent devenir source de doute sur la puissance divine de conduire jusqu'au bout son plan de salut, car elles sont capables de falsifier la gloire déjà acquise.

[82] Cf. Th. ZAHN, «Die seufzende», 515; IDEM, Der Brief, 400-401. Voir aussi l'avis contraire de H. BALZ, Heilsvertrauen, 100-101.

5.4.3. Les étapes de l'argumentation

Comment Paul procède-t-il pour développer cette affirmation principale? Il le fait en deux étapes. D'abord, en 19-27, il parle de la persévérance que les chrétiens devraient avoir quand ils sont aux prises avec les souffrances du moment présent. Il en fournit les raisons. 1° L'attente de la création. Celle-ci, soumise malgré elle à une situation de futilité, qui ne convient pas à sa vraie dignité, attend avec force la manifestation des fils de Dieu, car il y va de sa propre libération. Ses gémissements sont la preuve d'une telle attente. 2° Les gémissements des chrétiens expriment aussi l'inachèvement de leur rédemption. Cependant, les chrétiens sont eux-mêmes dans des conditions différentes de celles de la création, car, en ce qui concerne l'objet de leur espérance, ils ont déjà été sauvés. Raison de plus pour qu'ils persévèrent dans l'attente de ce qui manque encore, et qui aura sûrement lieu à la fin, quand l'Esprit agira en sa plénitude. Pour le moment, ils n'ont que les prémices de l'Esprit et ce qui manque c'est la rédemption du corps. 3° Effectivement cet Esprit est déjà à l'oeuvre, en venant au secours de ceux qui sont faibles, en intercédant pour eux, malgré les limites du corps.

Ensuite, dans la deuxième étape (vv.28-30), l'Apôtre trouve un autre argument pour soutenir la même chose, en assurant que Dieu lui-même aide en tout ceux qui l'aiment jusqu'à la réalisation du bien qu'ils attendent. Si Dieu les aide en tout, c'est que son plan est irrévocable pour ses appelés. Cette façon de clore l'argumentation par l'évocation du plan divin en souligne l'enjeu *théo*-logique. C'est grâce à cette deuxième étape que tout débouche en 8,31-39 sur des questions d'une ampleur *théo*logique remarquable[83].

5.4.4. vv.19-27: première étape argumentative: l'espérance des chrétiens aux prises avec les souffrances du moment présent

5.4.4.1. Organisation interne des vv.19-27

Bien construite, cette macro-unité sert à étayer le v.18. Elle est une unité logiquement compacte en elle-même. Le tout commence avec la particule γαρ du v.19 qui introduit une illustration: le cas de la création en situation d'une attente particulière. Quant au contenu, ce v.19 appelle un éclaircissement sur le pourquoi de l'attente impatiente de la création (v.20), sur ce qu'elle attend, c'est-à-dire ce qui doit lui arriver (v.21), et sur l'acte même d'attendre (v.22) qui confirme que ce qu'elle attend ne lui est pas encore advenu, est encore à attendre.

---

[83] Cf. supra, paragraphe 5.3.4.

Le οὐ μόνον δέ, ἀλλὰ καί du v.23 indique, quant à lui, que Paul continue de fournir des preuves à son affirmation du v.18[84]. Cette fois, il ne s'agit plus de la création, mais de ceux qui ont les prémices de l'Esprit. Les chrétiens sont aussi dans l'attente (ἀπεκδεχόμενοι). Ce qu'ils attendent, c'est le même événement que celui espéré par la création, c'est-à-dire la révélation des enfants de Dieu. Seulement, pour les chrétiens, cela n'est rien d'autre que leur propre filiation. De cette manière, ils diffèrent de la création. Le v.23 correspond ainsi d'une certaine façon au v.19. De même, Paul dit pourquoi (γάρ: v.24a) les chrétiens gémissent pendant qu'ils attendent: c'est parce que si on considère les choses du point de vue de l'objet même de l'espérance, ils ont déjà été sauvés. De cette manière aussi, ils diffèrent de la création pour laquelle l'objet de l'espérance est encore un fait complètement futur. Ce v.24a peut ainsi être disposée de façon parallèle au v.20.

Voilà pourquoi, par une question rhétorique, Paul indique qu'en réalité l'objet qu'attendent les chrétiens n'est pas encore vu. Ce n'est pas que Paul se contredit ici; il ne dit pas que l'objet de l'espérance chrétienne n'a pas encore eu lieu, mais qu'on ne le voit pas encore. Cette distinction entre la réalité et la vision mérite d'être mise en évidence. C'est elle qui permet à Paul de rapprocher encore l'attitude des chrétiens de celle de la création. En fait, il s'agit du problème posé au v.18, à savoir la *manifestation* d'une réalité qui déjà est en acte. L'espérance comme acte se situe au niveau de la vision d'une réalité qui a déjà eu lieu, mais reste encore cachée aux yeux de celui qui espère. Ainsi, le v.24b est parallèle au v.21. Enfin, en développant la juste dimension de l'espérance et en en tirant la conclusion qui s'impose - attendre avec patience - l'Apôtre indique aussi que ce que les chrétiens attendent reste un événement futur. Il s'ensuit que les vv.24b-25 sont en parallélisme avec le v.22.

Entre ces deux micro-unités (19-22 et 23-25), on peut ainsi dégager deux agencements littéraires différents. L'un, en parallélisme compliqué de type **abca'c'b'**; l'autre, en chiasme simple de type **abcc'b'a'**. Le premier insiste sur l'événement futur que les deux sujets mis en parallèle attendent (**a**), sur la situation dans laquelle ils se sont trouvés et qui justifie cette attente (**b**), sur la réalisation ou non de la chose espérée (**c**):

v.19   **a**: ἀποκάλυψιν τῶν υἱῶν   v.23   **a'**: υἱοθεσίαν
v.20a **b**: ὑπετάγη (aoriste)   v.24aα **c'**: τῇ ἐλπίδι
v.20b **c**: ἐφ' ἐλπίδι   v.24aβ **b'**: ἐσώθημεν (aoriste)

---

[84] Ce n'est pas un élément de plus au contenu de ce que nous savons (οἴδαμεν), qui est un savoir sur la situation de la création. Selon l'usage qui se dégage de Rm 5,3.11; 9,10; 2 Co 7,7; 8,19, il faut dire que par l'emploi de οὐ μόνον δέ, ἀλλὰ καί, l'Apôtre fournit ici un autre cas, mais qui doit être en un certain rapport avec le premier.

Le rapprochement entre la création et les chrétiens est ainsi construit selon un modèle de parallélisme différentiel, où on les confronte sur le même niveau pour en souligner la différence. Formellement, cela s'exprime dans le rapport entre le v.20 et le v.24a où les termes semblables occupent carrément des positions inversées, en forme de chiasme. A partir de ces vv.20. 24a, Paul souligne ainsi davantage la différence entre l'attente de la création et celle des chrétiens. Tandis que pour la création l'objet de l'espérance est entièrement futur, donc pouvant être soutenu, pour les chrétiens, on ne sait pas clairement s'il faut encore parler d'espérance ou non. D'où la question de Paul: si l'objet espéré est déjà une réalité (ἐλπὶς δὲ βλεπομένη), est-ce qu'on espère encore?

Un tel plan indique clairement que Schwantes avait tort de traiter les vv.20-21 comme une glose. Cet auteur voulait par là appuyer son chiasme simple de type **abb'a'** où l'élément anthropologique (vv.18.23-25) engloberait la dimension cosmologique (vv.19. 22)[85]. Sans doute, nous pouvons aussi relever un chiasme simple en cette micro-unité (19-25). Mais, celui-ci ne permet pas de mettre entre parenthèses les vv.20-21. Le faire, c'est passer à côté du raisonnement paulinien, exposé ici de façon très logique et qui tisse le rapport entre les deux micro-unités (19-22 et 23-25), d'autant plus que ce chiasme simple trouve son tournant au v.23. Voici le schéma **abcc'b'a'**:

v.19 **a**:	ἀπεκδέχεται		ἀπεκδεχόμεθα	**a'**: v.25
v.20 **b**:		ἐφ' ἐλπίδι	τῇ ἐλπίδι	**b'**: v.24
v.22 **c**:		συστενάζει	στενάζομεν	**c'**: v.23

Selon ce plan, Paul, en ce qui concerne la création, commence par l'attente et débouche sur les gémissements, en passant par l'espérance de l'événement futur. En ce qui concerne les croyants, par contre, il commence par leurs gémissements et termine par l'attente, en passant aussi par l'espérance. En plus de cela, il y a pour les croyants la reprise du verbe ἀπεκδέχεσθαι, une fois comme expression des circonstances dans lesquelles ils gémissent (part. prés.: v.23) et une autre fois comme le verbe de l'apodose d'une condition réelle. On comprend directement: les croyants gémissent pendant qu'ils attendent, car ils considèrent les choses du point de vue de ce qui a déjà eu lieu: le salut acquis; mais ils persévèrent dans l'attente, s'ils espèrent ce qui n'est pas encore réalisé.

Mais quel que soit le schéma que l'on adopte, il s'avère que ce sont les éléments **b** et **b'** qui sont plus significatifs. C'est là qu'est indiqué en quoi la création diffère des chrétiens. Alors que leur attitude respective consiste dans l'attente (ind. prés.) ou dans les gémissements (ind. prés.) pour un événement qui doit encore venir, leur façon de vivre l'espérance n'est pas la

---

[85] Cf. H. SCHWANTES, *Schöpfung*, 47.

même. La création a été soumise malgré elle, et *ipso facto* contrainte aussi à l'espérance (ἐφ᾽ ἐλπίδι). Et jusqu'à ce jour, elle vit encore de cette espérance, le contenu de celle-ci étant encore futur (ἐλευθερωθήσεται). Les chrétiens, quant à eux, ont déjà été sauvés (ἐσώθημεν). Pour le moment présent, le contenu de leur espérance est déjà réalisé. Ne serait-ce pas cela qui fait qu'ils gémissent, quand ils se rendent compte que le rachat du corps n'est pas encore chose faite?

Paul semble ainsi avoir deux attitudes vis-à-vis de ces gémissements des chrétiens. D'une part, il les considère comme l'expression de l'inachèvement du salut; d'autre part, il les traite comme s'ils donnaient une certaine allure négative à la manière dont les chrétiens vivent l'espérance déjà réalisée. Voilà pourquoi, il indique que le vrai sens de l'espérance est ce qu'on ne voit pas encore, ce qui est futur. Or, le futur à propos des chrétiens, déjà habités par l'Esprit, a été exprimé en 8,11 comme étant la vivification de leurs corps mortels par l'Esprit de celui qui a ressuscité Jésus Christ. Pour Paul, donc, il n'y a pas contradiction entre le fait d'être déjà sauvés et celui d'attendre la rédemption du corps. L'espérance chrétienne contient deux dimensions: le déjà-là et le pas-encore. Le pas-encore, c'est ce qui n'est pas visible et que les chrétiens attendent: le rachat de leur corps; le déjà-là, c'est ce qui est acquis et qu'ils n'espèrent pas: l'union au Christ. Dans ce cas, ce n'est pas l'attitude de l'attente qui fait défaut aux chrétiens (cf. ἀπεκδεχόμενοι: v.23). C'est plutôt la constance, l'endurance dans cette attente qui manque (δι᾽ ὑπομονῆς ἀπεκδεχόμεθα). Voilà pourquoi Paul disait en 5,4 que l'espérance est le fruit de la persévérance. La vraie espérance est celle qui se manifeste grâce à la persévérance. Par conséquent, si quelqu'un met entre parenthèses le v.21, il ne comprend pas la pointe paulinienne du v.24b à propos des chrétiens.

Analysons à présent la première micro-unité pour que nous découvrions comment, par elle, Paul arrive à soutenir le v.18.

5.4.4.2. vv.19-22: l'attente de la création est exprimée par ses gémissements

Rm 8,19-22 se distingue des autres unités littéraires environnantes surtout par l'emploi du terme κτίσις (4 fois). Aussi la compréhension de cette micro-unité est-elle toujours subordonnée à celle de ce terme. Qu'exprime-t-il? Souvent, on commence par souligner que Paul utilise le terme κτίσις ici comme s'il parlait d'un être capable de vouloir et d'espérer. Un tel emploi, ajoute-t-on, ne se retrouve nulle part ailleurs dans le corpus paulinien. D'où plusieurs hypothèses. Pour certains, le concept exprime la réalité cosmique; pour d'autres, le monde des anges; pour d'autres encore les hommes (païens surtout); pour d'autres enfin le monde angélo-cosmique ou encore anthropocosmique[86]. Quant à nous, nous procédons en deux étapes: d'abord chercher à comprendre ce que Paul dit, en prenant les mots dans leur acception première; ensuite seulement, nous pouvons nous demander si par ce terme Paul désigne une réalité précise.

5.4.4.2.1. v.19: l'attente soutenue de la création

Au v.19, Paul affirme qu'il y a une attente de la création et que celle-ci consiste en l'attente de l'apocalypse des fils de Dieu. En ne disant pas que "la création attend", mais "l'attente de la création attend", Paul met l'accent sur l'attitude de la création et non pas sur la création en tant que telle. Ce qui l'intéresse ici, ce n'est pas le sort de la création en tant que telle, mais son attitude d'attente impatiente[87]. L'emploi, peut-on dire, répétitif du verbe ἀπεκδέχεσθαι (disant pratiquement la même chose que le sujet ἀποκαραδο-κία) appuie notre manière de voir. Une telle façon de s'exprimer indique qu'on s'intéresse à la nature du sujet dont on parle. C'est comme quand on dit: "le veilleur veille". Quelqu'un pourrait dire, mais on tourne en rond, on n'a rien dit de plus! Certes, mais avec une telle expression on a dit ce en quoi consiste l'être-veilleur. De même aussi ici, Paul veut seulement dire en quoi consiste l'attente de la création[88]. Celle-ci consiste dans le fait d'attendre un événement, la révélation des fils de Dieu. Comment comprendre cette révélation?

Christoffersson a relevé combien cette manière de s'exprimer est étrange. Il constate que dans tout le Nouveau Testament, exception faite d'Ap 1,1, la révélation n'a d'autre objet que Jésus et d'autre sujet que Dieu: celui-ci dévoile l'identité de Jésus comme son fils à un homme (Cf. Ga 1,1.11-16), et non pas à la création cosmique en tant que telle. Or ici c'est la κτίσις qui attend une telle manifestation et celle-ci a pour objet des fils de Dieu. D'où la proposition très insolite de Christoffersson: considérer les υἱοὶ τοῦ Θεοῦ comme désignant, non pas les croyants, mais les anges qui, selon la tradition

---

[86] Cf. O. CHRISTOFFERSSON, *The Earnest Expectation*, 33-36; P. ROLLAND, *A l'écoute de l'Épître aux Romains* (Paris, 1991) 93; J.D.G. DUNN, *Romans 1-8*, 469-470.

[87] Au-delà de la discussion de savoir si ce terme est pourvu d'un sens positif ou négatif, il faut retenir surtout qu'ἀποκαραδοκία signifie une attente passionnée, déterminée, d'un événement qui doit arriver. Cf. G. BERTRAM, «ἀποκαραδοκία» *ZNW* 49 (1958) 264-270; D.R. DENTON,«'Αποκαραδοκία» *ZNW* 73 (1982) 138-140; G. NEBE, *'Hoffnung' bei Paulus*, 28,29.

[88] Dans ce sens Zahn avait raison de traduire ainsi cette phrase: "die gespannte Erwartung der Kreatur wartet d.h. ist ein Warten auf die Enthüllung der Söhne Gottes", Th. ZAHN, *Der Brief*, 401.

diluvienne, viendront au Jugement dernier pour libérer la terre de l'oppression[89].

Certes, pour justifier pareille interprétation, Christoffersson recourt aux textes du corpus paulinien qui font allusion à la révélation du Jugement de Dieu dans le Christ, à la révélation et à la venue de ce dernier, et aux textes où cette venue est annoncée ou accompagnée par les anges (cf. Rm 1,17; 2,5; 1 Th 3,13; 4,15; 2 Th 1,7). Mais, qu'est-ce que cela apporte à la clarté de l'assertion de Rm 8,18 que Paul est en train d'expliciter? N'est-il pas vrai que la révélation des fils de Dieu a quelque chose à voir avec la gloire qui va bientôt être révélée? Ainsi, pendant que le terme ἀποκάλυψις explicite le verbe ἀποκαλυφθῆναι, le verbe ἀπεκδεχέσθαι, par sa connotation d'un fait non encore advenu, exprime bien l'idée du participe μέλλουσα qui précise la gloire au v.18.

Le lien entre le v.19 et le v.18 se situe, donc, au niveau du contenu de cette attente. Ce qu'attend la création, c'est la glorification prochaine des chrétiens, lesquels, à cause de l'Esprit qu'ils possèdent déjà, sont enfants de Dieu (8,14); mais, leurs corps mortels devront encore être vivifiés pour que cette filiation soit totalement *visible* (8,11.23-24). Voilà pourquoi, ce qui est important, après le v.19, c'est de chercher à savoir pourquoi la création vit une telle attente.

5.4.4.2.2. v.20 et sa logique interne: pourquoi la création attend-elle?

On voit combien l'Apôtre est très logique quand, immédiatement au v.20, il justifie le v.19, c'est-à-dire l'attitude de la création. Ainsi l'affirmation du v.19 se présente comme une *sub-propositio* qui mérite éclaircissement pour ses auditeurs, même si son développement joue d'abord le rôle de précision du v.18. Qu'est-ce qui explique que la création soit dans une telle attitude? Selon Paul, c'est le fait que la création a été soumise à une situation de futilité.

Mais quel est le sens de ce v.20? Qui a soumis la création à la vanité? Paul ne le dit pas. Comme il est difficile de répondre directement à cette question, certains exégètes recourent au récit de la chute du premier homme et des conséquences de son péché sur la nature (cf. Gn 3,17)[90]. A leur avis, cet arrière-fond religieux cadrerait bien avec Rm 5, et déjà avec Rm 1,18-32. Christoffersson a jugé cette hypothèse insuffisante. Le verbe "maudire" employé en Gn 3,17 (cf. aussi Gn 8,21) ne peut, selon lui, être exprimé ici par le concept de soumission. Il en conclut que la soumission dont il est question ici renvoie aux conséquences de la violence perpétrée par les

---

[89] Cf. O. CHRISTOFFERSSON, *The Earnest Expectation*, 120-122.
[90] Cf. entre autres J. KNOX, *The Epistle to the Romans*, 518-520.

Veilleurs et les Géants sur la terre[91]. Nous avons déjà dit pourquoi cette suggestion ne peut être reçue[92].

A notre avis, ce n'est pas parce que la création est traitée ici comme une réalité qui aurait une volonté et qui vivrait d'une espérance, que dans la tête de Paul elle représente quelque chose de spécial et de précis. Dans une discussion, toutes les idées qu'on apporte pour argumenter ne sont pas toujours tirées du monde réel. Et ce qui compte le plus, c'est le fait que l'idée à laquelle l'orateur recourt, soit en rapport avec l'argumentation même. Donc, tâcher d'abord d'analyser cette argumentation en considérant sa logique, c'est-à-dire l'agencement interne de ses idées, paraît être la voie la plus sûre vers une solution équilibrée. De fait, du moment que l'Apôtre a établi que la création a été soumise malgré elle, il nous semble que sa réflexion tire logiquement les autres éléments de cette assertion.

La voix passive du verbe ὑποτάσσειν suppose entre autres que celui qui soumet ait plus de force que celui qu'il soumet. Ce dernier, vaincu, reconnaît sa faiblesse et renonce à la bataille en se laissant soumettre malgré lui. Toutefois, cela ne veut pas dire qu'il a perdu l'espoir d'une libération. Bien au contraire, sa soumission alimente l'espérance. Dans ce sens, on peut dire qu'il se laisse soumettre - et donc est soumis - à cause de l'espérance d'une libération. Il se laisse soumettre, car il espère récupérer sa dignité. Ceci se comprend, parce que celui qu'on soumet est souvent soumis involontairement. Certes, il peut aussi volontairement se laisser soumettre. Dans ce dernier cas, cependant, le verbe ὑποτάσσεσθαι n'est plus un passif, mais un moyen[93]. Ce qu'il nous faut exclure de ce contexte paulinien, car le datif ματαιότητι n'indique pas celui à qui la création s'est soumise.

Par contre, il est vrai que celui qui est soumis l'est à cause de la puissance considérable que possède celui qui le soumet. L'expérience quotidienne est riche de ces observations. La logique paulinienne n'a ainsi rien d'extraordinaire. Si l'Apôtre affirme que la création a été soumise, c'est qu'elle s'est trouvée dans une situation où celui qui la soumettait s'était montré supérieur, plus fort qu'elle.

Dès lors, la précision οὐχ ἑκοῦσα ἀλλὰ διὰ τὸν ὑποτάξαντα, ἐφ᾽ ἐλπίδι que Paul ajoute est bien à sa place et à la limite indispensable. Soumis malgré soi, on remet, en général la bataille à plus tard. Et c'est justement dans le cas où, tout bien considéré, on trouve que celui qui nous soumet est malgré tout plus fort. L'espérance d'une libération future alimente ainsi le soumis. Certes, selon Zahn, οὐχ ἑκοῦσα ne veut pas dire seulement "malgré soi", mais aussi "sans le vouloir"[94]. Mais quoi qu'il en soit, il s'agit d'une

---

[91] Cf. O. CHRISTOFFERSSON, *The Earnest of the Expectation*, 129-131.
[92] Cf. supra, paragraphe 5.1.3.
[93] Cf. 2 M 13,23; Rm 13,1; 1 Co 16,16; Col 3,18; Ep 5,21.22.
[94] Cf. Th. ZAHN, *Der Brief*, 401.

situation dans laquelle on est contraint par la force des choses, à cause de celui qui soumet (διὰ τὸν ὑποτάξαντα), lequel se montre plus fort que le soumis[95]. Autrement dit, il est normal, dans de telles conditions, de dire qu'on est soumis malgré soi (οὐχ ἑκών). En outre, comme on attend un changement de situation à venir, on peut dire que la soumission est tolérée à cause de l'espérance qu'elle n'élimine pas (ἐφ᾽ ἐλπίδι)[96]. D'une certaine manière, on subit la situation de soumission.

Il nous semble que Paul raisonne de la même façon ici aussi. Ce n'est pas par résignation que la création s'est soumise, mais sans le vouloir. On comprend pourquoi Paul a ajouté cette précision sur la manière d'être soumis. La création a été soumise, "malgré elle, à cause de celui qui l'a soumise, en vue de l'espérance". Cette précision est éclairante sur la manière dont la nature a été soumise à l'esclavage[97]. Pour Paul, elle n'a pas été soumise de bon gré. Ce qui justifie aussi qu'elle vive une certaine attente. Elle attend sa libération en vertu de l'espérance (ἐφ᾽ ἐλπίδι) qui est née de cette soumission involontaire.

Avec une telle explication, les trois groupes de mots (οὐχ ἑκοῦσα; ἀλλὰ διὰ τὸν ὑποτάξαντα; ἐφ᾽ ἐλπίδι) sont à considérer comme disant la même

---

[95] Selon 1 Co 9,17 ἑκών a pour contraire ἄκων. Cela veut dire que οὐχ ἑκοῦσα signifie ἄκουσα. Très instructif est un cas d'emploi de ce dernier que l'on trouve chez Xénophon. Dans *Helléniques* 6,1,5ss, Xénophon raconte que quand Polydamas de Pharsale vint se présenter devant l'Assemblée des Lacédémoniens pour parler du projet que venait de lui expliquer Jason de Phères, Polydamas affirma que Jason "est un personnage qui possède une puissance considérable et une grande renommée. Cet homme, après avoir conclu une convention avec moi, vint me trouver et me dit: «Je pourrais, Polydamas, soumettre, *même si elle me résistait* (καὶ ἄκουσαν), votre ville /.../ Je trouve à tous points de vue préférable de vous amener à moi *de plein gré* (ἑκόντας) que *de force* (ἄκοντας). Contraints par la violence, vous ne songeriez sans doute qu'à me faire tout le mal que vous pourriez /.../»". Tous, selon Xénophon, finirent par accepter l'offre de Jason, en ayant reconnu sa force de frappe. En vérité, ils furent soumis malgré eux. De ce texte, on apprend que quand quelqu'un se soumet "de bon gré" (ἑκών), il n'est pas totalement esclave, et qu'il ne peut pas projeter de se libérer, tandis que s'il est soumis "de force", c'est-à-dire se soumet "malgré soi" (ἄκων = οὐχ ἑκών), il est comme un esclave et cela n'amène que gémissement; cela pèse et le concerné fera tout pour s'en libérer. On trouve pareil concept aussi chez Epictète, quand il dit: "Crois-tu que le fait d'agir contre son gré (τὸ ἄκοντά τι ποεῖν), sous la contrainte, en gémissant (στένοντα), n'a aucun rapport avec le fait d'être esclave?", EPICTETE, *Entretiens IV*,1,11; cf. aussi I,17,14; 28,4; II,14,7. Rappelons qu'Epictète fut lui-même un esclave.

[96] Le fait que le terme ἐλπις soit écrit au v.20 avec un esprit dur fait penser à la figure rhétorique de l'*adiectio* metaplasmique qu'on appelle *prosthesis*. A propos de cette figure, cf. H. LAUSBERG, *Elementi di retorica*, §§ 59,1; 122,1. Si tel est le cas, cet indice, si minime soit-il, révèle que Paul veut, dans Rm 8,18-25, insister sur l'espérance chrétienne.

[97] Aussi οὐχ ἑκοῦσα contribue-t-il à la compréhension de παθήματα du v.18 comme une passion que l'on subit sans le vouloir, qui dépasse nos forces, notre bonne volonté. Ainsi, ce n'est pas seulement le *passif* du verbe ὑποτάσσειν qui suggère une telle connotation.

chose. Leur juxtaposition, cependant, n'est pas inutile. Elle apporte plus de précision à la pensée paulinienne et de clarté à l'argumentation. Car au moins on découvre qu'au niveau du langage humain, ce que Paul affirme ici relève, peut-on dire, d'une simple logique. Par conséquent, il paraît inutile de chercher coûte que coûte s'il y a derrière ce langage une tradition culturelle qui justifie un tel raisonnement[98].

Le terme ματαιότης, de sa part aussi, peut en soi déjà indiquer la supériorité de celui qui soumet. En effet, l'expérience montre que celui qui soumet quelqu'un ne tient pas compte de la vraie dignité de celui qu'il soumet. Il le considère comme ne valant rien, même si en réalité le soumis a quelque valeur. Dans l'Ancien Testament ματαιότης est employé pour désigner ce qui, aux yeux de quelqu'un, n'a pas de consistance[99]. Il est employé par exemple quand le fidèle de Yhwh parle des dieux païens. Pourtant, pour les païens, leurs dieux ne sont pas futiles. Ce sont les Israélites qui les qualifient ainsi, car ils estiment que Yhwh, leur Dieu, est au-dessus de tous les dieux[100]. Pareillement, affirmer que la création a été soumise à ce qui

---

[98] D'aucuns voient ici une allusion au péché d'Adam et à ses conséquences. Cf. G. NEBE, 'Hoffnung' bei Paulus, 85-86. Mais cette hypothèse mérite d'être bien fondée. Car, d'une part Rm 5,12-19 pourrait la justifier, étant donné que les conséquences du péché d'Adam sont, outre le péché et la mort de tous les hommes, le fait que la mort est entrée dans le monde (εἰς τὸν κόσμον). Mais il faudra, dans ce cas, montrer que ce concept de κόσμος est celui qui est repris en Rm 8,19-22 par celui de κτίσις. Quant à Rm 1,18-32, où le mot κτίσις est employé dans un contexte de péché, on ne peut, non plus, tirer grand chose pour la logique de 8,19-22. En 1,18-32, en effet, - et contrairement à U. WILCKENS, Römer vol. 2, 154-155 -, il n'est pas dit que la création fut soumise à la nullité à cause du péché des hommes. Ce sont plutôt ceux-ci, eux-mêmes, qui sont devenus sots (ἐματαιώθησαν: 1,20) dans leurs raisonnements, au point d'adorer la créature à la place du Créateur. Ils ont élevé la créature au rang de Dieu. Juste le contraire de 8,19. Les conséquences sont que ce sont eux, les hommes, et non la créature, que Dieu a livrés à toutes sortes de dévergondages (1,24-32: cf. trois fois παρέδωκεν αὐτοὺς ὁ Θεός). Il reste donc que tout effort d'identifier ὁ ὑποτάξας avec Adam (cf. Th. ZAHN, Der Brief, 402) ou avec Dieu (cf. A. SCHLATTER, Gottes Gerechtigkeit. Ein Kommentar zum Römerbrief [Stuttgart, 1952] 272) ne manque pas de compliquer la compréhension du texte. D'ailleurs, selon notre analyse, chercher qui a soumis (Dieu ou l'homme ou les anges déchus) devient secondaire par rapport au contenu fondamental de l'argumentation. Il est peut-être plus prudent de respecter le silence de l'Apôtre à ce sujet. Dans un contexte où il est en train de parler des souffrances subies malgré eux par les chrétiens, celui qui soumet pourrait être aussi n'importe lequel de ceux qui les persécutent. En quelque sorte, les persécutions consistent dans la non-reconnaissance de la vraie dignité des chrétiens par leurs persécuteurs. Ceux-ci considèrent les chrétiens comme n'ayant aucune valeur, même si en réalité les chrétiens gardent leur dignité, du moins devant Dieu. Dans une telle perspective, tout ce que les chrétiens peuvent espérer, c'est de voir cette dignité manifestée en sa plénitude.

[99] Cf. O. BAUERNFIELD, «μάταιος, κτλ.» ThWNT IV, 525-529.

[100] De même dans Ac 14,13-15, Paul et Barnabé considèrent Zeus et Hermès comme μάταιοι à ne pas comparer au vrai Dieu vivant en parlant à des gens qui les considé-

ne vaut rien veut dire que celui qui l'a soumise n'a pas pris en considération sa vraie dignité. Mais est-ce que cela veut dire qu'elle a en vérité perdu son importance réelle? Non! C'est pourquoi, on peut dire que son espérance consiste à attendre le moment où elle reprendra sa propre dignité, mieux où cette dignité sera bien reconnue de tous[101].

5.4.4.2.3. v.21: ce qu'attend la création

S'il en est ainsi, on comprend que le v.21 n'est pas une explication de ἐφ' ἐλπίδι. Il projette, en réalité, un autre éclairage sur le v.19, en précisant ce qu'attend effectivement la création.

Mais avant de le montrer, fixons-nous sur le texte; car il faut choisir surtout entre deux leçons: ὅτι ou διότι. Du point de vue de la critique externe ὅτι l'emporte par la multitude et l'ancienneté de certains grands manuscrits (p[46], A,B,C,D^c,K,P,Ψ) et des Pères de l'Eglise comme Origène. C'est fort probable que le problème d'interprétation qu'il pose au point de vue interne ait contribué à le substituer par διότι. En effet, faut-il lui donner un sens déclaratif ou un sens causal? Si on comprend le ὅτι comme donnant une raison pour laquelle la création attend, alors il ne diffère pas tellement de διότι. Car celui-ci serait le plus adapté à une telle lecture; surtout si on suppose qu'une erreur de haplographie aurait conduit à oublier δι- à cause de la finale du terme ἐλπίδι. Malheureusement, au point de vue externe διότι est moins attesté, même s'il est representé aussi par quelque manuscrit ancien (ℵ,D*). D'ailleurs, la Commission d'Étude trouve que l'erreur dont il serait question ici est celle de la dittographie[102]. Bref, il nous semble qu'il convient de ne pas donner un sens déclaratif à ὅτι, au cas où l'on retiendrait cette leçon. Le v.21 n'est pas là pour expliquer seulement ἐφ' ἐλπίδι.

En effet, après avoir, au v.20, expliqué pourquoi la création attend la révélation des fils de Dieu (elle a été soumise sans résignation à l'inconsistance), Paul revient sur l'attente pour compléter son objet. Pourquoi l'attente de la création consiste-t-elle alors dans l'attente de la révélation des fils de Dieu? C'est parce que la création même sera libérée de l'esclavage de la corruption en ce moment-là. Soumise à la futilité, la création vit ainsi les conséquences néfastes d'une telle réduction, la corruption. Au point que celle-ci semble être comme la puissance même qui rend esclave (δουλεία

---

raient, en revanche, comme des grands dieux. Pareillement, selon le Ps 138 [LXX],20, Yhwh, le vrai Dieu, n'est qu'une nullité (μάταιος) aux yeux des impies.

[101] Grâce à cette compréhension du terme ματαιότης, on ne peut pas considérer que ὑπότάξας désigne Dieu. Celui-ci estime et juge chaque chose selon sa juste dignité (cf. 8,33).

[102] Cf. B.M. METZGER (éd.), *A Textual Commentary*, 517.

φθορᾶς). Cette libération n'est rien d'autre que ce qu'attend quelqu'un qui a été soumis malgré soi.

La libération de la création consiste donc à récupérer sa propre dignité, en se trouvant libérée de cette forme de puissance qu'est la corruption. Selon cette logique, la libération ne peut pas être l'oeuvre personnelle de la création. L'attente de la création veut dire ainsi qu'elle espère en celui qui la libérera. Son impuissance à se défendre et même à se libérer reste une des marques de son attitude d'attente. L'emploi du passif indique que l'agent de cette libération future est Dieu. En d'autres mots, la libération dépendra de ce dernier. L'attente de la création devient ainsi une espérance en l'action salvifique de Dieu.

Par ailleurs, on voit que pour Paul, la libération de la création de sa soumission à la corruption ne veut pas dire obtenir la gloire des enfants de Dieu. Il est question, pour la création, de récupérer sa dignité perdue et son indépendance. Comment s'entend alors εἰς τὴν ἐλευθερίαν τῆς δόξης τῶν τέκνων τοῦ θεοῦ? Il y a des auteurs qui l'interprètent comme le nouvel état qui caractérise la création libérée de l'esclavage de la corruption. Ils s'appuient dans ce cas sur le fait que δουλεία s'oppose bien à ἐλευθερία et que, par conséquent, on croit que φθορά s'oppose à δόξα[103]. Et pourtant, il nous est apparu, après enquête qu'il est difficile de trouver quelque part la tournure "ἐλευθεροῦν ἀπὸ ... εἰς ..." ayant pour contenu le fait de libérer quelqu'un ou quelque chose d'un état (ἀπό) en le transformant en un autre (εἰς). Même en Rm 6,15-23 où les mots ἐλεύθερος et δοῦλος ou leurs dérivés sont fréquemment employés, une telle façon de s'exprimer n'apparaît pas. Par contre, la particule εἰς y indique une finalité qui accompagne l'état d'esclave ou celui d'homme libre (cf. 6,19.22). La construction paulinienne en 8,21 pourrait donc facilement induire en erreur et laisser croire que εἰς τὴν ἐλευθερίαν κτλ. indique l'état de liberté dans lequel se trouverait la création après la libération qu'elle espère. En réalité, Paul affirme que la création sera libérée en vue de l'événement qu'elle attend, c'est-à-dire la liberté de la gloire des fils de Dieu.

En d'autres mots, ceux qui soutiennent que dans ce v.21 Paul annonce que la création sera elle aussi couronnée de la gloire des enfants de Dieu ne peuvent pas convaincre. Même s'il faut concéder que Paul pense au péché originel dont une des conséquences serait la corruption de la création entière, Paul ne dit nulle part que la création avait une telle gloire avant la chute de l'homme et qu'à la suite du péché, elle l'aurait perdue[104]. En Rm 3,23, ce sont les hommes qui, pour avoir tous péché, ont perdu cette gloire. Mais, au

---

[103]	Cf. J. MURRAY, *Romans*, 304.
[104]	C'est ici que même l'opposition très insolite de δόξα à φθορά en 8,21 constitue une raison de plus pour soutenir ce que nous affirmons: la manifestation de la gloire des chrétiens sera l'occasion pour la création de récupérer sa vraie dignité, de se trouver libérée de l'esclavage auquel elle est soumise sans le vouloir.

moment de l'apocalypse de la colère et du juste jugement de Dieu, cette gloire perdue sera restituée à ceux qui, jouissant de la miséricorde gratuite de Dieu, auront persévéré à faire le bien (2,5-10). C'est en ce moment-là donc que la révélation de la gloire des enfants de Dieu aura lieu (8,19), sera manifestée (8,18). C'est en ce moment-là que les enfants de Dieu seront libérés pour toujours.

La création, quant à elle, sera libérée de son esclavage de corruption pour lui permettre d'assister à cet événement-là (liberté, gloire des enfants de Dieu). Il s'agit donc d'un événement grandiose pour la création, car il y va de sa libération future aussi. Voilà pourquoi elle attend cet événement avec impatience. Mais cela ne responsabilise en rien les hommes vis-à-vis de la création. De même, Paul ne veut pas dire par là que le retard d'une telle libération de la création retarde aussi celle des chrétiens. Par contre, cette attente très tendue de la création confirme que l'événement qu'elle attend est de taille et dépasse en valeur sa situation actuelle de soumission involontaire. C'est à notre avis cet élément que Paul veut mettre en évidence, en recourant à cet argument pour appuyer l'affirmation du v.18.

Bien plus, cette attente révèle que la création maintient son espérance; ce qui permet de dépasser en quelque sorte la situation actuelle de soumission. Par ailleurs, cette attente extraordinaire de la création est une preuve que la révélation de la gloire des enfants de Dieu n'est pas encore advenue. Voilà pourquoi, la création gémit et souffre des douleurs d'enfantement jusqu'à présent. Mais, l'affirmation principale ne concerne pas la rédemption de l'univers en tant que tel[105]. C'est ce qu'affirme à nouveau le v.22. Celui-ci est une preuve du fait que la création n'est pas encore libérée; elle continue d'espérer, d'attendre. Et si elle n'est pas encore libérée, c'est que la gloire des enfants de Dieu est encore une μέλλουσαν δόξαν ἀποκαλυφθῆναι.

5.4.4.2.4. v.22: les gémissements de la création: réalité ou parabole?

L'expression πᾶσα ἡ κτίσις n'élargit pas pour autant le concept de la création aux chrétiens eux-mêmes, vu que ce cas est envisagé au verset suivant. Le concept de "la création entière" est évoqué en Jdt 16,14 et en Sg 19,6 (ὅλη ἡ κτίσις) pour indiquer l'univers matériel, expression de la puissance créatrice de Dieu. Ainsi, on peut bien la distinguer des hommes. Dans ces textes vétérotestamentaires aussi, on lui prête des capacités des êtres animés. On l'invite à louer Dieu pour son oeuvre de salut, accompli en faveur de son peuple (Jdt 16,14); ou bien elle est considérée comme l'instrument de l'action salvifique de Dieu (Sg 19,6; cf. Sg 5,17; 16,24). Rien d'étonnant

---

[105] Cf. aussi S. LYONNET, «Rom 8,19-22», 248.

qu'en Rm Paul lui accorde aussi des sentiments. Il est clair qu'il s'agit d'une manière poétique de parler.

L'essentiel, c'est de souligner qu'elle gémit et souffre des douleurs d'enfantement, vu que le salut n'est pas encore là. La particule σύν- des verbes συστεναζεῖν et συνωδινεῖν n'est là que pour mettre en relief la communion de gémissements et de cris d'enfantement de tous les éléments de la création. Elle ne renvoie pas à la participation de la création aux souffrances du Christ ni à celles des croyants. L'Apôtre exprime ici la solidarité de l'ensemble du monde créé dans lequel se trouve l'homme racheté dans un seul acte de gémissement[106].

Il est aussi essentiel de remarquer que Paul ne cherche pas à prouver que toute la création gémit. Il s'en sert plutôt pour corroborer son affirmation sur l'attente de la création. Le οἴδαμεν γάρ ὅτι indique d'ailleurs que le contenu de cette connaissance est quelque chose que son auditoire sait déjà. Mais, au point de vue de l'enchaînement d'idées, ce recours à un fond traditionnel commun apparaît clairement comme un moyen que l'Apôtre utilise pour donner un fondement à un exemple qui semble invraisemblable. Aussi Paul conclut-il, grâce à cette connaissance commune, l'explicitation du v.19.

En outre, nous savons que c'est le recours à cette connaissance commune qui soulève immédiatement le problème de l'identification du *topos* d'où provient le concept de κτίσις. Celui-ci est de façon générale situé dans la tradition judéo-apocalyptique. Sans en disconvenir totalement, notre analyse vient de montrer que l'identification de cette tradition n'est pas l'impératif premier pour comprendre la cohérence de ce texte[107]. La similitude des mots employés par Paul avec ceux qu'on trouve dans une tradition culturelle, religieuse ou littéraire donnée n'est pas encore une preuve d'une dépendance paulinienne de cette tradition-là.

C'est le cas, en l'occurrence, des deux verbes στενάζω et ὠδίνω. Il est vrai, ce n'est pas par hasard que ces deux verbes sont là; car, comme pour toute argumentation, il faut toujours faire attention à la portée des mots choisis par l'auteur pour faire comprendre la thèse qu'il soutient. Mais, en définitive, ce n'est pas la tradition (apocalyptico-) diluvienne, à laquelle

---

[106]   Cf. aussi U. WILCKENS, *Römer vol. 2*, 155, n. 681.

[107]   Qu'il suffise d'observer que la formule οἴδαμεν γάρ, dans des argumentations pauliniennes, ne veut pas toujours dire une tradition, un enseignement d'une *tendance* philosophique ou religieuse *précise* connue aussi de ses interlocuteurs. Elle peut également signifier une simple connaissance commune, reçue par l'expérience quotidienne ou le contenu de la catéchèse chrétienne primitive. Aussi n'est-il pas toujours facile d'identifier chaque fois à laquelle de ces connaissances Paul renvoie quand il dit οἴδαμεν ... ὅτι. Mais ce qui importe le plus c'est de voir comment l'idée qu'il tire de cette connaissance commune contribue à la compréhension de l'argumentation en question.

l'Apôtre aurait emprunté le thème de discussion, qui justifie la présence des mots employés ici.

Στενάζω et ses dérivés (στεναγμός, στεναγμάτος) sont, déjà en grec classique, employés surtout dans des contextes de grande menace, d'oppression extraordinaire pour une ville, de grande tribulation pour un peuple qui se sent comme abandonné ou livré à une situation de perdition. Ce peuple crie alors pour exprimer son besoin de secours et sa volonté de sortir de cette situation de malheur, bref de s'en libérer[108]. Le verbe στενάζω exprime ainsi une sorte de dernier cri à la frontière avec le désespoir total. Au cas où le secours espéré n'était pas accordé, ce serait la catastrophe. De même dans la LXX, où ce verbe traduit différents termes hébreux, ceux-ci ont en commun le fait qu'ils expriment une situation désespérée, qu'on redoute (Tb 3,1; Jb 9,27; 18,20; Ps 6,7; 11,6; Sg 5,3, ...). De soi, donc, le verbe στενάζω s'emploie là où on veut souligner l'espérance d'une libération qu'on attend aussi de façon imminente.

Ωδίνω, quant à lui, est normalement employé pour indiquer les douleurs d'enfantement, annonçant la dernière étape d'une forte souffrance[109]. Mais, dans la LXX, il n'est pas toujours utilisé de façon absolue comme ici. Parfois, il finit par être utilisé symboliquement pour désigner toute violence terrible, comme l'exil à Babylone (Mi 4,9.10; Ha 3,10; Is 26,17; Jr 4,31; Si 48,19). Dans tous les cas, cependant, la connotation présente est celle d'une action qui est en rapport avec une multitude de préoccupations, de pensées qui passent dans la tête de quelqu'un au point de devenir comme des tortures et des tourments que connaît une femme enceinte (Si 19,11; Ps 7,15). Donc, s'il y a une nuance que le verbe ωδίνω ajoute à στενάζω, c'est l'aspect d'une douleur tenace, qui perdure un peu, qui tourne et retourne dans la tête de quelqu'un. Mais autant que pour στενάζω, ce verbe contient en soi aussi une espérance pour la fin imminente d'un plus grand mal.

On arrive ainsi presque aux mêmes conclusions que Vögtle, selon lesquelles les verbes συστενάζω et συνωδίνω de Rm 8,22 annonceraient une libération imminente des croyants[110]. Ce qui prouve à la fois qu'il n'est pas nécessaire de recourir d'abord à la tradition apocalyptique pour saisir la portée de ces verbes. A moins que l'on prouve que tous ces textes profanes et vétérotestamentaires sont d'origine apocalyptique. Les gémissements et les images de convulsions d'accouchement ne sont pas une particularité de la tradition apocalyptique. Bien plus, ils ne sont pas son premier élément constitutif. Par contre, un autre élément constitutif de ces verbes que l'on ne souligne pas assez est le fait que ces gémissements sont porteurs d'espérance,

---

[108] Cf. ESCHYLE, *Les Perses*, 896; SOPHOCLE, *Oedipe-Roi*, 5.30.40; EURIPIDE, *Oreste*, 959; PLATON, *La République*, 578a.
[109] Cf. HOMERE, *L'Iliade* 11,269; *L'Odysée* 9,415; PLATON, *La République* 395e; Is 23,4; 48,10.
[110] Cf. A. VÖGTLE, «Röm 8,19-22», 360-361.

parce qu'ils sont considérés comme une prière ou comme une occasion d'adresser une prière à quelqu'un que l'on estime le plus puissant. Ce dernier est l'unique qui soit encore capable de trouver une solution juste à la situation de souffrance extrême et de désespoir dans laquelle celui qui gémit se trouve.

Bref, d'une part, la micro-unité 8,19-22 indique que la création attend un événement décisif pour elle. Cet événement est la révélation de la gloire des enfants de Dieu. Si la création continue à espérer, c'est parce qu'elle a perdu sa consistance, sa dignité essentielle. L'avènement de l'événement espéré lui permettra de reprendre sa dignité, d'être libérée de la corruption. C'est pour cela qu'elle gémit et souffre des douleurs d'enfantement. Mais ces gémissements expriment aussi l'imminence du moment de cette libération.

D'autre part, si la création espère, c'est aussi parce que sa soumission involontaire signifie la reconnaissance de sa faiblesse et en quelque sorte l'aveu de son incapacité à s'en sortir par ses seules forces. Il y va donc de celui en qui elle espère, de celui qui la libérera. Sa soumission est l'expression même de son espérance, de son ardente attente. Autrement dit, si elle espère, c'est aussi parce que celui à qui elle adresse ses gémissements ne peut pas la décevoir (cf. 5,4). Il est l'ultime recours et il y va de la puissance de celui qui la libérera, voire de son être même. On voit donc où se situe l'enjeu de ces versets.

5.4.4.2.5. Pertinence argumentative de la parabole

Si tel est, comme nous venons de le montrer, le cas, pourquoi alors l'Apôtre recourt-il à l'argument de la création? En quoi sert-elle de preuve pour son affirmation du v.18? S'il est vrai que ce qui l'intéressait en ces versets n'était pas de dire que la création attend, mais d'indiquer en quoi consiste l'attente de la création, pour quelles raisons le fait-il en une argumentation concernant la glorification des fils de Dieu? N'est-ce pas un exemple malheureux, qui éloigne du but poursuivi?

Apparemment l'exemple semble malheureux, mais en réalité, l'argumentation paulinienne a puisé dans un *topos* qui lui convient. Rappelons qu'en rhétorique, ce qui est essentiel, quand on recourt à une image, n'est pas d'abord, que l'image soit vraie; mais vraisemblable, et surtout qu'elle serve la logique de l'argumentation. Il faut qu'il y ait un *tertium comparationis* et qu'ainsi l'image trouvée serve à appuyer l'idée que l'on défend[111].

---

[111] Cf. H. LAUSBERG, *Elementi di retorica*, §§ 401-406. Selon ARISTOTE, *Rhétorique II*, 1394a 4, il ne faut inventer les paraboles que si on a la faculté de voir les analogies. Dans cette micro-unité, le sens comparatif est présent dans l'emploi de l'expression οὐ μόνον δέ, ἀλλὰ καί, de la répétition de καὶ αὐτοί et du verbe στενάζω: v.23. Cf. aussi ὡσαύτως δὲ καί: v.26.

Il nous apparaît dès lors évident que Paul recourt à cet argument pour les raisons suivantes: 1° Il reconnaît que la création a été soumise sans le vouloir. Cela ressemble à la situation actuelle des chrétiens, qui subissent la souffrance malgré eux. 2° Cette soumission n'a pas fermé la porte à l'espérance en une libération. Le fait que la création a été soumise n'équivaut pas à sa condamnation sans appel à un état de vanité. La soumission de la création porte déjà en soi une espérance. Pour les chrétiens aussi, leurs souffrances ne sont pas un signe qu'ils sont condamnés sans appel ou que leur justification déjà advenue ne sera jamais rendue manifeste. 3° Les gémissements de la création sont l'expression, non pas d'un abandon à la fatalité, mais d'une attente déterminée. Ce qu'elle espère n'étant pas encore réalisé, la création édifie par son ἀποκαραδοκία. On comprend alors pourquoi Paul a dit au v.19 ἡ ἀποκαραδοκία τῆς κτίσεως ... ἀπεκδέχεται au lieu de ἡ κτίσις ... ἀπεκδέχεται. Ce qui intéresse l'Apôtre n'est pas la κτίσις en tant que telle, mais sa dimension de l'ἀποκαραδοκία, de l'attente inlassable. Le terme ἀποκαραδοκία résume donc tout ce qui est décrit dans les vv.19-22, à propos de la création. 4° Le renvoi final de l'attente de la création à Dieu lui-même. C'est après tout celui-ci qui est mis en question. Si la création persévère dans son espérance, c'est parce qu'elle ne doute pas de celui en qui elle espère, qui est celui qui la libérera. Le passif de ἐλευθερωθήσεται a certainement une dimension divine.

S'il est vrai que Rm 8,18-30 se situe dans un contexte où Paul écarte une objection de fond contre l'amour de Dieu envers les chrétiens, comment une telle argumentation ne pourrait-elle pas fonctionner? N'est-ce pas une invitation à croire à l'action salvifique de Dieu, qui ne manque pas de se réaliser? Telle était déjà la pensée de l'Apôtre au chapitre 4 où il présente Abraham comme le modèle du vrai croyant, car Abraham est ὃς παρ' ἐλπίδα ἐπ' ἐλπίδι ἐπίστευσεν (4,18) et celui qui a mis sa foi en Dieu qui donne la vie aux morts et appelle le néant à l'être (4,17). L'attente déterminée de la création est non seulement une preuve que la gloire des fils de Dieu sera manifestée, mais aussi une instruction sur la vérité stable de la toute puissance créatrice et rédemptrice de Dieu lui-même. Ce qui est aussi contenu dans la voix passive de l'infinitif ἀποκαλυφθῆναι du v.18. Ceci indique à la fois que c'est la juste compréhension du v.18 lui-même qui est déterminante. Il reste évidemment à montrer ce qu'est l'attitude des chrétiens eux-mêmes, pour mieux comprendre le recours à cette parabole de la création.

5.4.4.3. vv.23-25: les gémissements des chrétiens expriment l'inachèvement de leur rédemption

5.4.4.3.1. Cohérence interne des vv.23-25

Cette micro-unité se caractérise par sa concentration sur la situation des chrétiens, après avoir parlé de celle de la création. Depuis le v.18, c'est la première fois que le pronom personnel ἡμεῖς revient. Comme au v.18, ce pronom désigne ici les chrétiens. Ceux-ci gémissent aussi et pas seulement la création. Mais, les circonstances ne sont pas les mêmes. Car, les chrétiens ont déjà les prémices de l'Esprit que la création n'a pas encore. De même, la différence entre les deux est aussi nette en ce qui regarde l'espérance: la création est encore soumise à l'espérance, alors que les chrétiens sont déjà sauvés en matière d'espérance. Du reste, contrairement à 19-22, où le terme ἐλπίς n'est employé qu'une fois, ce terme revient cinq fois en 23-25[112]. Voyons comment ces derniers versets contribuent à la compréhension de la *propositio* du v.18.

Nous pouvons diviser cette petite unité en deux points, suivis d'une conclusion (23-24a; 24b-e; 25). Les vv.23-24a décrivent la situation présente des chrétiens. Elle est faite de gémissements pendant qu'ils attendent. La cause de ces gémissements se situe dans un fait déjà advenu: ils sont déjà sauvés, si on voit les choses du point de vue de l'objet de l'espérance (τῇ γὰρ ἐλπίδι ἐσώθημεν). Le v.24b-e contient une précision paulinienne, qui, en quelque sorte, précise le v.24a: ce que nous espérons, nous ne le voyons pas encore. Le v.25 tire la conclusion logique: nous l'attendons avec constance. Δι᾽ ὑπομονῆς ἀπεκδεχόμεθα n'est rien d'autre que la conclusion logique à laquelle Paul voulait arriver en la préparant par le raisonnement progressif de 24b-e (εἰ + ind. prés. suivi de l'ind. prés. dans l'apodose). De fait, il voulait définir l'acte d'espérer des chrétiens comme normalement une attente persévérante. Et on persévère mieux quand on a déjà acquis quelque chose de ce qu'on espérait, mais pas encore sa totalité.

5.4.4.3.2. vv.23-24a: Qu'espèrent encore les chrétiens s'ils sont déjà sauvés?

Par rapport au v.23, le gémissement des chrétiens devrait être l'expression de l'inachèvement de leur rédemption, l'expression d'une attente encore active pour la réalisation de l'acte ultime de salut, d'autant plus qu'ils ont déjà les prémices de l'Esprit. Pareille attente ne peut être alimentée que par la persévérance. Mais si la constance manquait, le gémissement deviendrait

---

[112] Pour plus de détails sur le rapport entre les unités 8,19-22 et 8,23-25, cf. supra, paragraphe 5.4.4.1.

comme l'espérance de ce que l'on voit déjà: un véritable non-sens dans les termes! Qui espère ce qu'il voit déjà?

Nous pourrions donc dire que pour Paul, le problème du salut complet des chrétiens est surtout une question de rapport entre ce que l'on voit et ce que l'on ne voit pas encore, entre le paraître et l'être. La réalité du salut, c'est ce qu'on ne voit pas. Ce que les chrétiens voient, c'est leur être-dans-le-corps fragile, non encore racheté. Sans nul doute, le salut a déjà eu lieu; mais il ne paraît pas encore complètement dans la vie quotidienne où l'expérience des limites et des souffrances semble contredire une telle réalité.

Voilà pourquoi, ce que les chrétiens attendent, bien que correspondant à ce que la création attend, les concerne directement (cf. εἰς ἡμᾶς: v.18). De fait, ils sont en train d'attendre leur glorification qui s'exprime par la rédemption de leurs corps, alors que l'attente de la création consiste dans l'attente de la manifestation de cette gloire des fils de Dieu, à l'occasion de laquelle elle sera libérée de sa soumission à la corruption[113].

La précision du v.23 (τὴν ἀπολύτρωσιν τοῦ σώματος ἡμῶν) justifie bien pourquoi l'Apôtre parle de prémices de l'Esprit. Dans toutes les étapes précédentes, Paul a indiqué qu'avec la rédemption advenue dans le Christ, les chrétiens ont reçu l'Esprit (8,9). Ici, il précise qu'il ne s'agit que des prémices de cet Esprit, car en 8,11, il indiquait que la plénitude de l'action de l'Esprit s'accomplirait (futur) par la vivification du corps mortel des chrétiens.

Par ailleurs, en 1,4, c'est par la résurrection des morts, et par une puissance conforme à l'Esprit, que Jésus a été établi "fils de Dieu". Il y a donc certainement un rapport étroit entre l'action complète de l'Esprit et l'achèvement total du salut des fils de Dieu. En 8,29, Paul va bientôt affirmer que "ceux que Dieu a appelés, il les a aussi établis d'avance (προώρισεν) à être conformes à l'image de son fils, afin que celui-ci soit le premier-né parmi la multitude des frères". Cela veut dire que c'est dans la vivification de leurs corps mortels que les chrétiens deviendront totalement semblables à Jésus, qu'ils hériteront de Dieu et deviendront cohéritiers du Christ (v.17b). Qu'attendent-ils donc précisément, si ce n'est cette υἱοθεσία

---

[113] Dans la tradition textuelle les manuscrits qui omettent υἱοθεσίαν sont surtout occidentaux (p46vid D G 614 itd,g Ambrosiaster, etc.). Mais la majorité des manuscrits de grande valeur (ℵ A B C etc.) et un bon nombre de Pères de l'Eglise (Origènelat, Méthode, Augustin) militent en faveur de la présence de ce terme dans le texte original. C'est surtout la critique interne qui est déterminante. Le maintien de υἱοθεσίαν ne contredirait pas le contexte, car, au v.14, il est dit que sont enfants de Dieu ceux qui sont guidés par l'Esprit (ἄγονται). Ceci suppose qu'on est encore en marche vers la plénitude de l'adoption. Le v.23a le dit d'une autre manière en affirmant que les chrétiens n'ont que l'ἀπαρχήν de l'Esprit.

grâce à laquelle ils deviennent semblables au Christ? Et qu'est-ce que celle-ci, si ce n'est pas aussi la ἀπολύτρωσις τοῦ σώματος αὐτῶν?[114]

Quelle est la valeur sémantique du terme ἀπολύτρωσις en ce contexte? En 3,24, Paul avait déjà employé ce terme pour indiquer que la rédemption, déjà acquise dans le Christ, est le résultat de la justification gratuite de Dieu, restituant sa gloire à ceux qui avaient péché, Juifs ou Grecs. Dire ici que les chrétiens attendent encore la rédemption du corps, c'est affirmer en même temps que c'est ce corps qui prive encore les chrétiens de la gloire de Dieu (3,23), qui ne permet pas de voir ce qui est déjà advenu. Donc, la manifestation complète de l'adoption filiale ne peut se faire sans le rachat de ce corps. Ce rachat demeure une oeuvre de la gratuité divine, au-delà de tout ce qui avilit le corps, le péché en particulier.

Sans doute, Paul ne manifeste pas ici un dédain pour le corps et ne propose pas la rédemption du corps comme une fuite de celui-ci. Pour Paul, et il revient beaucoup là-dessus, Dieu a envoyé son Fils dans un corps semblable au nôtre, non point pour condamner notre corps, mais pour condamner le péché qui est dans la chair (cf. 8,3). Sauf qu'il appelle aussi celle-ci "corps de péché" (cf. 6,5-7). Son problème fondamental, avons-nous déjà observé, c'est le péché qui persiste encore et semble l'emporter sur la bonne volonté des chrétiens. Mais le fait qu'il ne peut parler de péché sans parler des membres corporels dans lesquels le péché manifeste sa puissance, peut donner l'impression qu'il s'en prend au corps. En réalité, il s'en prend seulement au "corps de péché" et de mort. En quelque sorte, nous rejoignons son débat de 1 Co 15,35-58, où il est question de la transformation du corps physique en corps spirituel.

---

[114] A notre avis, donc, - contrairement à P. BENOIT, «'Nous gémissons, attendant la délivrance de notre corps' (Rom. VIII,23)» in IDEM, *Exégèse et théologie*. T.2. (Paris, 1961) 47 -, il faut considérer υἱοθεσίαν comme ayant fait partie du texte original. Pour Paul, en effet, "être fils" n'est pas encore un fait complet, même quand on a l'Esprit de Dieu. Celui-ci est, certes, celui qui rend possible la filiation, mais on ne peut devenir "fils" à part entière, et avoir des droits à l'héritage, que quand on marche selon l'Esprit. Le cas d'Israël en Rm 9-11 (en particulier, 9,4.6b-10; 11,17-23) en est un exemple. Sans doute, les exhortations morales de Rm 12-15, à se comporter de manière digne de la nouvelle vie dans le Christ, sont basées sur une telle conviction. En outre, nous venons de dire que Paul situe ce problème de la υἱοθεσία totale au niveau du rapport entre *ce qu'on voit déjà* et *ce qu'on ne voit pas encore*. Ainsi, les chrétiens sont déjà enfants de Dieu, mais ce qu'ils sont sera révélé complètement à la parousie du Christ (8,18). A notre avis, cette pensée paulinienne est mieux exprimée en Col 3,1-4: "/.../ votre vie est désormais cachée avec le Christ en Dieu: quand le Christ sera manifesté, lui qui est votre vie, alors vous aussi vous serez manifestés avec lui pleins de gloire". Par conséquent, nous ne voyons pas pourquoi, pour maintenir la présence de υἱοθεσία dans Rm 8,23, il faudrait interpréter le verbe ἀπεκδέχεσθαι comme signifiant une inférence seulement logique, comme le proposait J. SWETNAM, «On Romans 8:23 and the 'Expectation of Sonship'» *Bib* 48 (1967) 102-108.

Ainsi, ce qui importe ici, c'est de remarquer que c'est en attendant cette transformation du corps que les chrétiens gémissent[115]. Comme l'analyse du verbe στενάζω l'a montré, ces gémissements doivent être considérés comme l'expression de leur prise de conscience qu'ils sont dans une situation de souffrances et comme expression de leur espérance de les voir délivrés de cet état.

Seulement, au v.24a, au lieu de dire que c'est cette attente qui cause les gémissements des chrétiens, Paul affirme que ceux-ci gémissent puisqu'ils sont conscients d'avoir été déjà sauvés. Autrement dit, en ce qui concerne l'objet de l'espérance (τῇ ἐλπίδι), ce salut a déjà été obtenu. Voilà pourquoi, il nous semble qu'au v.24b, Paul prend distance d'une telle attitude (cf. δέ de contraste). Pour lui, pareil comportement n'est pas logique. On ne peut pas à la fois être conscient d'être sauvé et gémir. Gémir reste un signe que l'objet de l'espérance n'est pas encore atteint. La création sert d'exemple à ce propos. Autrement, on n'espère plus et on n'attend plus. Or, la vérité est que les chrétiens espèrent encore quelque chose.

5.4.4.3.3. vv.24b-25: l'espérance objective et espérance subjective

Notre interprétation de cette micro-unité s'appuie sur ce que nous croyons être la distinction que Paul établit entre l'espérance objective, c'est-à-dire ce que l'on espère, et l'espérance subjective, c'est-à-dire le fait que quelqu'un espère[116]. Ce schéma littéraire interne en constitue une preuve:

a :	ἐλπὶς βλεπομένη	: v.24b
b :	οὐκ ἔστιν ἐλπὶς	: v.24c
a':	ὃ γὰρ βλέπει	: v.24d
b':	τίς ἐλπίζει;	: v.24e
a":	ὃ οὐ βλέπομεν	: v.25a
b":	ἐλπίζομεν	: v.25b

---

[115] Il est par ailleurs intéressant d'observer que dans Rm Paul n'emploie jamais le verbe ἐγείρειν pour parler de la résurrection des chrétiens. La parole ἀνάστασις ne revient que deux fois dans toute l'épître, une fois pour les morts en général (1,4) et une fois pour les chrétiens à la suite du Christ (6,5). A la place de ces deux termes, Paul emploie la parole ζωή (αἰώνιος) et le verbe ζῳοποιεῖν. Il y en a qui considèrent cet élément littéraire comme un indice de l'évolution du langage de l'Apôtre, évolution due au retard de la parousie. Cf. U. SCHNELLE, *Wandlungen*, 47. Mais, en réalité, si Paul emploie le verbe ζῳοποιεῖν, c'est parce que dans Rm il ne traite pas du problème des morts en tant que tel. Considérant plutôt le cas du salut de tous les chrétiens, qu'ils soient morts ou vivants (Rm 14,7-14), il préfère le verbe "vivifier", qui est un terme plus englobant que celui de "ressusciter".

[116] Nous devons cette interprétation à J. CAMBIER, «L'espérance et le salut», 93-100. Cf. aussi J. MURRAY, *Romans*, 309.

Selon cette disposition en parallélisme alterné, nous observons ce qui suit: 1° l'élément **a** correspond à **a'** et **a"**, et **b** à **b'** et **b"**.[117] Cela veut dire que le premier ἐλπίς du v.24b indique l'objet de l'espérance (cf. ὁ comme objet du verbe βλεπεῖν en **a'** et **a"**), tandis que le deuxième ἐλπίς du v.24c indique l'acte d'espérer (cf. τίς et le sujet de ἐλπίζομεν en **b'** et **b"**). 2° Quand la proposition est affirmative pour l'objet, alors elle est négative pour le sujet. Dans ce cas, la logique ne fonctionne pas comme l'indique bien le v.24c: dire qu'on voit déjà ce qu'on espère, ce n'est pas de l'espérance. Tandis que quand la proposition est négative pour l'objet, alors elle est affirmative pour le sujet. Donc, l'espérance subjective (l'acte d'espérer) n'est telle que si son objet n'est pas encore vu. Autrement dit, c'est seulement quand on transfère la négation de l'acte d'espérer à l'objet espéré (**b**-->**a"**) que la logique devient normale. C'est l'unique condition pour attendre avec constance (v.25). Car, si le salut déjà advenu n'est pas encore complet - comme en témoignent les gémissements de la création et ceux des chrétiens (vv.22.23) -, c'est qu'il faut continuer à espérer. D'où la précision de Paul: en matière d'espérance (τῇ ἐλπίδι), on ne parle vraiment d'espérance que quand on ne voit pas ce qu'on espère. Si on voit déjà l'objet en question, alors il devient inutile d'espérer encore et de persévérer dans l'attente. Par contre, si ce que nous espérons n'est pas encore manifeste, mais encore sur le point de l'être, alors nous l'attendons avec constance[118].

---

[117] La critique textuelle du v.24e est compliquée, car il faut discuter pour deux cas à la fois: τίς (ou τις, τί ou τίς καί ou τις, τί καί) et ἐλπίζει (ou ὑπομένει). Concernant le premier cas, τις, τί καί est certes la leçon la plus attestée par plusieurs onciaux et minuscules et par plusieurs Pères de l'Eglise (ℵᶜ A C K P Ψ etc; Clément, Chrysostome, Théodoret, Jean Damascène). Mais on ne peut pas exclure *a priori* qu'elle soit une expansion de la *lectio difficilior* τίς attestée par des manuscrits de valeur (p⁴⁶ᵛⁱᵈ B* 1739ᵐᵍ) et par Origène. Quant à ἐλπίζει et ὑπομένει, il est vrai que ce dernier est attesté par quelques anciens manuscrits de valeur (ℵ* A 1739 syrᵖ) et même par des Pères comme Origène et Ephrème. Bien plus il est de toute évidence la *lectio difficilior*. Mais, la multitude des plus anciens onciaux et des miniscules ainsi que des Pères comme Clément, Origèneˡᵃᵗ, Cyprien, Ambrosiaster, Chrysostome, etc. indiquent que ἐλπίζει serait la leçon la plus proche de l'original. En outre, c'est surtout pour des raisons de critique interne que nous avons adopté la leçon ὁ γὰρ βλέπει, τίς ἐλπίζει. Nous avons rejeté la suggestion de J. CAMBIER, «L'espérance et le salut», 102, de lire ὑπομένει à la place d'ἐλπίζει, car 1° on ne peut traduire ce verset comme il le fait par le verbe *attendre*: "en effet, ce que l'on voit, comment encore l'attendre dans la patience (τί καί ὑπομένει)". 2° ὑπομονή du v.25 ne veut pas dire *attente*, mais endurance, constance. Cf. aussi B.M. METZGER (éd.), *A Textual Commentary*, 517-518.

[118] Encore une fois, on ne voit pas ici comment avec cette position Paul combattrait les enthousiastes ou les apocalypticiens. Le v.24a est une justification du v.23; il explique pourquoi les chrétiens gémissent. Les vv.24b-25 contiennent la précision paulinienne qui corrige les vv.23-24a. Les enthousiastes ne gémissaient pas! Les apocalypticiens, quant à eux, ne croyaient pas avoir déjà acquis la rédemption finale. Opter pour l'un ou l'autre dénaturerait donc la logique de cette argumentation paulinienne.

Il résulte de cette analyse que pour Paul, les gémissements de la création se justifient, du fait que celle-ci n'a jamais fait l'expérience de l'événement qu'elle attend. Les gémissements des chrétiens sont, par contre, ambigus: d'une part, ils confirment que le salut total n'est pas encore réalisé; d'autre part, ils témoignent, par rapport à l'attitude de la création, d'une impatience moins cohérente avec la situation présente des chrétiens, alors qu'ils ont déjà bénéficié du don de l'Esprit. C'est comme si l'Apôtre disait à ses frères chrétiens: pourquoi vous lamenter alors que vous avez déjà en prémices le don de l'Esprit?

De fait, il y a ici une sorte d'attraction et d'opposition à la fois entre ἀποκαραδοκία d'une part et ὑπομονή de l'autre, occupant tous les deux une position emphatique. Pour l'une (la création), l'ἀποκαραδοκία constitue sa nature même, son être tel que Paul met en exergue. Pour les autres (les chrétiens), l'ὑπομονή constitue une manière d'être, qui apparemment n'est pas encore la leur. Pour la création, Paul reconnaît et recourt à son ἀποκαραδοκία pour justifier une affirmation concernant les chrétiens. Quant à ceux-ci, par contre, Paul leur conseille l'ὑπομονή. De fait, l'attitude des chrétiens ne peut pas simplement s'identifier à l'attente, parce qu'ils sont déjà sauvés. Ce qu'il faut leur apprendre dans cette attente de la plénitude, c'est la constance même, sachant que - comme l'Apôtre s'est exprimé dans l'exorde - la constance produit l'épreuve, et l'épreuve l'espérance qui ne déçoit pas (5,3-4). Voilà pourquoi Paul, en 8,24b-25, précise bien le contenu de l'espérance et encourage les chrétiens à une espérance patiente. Pour lui, la vraie espérance ajoute de l'activité, de la combativité à l'attente, de l'endurance. On ne se résigne pas. A partir de là, on comprend pourquoi Paul revient sur l'action de l'Esprit dans la vie des chrétiens pendant que ceux-ci vivent dans l'attente de l'apocalypse de leur dignité d'enfants de Dieu. Il affirme qu'en attendant la réalisation de l'événement tant espéré, l'Esprit, de son côté aussi (ὡσαύτως δὲ καί), intercède pour les chrétiens par des gémissements indicibles.

5.4.4.4. vv.26-27: l'intercession de l'Esprit s'exprime par des gémissements ineffables

A partir du v.26, Paul, grâce à l'expression ὡσαύτως δὲ καί, montre que la discussion qu'il poursuit est en rapport avec ce qu'il vient de dire. De fait, le thème de l'attente continue. D'une part, le thème des gémissements lui-même est repris; d'autre part, le terme ἀσθένεια exprime aussi une telle attente, dans la mesure où il indique les conditions dans lesquelles des gémissements peuvent être exprimés. Cependant, comme pour les vv.23-25 par rapport aux vv.19-22, cette scène parallèle a changé d'acteur principal. Il est maintenant question de l'Esprit. Au niveau de sa logique interne, l'affirmation du v.26a est suivie d'un éclaircissement (v.26b) et d'un petit développement. Mais, pour découvrir la fonction de cette nouvelle micro-unité par rapport à ce qui précède, il faudra d'abord saisir la portée des mots utilisés. Quel sens ont en fait ὡσαύτως, ἀσθένεια, καθὸ δεῖ, ἁγίων? Quelle est la fonction du datif στεναγμοῖς ἀλαλήτοις? Qui est désigné par l'expression ὁ δὲ ἐραυνῶν τὰς καρδίας et comment expliquer son rapport avec τὸ φρόνημα τοῦ πνεύματος?

5.4.4.4.1. v.26: l'Esprit face à l'impuissance des chrétiens

En grec classique, l'adverbe ὡσαύτως est employé pour mettre en relation deux sujets différents, mais accomplissant parallèlement la même action ou pour montrer que deux sujets différents sont en train d'accomplir deux actions différentes, mais dans les mêmes conditions. Quelquefois (mais assez rarement), il est utilisé comme conclusion logique d'une comparaison précédente qui a servi d'argumentation. Quoi qu'il en soit, les sujets sont comparés au niveau soit de la même action accomplie, soit de mêmes conditions, dans lesquelles ils se trouvent, même s'ils accomplissent des actions différentes[119]. Cet emploi est attesté aussi dans le Nouveau Testament (cf. Mc 14,31; Lc 20,31; 1 Tm 5,25).

Ainsi, le sujet πνεῦμα de Rm 8,26 devrait être en rapport avec les sujets précédents κτίσις et ἡμεῖς soit à cause d'une action qu'il accomplit et qui ressemble à la leur, soit à cause de mêmes conditions dans lesquelles ils se trouvent, bien qu'accomplissant des actions différentes. L'étude du texte indique qu'il s'agit de la première possibilité. De même que la création et les chrétiens gémissent, ainsi gémit l'Esprit. Evidemment, le problème est que Paul ne dit pas que l'Esprit aussi gémit. Son action principale, c'est l'intercession. Le gémissement est la manière employée pour intercéder. Cependant, on peut dire que son intercession constitue sa forme de gémissement, car cela est son unique manière d'intercéder pour les saints[120].

Et comme les deux premiers sujets - la création et les chrétiens - sont des éléments servant, chacun à sa manière, à étayer la *propositio* du v.18, il

---

[119] Cf. XÉNOPHON, *Cyropédie*, 1,1,4; 1,6,3; *Helléniques*, 2,2,9; *Anabase*, 3,2, 23; 4,7,13; 5,69; PLATON, *Phédon*, 102e; *Charmide*, 167c; *Gorgias*, 474e; PLUTARQUE, *Oeuvres Morales*, 1116c. Remarquons, en passant, que chez Homère, l'adverbe ὡσαύτως est toujours divisé en deux par δέ (= ὡς δὲ αὔτως). Cf. HOMERE, *Iliade*, 3,339; 7,430; 9,195; 10,25, etc.

[120] Dès lors, on comprend que l'emploi de ὡσαύτως en Rm 8,26 est conforme à l'usage normal de cet adverbe de comparaison, et cela contrairement à J.D.G. DUNN, *Romans 1-8*, 476, qui pense que "the phrase in itself does not specify how closely similar are the phenomena being compared". De même, contrairement à ce que dit cet auteur, ce n'est pas le terme πνεῦμα du v.23 qui pousse à utiliser l'adverbe en question et qui établit le lien entre les deux micro-unités, mais la racine verbale de στενάζω.

faut s'attendre à ce que ce v.26 soit un élément de plus pour soutenir la même *propositio*. D'où la question: comment le secours de l'Esprit à notre faiblesse est-il, de son côté, une preuve que ce que nous attendons (la gloire future qui va bientôt être révélée en notre faveur) dépasse de loin notre état actuel des souffrances subies malgré nous?

Pour répondre à cette question, examinons la terminologie employée, en l'occurrence le vocable ἀσθένεια. En disant que l'Esprit vient en aide à notre faiblesse, l'Apôtre établit un lien entre le terme ἀσθένεια et les παθήματα du v.18. Certes, le terme ἀσθένεια revient seulement deux fois dans toute l'épître (en 6,19 et ici) et cela rend difficile son interprétation; mais les autres cas du corpus paulinien permettent de se faire une idée de ce qu'il pourrait signifier ici[121]. En effet, ἀσθένεια ne vise pas seulement à indiquer une maladie physique, qui empêche l'Apôtre d'accomplir ce qu'il a projeté de faire (Ga 4,13). Le terme signale aussi et surtout que l'homme n'est pas en mesure d'accomplir par lui-même ce qui dépasse sa capacité humaine. Il exprime donc symboliquement l'incapacité de l'homme à accomplir certaines oeuvres par lui-même, sa fragilité et son impuissance. Le concerné se reconnaît incapable de résister jusqu'au bout comme il aurait voulu. Bien plus, c'est grâce à cette expérience de faiblesse que l'Apôtre se rend à l'évidence: il ne peut compter que sur le Seigneur lui-même. Sans elle, donc, il pourrait se vanter de son succès, de sa bravoure, et l'oeuvre de Dieu risquerait de ne point être reconnue (1 Co 2,3; 2 Co 11,30; 12,5.9.10).

En Rm 6,19, le contexte devient plus précis, dans la mesure où Paul met ce terme en lien direct avec celui de σάρξ. Il est obligé de "parler comme un homme", à cause de la faiblesse de ses interlocuteurs. Il trouve que leur faiblesse est due à la chair et qu'à cause de cela, ils sont incapables de comprendre les implications sotériologiques de leur être-dans-le-Christ[122]. Le contexte de Rm 6,19 s'éclaire mieux grâce à 5,6 où ἀσθενής est en lien avec l'état de vie qui a précédé la justification. C'est quand Paul et ses interlocuteurs étaient dans cette situation de faiblesse que l'Esprit a été répandu en eux. Or, ce raisonnement de 5,6 culmine dans l'affirmation de la grandeur de l'amour de Dieu, de la profondeur de la gratuité de sa miséricorde et de son engagement à ne point abandonner ceux qu'il a déjà justifiés (cf. πολλῷ μᾶλλον en 5,9.10).

Bref, le terme ἀσθένεια indique, en Rm 8,26, le fait que les chrétiens, vivant l'expérience des épreuves et donc de leur fragilité - expérience due au fait qu'ils sont dans le corps mortel -, ne peuvent rien changer à leur situation, sans l'aide d'un autre. En même temps, l'emploi de ce terme est déjà

---

[121] Cf. aussi G. STÄHLIN, «ἀσθενής, κτλ.» *ThWNT* I, 488-492.
[122] L'expression διὰ τὴν ἀσθένειαν τῆς σαρκός ici utilisée est exactement la même qu'en Ga 4,13. Mais, elle n'a pas la même portée dans les deux contextes.

une allusion à la puissance de Dieu qui se manifeste en de telles circonstances.
Cette interprétation est confirmée par l'emploi du verbe συναντιλαμβά-
νεσθαι. Ce verbe est très rare dans le Nouveau Testament: ailleurs, on ne le
retrouve que dans Lc 10,40. Dans la LXX, il ne revient que trois fois (Ex
18,22; Nb 11,17; Ps 88, 22). Dans tous ces cas, il indique le secours dont
a besoin ou dont bénéficie quelqu'un dans une entreprise très difficile pour
une seule personne, allégeant ainsi sa charge. En effet, il est proche de l'idée
du simple ἀντιλαμβάνομαι[123]. On peut donc croire qu'en Rm 8,26a la
persévérance dans l'espérance en attendant la révélation de l'adoption filiale,
n'est pas une entreprise aisée pour les chrétiens qui vivent leur expérience de
fragilité dans le corps. Sans l'aide de quelqu'un d'autre, ils ne peuvent
réussir. Et Paul présente l'Esprit comme étant celui qui accorde cette
assistance, en intercédant en des gémissements ineffables (v.26b). De fait,
le v.26 peut être agencé dans un chiasme simple où l'Esprit englobe les
chrétiens:

a : τὸ πνεῦμα συναντιλαμβάνεται
b : τῇ ἀσθενείᾳ ἡμῶν
b': τὸ γὰρ τί προσευξώμεθα καθὸ δεῖ οὐκ οἴδαμεν
a': ἀλλὰ αὐτὸ τὸ πνεῦμα ὑπερεντυγχάνει στεναγμοῖς ἀλαλήτοις

Dans cette disposition, il appert que l'élément b' est une preuve de la
faiblesse des chrétiens que l'Apôtre explicite (γάρ). Certes, la construction
de cette phrase est compliquée. Mais, la proposition principale (οὐκ οἴδαμεν)
indique que l'on se situe au niveau de la connaissance. L'objet de celle-ci est
exprimé en style indirect, dans lequel le verbe (προσευξώμεθα: aoriste
subjonctif) montre qu'on se situe au niveau de la délibération. La faiblesse
des chrétiens consiste dans le fait qu'ils ne savent pas ce qu'ils devraient
demander par la prière[124]. Il y a comme une sorte d'incapacité à choisir ou
à décider. L'emphase est d'ailleurs sur ce contenu de l'ignorance qui prend
la forme d'une incapacité à opter pour quelque chose quand nous prions. En
style direct, Paul s'exprimerait ainsi: "Qu'est-ce que nous devrions demander
par la prière? ... Nous ne le savons pas". Le problème ne concerne donc pas
le comment de la demande, mais le contenu de celle-ci. Par conséquent, καθὸ
ne modifie pas οἴδαμεν, car il ne veut pas dire πῶς. Par contre καθὸ δεῖ est

---

[123] Cf. Lc 1,54; 1 Tm 6,2 et en particulier Ac 20,35. Cf. aussi G. DELLING, «ἀντιλαμβάνομαι, κτλ.» *ThWNT* I, 375-377.

[124] Προσεύχεσθαι ne veut pas dire seulement prier, mais aussi demander par la prière. Il
est suivi dans ce cas normalement d'un accusatif (Cf. Mc 11,24; Lc 18,11; Ph 1,19; cf.
aussi XENOPHON, *Helléniques*, 3,2,28).

en lien avec l'objet de la non-connaissance[125]. C'est cet objet-là qui doit être "conforme à ce qu'il faut".

Selon cette logique grammaticale, la faiblesse des chrétiens ne consiste pas dans leur incapacité humaine à dire, dans leur prière, des choses "conformes à ce qu'il faudrait". Mais, comme le montre l'opposition avec οἶδεν du v.27, c'est au niveau de la connaissance que se situe cette faiblesse. Ce même parallélisme avec le v.27 indique aussi que Paul se situe au niveau du φρόνημα, c'est-à-dire encore au niveau de la pensée. Or selon 8,5-8, φρόνημα τοῦ πνεύματος indique le fait de penser les choses selon l'Esprit et d'être conforme à lui. Le φρόνημα τῆς σαρκός est ennemi de Dieu, ne se soumet pas à la loi de Dieu et ne peut même pas se soumettre. Le φρόνημα τοῦ πνεύματος est de cette façon toujours κατὰ Θεόν. Il ne peut pas être ἐχθρα εἰς Θεόν. Etant conforme à Dieu, il se soumet à la loi de Dieu. Ce qu'il pense plaît à Dieu. Dans ce sens, καθὸ δεῖ de 8,26b peut être compris comme κατὰ τὸν Θεόν de 8,27.

Ainsi, ce que les chrétiens ne savent pas quand ils expérimentent leur fragilité, c'est ce qu'ils devraient demander conformément au plan de Dieu. Voilà pourquoi l'Esprit, qu'ils ont déjà en eux, vient à leur secours, non point pour leur suggérer ce qu'ils doivent dire, mais pour intercéder à leur place. Une telle intercession est sans nul doute efficace, car entre Dieu et l'Esprit il n'y a pas d'opposition ni de contradiction. Dieu sait que ce que cogite l'Esprit est conforme à lui. Comme le suggère le parallélisme entre **a** et **a'**, cet Esprist est le même que celui dont Paul a déjà parlé dans les micro-unités précédentes. L'utilisation de l'adjectif αὐτό le confirme aussi[126]. Il s'agit de l'Esprit qui est déjà à l'oeuvre, mais en tant que prémices (8,2-16.23). C'est ce même Esprit qui intercède pour les saints. Il ne peut donc pas s'agir ici de la partie spirituelle du chrétien.

Mais comment faut-il comprendre l'affirmation selon laquelle l'intercession de l'Esprit se fait par des gémissements indicibles? Nous avons dit plus haut que les στεναγμοῖς ἀλαλήτοις ne désignent pas la glossolalie et que ce sont ces termes qui justifient l'emploi de ὡσαύτως δὲ καί au début de cette micro-unité. De même, nous avons fait remarquer que l'action principale de l'Esprit n'est pas le fait de gémir, mais celui d'intercéder. C'est sa manière d'intercéder qui est faite sous forme des gémissements. Ainsi, on peut dire que l'Esprit gémit. Il intercède en gémissant. Pourquoi gémit-il alors et pourquoi ces gémissements sont-ils indicibles? Ce n'est pas parce

---

[125] Il n'est absolument pas nécessaire de percevoir ici une influence stoïcienne, comme l'affirme J.D.G. DUNN, *Romans 1-8*, 477. Grâce à EPICTETE, *Entretiens* II,22.20 (οἷος δεῖ); III,23.21 (ὡς δεῖ) on comprend que καθὸ δεῖ ne peut renvoyer qu'au verbe qui le précède, ici donc, à προσεύχεσθαι et signifierait: "tel qu'il faudrait demander par la prière".

[126] Cf. aussi dans le cas de la création: αὐτὴ ἡ κτίσις (v.21) et celui du deuxième αὐτοὶ du v.23.

qu'il s'agit des paroles qu'il n'est pas permis de divulguer à un homme, comme c'est le cas avec les ἄρρητα ῥήματα de 2 Co 12,4[127]; mais plutôt parce que, comme il est dit en Rm 8,27, ces gémissements n'étant pas comme ceux des hommes, ceux-ci ne peuvent les entendre, alors que (δέ: v.27) Dieu, lui, le peut. Ces gémissements ne peuvent être formulés en langage d'homme, car ce n'est pas la partie spirituelle de l'homme qui les formule, mais l'Esprit qui habite dans le chrétien.

En outre, il apparaît que ces gémissements de l'Esprit sont, selon l'Apôtre, un signe que l'Esprit n'est pas en plénitude; il est, par contre, marqué par les conditions externes de ceux dans lesquels il se trouve. Au moment des épreuves, l'Esprit vient au secours des éprouvés, lesquels ne savent même pas ce qu'ils devraient demander. Il le fait en s'adressant à Dieu par des expressions semblables aux gémissements humains. Mais Dieu les entend et les comprend, car ils sont conformes, non point à ce que pensent et formulent les hommes éprouvés, mais à ce qu'ils devraient être et que seul l'Esprit lui-même pense et exprime. Ainsi, le δέ du v.27 indique un contraste.

5.4.4.4.2. v.27: Dieu face à l'intercession de l'Esprit

En s'appuyant sur une expression assez bien connue dans l'Ancien Testament (ὁ ἐραυνῶν τὰς καρδίας), Paul débouche sur la dimension théologique de l'intercession de l'Esprit[128]. Bien que cette intercession se fasse par des

---

[127] L'expression ἄρρητα ῥήματα de 2 Co 12,4 pose souvent un problème de traduction: s'agit-il de "paroles qu'on ne saurait dire", ou de "paroles qu'on ne devrait dire". Cf. à ce propos, C.K. BARRETT, *A Commentary*, 311; M. CARREZ, *La deuxième aux Corinthiens*, 229. A notre avis, il faut prendre en considération la proposition relative qui est là pour préciser le sens de cette expression: ἃ οὐκ ἐξὸν ἀνθρώπῳ λαλῆσαι. Or dans cette proposition, ἐξόν, venant de ἔξειμι signifie "qui est permis". La proposition est ainsi à traduire par "n'étant pas permis de dire à un homme". Par ailleurs, l'adjectif ἄρρητος veut dire "dont on ne parle pas", "mystérieux", "qu'on ne doit pas divulguer". Cf. aussi V.P. FURNISH, *II Corinthians*, 527. L'expression ἄρρητα ῥήματα se traduit donc par "des paroles qu'il n'est pas permis de divulguer". De fait, le contexte de 2 Co 12,4 indique que Paul ne veut pas se vanter d'avoir eu des révélations privilégiées et surtout qu'il veut éviter de susciter de la curiosité auprès de ses auditeurs sur ce qu'il avait entendu dans le troisième ciel. En d'autres mots, Paul ne jugea pas le genre littéraire apocalyptique digne de ses goûts, surtout pour parler de la puissance de Dieu pendant les souffrances. Le texte apocalyptique "Apocalypse de Paul" fera juste le contraire. De tout ceci, nous disons que l'expression de 2 Co 12,4 ne peut pas aider à comprendre le sens des στεναγμοί ἀλάλητοι de Rm 8,26.

[128] Cette formulation ne reproduit textuellement aucune autre de la LXX. Là, c'est surtout le verbe δοκιμάζειν qui est utilisé (cf. Ps 16,3; 25,2; 44,21; 138,1-2.23; Pr 15,11; Jr 11,20; 12,3; 17,10). Et le verbe ἐραύνειν qui le remplace ici n'apparaît dans aucun de ces cas. Dans tout le Nouveau Testament, l'expression se rencontre pour la deuxième

gémissements, Dieu, qui connaît les coeurs et non pas les apparences, qui voit l'intérieur de quelqu'un et non pas l'extérieur, sait quelle est la pensée de l'Esprit. Il la trouve sans doute plus conforme à son plan que celle qu'auraient exprimée les chrétiens éprouvés.

Il est vrai qu'en 1 Co 2,10 Paul parle de l'Esprit, comme étant celui qui scrute tout, jusqu'aux profondeurs de Dieu. Mais, Paul est loin d'opposer Dieu à l'Esprit. D'ailleurs, en Rm 8,27, l'Apôtre ne dit pas que Dieu scrute l'Esprit. Il scrute plutôt les coeurs, qui, pour Paul, sont le lieu où siège l'Esprit dans les chrétiens (5,5; cf. aussi 2,29). Si Dieu scrute les coeurs, ce n'est donc pas pour contrôler l'Esprit, mais pour y percevoir l'expression de l'Esprit, qui est ainsi, ineffable pour les hommes, mais accessible pour lui. Car, l'Esprit ne peut s'exprimer que conformément à Dieu et ne peut s'opposer à lui (cf. 1 Co 2,11; Rm 8,6-8). La particule ὅτι du v.27 a dans ce cas une valeur explicative et non pas déclarative. Elle explique pourquoi Dieu connaît ce que pense l'Esprit en intercédant pour les saints. C'est parce que l'Esprit intercède sans contredire le plan de Dieu. Ainsi, malgré la faiblesse des chrétiens, la prière que l'Esprit fait en faveur des saints est conforme à ce qui plaît à Dieu. Somme toute, les gémissements de l'Esprit, indicibles pour les hommes, sont perceptibles et ont un sens pour Dieu. Sans nul doute, il s'agit d'un très grand soutien "en faveur des saints"[129].

Qui sont ces saints? Certes, l'Apôtre ne dit pas en "notre" faveur, mais en faveur "des saints". Cependant, il est clair que Paul parle ici des chrétiens, car il utilise le même mot pour désigner, en 1,7, ceux à qui il écrit. Les chrétiens sont des saints, car ils sont appelés et aimés de Dieu (ἀγαπητοῖς Θεοῦ, κλητοῖς ἁγίοις); ils sont eux aussi des appelés de Jésus Christ (1,6)[130]. Ce qui nous intéresse, c'est de voir qu'en employant ce terme, Paul précise que les ἅγιοι sont justement ceux qui sont marqués par l'ἀσθένεια. Celle-ci ne leur enlève pas la dignité, la condition d'ἅγιοι et donc de κλητοί et d'ἀγαπητοί Θεοῦ.

Nous trouvons que Paul a ainsi montré comment l'intercession de l'Esprit pour les chrétiens est une preuve que leur faiblesse (leurs épreuves

---

fois seulement en Ap 2,23. Mais le concept traduit par les deux verbes est le même: Dieu est le juste, car, il ne regarde pas les apparences mais le coeur de l'homme.

[129] Il n'est donc pas nécessaire de recourir à l'intercession des anges dont parle la tradition diluvienne pour comprendre cette affirmation paulinienne, dont la cohérence logique avec la partie argumentative précédente (surtout en 8,5-11) est hors de doute.

[130] Sur les 38 fois que le terme ἅγιος revient dans le corpus paulinien avec référence à des personnes, il ne désigne que les chrétiens. Seul en 1 Th 3,13, on peut penser à des anges. Or le contexte de 1 Th 3,13 n'est pas le plus proche de Rm 8,27. Ici, en effet, il n'est pas question, comme en 1 Th 3,13, d'une scène en rapport avec l'événement eschatologique de la parousie du Christ. Il s'agit plutôt de la situation quotidienne des chrétiens confrontés à l'expérience de la fragilité humaine. Pour cette raison, la perplexité de G. NEBE, 'Hoffnung' bei Paulus, 53, quant à savoir s'il s'agit de "himmlische Wesen wie Engel" ou de chrétiens ne nous semble pas justifiée.

inévitables qui sont l'expression de leur condition de fragilité) ne diminue en rien leur filiation qui va bientôt être manifestée. C'est que cette intercession de l'Esprit pour les saints est elle-même liée à l'état d'attente des chrétiens. Les gémissements par lesquels cette action de l'Esprit s'exprime sont une preuve, comme dans le cas de la création et des chrétiens (cf. ὡσαύτως) que l'événement attendu est encore à venir. Mais (cf. δέ: v.27), ces gémissements de l'Esprit n'indiquent pas que Dieu ne voit pas leur caractère profond, qui est de la nature même de l'Esprit (cf. 8,5: τὸ φρόνημα τοῦ πνεύματος). Ils confirment plutôt que Dieu, par l'Esprit, n'abandonne pas à leur impuissance ceux qu'il a appelés et qu'il aime.

Autrement dit, ce n'est pas l'expérience de la finitude humaine, ou le fait que les chrétiens ne sachent même pas ce qu'il faudrait demander, qui peut dévaluer leur être des ἅγιοι devant Dieu. C'est que cette identité a plus de valeur que leurs passions de toutes sortes, non point à cause de leur bravoure, mais à cause de Dieu lui-même qui les a aimés, les a appelés à la sainteté et voit avec justice la pensée de l'Esprit gémissant en eux. Si, en effet, l'Esprit vient au secours des chrétiens, c'est qu'ils sont importants aux yeux de Dieu. Certes, leur faiblesse est tellement forte qu'ils ne savent même pas ce qu'ils demanderaient et qui soit conforme à l'Esprit de Dieu. Mais, il y a Dieu qui ne regarde pas les apparences! Il voit l'Esprit qui habite dans les chrétiens et il sait ce que l'Esprit exprime par ses gémissements indicibles: l'espérance d'une libération, de l'accomplissement total de son action. Nous pouvons même dire que pour Paul l'Esprit appuie les chrétiens dans leurs gémissements en gémissant aussi. C'est pourquoi, nous trouvons que ὡσαύτως est vraiment à sa place. Comme le chrétien est incapable, non pas de prier, mais de dire ce qu'il faudrait dans sa prière, l'Esprit lui vient au secours, en assumant ses gémissements. En fait, il y va de lui-même, de la réalisation complète de sa mission.

En considérant Rm 8,31-34 où le verbe ἐντυγχανεῖν ὑπέρ est employé, on voit clairement que cette intercession de l'Esprit peut être en rapport avec une éventuelle accusation, portée contre les chrétiens et basée sur le fait qu'ils demeurent des êtres fragiles dans leurs corps. Ce secours de l'Esprit en leur faveur indique ainsi que ces passions ne peuvent avoir de poids par rapport à la gloire dont Dieu va les couronner. La balance ne peut que pencher du côté de leur glorification parce que même l'Esprit les appuie. Il ne les contrarie pas. Et Dieu sait que la pensée de l'Esprit est entièrement conforme à son plan.

Arrivé à ce point de son argumentation, on comprend pourquoi l'Apôtre débouche finalement sur Dieu lui-même aux vv.28-30. C'est Dieu, qui, dans son plan irrévocable nous a appelés saints et établis d'avance à être semblables à son fils, dans le but que celui-ci devienne le premier-né d'une multitude des frères. Paul commence ainsi la deuxième phase de l'argumentation qui soutient l'affirmation du v.18.

De fait, la première étape argumentative a permis de mettre en exergue la situation actuelle des chrétiens, déchirés en ce moment entre d'une part les épreuves de toute sorte qu'ils expérimentent encore et de l'autre la réalité de leur filiation déjà acquise dans le Christ et grâce à l'Esprit, mais dont ils attendent encore la révélation complète. Dans cette première étape, l'Apôtre a surtout cherché à montrer que la filiation qui va devenir totalement manifeste avec la rédemption du corps, lequel est cause de la soumission inévitable des chrétiens aux souffrances, est d'une valeur incomparable. Il ne faut donc pas en douter, ni continuer à avoir peur, comme si l'Esprit reçu était celui d'esclavage! Par contre, il faut persévérer dans l'espérance en attendant la rédemption finale du corps, car l'Esprit lui-même est à l'oeuvre et cherche à atteindre sa réalisation complète. La deuxième phase (vv.28-30) montre qu'en fin de compte il y a l'irrévocabilité du plan même de Dieu pour ses élus qui est en jeu.

5.4.5. vv.28-30: deuxième étape argumentative: le plan de Dieu est irrévocable pour ses appelés

Au niveau formel, cette petite unité se distingue de celles qui précèdent par le fait qu'elle a pour sujet principal Dieu seul. En plus, contrairement aux trois micro-unités précédentes, qui sont unies entre elles par des formules transitionnelles de coordination (οὐ μόνον δέ, ἀλλὰ καί: v.23; ὡσαύτως δὲ καί: v.26) et surtout par l'emploi des mots de la racine du verbe gémir (συστεναζεῖν, στεναζεῖν et στεναγμός), ici on sent une sorte de disjonction. Le δέ du v.28 peut être rendu par "par ailleurs". Toutefois, on peut dire que la transition ne se fait pas de manière brusque, vu qu'au v.27 il est déjà question de Dieu qui scrute les coeurs et qui rend justice. De même le verbe συνεργεῖν, dans ce contexte, a une connotation d'assistance déjà présente dans les vv.26-27.

5.4.5.1. v.28: Dieu face à ceux qui l'aiment

Résolvons d'abord le problème textuel; il a une incidence certaine sur l'interprétation de cette unité argumentative. Plusieurs onciaux, des minuscules et un bon nombre de Pères de l'Eglise omettent ὁ Θεός comme sujet du verbe συνεργεῖ (ℵ C D G K P Ψ etc.; Clément, Origène[gr3/5,lat], etc.). La Commission d'Étude se base surtout sur ce grand nombre de témoins pour accepter cette leçon, même si elle reconnaît par ailleurs que les témoins du contraire ne sont pas des moindres (p[46] A B; Origène[gr2/5]). La même Commission estime que ὁ Θεός pourrait être un ajout explicatif, fait par un

Alexandrin, à cause du verbe συνεργεῖ; celui-ci exigerait que le sujet soit une personne[131].

A notre avis, nous estimons, pour les raisons suivantes, que la leçon longue mérite d'être retenue ici: 1° Au point de vue externe, le degré de confiance des différents manuscrits des deux leçons est pratiquement pareil. Cela ne permet donc pas de trancher. 2° Au point de vue interne par contre, si ὁ θεός fait défaut, les verbes des vv.29-30 manquent de sujet. En retenant πάντα comme sujet du v.28, il faudrait un grand exercice mental pour les faire dépendre du sujet ὁ ἐραυνῶν du v.27, l'unique qui renvoie à Dieu dans ce qui précède. 3° Que l'Apôtre repète ὁ θεός deux fois de suite (d'abord comme complément d'objet d'une proposition subordonnée et ensuite comme sujet de la proposition principale), cela ne doit pas étonner. Rm 1,28 est aussi un cas semblable de *polyptoton*. 4° Le problème est bien résolu quand on restitue son sens véritable au verbe συνεργεῖν dans ce contexte[132].

En effet, la *TOB* qui a opté pour la leçon courte traduit ainsi: "tout concourt au bien de ceux qui aiment Dieu", faisant de πάντα le sujet du verbe et de τοῖς ἀγαπῶσιν le complément, non pas du verbe, mais de εἰς ἀγαθόν. Par contre, la *BJ* qui accepte ὁ Θεός traduit par "collaborer avec", faisant de τοῖς ἀγαπῶσιν le datif qu'exige la particule σύν- du verbe. La *RSV* traduit de la même façon. Cette dernière traduction nous semble plus proche de la pensée de l'Apôtre, car elle souligne, un peu comme dans les versets précédents (25-26), le fait que les chrétiens ne sont pas abandonnés par Dieu dans leur espérance de réaliser ce qu'ils espèrent (23-25). De fait, chez Héliodore on trouve un cas où le verbe συνεργεῖν τινί τι veut dire aider, assister quelqu'un en quelque chose[133]. Ainsi, Paul indique ici que Dieu assiste en tout, en vue du bien, ceux qui l'aiment.

La progression interne de cette micro-unité est alors à repartir en deux points: 1° l'affirmation principale (v.28b-c) et 2° la justification (vv.29-30). L'affirmation principale, objet de la connaissance commune (τοῖς ἀγαπῶσιν τὸν θεὸν πάντα συνεργεῖ ὁ θεός εἰς ἀγαθόν: v.28b) est suivie d'une précision qui clarifie le sens des destinataires de l'acte de Dieu (τοῖς κατὰ πρόθεσιν κλητοῖς οὖσιν: v.28c). Cette précision est importante ici, vu que c'est pour la première fois dans cette épître que le verbe ἀγαπᾶν est utilisé, ayant bien plus pour sujet les hommes et Dieu pour objet. Le fait que les verbes soient ici au présent montre qu'il s'agit de la situation de ceux qui, étant appelés conformément au dessein salvifique de Dieu, s'attachent en permanence à lui dans toutes les circonstances où ils se trouvent. La justification, quant à elle, dit le pourquoi de l'attitude de Dieu vis-à-vis de ceux qui l'aiment. Ainsi, le

---

[131] Cf. B.M. METZGER (éd.), *A Textual Commentary*, 518.
[132] Sur le sens de ce verbe en général, cf. G. BERTRAM, «συνεργός, συνεργέω» *ThWNT* VII, 869-875. Cf. aussi W.-H. OLLROG, «συνεργέω» *EWNT* III, 726-729.
[133] Cf. HELIODORE, *Les éthiopiques* 9,11.

soin que Paul a mis à préciser l'expression "ceux qui aiment Dieu" lui permet de montrer comment la logique d'une telle expression conduit graduellement à l'irrévocabilité de l'initiative divine.

Les vv.29-30 découlent donc logiquement du v.28 (cf. ὅτι: v.29). Et grâce à la *gradatio*, ils expriment finalement une seule pensée compacte: ceux que Dieu a déjà appelés à la ressemblance du Christ (= les chrétiens) sont ses fils, comme le Christ, et ont déjà été glorifiés, quelles que soient leurs épreuves. Dieu les aide en tout pour qu'ils parviennent à ce bien (v.28b). Il est normal, donc, que les verbes se retrouvent à l'aoriste. Il s'agit de la situation dans laquelle les chrétiens se trouvent depuis le moment de leur appel, situation analysée du point de vue de Dieu. Du côté de Dieu, tout est déjà acquis. C'est pour cela que lui-même vient en aide à ceux qu'il a ainsi d'avance prédestinés. Il y va de la véridicité de son engagement.

Aussi n'a-t-on pas tort de remarquer qu'au v.28 Paul laisse tomber la deuxième partie d'une affirmation, très fréquente dans la tradition juive et reflétant, en particulier, le style deutéronomiste: "ceux qui aiment Dieu *et gardent ses commandements*"[134]. Ajouter cette deuxième partie de la conviction juive ne peut que réduire l'argument qui insiste sur le plan éternel de Dieu. Par contre, en la laissant tomber, Paul reconnaît qu'il s'agit d'une situation où celui qui aime Dieu est en même temps celui qui se sent incapable, par ses propres forces, d'observer ses commandements. Non point par manque de bonne volonté, mais à cause de la faiblesse que l'homme ressent comme un signe de sa fragilité. C'est ce manque de force, ressenti malgré lui (8,20.26), qui rend le chrétien incapable d'accomplir, sans l'aide divine, le précepte que la loi prescrit (8,2-4).

En même temps, le verbe ἀγαπῶσιν contient une nuance de la persévérance de la part de ceux que Dieu a déjà appelés, dans la mesure où, quelles que soient les circonstances, ils ne doutent pas de l'amour de Dieu pour eux (cf. vv.31-39). Ainsi, par cette formulation, Paul donne une précision sur son concept d'enfants de Dieu. Ceux-ci ne sont pas d'abord ceux qui accomplissent les préceptes divins - cela les conduirait à la vantardise et annulerait la grâce de Dieu. Ils sont plutôt ceux que les épreuves de tout genre, auxquelles ils sont malgré eux soumis, n'empêchent pas de continuer de s'attacher à Dieu, de l'aimer, parce qu'ils sont sûrs que Dieu les a appelés gratuitement[135]. S'ils sont alors ceux que Dieu a appelés selon son plan, il s'ensuit que Dieu les aide en toute situation jusqu'au salut. Le contraire mettrait en question l'initiative et la volonté divines d'accorder la gloire à ses élus. La précision du v.28c est, donc, absolument importante pour comprendre la

---

[134] Cf. par ex. Ex 20,6; Dt 5,10; 6,5; 7,9; Js 22,5; 1 R 3,3; Ne 1,5; Dn 9,4; Si 2,15-16; 1 Jn 5,2; 1 QH 16,13; PsSal 14,1-2; TestIss 5,1-2; TestBen 3,1.

[135] Cf. son argumentation en 9,6a-13 où reviennent également les termes τέκνα, πρόθεσις et καλεῖν, et où Paul insiste sur la gratuité et l'irrévocabilité du choix divin (particulièrement les vv.11-12).

position paulinienne et surtout pour saisir que ce point de vue de l'Apôtre est cohérent avec toute l'argumentation du chapitre 8.

5.4.5.2. vv.29-30: Dieu face à son plan

Est-il alors question de prédestination? Des vv.29-30, on ne peut pas conclure ainsi. Car ces versets justifient seulement le fait que Dieu vient en aide en toute circonstance à ceux qui l'aiment, à ceux qu'il a appelés selon son dessein. Tout est vu du point de vue de Dieu, dont le plan est irrévocable de faire des multitudes (πολλοί: indéfini) des frères du Christ par la participation à sa résurrection. C'est pour cela qu'il les aide toujours jusqu'à la réalisation de ce bien.

Mais cela ne veut pas dire que les vv.29-30 affirment que les chrétiens sont malgré tout déjà glorifiés, qu'ils fassent le bien ou le mal. Ceci contredirait non seulement le verbe ἀγαπᾶν que Paul vient d'employer pour les désigner, mais aussi tout ce que l'Apôtre a affirmé jusque là: même s'ils peuvent encore expérimenter en leur corps mortel la puissance du péché, les chrétiens ne doivent plus pécher puisqu'ils ont été incorporés au Christ et qu'ils vivent de la vie de l'Esprit. Ils doivent se rendre compte qu'ils ne sont plus assujettis au péché comme lorsqu'ils n'avaient pas encore reçu l'Esprit Saint dans leurs coeurs (cf. Rm 7,5; 8,9). Persévérer dans la lutte contre le péché, voilà ce qui fait d'eux ceux qui aiment Dieu, voilà ce qui a pour conséquence la glorification avec le Christ, le cohéritage des biens de Dieu réservés au Christ (8,17.29).

Il n'est donc pas question de prédestination pour les élus en ces vv.29-30. Car, parler de prédestination, c'est voir les choses du point de vue de la destinée des hommes. Quel sens auraient alors les exhortations morales présentes dans Rm 12-15 ou l'argumentation de Rm 6,1-8,17? Il est par conséquent absolument nécessaire de distinguer entre le plan de Dieu, projeté avant qu'on ne naisse et que l'on ne fasse le bien ou le mal (cf. Rm 9,11), et la responsabilité de l'homme vis-à-vis de ce dessein. Après avoir été appelé, l'homme n'est pas forcément celui qui aime Dieu, qui persévère dans la lutte contre le péché en attendant la réalisation de la finalité de ce dessein divin - à savoir le fait de devenir cohéritier du Christ.

Ainsi, les vv.29-30 précisent seulement que la situation présente des chrétiens (v.28) se déroule dans les limites d'un dessein bien précis de Dieu: celui-ci les a déjà connus et d'avance mis à part; ils les a ensuite (δέ: v.30b) déjà appelés et justifiés[136]; et même (δέ: v.30c) déjà glorifiés[137]. Certes, pour

---

[136]   Cf. 1 Co 9,11 où ἐδικαιώθητε montre, dans ce contexte-là, que Dieu a déjà justifié les chrétiens en les rachetant et les sanctifiant de la condition du péché dans laquelle ils étaient avant l'appel, condition qui les éloignait de Dieu et qui éloigne de tout héritage du règne de Dieu.

les chrétiens, cette glorification reste un fait futur (8,17.18) tout comme le fait de devenir en tout semblable à Jésus (cf.6,5.8 et 5,9-10). Mais du point de vue du dessein de Dieu, cela est déjà établi, déjà fixé avant même qu'ils n'aient été appelés. De cette manière, on peut dire que le plan de Dieu est déjà réalisé. Il ne pourra pas faillir.

Destinés d'avance à reproduire l'image du Fils de Dieu, les chrétiens n'ont pas encore, certes, atteint ce but, mais ils y parviendront, d'autant plus que la finalité intrinsèque au plan divin consiste dans le fait que Jésus soit le premier-né parmi une multitude des frères. Si cette finalité ne se réalisait pas, ce n'est pas la filiation divine de Jésus qui serait en danger, mais la disposition elle-même de Dieu qui faillirait dans sa réalité de πρόθεσις divine[138]. Il y va donc de Dieu lui-même, mieux, il est question de Dieu face à lui-même.

Cette compréhension des vv.28-30 indique clairement que Paul a fourni un argument de plus à sa *propositio* du v.18. Mais, en même temps, il a trouvé un moyen de clore la macro-unité 8,18-30, car la reprise du style diatribique dans les vv.31-39 montre que ces derniers constituent une unité littéraire distincte. Nous avons dit, en effet, que Paul présente les vv.31-39 comme une *peroratio*, où il résume, en des termes très condensés, ce qu'il a essayé de démontrer en Rm 5-8: si Dieu est pour nous, qui pourra porter plainte contre nous? En réalité, avec cette affirmation, il reprend nettement la thèse posée en 8,1 et en réfute toutes les objections possibles[139]. Mais du coup, avec elle, il clôt tout son débat commencé en 5,1.

5.5. La fonction rhétorique de Rm 8,18-30

L'analyse qui précède laisse apparaître la fonction que Paul attribue à la péricope 8,18-30 dans la discussion du problème traité en Rm 5-8. Il ne s'agit pas en premier lieu du sort de la création, fût-il pour que l'homme racheté se retrouve dans un milieu lui aussi racheté. En fait, selon la logique des vv.19-22, ce n'est pas l'homme qui attend la manifestation de la création libérée de son esclavage, mais la création qui attend la manifestation de la gloire des fils de Dieu.

L'unité littéraire 8,18-30 vise à montrer que les souffrances de toute sorte - parmi lesquelles Paul n'exclut pas le péché - que connaissent les chrétiens ne constituent pas une objection majeure à la justification-

---

[137] Cf. aussi à ce propos I.Z. HERMAN, «Saggio esegetico», 74-75.

[138] Cf. Ch. MAURER, «πρόθεσις» *ThWNT* VIII, 165-168.

[139] Cf. A. GOUNELLE - F. VOUGA, *Après la mort*, 163-167, même si nous ne sommes pas d'accord avec l'interprétation *existentiale* de la péricope que ces auteurs présentent.

réconciliation déjà advenue gratuitement (5,1-11). Autrement, toute remise
en question constituerait une atteinte à la disposition divine, à son choix
gratuit, à sa libre élection et à sa puissance salvatrice. Voilà pourquoi, pour
expliciter cette affirmation, Paul soutient que "les passions du moment
présent n'ont pas de poids vis-à-vis de la gloire qui va sûrement être révélée". Elles ne peuvent pas mettre Dieu en défaut. N'est-ce pas lui l'agent
principal de l'acte de révélation de la gloire future envers ceux qui, ayant
reçu les prémices de l'Esprit, gémissent dans leurs corps mortels, espérant
le moment décisif du salut final?

5.5.1. La parabole de l'attente de la création

Et pour le faire mieux comprendre, Paul recourt à l'exemple de la création.
Celle-ci a été soumise à la futilité sans le vouloir, c'est-à-dire à cause de la
puissance de celui qui l'a soumise malgré elle, vivant ainsi automatiquement
dans l'espérance de sa libération. Cette espérance continue jusqu'à ce jour
pour elle. Elle constitue son attente impatiente. C'est ainsi qu'elle gémit et
souffre des douleurs d'enfantement, dans l'attente de sa libération. Ces
gémissements sont une preuve que cet événement-là n'a pas encore eu lieu.
Mais son ἀποκαραδοκία est aussi une preuve qu'elle croit fermément à sa
libération, et donc à la puissance de celui qui la libérera de son état de
soumission où elle expérimente l'impuissance personnelle de se libérer et les
conséquences néfastes de sa soumission, à savoir la corruption.

Or, continue Paul, nous les chrétiens aussi, nous sommes dans la même
situation que la création, mais pas complètement. Comme la création, nous
attendons encore la révélation complète de notre filiation déjà commencée
dans l'Esprit. Et cela veut dire que ce que nous attendons encore, c'est ce
que l'Esprit accomplira en plénitude dans le futur: vivifier nos corps mortels
(8,11.13), c'est-à-dire la rédemption de notre corps (8,23). Mais, contrairement à la création, nous avons déjà été sauvés, si l'on considère les choses
du point de vue de l'objet même de l'espérance. La création, elle, attend encore cette libération, tandis qu'à nous, le choix de Dieu est déjà manifesté.
Dieu a déjà exprimé sa volonté de nous sauver. Nous avons déjà été sauvés
dans le baptême. Il s'agit là d'un fait révolu (cf. le passif ἐσώθημεν: v.24)
de la part de Dieu qui a envoyé son fils mourir pour nous et condamner le
péché dans la chair (cf. 5,6.8; 8,3.32).

Il faut, donc, attendre avec persévérance ce qui doit encore être
accompli. Car, nous attendons encore ce que nous ne voyons pas en ce
moment, la victoire finale sur ce qui nous est inhérent en tant qu'hommes:
la fragilité et la mortalité. Un peu plus haut, en 6,6, Paul s'était déjà exprimé
ainsi: "Nous savons que notre vieil homme a été crucifié en lui (le Christ)
pour que fût réduit à l'impuissance ce corps de péché, afin que nous cessions
d'être asservis au péché". Il y a donc de quoi persévérer dans cette attente.

D'ailleurs, en elle, nous avons le soutien de l'Esprit. Ce même Esprit, qui témoigne que nous sommes déjà enfants de Dieu, vient à notre aide dans la situation de faiblesse liée à notre corps mortel. Après tout, le plan de Dieu est irrévocable.

Ainsi, sans cette argumentation, Paul n'aurait pas pu expliquer l'importance de l'espérance et de la persévérance dans la vie du chrétien encore soumis, malgré lui et comme tous les humains, à endurer toute sorte d'adversités et de contradictions dans sa vie en ce monde, espérance et persévérance dont il avait déjà parlé, sans développement clair, dans l'exorde en 5,3-4. Sans cette unité argumentative, donc, l'antithèse à Rm 7,7-24 ne serait pas complète.

Partant de cette observation, peut-on alors conclure qu'aux yeux de Paul le chrétien continue à souffrir parce qu'il est encore dans un monde qui n'est pas lui-même racheté? Est-il vrai que Paul veut montrer qu'il faudra d'abord la rédemption du monde, dans lequel le chrétien se trouve, pour que son salut soit acquis? Souligne-t-il ici, par conséquent, la responsabilité des chrétiens vis-à-vis du sort de la création[140]?

5.5.2. Une dilatation sémantique possible?

Notre analyse a montré que la pensée sur la création est d'abord un argument auquel Paul recourt pour soutenir sa thèse sur la rédemption définitive des chrétiens. Ensuite, cette pensée sur la création est évoquée beaucoup moins pour enseigner sur le sort futur de la création que pour souligner son attitude d'espérance dans une situation de soumission involontaire à la corruption. Elle met également en évidence la puissance de l'Unique qui peut sauver et devant lequel gémit la création entière.

Mais, l'idée de l'indispensabilité de la rédemption de la création est-elle totalement absente? Dans quelle mesure peut-on l'envisager? De fait, d'une part, la libération de la création de sa corruption, sera, selon la logique paulinienne, un signe de l'avènement de la manifestation de la gloire des fils de Dieu; d'autre part, l'Apôtre ne la conçoit pas avant celle de la rédemption totale des chrétiens. Toutefois, il faut reconnaître que tel qu'il exprime sa pensée aux vv.21-22, on peut même croire qu'il imaginait la rédemption de la création soit au même moment que la rédemption finale du corps des fidèles, soit aussitôt après elle. Aussi reste-t-il que cette libération de la création est, bien qu'elle soit une idée "corollaire"[141] par rapport à l'idée

---

[140] Cf. J.A. FITZMYER, *Romans*, 506-507; E. KÄSEMANN, *Paulinische Perspektiven*, 217-218; S. VOLLENWEIDER, *Freiheit als neue Schöpfung*, 392-396; M. THEOBALD, *Römerbrief 1*, 249-251; J.C. BEKER, *Paul the Apostle*, 362-367.

[141] Cf. S. LYONNET, *Les étapes du mystère du Salut*, 204-205.

principale de l'unité littéraire Rm 8,18-30, une réalité indispensable dans l'acte salvifique de Dieu pour ses élus.

Dans ce cas, les vv.19-22 peuvent être un cas du phénomène normal de la dilatation sémantique, où Paul, en plus de la pensée principale du v.18 qu'il soutient grâce à ces versets, communiquerait une pensée secondaire sur la création[142]. De fait, on pourrait affirmer que Paul a répondu à l'objection principale que peut engendrer l'affirmation de Rm 8,1 en amplifiant sa réponse, y englobant la situation même de la création entière. Car, l'observation de l'état de difficultés permanentes dans lequel se trouve la création entière peut, dans certains cas, constituer une objection à la bonté divine. Combien de fois n'a-t-on pas entendu quelqu'un remettre Dieu en question, et surtout son amour pour ses fidèles, quand il y a eu un tremblement de terre quelque part dans le monde? Sans doute, le fait que la création continue de gémir peut être pris comme une preuve que Dieu est incapable de restaurer l'ordre dans le monde. Paul, conscient d'une telle situation, liquiderait ainsi, dans cette micro-unité argumentative, toutes les objections possibles contre la puissance salvatrice de Dieu.

Voilà pourquoi nous trouvons judicieux le point de vue de Keesmaat, selon lequel des textes vétérotestamentaires, particulièrement ceux de la tradition de l'exode, corroboreraient le fait qu'en Rm 8,19-22 Paul manifeste de l'intérêt pour le salut de la création[143]. Une étude plus approfondie devrait encore être menée sur ce point. Car, malgré cette possibilité de dilatation sémantique, Keesmaat elle-même retient qu'un tel salut de la création se justifierait seulement en tant que corollaire du salut des croyants. Il reste donc que même dans ce cas ce qui importe en premier lieu pour Paul, c'est le fait que les gémissements de la création ne sont pas expression du désespoir fatal de celle-ci, mais expriment plutôt son ἀποκαραδοκία. Voilà pourquoi, celle-ci devient parabole pour l'espérance des chrétiens, d'autant plus qu'ils ont déjà bénéficié de l'Esprit, lequel doit être porté à sa plénitude. Aussi comprend-on le sens de la prière de l'Apôtre en Rm 15,13: "Que le Dieu de l'espérance vous donne en plénitude dans votre acte de croire toute joie et toute paix, afin que vous excelliez en espérance par la puissance de l'Esprit Saint".

---

[142] A propos de la dilatation sémantique qui est une sorte de l'*adiectio* de la pensée, cf. H. LAUSBERG, *Elementi di retorica*, § 385.
[143] Cf. S. KEESMAAT, «Exodus and the Intertextual», 29-56.

5.6. Conclusion

Ce n'est pas à tort que des critiques recourent à Rm 8,18-30 (cf. vv.23-24; cf. aussi Rm 13,11) pour réfuter la théorie d'une évolution linéaire dans la pensée et le langage pauliniens en matière d'eschatologie, allant de l'apocalyptique juive à l'eschatologie individualiste hellénistique. Paul espérait encore la résurrection générale des morts au moment de la parousie du Christ et/ou de la transformation complète de tous comme victoire totale sur la corruption/corruptibilité du corps des croyants. Mais est-ce à dire qu'il était apocalypticien?

Notre analyse a montré qu'une telle interprétation ne suit pas le développement de la pensée paulinienne. Celle-ci est trop riche pour qu'on l'éclaire seulement 1° en indiquant des textes tels que 4 Esdr 7,75; 1 Hen 45,5-6; 51,4-5 qui annoncent le thème apocalyptique de la fin des souffrances du monde présent et de l'avènement de la nouvelle création, et 2° en soutenant comme le fait Beker que Paul a enseigné ici qu'il faudrait attendre le triomphe de Dieu dans la création universelle pour parler de l'avènement total du salut.[144]

Il nous semble que se limiter à cette confrontation c'est s'exposer à des confusions entre plusieurs éléments d'un discours. D'abord, entre ce qui relève de l'*elocutio* avec ce qui appartient à l'*inventio*. Ensuite, dans l'*inventio*, entre les arguments trouvés et avancés par Paul, ainsi que leurs *topoi* respectifs, avec les *propositiones* pauliniennes. Une des conséquences, c'est manquer de découvrir la *dispositio* que Paul attribue à son argumentation, c'est-à-dire risquer d'attribuer aux diverses idées de son raisonnement la place et la fonction qui ne sont pas les leurs. Par contre, le recours au modèle rhétorique permet d'éviter la confusion entre la valeur d'un argument dans une argumentation donnée et l'importance que revêt le *topos* dont cet argument est tiré aux yeux de l'orateur qui l'utilise.

Ainsi, il est clair que si l'on cherche d'abord la pointe de l'argumentation de Rm 8,18-30, on découvre qu'elle n'est pas principalement un enseignement sur le sort de la création entière. Bien plus, on se rend compte que Rm 8,18-30 ne peut être compris que grâce à toute l'argumentation que Paul développe en Rm 5-8. Autrement dit, on saisit que le vrai "framework" de cette macro-unité n'est pas la structure mentale apocalyptique, mais d'abord l'argumentation paulinienne en elle-même dont la *propositio principalis* est déjà à situer en Rm 5,20-21.

Bref, nous avons découvert que le langage de cette péricope n'est pas si apocalyptique qu'on le croit. Bien des mots qui renverraient facilement à un langage apocalyptique ou même à une tradition de ce genre sont des termes qui se comprennent d'eux-mêmes sans avoir absolument besoin de

---

[144] Cf. J.C. BEKER, *Paul the Apostle*, 363-367.

recourir à une matrice apocalyptique quelconque. La littérature hellénistique dispose de bien des textes qui nous ont aidé à percevoir le sens commun de ces expressions.

CHAPITRE VI

Noyau et enjeux de l'eschatologie paulinienne dans les argumentations étudiées: la christologisation de l'eschatologie

Que pouvons-nous à présent conclure de l'analyse qui précède? Nos questions de départ étaient celles-ci: quelle incidence a eue l'apocalyptique juive dans l'eschatologie de l'Apôtre Paul, particulièrement dans les textes que nous venons d'étudier? Autrement dit: dans quelle mesure les questions principales que celui-ci y aborde et les réponses qu'il y donne sont-elles d'ordre apocalyptique? Par ailleurs, peut-on soutenir qu'une certaine évolution avait eu lieu dans ses prises de position, une évolution allant de l'apocalyptique cosmologique juive à l'eschatologie individuelle hellénistique?

C'est en interprétant correctement les affirmations principales de Paul dont nous avons pris connaissance au cours de l'analyse que l'on pourra donner une réponse adéquate à ces interrogations. La compréhension de ces *propositiones principales* (ou *sub-propositiones*) qui engendrent la cohérence de chaque texte étudié permet, de fait, d'établir comment la préoccupation principale de Paul fut, à cause de sa foi en Jésus Christ, une question de sotériologie plutôt qu'un problème d'apocalyptique. Il nous semble que l'eschatologie apocalyptique et l'eschatologie hellénistique n'ont pas pu lui fournir des réponses adéquates aux interrogations que lui posait l'avènement du salut en Jésus Christ.

6.1. Les affirmations principales de l'eschatologie paulinienne

6.1.1. La résurrection future des chrétiens

La première idée principale que Paul a soulignée avec continuité est celle de la *résurrection future des chrétiens morts*. La mise en doute de cette vérité fondamentale rendrait vide et sans valeur le contenu même de la foi en la résurrection du Christ. Par ailleurs, elle aurait des conséquences fâcheuses sur certaines attitudes de la foi, telle l'estimation vraie des souffrances et de la mort des chrétiens (1 Co 15,31-32; 2 Co 4,10-15; Rm 8,35-37).

Pourquoi Paul a-t-il affirmé cette vérité avec fermeté? Etait-ce pour combattre les enthousiastes hellénistes, les gnostiques ou autres dualistes?[1] Ou était-ce seulement pour enseigner une vérité nouvelle? Au seuil de cette étude, nous avons refusé de commencer notre enquête par l'identification des adversaires de Paul afin de ne pas imposer aux textes pauliniens une idée préconçue. Mais au fur et à mesure de l'analyse, nous avons découvert que l'auditoire de Paul était constitué de personnes qui attribuaient à la mort la dernière parole, et qui, malgré leur foi en la résurrection du Christ, accordaient à la mort puissance que même parler de la résurrection des morts était une consolation inutile. Ces personnes ne parvenaient pas à faire le lien entre la résurrection du Christ et celle des fidèles. En insistant sur la résurrection des morts, Paul établit l'existence d'un tel lien dans une argumentation éminemment christologique (1 Co 15). Le but de ce discours paulinien n'était pas de combattre des adversaires, mais d'enseigner, de démontrer une idée précise. En langage rhétorique, son discours n'est pas judiciaire, mais épidictique. Quelle est cette idée précise que Paul transmet aux destinataires de ses lettres?

Pour l'Apôtre, la résurrection des morts n'est pas une réanimation d'un cadavre, vu que le corps avec lequel on ressuscite doit être *autre* que celui d'avant la mort. Elle n'est pas non plus une métempsychose, une réincarnation d'une âme *nue* dans un corps d'une autre espèce que celle des hommes. Elle est plutôt la *vivification* par l'Esprit de Dieu du corps déjà mort.

C'est que pour Paul, la résurrection est réservée seulement aux *morts*. Nous avons noté, en effet, comment, dans son choix des mots, il réserve le verbe ἐγείρειν aux morts, à ceux qui ont déjà connu la mort, alors que quand il englobe les vivants, il emploie le verbe ζωοποιεῖν. De fait, Paul, qui se considère parmi les vivants, attribue au verbe ἐγερθῆναι toujours un objet à la troisième personne du pluriel (au singulier, s'il s'agit de Jésus) pour dire que les *morts* seront ressuscités. Certes, il faudrait excepter 2 Co 4,14, où ce verbe a pour objet un pronom à la première personne du pluriel; mais ce texte confirme ce que nous disons. En 2 Co 4,14, en effet, Paul emploie ce verbe dans un contexte où il évoque l'éventualité de sa mort. Contrairement à ce que soutient Murphy O'Connor, il n'est pas question ici de résurrection existentielle[2]. L'Apôtre affirme plutôt que même si les souffrances qu'il endure à cause de Jésus pouvaient conduire à la mort, il ne perdrait pas courage, car il croit au Dieu qui a ressuscité Jésus. Cet esprit de foi lui permet de croire aussi que même s'il *meurt*, Dieu le ressuscitera et lui

---

[1]   G. SELLIN, *Der Streit um die Auferstehung*, 212. Cf. E. KÄSEMANN, *Essais exégétiques*, 221; J.C. BEKER, *Paul the Apostle*, 17; L. SCHOTTROFF, *Der Glaubende*, 155.

[2]   Cf. J. MURPHY O'CONNOR, «Faith and Resurrection in 2 Cor 4:13-14» *RB* 95 (1988) 543-550.

permettra de se présenter avec ses interlocuteurs (cf. 2 Co 4,7-5,10). Il s'agit donc d'une résurrection eschatologique[3].

En fait, l'idée, selon laquelle le verbe "ressusciter" est, chez Paul, réservé seulement aux *morts*, est déjà présente en 1 Th 4,13-18, où il est dit que les morts et les vivants seront là, ensemble, au moment du salut final. Or, pour pouvoir participer à ce salut, les morts doivent d'abord ressusciter. La précision que Paul apporte en 1 Co 15 par rapport à 1 Th 4,13 est que cette participation au salut de tous les fidèles, vivants et morts, signifie - mieux exige - une vivification de leur corps corruptible par l'intermédiaire du πνεῦμα vivificateur de Dieu.

Voilà pourquoi il convient de ne pas limiter le sens du verbe ζῳοποιηθῆναι en 1 Co 15,22 à la résurrection des morts, comme le parallélisme apparent avec ἀνάστασις νεκρῶν du v.21 peut laisser croire. Car la "vivification" comprend aussi la transformation de ceux qui sont encore vivants. Le πάντες ζῳοποιηθήσονται désigne effectivement tous les hommes qui appartiennent au Christ, lesquels seront à la parousie soit des morts, soit des vivants. Les autres occurrences du verbe ζῳοποιηθῆναι dans les lettres dites authentiques confirment notre propos. D'abord, les contextes plus proches de 1 Co 15 sont seulement Rm 4,17 et 8,11. Ensuite, ces deux textes montrent que le verbe ζῳοποιηθῆναι n'a pas la même extension que ἐγερθῆναι, vu qu'il peut être employé aussi bien pour les morts que pour les vivants, alors que ce dernier s'emploie seulement pour les morts[4]. A la parousie du Christ, ceux qui lui appartiennent (1 Co 15,23), morts et vivants, seront tous vivifiés. Ce qui veut dire, à la lumière de 1 Co 15,45, que tous recevront le corps spirituel, comme celui du Christ ressuscité, premier né d'entre les morts.

Il faudrait donc, au moins dans le corpus paulinien, éviter de confondre, comme certains le font[5], la portée de ces deux verbes. Pour Paul, il n'y a de résurrection que celle d'un corps déjà corrompu. La mort physique est une *conditio sine qua non* pour parler de «résurrection» (1 Co 15,36). Par conséquent, on ne peut pas considérer que la résurrection est déjà accomplie de façon spirituelle par le baptême pour les vivants[6]. Même en Rm 6, Paul

---

[3] Contre J. Murphy O'Connor, cf. aussi K. ROMANIUK, «Résurrection existentielle ou eschatologique en 2 Co 4,13-14?» *BZ.NF* 34 (1990) 248-252.

[4] Ainsi, il n'est pas étonnant de voir Paul dire en 2 Co 1,9 que la sentence de mort qui était prise à son égard était pour qu'il garde confiance au Dieu qui "ressuscite" les morts (τῷ Θεῷ τῷ ἐγείροντι τοὺς νεκρούς) alors qu'en Rm 4,17 il affirme qu'Abraham avait cru au Dieu qui "vivifie" les morts (Θεοῦ τοῦ ζῳοποιοῦντος τοὺς νεκρούς).

[5] Cf. G. GRESHAKE - J. KREMER, *Resurrectio mortuorum*, 8-9; R. SLOAN, «Resurrection in I Corinthians» *SWJT* 26 (1985) 86; M.C. DE BOER, *The Defeat of Death*, 113-114.

[6] Nous considérons, cependant, que le verbe ἐγείρω est appliqué aussi aux vivants, mais seulement dans des textes communément retenus tardifs, lesquels conçoivent la résurrection comme déjà réalisée dans le baptême (συνεγείρω: Ep 2,6; Col 2,12; 3,1). C'est peut-être aussi pour cela que l'on discute de l'authenticité paulinienne de ces textes. Mais même ici, il s'agit d'être ressuscité *avec* le Christ (cf. 2 Co 4,14: ἐγείρω σύν!). Cf.

ne parle pas d'une résurrection déjà réalisée. Certes, dans le baptême, les chrétiens sont nés à une vie nouvelle, mais c'est à cause de l'Esprit qu'ils ont reçu en eux et qui a pour fonction la vivification de leurs corps mortels (Rm 8,11). Quant à la résurrection en tant que telle, elle reste un fait futur (Rm 6,4-5). Pourquoi? Parce que, nous paraît-il, le concept que Paul se fait de l'acte de ressusciter est autre.

Nous avons, en effet, relevé dans l'analyse de 1 Co 15,35-53 que ressusciter veut dire pour les croyants *venir avec le corps incorruptible et immortel*, qui doit être semblable à celui de Jésus ressuscité. Ressusciter veut dire porter totalement un jour l'image de l'homme céleste, même si on a déjà porté celle du premier Adam et qu'à cause de cela on ait subi la mort. Ressusciter veut dire dépasser la corruption du corps dont tout homme a hérité de l'homme terrestre, et devenir semblable au Christ glorifié. L'application de la similitude du grain de blé au problème de la résurrection en 1 Co 15,42-43 est claire là-dessus: "On est semé dans la corruption, on est ressuscité dans l'incorruptibilité; on est semé dans l'ignominie, on est ressuscité dans la gloire; on est semé dans la faiblesse, on est ressuscité dans la force". Voilà pourquoi, nier la résurrection des morts c'est, en d'autres termes, affirmer que Jésus n'est jamais ressuscité et qu'il n'y a jamais eu de corps spirituel. Cela reviendrait, en définitive, à confesser que la mort ne sera jamais vaincue.

Or, Paul retient que la résurrection est la victoire totale et définitive sur la mort, celle-ci étant l'unique puissance apparemment invincible qui existe encore dans le nouveau monde inauguré par l'événement Jésus Christ. Pour Paul, le chrétien est déjà dans ce nouveau monde, car il appartient au Christ. La résurrection devient ainsi la glorification des morts qui appartiennent au Christ. Somme toute, la mort, bien qu'encore réelle et effective, n'éloigne ni ne sépare le chrétien de Dieu ou du Christ.

6.1.2. L'immortalité du corps de la résurrection

Il est clair que pour Paul le problème de la résurrection a des implications anthropologiques. L'homme est-il fait d'un corps périssable et d'une âme immortelle comme pensaient les grecs? Ou peut-il être considéré sous un autre angle? A suivre le raisonnement de Paul, on dirait qu'il a une conception dualiste de l'homme, faisant de celui-ci un composé d'un corps mortel (σῶμα) et d'une âme immortelle (ψυχή), qui se séparent au moment de la mort, l'âme échappant à la corruption que subit le corps. Mais quand on suit de plus près ses argumentations, on se rend compte que Paul met plutôt l'accent sur une donnée fondamentale: le corps et l'âme doivent être insépa-

---

aussi J. KREMER, «ἐγείρω» *EWNT* I, 899-910.

rablement unis pour qu'il y ait la vie. Autrement dit, ce qui préoccupe le plus l'Apôtre, c'est le genre de vie qui résulte de l'unité du corps et de l'âme: elle est une vie mortelle.

Dans cette logique, la deuxième idée principale que Paul affirme et souligne est celle de l'immortalité du corps humain qui assure la victoire définitive sur la mort (cf. 1 Co 15,54-56), cette immortalité acquise grâce à la vivification de l'Esprit de Dieu. La personne, dans sa dimension corporelle surtout, doit être sauvée.

Sans doute, le corps humain est décisif chez Paul. D'abord, parce qu'il est le lieu de l'identification de chaque homme[7]. En effet, à voir comment Paul parle des corps en 1 Co 15, 39-40, on peut dire qu'il considère le corps comme ce qui, *extérieurement*, permet de distinguer chaque être. En analysant 2 Co 5,1-10 aussi, nous avons remis en question la position de Allo, qui, pour combattre la «théorie du corps intermédiaire», insistait qu'il ne s'agit ici que du sort des «âmes individuelles». Nous avons montré comment la problématique de 2 Co 5,1-10 tourne plutôt autour du *corps* souffrant et menacé même de destruction totale. Dans la péricope 2 Co 4,7-5,10, contexte immédiat de 5,1-10, σῶμα y est régi uniquement par les particules ἐν (4,10; 5,6.8), ἐκ (5,6.8) et διά (5,10). En recourant à d'autres cas où ce terme est employé de la même manière (Rm 6,12; 7,4.24; 1 Co 6,20; 12,15.16.18), on remarque que le *corps* est conçu comme le lieu de la présence du Je, le moyen de son être-dans-le-monde comme une entité personnelle, identifiable. *Dans notre corps* (2 Co 4,10) veut donc dire *en nous, en tant que personnes réelles et vivantes, connues et distinctes des autres*. De cette manière, le mot σῶμα désigne donc une réalité intrinsèque à l'homme, au sujet, au Je, sans laquelle le Je ne peut être Je et ne peut dire Moi, ne peut se distinguer des autres[8]. On peut le voir, Paul n'a nullement une conception dualiste de l'homme, et quand il dit σῶμα il pense à la personne entière[9], même s'il ne confond pas la personne et le corps dans lequel celle-ci est. Même à la résurrection l'identité d'un être humain se

---

[7] Cf. aussi E. KÄSEMANN, *Leib und Leib Christi. Eine Untersuchung zur paulinischen Begrifflichkeit* (BHT 9; Tübingen, 1933) 119-120; G. SELLIN, *Der Streit um die Auferstehung*, 55-56. Mais il nous R. BULTMANN, *Theologie*, 196-197, et d'autres exégètes d'obédience existentialiste exagèrent quand, ils identifient la personne humaine avec son corps. Il est difficile d'indiquer un texte où Paul dit que la personne humaine équivaut à son corps. Certes, celui-ci est et demeure le lieu de la manifestation du Je, mais ne s'identifie pas à lui.

[8] Sur les différents emplois du terme 'corps' chez Paul, cf. R. MORISSETTE, «L'expression σῶμα», 223-239; H. CLAVIER, «Brèves remarques sur la notion de σῶμα πνευματικόν» in *The Background of the New Testament and its Eschatology* in honour of Charles Harold Dodd (éds. W.D. DAVIES - D. DAUBE) (Cambridge, 1956) 342-362; E.E. ELLIS, «Sôma in First Corinthians» *Int* 44 (1990) 132-144.

[9] Cf. aussi F. FROITZHEIM, *Christologie und Eschatologie bei Paulus* (FB 35; Würzburg, 1979) 236.

vérifie par le corps. Voilà pourquoi Paul ne concentre pas son argumentation sur le fait que ceux qui ressuscitent auront un corps - cela est déjà évident pour lui -, mais sur le type de corps avec lequel ils viendront (1 Co 15,35-49).

En outre, Paul accorde beaucoup d'importance au corps, parce que c'est le corps qui doit être transformé. Pour lui, tant que le corps ne sera pas totalement vivifié par l'Esprit, on ne pourra jamais parler de résurrection pour les morts ni de salut pour les vivants et par conséquent de rédemption totale pour les descendants du premier Adam. C'est pour cela qu'il faut noter que Paul garde bien nette la distinction entre le corps et le Je. Quand en 2 Co 5,1 il parle d'une éventualité de destruction totale, il s'agit de celle du corps et non de la personne en tant que telle. Quand il dit: «si *notre* corps arrivait à se détruire, *nous* avons une maison...», il est clair qu'il n'identifie pas le corps et le Je, pas plus qu'il ne réduit ce dernier au corps (cf. aussi Rm 7,14-25). Cette distinction permet à Paul d'affirmer que la destruction totale n'est pas possible pour quiconque est déjà dans le Christ. Car, même si le corps terrestre se détruisait totalement dans la mort, la personne humaine est auprès de Dieu (cf. 2 Co 5,6-8; Ph 1,23) et endossera le corps immortel à la glorification[10]. C'est en réalité cette conviction qu'il veut communiquer à ses interlocuteurs pour indiquer que le corps est la partie humaine qui reste à être sauvée chez le chrétien.

Si donc nous disons que la résurrection n'est pas pour Paul une réanimation d'un cadavre, c'est justement parce que dans une telle réanimation le corps restera encore soumis aux lois de la corruption[11]. Or, ce que Paul soutient en fin de compte c'est que la résurrection des morts signifie *l'immortalité de leurs corps*. Cette *immortalité du corps* est acquise par le revêtement instantané du *corps spirituel*. De la sorte, ce revêtement devient le critère de la résurrection accomplie, car il résulte de la *transformation* du *corps psychique*. Voilà pourquoi, le revêtement du corps spirituel ne peut pas se faire sous la forme d'une superposition du corps immortel sur le corps mortel. Nous avons trouvé que Paul rejette pareille superposition en 2 Co 5,1-5. Pour lui, il faut qu'il y ait une rupture entre les deux corps, c'est-à-dire

---

[10] Il reste ainsi vrai que Paul, dans la conception unitaire, tient à la distinction entre le corps et le Je, même s'il ne faut pas conclure à un dualisme anthropologique. La conception paulinienne, en effet, n'est pas dualiste, si le dualisme implique, comme c'était souvent le cas dans la philosophie grecque, un dédain pour le corps par rapport à l'âme et par conséquent une fuite du corps pour être sauvé. Pour Paul le corps reste indispensable au salut. Mais à une condition: sa transformation!

[11] Ne serait-ce pas là la raison pour laquelle Paul, pour soutenir sa foi en la résurrection des morts, ne recourt pas aux miracles de résurrection opérés par Jésus, comme le fait par exemple l'évangéliste Jean? C'est en tout cas fort possible - et ce serait cohérent avec son idée de résurrection -, mais nous craignons de forcer ici le silence paulinien sur les miracles de Jésus.

une discontinuité (cf. δεῖ: 1 Co 15,53), du moins au niveau de leurs attributs respectifs.

Mais cette rupture ne signifie pas que tous les hommes *doivent* d'abord mourir, afin d'obtenir, par la résurrection, le corps de gloire. Paul est clair à ce sujet. La rupture veut dire plutôt changement, transformation (ἀλλαγή-σεσθαι) des caractéristiques intrinsèques du corps du premier Adam (mortalité, précarité, ignominie, finitude) par l'acquisition de celles du corps du dernier Adam (immortalité, éternité, gloire, incorruptibilité). Ceci parce que le corps immortel n'est pas réservé seulement aux morts, même si la résurrection leur est réservée (1 Co 15,36). Pour qu'il y ait victoire finale sur la Mort, tous les descendants du premier Adam, y compris les vivants, doivent revêtir ce corps incorruptible. La transformation du corps psychique en corps incorruptible est une condition que doivent remplir tous les hommes (1 Co 15,51), les vivants surtout (1 Co 15,52bβ) comme les morts le sont déjà par la résurrection (1 Co 15,52bγ).

En fait, c'est cela la bonne nouvelle (τὸ εὐαγγέλιον) qu'il annonce et que tous les Apôtres ont annoncée (1 Co 15,1-11): par Jésus Christ, la finitude humaine en tant que telle a été dépassée, pas seulement pour les morts, mais aussi pour les vivants (1 Co 15,12-58). Avec lui et seul en lui, Dieu a fait exister le corps spirituel, vivifié par son Esprit. Désormais, tous ceux qui sont de la descendance du Christ doivent, pour échapper à la mort (éternelle), le revêtir (1 Co 15,44b-49). On le voit, pour Paul, c'est la christologie qui illumine tout, au point que dans cette argumentation (1 Co 15), il identifie le Christ avec l'Esprit vivifiant de Dieu[12]. L'anthropologie est transformée en fonction de l'expérience qu'il a faite du Christ Ressuscité. Le dévoilement du mystère en 15,50-53 équivaut finalement à la proclamation du contenu même de l'Evangile dans lequel ses interlocuteurs croyaient aussi: la résurrection du Christ a un impact, que jamais homme n'a révélé, sur la situation de tous les hommes qui croient en lui, morts et vivants.

C'est peut-être pour cette raison - l'instrumentalité indispensable du Christ pour obtenir le salut - que les chrétiens de Corinthe se faisaient baptiser à la place de ceux qui étaient morts sans avoir été baptisés dans le Christ (1 Co 15,29). Comme, chez Paul, ressusciter veut dire la même chose que ressusciter incorruptible, on peut avancer l'hypothèse que cette pratique du baptême à la place ou en faveur des morts existait parmi les premiers chrétiens pour permettre à leurs morts d'appartenir déjà au Christ, et donc de pouvoir ressusciter à la parousie de celui-ci (1 Co 15,23) et d'être ainsi

---

[12] Dans ce cas, la préposition εἰς de 1 Co 15,45 ne mérite pas absolument d'être interprétée dans le sens instrumental, comme nous l'avons suggéré en analysant ce texte, même si nous retenons toujours que cet aspect instrumental n'est pas à négliger. Le modèle midrashique nous y a conduit.

sauvés[13]. Et ce qui est sûr c'est que, dans 1 Co 15, Paul ne conçoit pas une résurrection dans le Christ qui ne soit pas en même temps déjà, à l'instant même (cf. ἐν ἀτόμῳ: 15,52), un dépassement de la mortalité.

Ainsi, l'expérience du Christ et de sa résurrection (1 Co 15,8-10; cf. aussi Ga 1,11-15) a marqué Paul dans sa compréhension du mystère caché depuis les siècles (cf. 1 Co 2,6-10) et qu'il dévoile à ses interlocuteurs: la résurrection est seulement dans, par et avec le Christ. Car, c'est seulement en étant dans le Christ que l'on peut porter le corps spirituel dont il est le premier homme à s'en être revêtu (1 Co 15,48-49).

6.1.3. Rédemption finale du corps et avènement du Règne de Dieu

Plusieurs fois dans ses ouvrages, Beker insiste sur le fait que selon Paul le triomphe de Dieu consistera dans l'avènement de son règne sur toute la création[14]. Les deux textes auxquels Beker se réfère sont 1 Co 15 et Rm 8,18-30. Et il nous est apparu, en lisant ces textes, que pour Paul, la *rédemption finale* consiste dans la libération du corps humain de sa servitude à la corruption et que le *règne de Dieu et sa réalisation* dépendent de l'*immortalité du corps humain*. En effet, selon 1 Co 15,26-28, le dernier ennemi qui doit être détruit pour que Dieu règne totalement en tout n'est rien d'autre que la mort. Or, selon 1 Co 15,54, la victoire sur la mort n'aura lieu que quand il y aura immortalité du corps humain. Cette immortalité ne veut rien dire d'autre que la transformation de ce corps mortel dans le corps spirituel. C'est seulement *quand* cela se réalisera pour tout le genre humain, qu'alors l'on parlera de l'avènement du règne de Dieu. Mais comment faut-il interpréter ces propositions temporelles (ὅταν, ὅταν ... τότε) énoncées en 1 Co 15,24-26.54?

---

[13] Pour J.H. ULRICHSEN, «Die Auferstehungsleugner», 785, "Wesentlich ist, daß diejenigen, die sich für die Toten taufen lassen, mit der Gruppe der Auferstehungsleugner identisch sein müssen. Sonst wäre der Hinweis ohne argumentative Kraft; denn Paulus hätte kaum die Auferstehungsleugner für die Praxis anderer Christen verantwortlich machen können". Cf. *Ibidem*, 789. Nous pensons plutôt avec B. SPÖRLEIN, *Die Leugnung der Auferstehung*, 82-84 et D.J. DOUGHTY, «The Presence and Future», 76 note 63, que le baptême à la place des morts était une pratique de l'église primitive "orthodoxe". Voilà pourquoi Paul cite cette pratique comme un argument pour appuyer sa thèse sur la réalité de la résurrection future des morts. Du reste, 1 Co 15,29 constitue sans aucun doute un *crux interpretum*, comme l'indique R. SCHNACKENBURG, *Baptism in the Thought of St. Paul. A Study in Pauline Theology* (Oxford, 1964) 95-102, qui parle de plus ou moins quarante explications diverses de ce verset. Cf. aussi G.D. FEE, *The First Epistle*, 765-767.

[14] Relevons, entre autres, cette affirmation: "Until all of God's creation comes to its destiny of glory, neither God himself is vindicated nor the human being completely or fully 'saved'" J.C. BEKER, *Paul's Apocalyptic Gospel*, 36.

Il est clair que la préoccupation fondamentale de Paul n'est pas la recherche d'un *quand* absolu. Paul était conscient d'une chose: nul ne connaît l'heure et le moment précis de l'avènement du règne de Dieu (1 Th 5,1). Par contre, il retenait que la parousie du Christ était le moment décisif de la plénitude du salut (1 Th 4,16-18; 1 Co 15, 23-28). Cela était si évident - et il faut le souligner - qu'il ne cherche jamais à prouver que le Seigneur viendra. Il était certain de cette venue majestueuse du Christ et il l'espérait ardemment, vu son importance pour le sort final des chrétiens[15]. Ainsi, savoir *quand* le règne de Dieu sera totalement en acte pour tous et pour tout (1 Co 15,23-26) signifie pour lui parler de l'événement qui aura lieu et grâce auquel on proclamera que le règne de Dieu s'est réalisé totalement.

A notre avis, la preuve pour Paul que l'on est dans le Royaume de Dieu n'est pas la parousie du Christ, mais plutôt l'acquisition par tous les hommes du corps spirituel, c'est-à-dire l'immortalité du corps humain fruit de la transformation. Celle-ci en est la condition et la preuve (1 Co 15,50-51); la parousie du Christ n'est que le moment pour la réalisation d'une telle condition. Ainsi, l'insistance sur cette transformation montre l'intérêt particulier que Paul attache à la parousie du Seigneur; car c'est elle qui aura pour conséquence la manifestation de la dignité, de la gloire des enfants de Dieu, encore imperceptible (cf. 1 Co 15,50-54; Rm 8,18-23; cf. aussi Col 3,4).

Quant à savoir pourquoi ce moment tarde, cela n'est pas l'objectif principal de Paul. En tout cas, il ne dit pas que tout traîne parce que la création doit encore être libérée de sa servitude. Ce serait une manière très facile de consoler les chrétiens qui souffrent. Par contre, il insiste sur le fait que Dieu a déjà manifesté qu'il est du côté de ceux qu'il a appelés au salut et que l'acquisition de la plénitude du salut est une réalité inéluctable (Rm 8,29-30.31-39). La manifestation d'une telle gloire, celle d'un corps glorieux, est un acte futur, mais *final* de Dieu. L'essentiel c'est d'en être sûr, même si une telle assurance peut provoquer l'impatience et les gémissements.

Telle est particulièrement la position de l'Apôtre en 2 Co 5,1-10. Nous avons, en effet, mis en évidence comment dans ce passage la pointe du discours eschatologique paulinien vise à combattre le désir des chrétiens éprouvés de superposer immédiatement l'immortalité à leur condition humaine. Paul reconnaît que c'est en des temps d'épreuves et de souffrances que les chrétiens se posent des questions cruciales en relation avec l'efficacité même de leur foi en la résurrection de Jésus. Il en a fait lui-même l'expérience et il tient à ce que ses interlocuteurs ne l'ignorent pas (2 Co 1,8-10). Aussi écrit-il pour indiquer que nos gémissements, bien que justifiables, sont à dépasser, car cette tribulation passagère ne ternit pas la gloire éternelle

---

[15] Sur le sens de "parousie", cf. B. RIGAUX, *Les épîtres aux Thessaloniciens*, 195-247; A. OEPKE, «παρουσία» *ThWNT* V, 856-869. Voir aussi la discussion sur l'origine du concept de la "deuxième" parousie du Christ chez L.J. KREITZER, *Jesus and God*, 93-129.

future (4,17), d'autant plus que Dieu lui-même nous a déjà, grâce à l'Esprit, destinés à l'engloutissement du mortel dans la vie (2 Co 5,5).

En 1 Co 15,53-54, très proche de 2 Co 5,1-5[16], Paul avait déjà insisté: c'est quand le revêtement du corps immortel, c'est-à-dire quand la transformation totale de ce corps mortel sera une chose acquise que l'on parlera de l'avènement du règne de Dieu. Bref, si l'affirmation du *quand* est en rapport avec l'indication du moment temporel précis où on obtiendra ce corps *autre*, pareille assertion est secondaire pour Paul. Par contre, elle a de l'importance, si elle indique que l'acquisition de ce corps est la preuve du début du règne de Dieu sur toutes choses[17]. Si donc l'acquisition future du corps immortel, qui signe le triomphe éternel sur la mort, est intimement liée à l'avènement du règne de Dieu (1 Co 15,23-28; Ph 3,20-21)[18], ce qui prime alors dans la pensée paulinienne, c'est le salut total des chrétiens.

Il faut remarquer comment, sur ce point, Paul développe la même logique en Rm 8,18-30, qui se rapproche de 2 Co 4,16-5,5[19]. Nous avons expliqué pourquoi la libération de la création entière est d'abord une parabole qui explicite la préoccupation sotériologique de Paul. La restauration de l'univers, c'est-à-dire son rachat de la corruption, n'est pas une condition préalable à la rédemption de l'homme. Bien au contraire, car ce ne sont pas les fils de Dieu qui attendent avec tenacité la libération de la création, mais c'est la création qui attend avec grande espérance la révélation des fils de Dieu, laquelle aura lieu à la rédemption de leur corps (Rm 8,23)[20]. C'est dire si la rédemption totale des chrétiens dans leurs corps ne sera rien d'autre que l'annonce de l'avènement même du règne de Dieu en toutes choses, en toute la création.

Dans ce sens, nous avons relevé qu'on peut dire que Paul croyait à la libération de la création. Mais, pour lui, cette vérité n'est que le corollaire d'une autre, la principale, que constitue le rachat de l'homme dans son corps mortel. Chronologiquement, elle en est la conséquence naturelle, même si au niveau logique l'Apôtre la fait fonctionner comme une prémisse démonstrative. De même, comme la mort est entrée dans le monde comme une conséquence du péché des hommes (Rm 5,12-14), ainsi la restauration de

---

[16] Cf. J. GILLMAN, «A Thematic Comparison», 448-454.

[17] Il est remarquable que cette architecture d'idées est déjà bien manifeste dans la première lettre aux Thessaloniciens, quand l'Apôtre dispose le contenu du chapitre 5,1-10 seulement après la réflexion du chapitre 4,13-18. Le manque d'intérêt pour les préocccupations et surtout les réponses apocalyptiques aux attentes légitimes des élus de Dieu est donc déjà manifeste dans le premier écrit paulinien, 1 Th.

[18] Cf. aussi J.W. COOPER, *Body, Soul and Life Everlasting*: Biblical Anthropology and the Monism-Dualism Debate (Grand Rapids, MI, 1989) 168.

[19] Cf. P. Von der OSTEN-SACKEN, *Römer 8*, 104-128.296.

[20] Contre W. BEILNER, «Weltgericht und Weltvollendung», 88, qui souligne que la pointe de ce texte est le destin de la création; contre aussi E. KÄSEMANN, *An die Römer*, 226.

l'ordre dans la création est conçue comme conséquence immédiate de la libération de l'homme de la corruption du péché, de la rédemption de son corps (Rm 8,19-23). La victoire sur la mort signifie que la corruption a été aussi vaincue du monde et que Dieu est en tout (cf. aussi 1 Co 15,26-28).

A partir de cette donnée, nous pouvons supposer que Paul était convaincu que si Dieu ne rachetait pas complètement les hommes, cela serait catastrophique pour la création entière. Mais, il ne pensait pas que la création devait être libérée afin que l'homme sauvé se trouve dans un cosmos aussi renouvelé[21]. Bref, même s'il fut conscient de l'exigence de la libération de la création de la corruption, il n'en fit pas une préoccupation principale dans ses argumentations, préoccupation qui supplanterait l'orientation sotériologique des hommes, particulièrement de ceux qui croient au Christ.

C'est pourquoi il est difficile de dire si le concept paulinien de la libération de la création peut être réduit à une des deux orientations que l'apocalyptique juive présentait sur ce sujet.

1° Dans le judaïsme primitif, en effet, le renouvellement de la création pouvait être conçu comme une purification progressive, où le mal, le péché, leurs serviteurs et leurs représentants sont supprimés petit à petit. Dans ce cas, ce ciel et cette terre qui constituent cet éon-ci ne disparaissent pas, mais sont progressivement purifiés des éléments qui les infectent pour laisser place à l'éon à venir (cf. 1 Hen 45,4-5; Jub 1,29; 23,18). Il s'agit d'une simple «renovation», d'une transformation de l'univers existant.

2° Mais le renouvellement de la création était conçu également comme une nouvelle genèse, un début nouveau, une nouvelle création de Dieu semblable à la première création. Ici, un ciel nouveau et une terre nouvelle sont le résultat d'une rupture totale avec le monde présent (cf. 4 Esd 7,29-32; 2 Bar 3,7-4,7). Ce ciel nouveau et cette terre nouvelle descendent d'auprès de Dieu, après que le monde ancien eut été totalement détruit par le moyen du feu (cf. 2 P 3,2-12). La fin du monde est conçue donc comme

---

[21] Cf. par contre J.W. COOPER, *Body, Soul and Life Everlasting*, qui affirme le contraire à partir de cette interrogation: "Indeed, where would we be with new bodies if the new heaven and earth are not yet a reality? We would be all dressed up with no place to go", 168-169. Il faut remarquer que cette question ne semble pas préoccuper Paul. Il ne parle jamais de ciel nouveau et de terre nouvelle, comme c'est le cas dans les textes apocalyptiques. Son concept de καινὴ κτίσις en 2 Co 5,17 exprime beaucoup plus la situation des chrétiens que celle de l'univers. Sur 2 Co 5,17, cf. J. LAMBRECHT, «'Reconcile yourselves...': A Reading of 2 Cor 5,11-21» in *The Diakonia of the Spirit (2 Co 4:7-7:4)* (éd. L. DE LORENZI) (SMBSBO 10; Rome, 1989) 174-182. Du reste, même s'il pensait à la situation de l'univers, Paul dit clairement que l'ordre nouveau est déjà là (cf. par ailleurs Ga 6,15 où καινὴ κτίσις est au v.16 repris par τῷ κανόνι τούτῳ), mais avec une exception: la manifestation totale d'une telle gloire n'est pas encore une chose visible pour ceux que Dieu a appelés.

une «conflagration générale» (ἐκπύρωσις)²². C'est probablement cette dernière orientation qui est plus proche de celle exprimée dans Ap 21²³.

Dans les deux cas, toutefois, le renouvellement du monde est important pour que les justes se trouvent dans un monde sans hostilité à Dieu et à ses serviteurs, sans mal ni péché. L'idée de la création nouvelle chez Paul semble, par contre, se réduire seulement à exprimer la réalité de l'homme nouveau dans le Christ, dont évidemment le résultat final se manifesterait aussi positivement sur le sort de la création cosmique entière. La rédemption de l'univers dépend donc de la rédemption du corps des élus. La position de Beker va donc à l'encontre du contenu de l'eschatologie paulinienne.

On le voit, la compréhension de la pointe de chaque argumentation permet d'éviter des conclusions hâtives, attribuant à Paul des idées et des questions qui lui étaient secondaires. Somme toute, si Paul rappelle l'assurance de l'avènement inéluctable du règne de Dieu, très cher aux textes apocalyptiques, c'est pour indiquer la condition qui doit être remplie comme signe de l'avènement de ce règne. Ce qui compte à ses yeux n'est pas la parousie du Christ en tant que telle; c'est la transformation des croyants qu'elle entraîne comme victoire sur la mort et ses diverses expressions (Ph 3,20-21). Pour Paul, il n'y a pas de rédemption de l'homme sans la rédemption du corps. La question n'est plus: "quand est-ce que le Seigneur viendra nous racheter?"; mais: "quelle est la condition par laquelle on reconnaît que Dieu a totalement vaincu la mort?". La réponse n'est plus: "par la résurrection des morts", tout court, mais: "par la résurrection incorruptible des morts". Reste donc à déterminer le rôle spécifique qu'aurait joué l'apocalyptique juive dans l'eschatologie paulinienne.

6.2. Paul et l'apocalyptique juive

Pour savoir dans quelle mesure Paul est tributaire de l'apocalyptique juive, il est opportun de se faire une idée claire de ce qu'est l'apocalyptique. Bultmann ne disait-il pas qu'il aurait été d'accord avec Käsemann, si celui-ci, dans son affirmation lapidaire "l'apocalyptique est devenue la mère de toute théologie chrétienne", avait mis le mot «eschatologie» à la place du terme «apocalyptique»²⁴? La définition de ces termes a donc son importance dans

---

²² Cf. R. J. BAUCKHAM, *Jude, 2 Peter* (WBC 50; Waco, TE, 1983) 300. Selon P.W. VAN DER HORST, *Hellenism - Judaism*, 227-251 et S. LYONNET, *Etudes sur l'épître aux Romains*, 249, telle était aussi la conception des Stoïciens.

²³ Cf. P. PRIGENT, *L'Apocalypse de Saint Jean* (CNT 14; Lausanne - Paris, 1981) 323-325.

²⁴ Cf. R. BULTMANN, *Exegetica*, 476. Cf. aussi B. WITHERINGTON III, *Jesus, Paul and the End of the World*. A Comparative Study in New Testament Eschatology (Downers Grove, 1992) 185.

la manière dont on perçoit l'influence de l'apocalyptique sur la pensée paulinienne en particulier et le christianisme naissant en général.

6.2.1. Qu'est-ce que l'apocalyptique?

Les études qui ont été faites jusqu'à ce jour divergent sur la définition de
l'apocalyptique. La recherche de W. Zager sur l'histoire de l'emploi de ce
mot dans l'étude du Nouveau Testament confirme ces divergences[25]. En
parcourant ces diverses études, faites depuis 1843, date à laquelle E. Reuss
employa pour la première fois le terme de *littérature apocalyptique*, on se
rend compte qu'il n'est pas aisé de fixer les contours du terme[26]. C'est ce qui
poussa K. Koch à affirmer que le terme «apocalyptique» sert à désigner très
génériquement un courant spirituel caractérisant les milieux du judaïsme
ancien et du christianisme primitif de l'époque intertestamentaire. Au niveau
littéraire, Koch, comme Reuss, ne classe sous l'apocalyptique que les textes
de cette époque qui ont une ressemblance avec l'Apocalypse de Jean[27]. P.
Sacchi précise cependant qu'aucun de ces textes ne dit explicitement être une

---

[25] Cf. W. ZAGER, *Begriff und Wertung*. Cf. aussi K. KOCH, *Ratlos vor der Apokalyptik*. A
titre indicatif signalons, parmi ceux qui ont tenté une définition de l'apocalyptique, les
auteurs suivants: A. HILGENFELD, *Die jüdische Apokalyptik*, 1-14; G. WANKE,
«'Eschatologie'. Ein Beispiel theologischer Sprachverwirrung» *KD* 16 (1970) 300-312; J.
CARMIGNAC, «Les dangers de l'eschatologie» *NTS* 17 (1970-71) 365-390; W.
SCHMITHALS, *Die Apokalyptik*. Einführung und Deutung (Göttingen, 1973); P.D.
HANSON, *The Dawn of Apocalyptic*. The Historical and Sociological Roots of Jewish
Apocalyptic Eschatology (Philadelphia 1975, [2]1979); *Apocalypse*: The Morphology of a
Genre (éd. J.J. COLLINS) in *Semeia* 14 (1979); T.F. GLASSON, «What is Apocalyptic?»
NTS 27 (1980-81) 98-105; J.J. COLLINS, *The Apocalyptic Imagination*. An Introduction
to the Jewish Matrix of Christianity (New York, 1984); R.N. LONGENECKER, «The
Nature of Paul's Early Eschatology» *NTS* 31 (1985) 85-95; P. VIELHAUER - G. STRECKER,
«Apokalypsen und Verwandtes. Einleitung» in *Neutestamentliche Apokryphen*, vol.II
Apostolisches. Apokalypsen und Verwandtes (éds. E. HENNECKE - W. SCHNEEMELCHER)
(Tübingen, 1971, [5]1989) 491-508. Cf. encore J. CARMIGNAC, «Description   du
phénomène de l'Apocalyptique dans l'Ancien Testament» in *Apocalypticism in the
Mediterranean World and the Near East*: Proceedings of the International Colloquium on
Apocalypticism, Uppsala, August 12-17, 1979 (éd. D. HELLHOLM) (Tübingen, [2]1989)
163-170.

[26] E. REUSS, «Johanneische Apokalypse» *AEWK* II. 79, se servit de ce terme pour désigner
un ensemble d'écrits contenant le genre spécial de prophétie qu'on trouve dans l'Apocalypse de Jean. Cet article a été publié à nouveau in *Apokalyptik* (éds. K. KOCH - J.M.
SCHMIDT) (WF 365; Darmstadt, 1982), qui est un recueil de plusieurs études qui ont été
faites sur le genre apocalyptique depuis 1843.

[27] Cf. K. KOCH, «Einleitung» in *Apokalyptik*, 1.

oeuvre ou contenir un *message apocalyptique*. Il en conclut que l'appellation est moderne et peut être remplacée par un autre terme[28].

Il est vrai, cependant qu'il existe déjà un certain «consensus scientifi que» sur le contenu de ce concept. On préfère en effet distinguer aujourd'hui entre 1° «apocalypse», substantif désignant un texte avec un genre littéraire donné, 2° «eschatologie apocalyptique», où l'adjectif «apocalyptique» qualifie l'eschatologie qui ressort de ces apocalypses, *mais* que l'on peut trouver en d'autres genres littéraires et d'autres contextes sociaux, et 3° «apocalypticis-me», substantif indiquant un mouvement idéologique social[29]. Par conséquent, l'apocalyptique englobe à la fois un contenu et une forme littéraire[30]. Si l'on ne considère que les caractéristiques de la structure mentale, on n'est plus dans l'apocalyptique. Les spécialistes reconnaissent, en effet, que ces caracté-ristiques théologiques étaient présentes en d'autres genres littéraires.

Ainsi l'attente du messie et de l'avènement du règne de Dieu n'était pas une propriété de l'apocalyptique. Elle était caractéristique de la foi d'Israël de l'époque intertestamentaire. Et contrairement à ce qu'affirme Beker, on ne peut pas considérer toutes les tendances spirituelles de cette époque com-me des expressions de l'apocalyptique[31]. C'est ainsi qu'on rencontre l'attente

---

[28] Cf. P. SACCHI, *L'apocalittica giudaica e la sua storia* (BCR 55; Brescia, 1990) 25-26. Cf. aussi M. SMITH, «On the History of ΑΠΟΚΑΛΥΠΤΩ and ΑΠΟΚΑΛΥΨΙΣ» in *Apocalypticism in the Mediterranean World*, 14, lequel trouve cependant que "a number of such works are referred to by partistic (sic) writers as 'apocalypses', but such references pose a problem". Pour Smith, la terminologie ne serait pas une invention moderne.

[29] Cf. J.J. COLLINS, *The Apocalyptic Imagination*, 2-11; D.S. RUSSELL, *Divine Disclosure*. An Introduction to Jewish Apocalyptic (Minneapolis, MN, 1992) 10-13. Cette distinction trouve son origine chez P.D. HANSON, «Apocalypticism» *IDBSup* (Nashville, 1976) 29-31, qui visait à montrer qu'il y a une continuité entre le courant prophétique et le courant apocalyptique, même si la divergence se situe seulement au niveau de l'eschatologie. Cf. IDEM, *The Dawn of Apocalyptic*, 7-12.

[30] Des voix autorisées considèrent que cette forme littéraire ressemble à celle de l'Apocalypse de Jean. Mais, cela ne veut pas dire que les oeuvres dites apocalyptiques sont en tout conformes à l'Apocalypse de Jean. Concernant le rapport entre l'Apocalypse de Jean et l'apocalyptique, nous renvoyons en particulier à P. PRIGENT, «Apocalypse et apocalyptique» *RScR* 47 (1973) 283; IDEM, «Qu'est-ce qu'une apocalypse» *RHPR* 75 (1995) 77-84. Cf. aussi A. SAND, «Jüdische und christliche Apokalyptik - Exegetische Fragen und theologische Aspekte» in *Die größere Hoffnung der Christen*, 59-77; E. SCHUSSLER FIORENZA, «The Phenomenon of Early Christian Apocalyptic. Some Reflections on Method» in *Apocalypticism in the Mediterranean World*, 295-316.

[31] En effet, pour montrer que l'apocalyptique a été la structure symbolique profonde de la pensée de Paul, J.C. BEKER, *Paul the Apostle*, 135-138, affirme qu'à l'époque du Nouveau Testament, l'univers apocalyptique constituait le *substratum* conceptuel de plusieurs milieux Juifs qui attendaient l'avènement imminent du règne messianique. Parmi ces milieux, il mentionne les Pharisiens dont Paul était membre avant la conversion. Voilà pourquoi, Beker trouve erroné d'opposer le judaïsme pharisaïque au judaïsme apocalyptique, comme s'ils constituaient deux «partis» du judaïsme palestinien, ayant

messianique dans des textes qui n'appartiennent pas à la littérature apocalyptique, des textes qui semblent être très anciens, comme cela peut se voir dans les textes de la LXX que voici: Gn 49,10; Nb 24,7; Am 4,13; Si 36,1-17[32]. De même, la catégorie de rétribution personnelle pour les oeuvres accomplies est une réalité déjà présente dans la littérature sapientielle. L'écart qu'un sage constate entre la récompense promise et les souffrances qu'il vit en ce monde, fonde justement le discours de Sg 1-5 aussi bien que celui de 1 Hén 95-105, sur la fidélité de Dieu à ses promesses de sauver le juste fidèle. Quant à la solution proposée dans les textes apocalyptiques, celle de l'immortalité conçue comme une «revanche» après la mort, on la retrouve également dans ces deux derniers textes. Pareillement, 2 M 7 parle de la résurrection des justes. Or, du moins jusqu'à ce jour, il est difficile de prouver l'appartenance de 2 M au genre apocalyptique. Il n'est donc pas convain-

---

chacun une conception différente de la Loi. Depuis les découvertes de Qumran, poursuit-il, il faudrait reconnaître que la ferveur apocalyptique était présente un peu partout dans le judaïsme d'avant Jamnia: elle a inspiré le mouvement qui soutint la guerre juive de 66-70, motivé les zélotes et soutenu la communauté de Qumran. En outre, il trouve erroné de faire une division tranchée et hâtive entre le messianisme et l'apocalyptique. Car, dans pareille division, on se trompe en présentant le messianisme comme nationaliste et limité à Israël avec un messie davidique, chef de guerre et conquérant, qui soumettrait les ennemis d'Israël à son trône dans Jérusalem, et l'apocalyptique comme transcendante et universaliste. Pour Beker, les différents livres apocalyptiques convergent sur le fait que l'espérance apocalyptique est entrelacée par les deux visions à la fois, nationaliste et cosmico-universaliste.

Nous remarquons que cette généralisation de Beker fait suite à celle de D.S. RUS-SELL, *The Method*, 20-33 et est aussi reconnue par H.H. SCHADE, *Apokalyptische Christologie*, 105-110. Mais il nous semble qu'elle ne tient pas compte du fait que les mouvements (ou partis) religieux du milieu néotestamentaire - parmi lesquels le mouvement apocalyptique se distinguait des autres - étaient, bien qu'attendant tous l'avènement du règne de Dieu, différents entre eux et parfois se combattaient entre eux -, car leur attente n'était pas uniformisée. A ce propos, cf. surtout P. GRELOT, *L'espérance juive à l'heure de Jésus* (JJC 62; Paris, 1994); mais aussi R. SCHNACKENBURG, *Gottes Herrschaft und Reich*. Eine biblisch-theologische Studie (Freiburg, 1959) 23-47; E. LOHSE, *Umwelt des Neuen Testaments* (GNT 1; Göttingen, [4]1978) 37-86; J. COPPENS, *La relève apocalyptique du messianisme royal:* I. *La royauté - Le règne - Le royaume de Dieu, cadre de la relève apocalyptique* (BETL 50; Leuven, 1979); E.-M. LAPERROUSAZ, *L'attente du Messie en Palestine à la veille et au début de l'ère chrétienne à la lumière des documents récemment découverts* (Paris, 1982), surtout 81-333; O. CAMPONOVO, *Königtum, Königsherrschaft und Reich Gottes in den Frühjüdischen Schriften* (OBO 58; Freiburg - Göttingen, 1984); A. LINDEMANN, «Herrschaft Gottes / Reich Gottes; IV: Neues Testament und spätantikes Judentum» *TRE* 15 (1986) 196-210.

[32] Cf. A. CHESTER, «Jewish Messianic Expectations and Mediatorial Figures and Pauline Christology» in *Paulus und das antike Judentum*. Tübinge-Durham-Symposium im Gedenken an den 50. Todestag Adolf Schlatters (+ 19 Mai 1938) (éds. M. HENGEL - U. HECKEL) (WUNT 58; Tübingen, 1991), 17-89, ici surtout 19-20.

cant de procéder par une généralisation abusive du phénomène pour arriver coûte que coûte à montrer que Paul était un apocalypticien[33].

Quelle est alors la spécificité de l'apocalyptique, si ce n'est sa manière d'exprimer toutes ces idées dans un langage précis, celui des symboles et celui de la révélation divine céleste?[34] Le terme grec ἀπο-καλυψις signifie justement «dé-couverte», «dé-voilement» et renvoie à quelque chose qui était jusque-là gardé caché, mais maintenant révélé[35]. La plupart des textes dits apocalyptiques contiennent de fait la «dé-couverte» des *secrets* ou *mystères*, longtemps cachés aux yeux des hommes, mais maintenant révélés à l'écrivain privilégié, qui devient ainsi inspiré et qui, pour cela utilise un langage précis, celui des symboles[36].

Ainsi, même quand on veut attribuer à l'apocalyptique la spécificité de chercher à résoudre le problème majeur de l'existence du mal, de la souffrance et de la mort dans le monde, de leur origine et de leur fin, il reste que

---

[33] Quoi qu'il en soit, les spécialistes en la matière ne sont pas d'accord quant au nombre de ces caractéristiques mentales. K. KOCH, *Ratlos vor der Apokalyptik*, 24-31, par exemple, retient huit idées, qu'il appelle "typische Stimmungen und Gedanken": 1. eine drängende Naherwartung, 2. das Ende erscheint als kosmische Katastrofe von ungeheurem Ausmaß, Pessimismus, 3. die Weltzeit ist in feste Abschnitte geteilt, Determinismus, 4. ein nach Klassen abgestuftes Heer von Engeln und Dämonen, 5. Jenseits der Katastrofe taucht ein neues Heil auf, das paradischen Charakter hat, Schema: Urzeit - Endzeit, 6. Thron Gottes, Königreich Gottes, Dualismus, 7. Vermittler mit königlichen Funktionen, ferner Tanszendenz, 8. Herrlichkeit (Gottes). D'autres, comme P. VIELHAUER - G. STRECKER, «Apokalypsen und Verwandtes», 498-499; W. SCHMITHALS, *Die Apokalyptik*, 21-37, en retiennent plus ou moins. Tous ces chercheurs sont quand même d'accord sur le point suivant: "The genre is not constituted by one or more distinctive themes but by a distinctive combination of elements, all of which are also found elsewhere", J.J. COLLINS, *The Apocalyptic Imagination*, 9; cf. aussi D.S. RUSSELL, *Divine Disclosure*, 9. Mais, dans sa compréhension de l'apocalyptique, J.C. BEKER, *Der Sieg Gottes*, 26-40, minimisant cette observation de la plupart des spécialistes en la matière, ne définit l'apocalyptique que grâce aux caractéristiques mentales de celle-ci. Aussi propose-t-il de considérer quatre idées comme constitutives de l'apocalyptique: 1° le dualisme historique, 2° l'attente cosmique universelle, 3° la fin imminente du monde et 4° la foi en la fidélité du Dieu d'Israël à ses promesses et en son ultime justification. Et pourtant, dans son premier ouvrage (cf. *Paul the Apostle*, 138), le même Beker parlait de trois caractéristiques seulement, les trois premières à peine énumérées. Qui peut alors garantir que l'admission ou l'élimination d'un élément considéré comme 'apocalyptique' n'influe pas sur la compréhension de l'un ou l'autre texte de Paul? Le but de notre travail n'étant pas de décrire tous les éléments constitutifs de la mentalité apocalyptique, nous n'allons pas nous attarder là-dessus. Il nous semble que le plus important soit de saisir ce qui, au-delà de ces divergences, constitue la spécificité de l'apocalyptique juive.

[34] Cf. aussi B. MARCONCINI, «L'apocalittica biblica» in B. MARCONCINI et alii, *Profeti e Apocalittici* (Logos, Corso di Studi Biblici 3; Leumann, TO, 1995) 208-209.

[35] Cf. M. SMITH, «On the History», 9-14.

[36] Cf. H. ALTHAUS (éd.), *Apokalyptik und Eschatologie. Sinn und Ziel der Geschichte* (Freiburg - Basel - Wien, 1987); K. MÜLLER, *Studien zur frühjüdischen Apokalyptik* (SBANT 11; Stuttgart, 1991).

cette manière spécifique a consisté à proclamer, *en une forme précise de langage*, que cette situation prendra fin un jour et que c'est Dieu seul qui y mettra fin en faisant toutes choses nouvelles[37]. Bref, nous retenons que la spécificité de l'apocalyptique - ce qui fait d'ailleurs sa pertinence comme phénomène de langage humain - consiste dans le fait que *cette assurance est exprimée dans une forme littéraire précise, celle des apocalypses! Si la même réponse est exprimée à travers un autre genre littéraire, il ne devrait plus être question d'apocalyptique*[38].

6.2.2. Rôle de l'apocalyptique dans les argumentations pauliniennes

6.2.2.1. L'apocalyptique juive, un *topos* secondaire et relatif

Si telle est la spécificité de l'apocalyptique, il est clair que Paul n'est pas un apocalypticien. Il n'a pas écrit d'«apocalypses» au sens qui vient d'être dit, car ses lettres ne relatent pas les visions dans lesquelles il avait été emporté. Même là où il parle de l'apocalypse qui lui fut accordée (Ga 1,11-15), Paul ne décrit jamais les modalités de celle-ci. Pour lui, le terme «apocalypse» ne désigne pas un procédé littéraire sollicité pour exprimer le déroulement de l'histoire, mais la grâce que Dieu lui a accordée, celle de comprendre que

---

[37] Que l'apocalyptique traite particulièrement du mal, de la souffrance et du péché, cela est reconnu d'un grand nombre de spécialistes. Cf. P. MÉNARD, «Littérature apocalyptique juive et littérature gnostique» *RScR* 47 (1973) 300; P. SACCHI, *L'apocalittica giudaica*, 90-98.131-153; O. CHRISTOFFERSSON, *The Earnest of the Creature*, 67-70. Parlant de la conception selon laquelle, il y eut un péché des anges qui abîma la création divine, P. SACCHI, *L'apocalittica giudaica*, 135, est convaincu que "il centro del pensiero apocalittico va cercato in questa concezione speciale del peccato e non nell'escatologia o nel messianismo. Il forte peso che nelle successive costruzioni del pensiero apocalittico ebbero l'escatologia e, in misura minore, il messianismo è conseguenza di questa impostazione di fondo".

[38] Il faut d'ailleurs remarquer que même ce problème de l'existence du mal ne constitue pas une caractéristique spécifique de l'apocalyptique. Autrement, il fauda ramener la plupart des textes bibliques qui s'occupent de ce problème à ce genre littéraire. Cf. H. HAAG, *Vor dem Bösen ratlos?* (SP 951; München - Zürich, ²1989). D'où notre réserve par rapport à la distinction faite par P.D. HANSON, *The Dawn of Apocalyptic*, 7-12, entre l'apocalyptique comme genre littéraire, l'eschatologie apocalyptique et l'apocalypticisme. Cette distinction risque de compliquer la compréhension du phénomène. A quoi sert-il, en effet, de parler d'eschatologie "apocalyptique" quand les motifs qui la constituent se retrouvent aussi dans d'autres genres littéraires? A notre avis, cette distinction confirme seulement que l'apocalyptique doit être saisie plus comme un genre littéraire, une *manière de dire* les choses, d'*exprimer* les convictions, que comme le contenu de la réponse! Cf. aussi de O. BISCHOFBERGER et alii, *Apokalyptische Ängste - christliche Hoffnung* (WG 9; Freiburg CH - Zürich, 1991). Cf. encore contre Sacchi, la récension de B. MARCONCINI in *Henoch* 14 (1992) 196-201 et de IDEM, «L'apocalittica biblica», 206-209.

Jésus était Fils de Dieu et qu'il devait l'annoncer aux Nations. Certes, par cette révélation Paul a «dé-couvert» le mystère caché depuis les siècles (1 Co 1,17-2,16), mais, le contenu de ce mystère était connu par d'autres avant lui, les disciples de Jésus. Bref, si Paul emploie le terme ἀπο-κάλυψις, c'est pour souligner l'origine divine de sa vocation à devenir «Apôtre» de Jésus[39]. Dépassé ce seuil, on tombe dans l'extrapolation.

Que dire alors du langage apocalyptique auquel Paul recourt en 1 Th 4,16-17; 1 Co 15,24-28 et 1 Co 15,52-53? N'est-il pas une confirmation de la dépendance de Paul de l'apocalyptique? Nous ne le croyons pas[40]. D'autant qu'on ne peut affirmer une telle dépendance sans déterminer au préalable le rôle que l'Apôtre attribue au langage apocalyptique. Or, le contexte montre clairement qu'il s'agit d'un langage de Paul et de ses interlocuteurs. Le fait qu'il ne cherche pas par exemple à démontrer que le Christ viendra indique, pour lui-même et pour ses auditeurs, qu'il n'y a rien de neuf qu'il puisse communiquer à ce sujet. Qu'est-ce que cela veut dire si ce n'est que l'apocalyptique se révèle, pour utiliser le langage rhétorique, comme un *topos* dans lequel il puisait quelques arguments connus (*pisteis*) de ses auditeurs pour appuyer ses idées principales? C'est ce qui le dispense de s'attarder sur sa justification. Il n'a pas besoin de démontrer, de confirmer ou d'infirmer le contenu de ce langage.

Les idées qu'il puise de ce *topos* appartenaient à la culture du temps, au langage courant de l'époque. Dans ce cas, n'importe qui pouvait saisir ce

---

[39] Les autres textes (1 Co 9,1: "n'ai-je pas vu Jésus, notre Seigneur?"; 15,8-10: "... il m'est apparu à moi aussi ...") où Paul parle de l'origine de sa vocation à être, au même rang que les autres apôtres, "Apôtre" du Christ, mais parmi les Nations, témoignent du fait que ce qu'il appelle "apocalypse" du Fils de Dieu en Ga 1,11-15, n'est rien d'autre que sa foi au Christ, sa compréhension intérieure de l'événement-Jésus. M. SMITH, «On the History», 15, a raison d'affirmer que "for Paul, as we know him in his letters, ἀποκάλυψις is the core of his life, but his ἀποκάλυψις means 'revelation', not 'apocalypse', and this revelation has nothing to do with 'uncovering'. Pauls' choice of the word can be explained neither by its root meaning, nor by its later connection with apocalypses. The explanation must lie in some aspect of its previous usage, most likely in that for revealing secrets, but the connection is not clear and the data are puzzling. What is clear is that the center of Paul's concern is not any revelation to Paul, but the revelation *in* Paul". (Souligné dans le texte).

[40] La dépendance de Paul de l'apocalyptique ne doit pas être déduite de la simple correspondance verbale. L'étude de la dynamique de chaque argumentation paulinienne où quelque langage apocalyptique apparaît est, à vrai dire, plus décisive. Cf. aussi W.A. MEEKS, «Social Functions of Apocalyptic Language in Pauline Christianity» in *Apocalypticism in the Mediterranean World*, 687-705; T.E. BOOMERSHIRE, «Epistemology at the Turn of the Ages in Paul, Jesus and Mark» in *Apocalyptic and the New Testament*. Essays in Honor of J. Louis Martyn (éd. J. MARCUS - M.L. SOARDS) (JSNTSS 24; Sheffield, 1989) 147-167; M.C. DE BOER, «Paul and Jewish Apocalyptic Eschatology» in *Apocalyptic and the New Testament*, 169-190; B.W. LONGENECKER, *Eschatology and the Covenant: A Comparison of 4 Esra and Romans 1-11* (JSNTSS 57; Sheffield, 1991).

dont il était question sans que l'on cherche d'abord à le lui expliquer. C'est particulièrement le cas du dualisme que l'on trouve dans les argumentations pauliniennes. Paul pouvait, sans doute, y recourir en tant que catégorie mentale existante auprès de ses interlocuteurs. Mais ce dualisme était-il, comme affirme Beker[41], d'origine apocalyptique ou, comme soutiennent Sellin et Heckel[42], d'origine hellénistique?

C'est pourquoi il est difficile de dire avec certitude si ces idées étaient propres à un courant de pensée déterminé. A moins que l'on suppose *a priori*, comme Bindemann l'a fait avec l'épître aux Romains, que l'auditoire de Paul était formé des apocalypticiens[43]. Mais un tel auditoire n'est pas à supposer dans Rm 8,18-30, parce que le problème principal de Paul n'est pas, comme estimait Käsemann, de dépasser le problème du retard de la parousie en recourant au langage apocalyptique[44]. Il est plutôt d'expliquer pourquoi les souffrances des chrétiens ne mettent pas en question la puissance et la bonté de leur Dieu. Nous avons plutôt montré comment l'enjeu de cette argumentation était plutôt capital: comment les chrétiens peuvent-ils affirmer qu'ils sont déjà enfants de Dieu (Rm 8,14-16) quand la souffrance marque encore leur vie présente? Ces souffrances ne sont-elles pas l'occasion de dévaluer la promesse future de la filiation divine?

Tout bien considéré, s'il existe une relation entre Paul et la conception apocalyptique de l'eschatologie, elle s'inscrit dans *une* matrice des idées reçues, courantes à l'époque et dans le milieu où Paul a vécu, connues, partagées de tous, voire de ses auditeurs. C'est à ce niveau que l'affirmation de Beker est relativement justifiable: l'apocalyptique a été un "framework" grâce auquel on peut comprendre les données fondamentales de la foi chrétienne. Cependant on ne peut pas pour cela penser comme Käsemann qu'elle a été la "mère de la théologie chrétienne", ni comme Beker l'estime le "substrat mental" de la pensée paulinienne. Car ce "framework" a été utilisé de façon très relative par Paul. Il n'a pas été *le*, mais, *un* "framework" parmi d'autres. Paul trouve que les arguments du *topos* apocalyptique sont insuffisants et les complète ou les dépasse en recourant à d'autres *topoi*, notamment celui des Ecritures.

Aussi nous semble-t-il que même quand en 1 Co 15,54 Paul cite Is 25,8 - texte que tous les critiques classent dans l'apocalypse isaïenne -, il ne conviendrait pas de le taxer d'apocalypticien. Car, si l'Apôtre cite ce passa-

---

[41] Cf. J.C. BEKER, *Der Sieg Gottes*, 31-34.

[42] Cf. G. SELLIN, *Der Streit um die Auferstehung*, 79-80; T.K. HECKEL, *Der Innere Mensch*, 89-147.

[43] Cf. W. BINDEMANN, *Die Hoffnung der Schöpfung*, 82-85.

[44] Cf. E. KÄSEMANN, *An die Römer*, 224-225. Cf. aussi W. BINDEMANN, *Die Hoffnung der Schöpfung*, 46-47 où il parle de la déception causée par le retard de la parousie aux membres de la communauté de Rome qui étaient des apocalypticiens et auxquels Paul s'adresse.

ge, c'est parce que pour lui, il appartient à la parole de Dieu, qui a été mise par écrit (ὁ λόγος ὁ γεγραμμένος), qui annonce une victoire certaine et définitive sur la mort et qui doit être réalisée. Il apparaît donc que pour Paul les Ecritures constituent le *topos* le plus décisif, d'où il tire la plupart de ses arguments.

6.2.2.2. La résurrection des morts chez Paul et sa matrice apocalyptique

Quelqu'un pourrait objecter: la résurrection des morts était un élément de l'apocalyptique juive et elle est devenue le point central de la foi chrétienne[45]! Pour preuve, on invoquera le fait que Paul ne la discute même pas en 1 Th 4,13-18 où il en parle pourtant pour la première fois[46]; on montrera aussi qu'en 1 Co 15, il affirme en substance: c'est parce qu'il y a le principe de la résurrection des morts qu'on parle de la résurrection du Christ (v.12).

Mais le fait que Paul discute sur la résurrection et précise celle-ci en 1 Co 15 nous donne raison. De fait, pourquoi est-ce que l'Apôtre argumente sur la résurrection en ce dernier texte? Ce n'est pas seulement parce que l'auditoire grec qu'il avait devant lui ne croyait pas à la résurrection ou, ne connaissant pas l'apocalyptique juive, n'avait aucune idée de ce qu'elle était; mais parce que Paul veut présenter ce qui est neuf, tout à fait chrétien à ce sujet: à la suite du Christ, on ressuscitera avec le corps spirituel.

Le concept du corps spirituel, basé sur celui du Christ glorifié, ne nous semble pas un élément de l'apocalyptique juive, mais le contenu du *mystère*

---

[45] De fait, J.C. BEKER, *Paul the Apostle*, 155, affirme: "When the resurrection of Christ is isolated from its linguistic apocalyptic environment and from the reality of future apocalyptic renewal, it may well retain its traditional nomenclature in expositions of Paul's thought; but it becomes something radically different".

[46] Cf. en ce sens A.F.J. KLIJN, «1 Thessalonians 4.13-18 and its Background in Apocalyptic Literature» in *Paul and Paulinism*, 67-73. Klijn ne se demande pas le moins du monde si ces textes apocalyptiques ou les traditions qu'ils contiennent sont antérieurs ou postérieurs à Paul. Or l'idée de la transformation du corps d'avant la mort en un corps incorruptible n'apparaît que dans des textes que l'on peut considérer plus tardifs par rapport à Paul (4 Esdr; 2 Bar), vu qu'on les date vers la fin du premier siècle après J.C. ou plus tard. Cf. G.W.E. NICKELSBURG, *Resurrection, Immortality*, 138-143; G. STEMBERGER, *Der Leib der Auferstehung*, 73,85. Certes, cela n'empêche que les traditions que ces textes apocalyptiques contiennent soient plus vieilles. Mais quelle preuve avons-nous à ce sujet? Ainsi est posé un problème fondamental dans l'étude des écrits pauliniens, et ceux du Nouveau Testament en général: jusqu'à quel point est-il permis de recourir aux textes dits intertestamentaires pour comprendre ce que Paul et les autres auteurs du Nouveau Testament disaient sur telle ou telle question de la foi? Sur ce point, cf. S. SANDMEL, «Parallelomania» *JBL* 81 (1962) 1-13; M. PHILONENKO, «La littérature intertestamentaire et le Nouveau Testament» *RScR* 47 (1973) 270-279; Ph.S. ALEXANDER, «Rabbinic Judaism and the New Testament» *ZNW* 74 (1983) 237-246; J. KREITZER, *Jesus and God*, 171-173.

chrétien. Or, - et c'est ici la plus grande révélation, inouïe aux oreilles des hommes -, ce mystère indique que le corps spirituel ne sera pas réservé aux morts. Le revêtement d'un tel corps est une condition *sine qua non* que devra remplir tout homme qui aura part à l'héritage du règne de Dieu. La nouveauté de l'enseignement consiste ici dans la transformation instantanée du corps psychique en corps spirituel. Aucun texte apocalyptique avant Paul n'avait aussi clairement proposé l'immortalité du *corps* comme la condition pour vaincre définitivement la mort et la mortalité et parler de l'avènement du règne Dieu (1 Co 15,26.50).

Par ailleurs, l'argumentation de 1 Co 15 montre que la préoccupation paulinienne ne ressemble pas à celle des apocalypticiens. D'abord parce que selon G.W.E. Nickelsburg[47], dans les textes intertestamentaires juifs, parmi lesquels on compte les textes apocalyptiques comme Dn 12; 2 Bar 51 et 4 Esdr 7, la résurrection est considérée comme un moyen grâce auquel le juste est justifié et glorifié *vis-à-vis de ses ennemis*, ou comme un moyen fourni à *tous les hommes* pour pouvoir participer au jugement[48]. Pour Paul, la résurrection se révèle indispensable comme solution réservée aux morts dans le Christ, afin de dépasser la finitude humaine commencée par le premier Adam (cf. aussi Ph 3,11.21)[49].

Ensuite, le concept de la *resurrectio carnis* qu'on trouve en ces textes apocalyptiques ne devrait pas, à notre avis, être confondu, avec le concept paulinien de la résurrection. Selon R. Bauckham on peut distinguer deux idées fondamentales de résurrection dans la tradition juive[50]. La première correspondait à la conception unitaire qu'on se faisait de l'homme. Quand on concevait les morts comme des ombres vivant dans le Shéol, on croyait que le mort reviendrait de ce lieu des morts, réassumant pleinement son existence corporelle sur la terre. La mort n'était jamais conçue comme la séparation de la personne d'avec son corps; elle était toujours la mort de la personne

---

[47] Cf. G.W.E. NICKELSBURG, *Resurrection, Immortality*, 124, 142-143,170-174.

[48] Nous reviendrons sur le sens du jugement final en 2 Co 5,10. Cf. infra, paragraphe 6.2.3.

[49] Nous ne négligeons pas malgré tout cette assertion de G.F. HASEL, «Resurrection», 283, à propos de la fonction de la résurrection dans les textes dits apocalyptiques, particulièrement Is 25,8 et Dn 12,2-3: "The common assumption that the postulate of a resurrection of the dead springs from the idea of retribution has been challenged with good reasons. The claim that the resurrection is hoped for and promised because of injust suffering and the death of the pius does not do full justice to the function of resurrection in apocalyptic eschatology. This is not to say that the resurrection faith is totaly devoid of providing an answer to the problem of theodicy and the idea of retribution. But it appears that the matter of God's justice and the reward/punishment issue are subsidiary to the major theological motifs that are at the heart of the apocalyptic eschatology of the Isaiah Apocalypse and the Book of Daniel.

[50] Cf. R. BAUCKHAM, «Resurrection as Giving», 276-277. Cf. aussi A. OEPKE, «ἐγείρω» *ThWNT* II, 335-336.

corporelle. Par conséquent la résurrection, selon cette première vision, n'est pas une réunification de la personne avec son corps ressuscité de la tombe, mais la résurrection de la personne corporelle. Autrement dit, il n'est pas question de la résurrection du corps, mais plutôt de la résurrection corporelle de la personne morte. Plus tard, quand, sous l'influence du dualisme hellénistique, la mort est conçue comme séparation du corps et de l'âme, on commence à insister, dans le souci de préserver la conception unitaire de l'homme, sur le fait que *ce* corps terrestre est ressuscité à la vie éternelle. On insiste alors sur la résurrection de *ce* corps qui a été mis dans la tombe. D'où aussi le besoin de parler de la transformation de *ce* corps. Mais, conclut Bauckham, cette dernière version s'explique seulement comme réaction apologétique contre l'anthropologie dualiste hellénistique[51].

Qu'il y ait vraiment une réaction contre le dualisme hellénistique, cela importe peu. N'empêche que c'est cette dernière vision que l'on retrouve dans les apocalypses juives et même chrétiennes (Apocalypse de Jean, Apocalypse de Pierre). Pour les apocalypses en tout cas, s'il y a transformation de *ce* corps, elle vient après sa résurrection et surtout après le jugement des morts "sans rien changer à leur figure, dit l'interlocuteur de Baruch: comme je les lui (à la terre) ai confiés, c'est ainsi qu'elle les rendra" (2 Bar 50,2-51,3). Paul, en revanche, n'accepte pas la résurrection de *ce* corps. En 1 Co 15,35-53, il insiste sur le fait que le corps de la résurrection est celui avec lequel ceux qui ressuscitent *viennent* et non pas celui qu'ils reçoivent après la résurrection et le jugement[52]. Dans cette perspective, on peut même affirmer que Paul ne parle pas ici de "la condition de ressuscité"[53]. Celle-ci peut être acquise même après la résurrection, alors que dans 1 Co la résurrection n'est accomplie que sur ceux qui portent l'image du deuxième Adam.

Toutefois, il reste vrai que Paul, comme notre analyse de 1 Co 15,35-49 l'a montré, enseigne aussi la continuité de la personne. Voilà pourquoi, même si le corps de la résurrection est différent du corps ignominieux, terrestre et corruptible du premier Adam, il doit être un corps *humain* (et pas

---

[51] Sur l'évolution du concept de la *resurrectio carnis* dans la littérature intertestamentaire, cf. aussi P. VOLZ, *Die Eschatologie der jüdischen Gemeinde im neutestamentlichen Zeitalter*. Nach den Quellen der rabbinischen, apokalyptischen und apokryphen Literatur (Hildesheim, ²1966) 249-255; R. MARTIN-ACHARD, *De la mort à la résurrection*, 44; K. SCHUBERT, «Das Problem der Auferstehungshoffnung in den Qumrantexten und in der frührabbinischen Literatur» *WZKM* 56 (1960) 166-167; IDEM, «Die Entwicklung der Auferstehungslehre von der nachexilischen bis zur frührabbinischen Zeit» *BZ*. *NF* 2 (1962) 214; U. WILCKENS, *Auferstehung*. Das biblische Auferstehungszeugnis historisch untersucht und erklärt (ThTh 4; Stuttgart - Berlin, 1970); P. GRELOT, *De la mort à la vie*, 64; X. LEON-DUFOUR, *Résurrection de Jésus et message pascal* (PD; Paris, 1971) 44-49.

[52] Nous approuvons M.C. DE BOER, *The Defeat of Death*, 113, quand il conteste Schweitzer qui estimait que le verbe ζωοποιεῖν du v.22b aurait une connotation de jugement universel.

[53] Allusion à R. MORISSETTE, «La condition de ressuscité».

une plante ni un astre), dans ce sens que seul un *homme*, un descendant du premier Adam, peut le revêtir. Il ne doit pas être un *autre* corps. Il doit cependant être un corps *autre*, n'ayant plus les qualités d'avant la mort, qui sont celles de corruptibilité et de mortalité. Il doit revêtir d'autres qualités, celles d'éternité, d'incorruptibilité et d'immortalité, bref celles du corps du deuxième Adam. Voilà pourquoi Paul ne propose ni une réincarnation-métempsychose, ni une réanimation-restitution des morts.

6.2.3. La centralité du Christ dans l'eschatologie paulinienne

Tout ceci s'explique parce qu'en fin de compte la résurrection est, chez Paul, un événement réservé seulement aux morts *en Christ* (cf. 1 Co 15,23: ἀπαρχὴ Χριστός ἔπειτα οἱ τοῦ Χριστοῦ ἐν τῇ παρουσίᾳ αὐτοῦ). Eux seuls revêtiront le corps céleste, car ils sont déjà au Christ (cf. 1 Co 15,48-49: ... οἷος ὁ ἐπουράνιος, τοιοῦτοι καὶ οἱ ἐπουράνιοι ...). C'est seulement, donc, dans le Christ qu'il y a victoire sur la mort, déjà maintenant contre le péché (1 Co 15,57), mais aussi à la fin des temps, quand il aura regné sur tout (1 Co 15,24-28). Ainsi est posé le problème de l'extension du salut dans la pensée paulinienne.

Paul pensait-il que tous les hommes seraient sauvés dans le Christ, particulièrement les méchants? Son emploi de πάντες et de πάντα en 1 Co 15,21-28 le laisserait-il croire? Certes non! Il faut se rendre compte que la pointe de cette unité littéraire met plutôt en exergue le rôle du *Christ*[54]. Paul affirme que c'est seul dans le Christ qu'il y aura le salut. En d'autres mots, le salut n'est réservé qu'à ceux qui entrent en union avec le Christ. Qu'en sera-t-il des mauvais, des tyrans, des dictateurs, etc.? Selon la logique paulinienne, on pourrait dire que si ces dictateurs, les persécuteurs de l'Eglise et autres, se convertissent et appartiennent au Christ, ils seront sauvés, car ils ont eux aussi bénéficié de la miséricorde de Dieu en Jésus-Christ, comme ce fut le cas de Paul lui-même (1 Co 15,8-10).

Mais c'est ici qu'il faut pousser jusqu'au bout la structure mentale de Paul pour qui appartenir au Christ ne veut pas dire seulement être baptisé - de façon externe, mais signifie plutôt devenir une nouvelle créature (2 Co 5,17; Ga 6,15), suivre un autre ordre (Ga 6,16), mourir pour toujours au péché et marcher dans une vie nouvelle, en vue de cette résurrection future (Rm 6,1-14). Voilà pourquoi, les lettres pauliniennes sont pleines d'exhortations morales. Du reste, quant à savoir qui, parmi ceux qui se disent chrétiens, seront vraiment sauvés, Paul n'en fait pas un objet de grande discussion. Très probablement, il tenait cette question pour un problème à réserver à Dieu lui-même. De fait, en Rm 12,19, il conseille de laisser la ἐκδίκησις

---

[54] Cf. J.-N. ALETTI, «L'Argumentation de Paul: 1 Co 15,12-34», 72-77.

à Dieu, conseillant seulement à chaque chrétien de plaire à Dieu avant de se présenter devant le tribunal du Christ (2 Co 5,9-10). N'est-ce pas dans le même sens qu'il faut saisir l'avertissement de Rm 14,10 qui, en réalité, réserve le pouvoir de juger seulement à Dieu tout en invitant chaque chrétien à exercer miséricorde vis-à-vis de son prochain?

Ce qui fascine Paul c'est que ce Dieu a déjà montré sa miséricorde en Jésus-Christ. C'est par celui-ci donc que tout homme sera sauvé. Ainsi émerveillé par la miséricorde de Dieu vis-à-vis des pécheurs, ce n'est pas la victoire sur les ennemis et les mauvais, ni le châtiment de ceux-ci par Dieu, ni la vengeance de Dieu qui focalisent ses réflexions, comme dans certains textes apocalyptiques (cf. 1 Hén 94, 6-11; 97,2-5; 99,9; 102,1; 104,3; Syb 3,670; OrSyb 5,348), mais la miséricorde de Dieu envers l'humanité, lequel, *par le Christ*, vainc le mal et le péché dans le monde (1 Co 15,57). Aussi Paul évite-t-il de pérorer sur le sort final des impies. A notre avis, c'est aussi en ce sens qu'il faut comprendre Rm 2,16 où la centralité du Christ et de l'évangile qu'annonce Paul (κατὰ τὸ εὐαγγέλιόν μου διὰ Χριστοῦ Ἰησοῦ) est plus mise en évidence que le fait même du jugement final.

Ne devient-il pas aussi clair pourquoi il ne passe pas son temps à imaginer, comme dans certaines apocalypses, les scènes du jugement dernier? A ce propos, notre analyse de 2 Co 5,10 a montré comment le recours de Paul à ce motif de l'apocalyptique juive avait une finalité précise dans l'argumentation: indiquer que les chrétiens (πάντες ἡμᾶς), morts ou vivants prendront part à la parousie du Christ. La préoccupation primordiale de l'Apôtre n'est point de décrire le jugement en tant que tel, mais de communiquer ceci aux chrétiens: quelle que soit la situation de chacun d'eux (mort ou vivant) au moment où le Christ manifestera sa gloire, ils devront (δεῖ) tous être présents à cet événement. D'où cet avertissement: que chaque chrétien mette en valeur le temps de la foi, le temps où il vit dans le corps mortel, car l'Esprit Saint habite déjà en lui. Même si celui-ci a été donné comme ἀρραβῶνα, c'est en vue de la victoire finale qu'il a été accordé.

Au demeurant, nous reconnaissons que nous ne pouvons pas conclure exhaustivement du silence de Paul. Nous sommes devant des écrits de circonstances et non pas devant des traités d'eschatologie, dans lesquels il aurait pu répondre systématiquement à toutes les questions que l'on se pose en cette matière. Paul répondait à des questions concrètes que lui posait l'évangélisation de ses communautés[55].

---

[55] Ceci dit, nous reconnaissons avec Beker qu'il ne faut pas a priori sous-estimer l'importance de l'apocalyptique, sous prétexte qu'elle n'est qu'une dégénérescence du prophétisme israélitique, un amalgame de spéculations utopistes, un ensemble de rêves phantastiques. A notre avis, l'apocalyptique ne doit pas être appréciée seulement du point de vue rationaliste: elle est basée sur le principe de la créativité imaginative, de la puissance du langage symbolique. Cf. J.J. COLLINS, *The Apocalyptic Imagination*, 214-215. Comme le montrent de plus en plus les études sur le langage symbolique, celui-ci

6.3. Sotériologie chrétienne ou anthropologie hellénistique?

6.3.1. Paul et l'eschatologie hellénistique

Paul, nous l'avons relevé, enseigne *l'immortalité et l'incorruptibilité du corps* comme l'unique solution pour dépasser la finitude humaine et parler de l'accomplissement du règne de Dieu, c'est-à-dire de la victoire finale sur la mort. Les deux courants dont nous avons parlé dans le premier chapitre (Käsemann, d'une part, et Bultmann, de l'autre) s'affrontent particulièrement sur la compréhension de cet enseignement de l'Apôtre. Ainsi, les disciples de Bultmann y voient la conversion de Paul à l'eschatologie hellénistique, conversion qui serait advenue au moment où il s'était rendu compte qu'il allait mourir avant la parousie du Seigneur[56]. Ceux qui sont contre cet avis insistent sur le fait que Paul, en tant que juif, avait une conception unitaire de l'homme et qu'il devait avoir horreur du dualisme de l'anthropologie grecque.

L'analyse que nous avons faite nous convainc plutôt du contraire. Lorsque Paul affirme l'immortalité et l'incorruptibilité du corps, il va au-delà de la solution proposée dans le monde grec, celle de l'immmortalité de l'âme. Mais est-ce à dire qu'il estimait, comme dit Sellin, que l'âme, sans l'Esprit, était périssable?[57] Paul en tout cas n'exprime pas cette opinion à propos de l'âme. Tout au plus, peut-on supposer qu'il ne jugeait pas l'immortalité de l'âme digne d'être une réponse suffisante au problème sotériologique qu'il se posait, c'est-à-dire la rédemption du corps. En effet, en laissant la victoire à la mort, l'immortalité de l'âme n'établit pas la puissance de Dieu sur la mort.

Paul se limite à constater, en partant de Gn 2,7, que c'est l'âme qui rend le corps vivant (ψυχὴ ζῶσα). C'est grâce à elle qu'il existe un σῶμα ψυχικόν. Celui-ci est un corps qui est en relation avec l'âme. L'éloignement de celle-ci du corps entraîne la mort[58]. Or Paul veut montrer que la mort et

---

fait aussi partie de la structure fondamentale de l'imaginaire anthropologique appelée «la fantastique transcendantale». Cf. G. DURAND, *Les structures anthropologiques de l'imaginaire*. Introduction à l'archétypologie générale (Paris, [10]1984) 435-491. Autrement dit, notre rejet de l'apocalyptique comme «structure cohérente» de la pensée paulinienne n'est pas le fruit d'un préjugé négatif, ni de ce que Paul serait finalement passé à l'hellénisme. Nous l'avons rejetée en vertu de l'analyse exégétique des textes pauliniens, analyse qui respecte les procédés mis en jeu par Paul lui-même, et au nom de ce qui fait la spécificité de l'apocalyptique.

[56] Cf. R. PENNA, «Sofferenze apostoliche», 421-429; G. SELLIN, *Der Streit um die Auferstehung*, 38 note 3; T.K. HECKEL, *Der Innere Mensch*, 102-124.

[57] Cf. G. SELLIN, *Der Streit um die Auferstehung*, 172.

[58] Selon Qo 3,19-21, c'est la séparation de la πνοή et du corps qui fait ressembler l'homme à la bête, c'est-à-dire à tout être vivant (cf. 1 Co 15,39.45). Nous comprenons alors pourquoi Paul en recourant à Gn 2,7 ne fait pas apparaître le terme de πνοή de Dieu: très

la mortalité sont désormais vaincues en Jésus Christ. N'est-il pas alors normal qu'il s'intéresse davantage au sort du corps plutôt qu'à celui de l'âme? D'où sa proposition du corps spirituel comme l'unique corps du salut; un tel corps est l'unique qui soit immortel et incorruptible, car il est sous la dépendance de l'Esprit de Dieu qui le vivifie constamment[59].

Quoi qu'il en soit, il faut souligner que la préoccupation paulinienne n'est pas d'écrire un traité d'anthropologie sur l'homme et ses composantes[60]. Son problème est sotériologique. Sa réflexion sur le genre du corps de la résurrection en 1 Co 15,35-49 est inséparable de sa conception du salut de l'homme dans le Christ et de la victoire totale sur la mort.

A partir de sa conception anthropologique, donc, ces textes ne peuvent pas nous renseigner sur l'évolution de l'Apôtre en matière d'eschatologie. Le fait que Paul utilise les termes ἀφθαρσία, ἀθανασία, ἄφθαρτον, φθαρτόν, θνητόν, γυμνός n'implique pas qu'il avait fini par emprunter cette solution à l'eschatologie hellénistique. Certes, dans notre étude de Rm 8,18-30, nous avons fait appel à la littérature hellénistique pour indiquer que le verbe στενάζω que Paul utilise n'est pas une propriété du langage apocalyptique; mais ce recours n'autorise pas à y voir un virement vers la philosophie hellénistique. Des textes de ce genre ne sont pas seulement dans la littérature hellénistique. On trouve aussi les mêmes termes dans la LXX où ils traduisent plusieurs mots hébreux ayant le même contenu. Ce langage est celui auquel tout homme recourt quand il souffre atrocement et qu'il se pose des questions sur la fin de telles souffrances, surtout quand il sait qu'il y a quelqu'un qui s'est engagé pour le sauver, en l'occurrence Dieu.

Du reste, nous trouvons que si Paul recourt à la typologie adamico-christologique en 1 Co 15 et en Rm 5-8 pour bien étayer sa position, c'est pour montrer qu'il aborde un problème qui vaut pour tout homme. Le choix des mots est dicté par le fait qu'il parle ici d'une expérience humaine universelle. Aussi emploie-t-il des termes que la langue du milieu dans lequel il vivait mettait à sa disposition pour communiquer cette expérience à ses auditeurs. Les mots par lesquels il exprime cette vérité sont hellénistiques,

---

probablement, c'est pour qu'on ne le confonde pas avec le πνεῦμα dont parle Ez 37, lequel est principe de vie pour les morts. Le rôle de l'Esprit vivificateur est ainsi mis en exergue.

[59] Cf. aussi F.F. BRUCE, «Paul on Immortality», 466 note 1: "It must be emphasized that, so far as men are concerned, *aphtharsia* and *athanasia* in Paul are predicated only of the body, not of the soul". En ce sens, continuer à employer aujourd'hui l'expression «immortalité de l'âme» pour parler du salut des chrétiens après la mort n'est pas conforme à l'Evangile qu'annonce Paul, pour ne pas dire à la foi chrétienne. Mais il faut éviter d'en conclure que Paul n'a pas partagé la conviction hellénistique de l'immortalité de l'âme ou d'en déduire qu'à ses yeux l'âme était périssable.

[60] Découvrirait-on d'ailleurs une consistance dans une telle doctrine, quand en 1 Th 5,23, Paul laisse penser à une conception d'un homme divisé en trois parties: τὸ πνεῦμα καὶ ἡ ψυχὴ καὶ τὸ σῶμα? Cf. aussi S. HEINE, *Leibhafter Glaube*, 79-113.

pourrait-on dire, mais le contenu ne l'est pas. En tout cas aussi bien en 1 Co 15,50-54 qu'en 2 Co 5,1-10, l'immortalité de l'*âme* ne constitue pas le noyau de la pensée paulinienne.

Ceci dit, la théorie du progrès de la pensée paulinienne ne peut pas tenir debout, d'autant plus que même l'autre pilier sur lequel elle s'appuie - le retard de la parousie - ne trouve pas de fondement dans les textes étudiés, spécifiquement dans 2 Co 5,1-10.

6.3.2. Paul et le problème du retard de la parousie

6.3.2.1. Le désir du martyre et le choix de Paul en Ph 1,20-23

Qu'il nous soit permis d'aborder cette question par l'interprétation de Ph 1,20-23, car les spécialistes ne manquent pas de relever l'affinité de ce texte avec 2 Co 5,6-10, tout en le situant à une étape tardive de la vie de Paul[61]. Aussi ce texte est-il souvent cité comme preuve de l'évolution déjà advenue dans l'eschatologie paulinienne. Paul, dit-on, affirmerait ici qu'il est mieux de mourir pour aller vivre auprès du Seigneur. De la sorte, il montrerait qu'il ne croyait plus, non seulement à la parousie pendant sa vie, mais même à la résurrection générale des morts. Il aurait alors conçu et proposé l'idée du salut désormais individuel, consistant dans le fait d'aller, directement à la mort, vivre avec le Seigneur[62].

Mais notre lecture, respectueuse de la cohérence interne au texte lui-même, conduit à une autre interprétation. En effet, ces versets se situent dans le cadre d'un morceau où Paul donne des informations sur sa situation personnelle du moment (Ph 1,12-26): il est prisonnier à cause de l'Evangile et a été déjà présenté devant le juge au prétoire. Probablement, il courait le risque d'une peine capitale. En attendant, il souffre dans son corps, dans sa chair au service de l'Evangile (1,12-18a). Dans cette situation, pourrait-on dire, il exprime son espérance fondamentale et ses désirs profonds: il souhaiterait être avec le Christ en mourant une fois pour toutes (1,18b-26). Mais en réalité, il affirme clairement qu'il est constamment tiraillé (συνέχομαι: v.23a) entre l'acceptation de la mort qui pourra lui être infligée et la libération qui lui permettra de vivre encore[63]. Le désir (τὴν ἐπιθυμίαν ἔχων:

---

[61] Cf. parmi d'autres J.W. COOPER, *Body, Soul and Life Everlasting*,166.

[62] Cf. J. BECKER, *Auferstehung der Toten*, 68.96; W. WIEFEL, «Die Hauptrichtung», 81; G. LÜDEMANN, «The Hope of Early Paul: From the Foundation-preaching at Thessalonika to 1 Cor. 15:51-57» *PRS* 7 (1980) 201; P. BONNARD, *L'Epître de saint Paul aux Philippiens* (CNT 10; Neuchâtel - Paris, 1950) 30; U. SCHNELLE, *Wandlungen*, 45-47.

[63] Nous savons combien il est difficile de donner l'interprétation la plus satisfaisante qui soit de la petite proposition de Ph 1,23a, non point à cause du verbe συνέχομαι, mais à cause

v.23b) de mourir et d'être avec le Christ aurait pour conséquence, dans ce contexte, qu'il ne souffrirait plus en son corps de chair; car c'est celui-ci qui est l'occasion de ses souffrances actuelles. Qui douterait que dans une telle situation la réaction normale et la meilleure (πολλῷ μᾶλλον κρεῖσσον) soit de désirer la paix en mourant carrément, et surtout quand on sait qu'en mourant, non seulement on cesse de souffrir, mais aussi on se débarasse de l'ultime dimension qui n'autorise pas une communion parfaite avec le Christ? Cependant, Paul retient lui-même qu'un tel choix serait égoïste.

Ainsi, on pourrait dire que dans ce contexte Paul désire être martyr, témoin du Christ, même s'il doit en mourir! Pareille mort, acceptée *à cause du Christ* lui ferait certainement ressembler au Christ lui-même. Et cela serait sans nul doute un gain, car il aura franchi la dernière barrière à la réalisation de la communion totale avec le Seigneur (cf. 3,10-11; 2 Co 5,6-9). Bref, la mort dont il parle ici n'est pas la mort naturelle, comme celle que connaîtrait une personne très âgée. Il parle de la mort comme d'une éventualité, vu qu'il est en prison à cause du Christ et qu'une sentence de mort peut être émise contre lui. Il ne dit donc nulle part en ce passage qu'il est désormais sûr de ne plus assister à la parousie du Seigneur. Mais conscient de l'éventualité de la mort, il affirme alors qu'il n'a pas peur de mourir, car la mort ne pourrait le séparer du Christ. Au contraire, mourir est pour lui un gain, car la mort le rapprocherait du Christ.

Si cette interprétation est juste, il y a lieu de remettre en question la proposition de Aune, selon laquelle la popularité du martyre dans le christianisme primitif est un indice témoignant d'une évolution conceptuelle dans l'eschatologie chrétienne. Selon lui, le concept du salut de tous à la parousie du Christ aurait été progressivement substitué par la doctrine de l'immortalité de l'âme individuelle, directement à la mort[64]. Si pareille évolution peut être

---

de ἐκ τῶν δύο qui le modifie. Le verbe συνέχω revient 12 fois dans le Nouveau Testament. Il est très fréquent dans l'oeuvre lucanienne (9 fois), alors qu'il ne se rencontre que 2 fois chez Paul. Dans l'ensemble, il est employé 5 fois à l'actif (Lc 8,45; 19,43; 22,63; Ac 7,57; 2 Co 5,14) et signifie le fait d'exercer avec insistance une pression sur quelque chose. Accompagné par contre d'un datif en Mt 4,24; Lc 4,38; 8,37; Ac 18,5; 28,8, il faut le considérer comme passif et comme ayant la nuance d'"être très pris", "constamment occupé" par quelque chose qui donne l'impression de ne point lâcher. Lc 12,50 et Ph 1,23 sont des emplois de ce verbe à la voix moyenne où le sujet parle, en ce qui le concerne personnellement, d'une sorte de pression intérieure qu'il vit de façon constante. Dans tous ces cas le dénominateur commun, ce qui constitue peut-être la nuance spécifique de ce verbe, est la persistance d'une pression quelconque (interne ou externe). Aussi, vu qu'en ce moment où il est en prison Paul ne sait pas laquelle des deux choses (ἐκ τῶν δύο) choisir (mourir ou vivre), il affirme que cela exerce une sorte de pression persistante sur lui. Cf. aussi H. KÖSTER, «συνέχω» *ThWNT* VII, 875-883; A. KRETZER, «συνέχω» *EWNT* III, 732.

[64] Nous prenons distance de D.E. AUNE, «The Significance of the Delay of the Parousia for Early Christianity» in *Current Issues in Biblical and Patristic Interpretation*. Studies in

affirmée de la littérature chrétienne postérieure à Paul, ce ne peut l'être de l'Apôtre lui-même.

Encore faut-il prouver qu'un tel changement est directement postérieur à la période apostolique et qu'il s'est produit de façon linéaire. L'étude de plusieurs textes concernés par le langage apocalyptique ne permet pas de soutenir qu'un tel mouvement fut linéaire. De fait, nous trouvons que l'intérêt pour le langage apocalyptique est même plus élevé dans les écrits postérieurs à ceux de Paul. C'est ce qui ressort de l'Apocalypse de Jean, de 1-2 P, de Jude et des apocalypses chrétiennes tardives (Apocalypse de Paul, Apocalypse de Pierre, le Pasteur d'Hermas, etc.)[65]. Certes, la datation de ces textes n'est pas facile; mais, des spécialistes conviennent de plus en plus aujourd'hui que ces textes ont été écrits après l'an 70, et même vers la fin du premier siècle[66]. On constate pareillement un regain d'intérêt pour l'apo

---

Honor of Merrill C. Tenny (éd. G.F HAWTHORNE) (Grand Rapids, 1975) 107-108, quand il laisse entendre 1° que "the distinctively Christian view of the Parousia of Jesus was completely and easily integrated into the eschatological framework of apocalyptic" et 2° que sous l'influence de l'individualisme hellénistique "early Christianity began to think in terms of a more complete experience of salvation that would occur subsequent to the death of individual believers", c'est-à-dire "the experience of salvation as conveyed by the doctrine of the immortality of the soul upon personal death became, therefore, a functional substitute for the experience of salvation that was expected to occur upon the event of the Parousia of Jesus. The decline of apocalyptic and the rise in popularity of the martyrology is one important literary indication of this transposition of functions". Pour Aune donc, grâce à l'hellénisme, l'acquisition individuelle de l'immortalité de l'âme à la mort, qui était étrangère au judaïsme ancien, fut intégrée dans la solution des problèmes de l'eschatologie chrétienne. Selon nous, Paul affirme lui-même que *l'immortalité et l'incorruptibilité du corps* qu'il propose comme solution pour dépasser la finitude humaine est le fruit d'un *mystère*. La philosophie grecque parlait de l'immortalité de l'*âme*; Paul, lui, parle de l'immortalité du *corps*. Alors que la philosophie grecque proposait la fuite du corps pour être sauvé, Paul indique le rachat du corps comme condition du salut total. En ce sens, Paul n'est pas passé de l'apocalyptique judaïque à l'eschatologie hellénistique. Chez Paul, l'exaltation du martyre (et donc de la justification individuelle du juste directement après la mort) ne signifie pas abandon de sa foi en la résurrection collective des morts. Nous avons souligné plus haut que cela n'équivaut pas à dire que Paul n'admettait pas l'immortalité de l'âme en tant que telle. Du silence de ses textes, on ne peut rien tirer à ce sujet. Tout simplement, il ne la proposait pas comme solution pour dépasser la finitude humaine et parler de salut éternel.

[65] Cf. par exemple l'étude de A. FEUILLET, «Le péché évoqué aux chapitres 3 et 6,1-4 de la Genèse; le péché des anges de l'Épître de Jude et de la Seconde Épître de Pierre» *Divinitas* 35 (1991) 207-229.

[66] Cf. J.R. MICHAELS, *1 Peter* (WBC 49; Waco TE, 1988) lxi; P.H. DAVIDS, *The First Epistle of Peter* (NICNT 17.1; Grand Rapids MI, 1990) 9-11; E. FUCHS - P. REYMOND, *La deuxième épître de Saint Pierre. L'épître de Saint Jude* (CNT 13b; Neuchâtel - Paris, 1980) 39-40.150-152; B. REICKE, *The Epistles of James, Peter, and Jude.* Introduction, Translation, and Notes (AB 37; Garden City NY, 1964) 71-72.144-145.191-192; J.H. NEYREY, *2 Peter, Jude.* A New Translation with Introduction and Commentary (AB 37c; New York - London - Toronto - Sydney - Auckland, 1993) 29-31; HERMAS, *Le pasteur.*

calyptique dans des écrits juifs postérieurs à l'époque apostolique: 4 Esdr, 2 Bar, ApAbr, etc.[67] Pourquoi alors affirmer que l'apocalyptique a - peu importe si c'était après Paul ou pendant sa vie - perdu du terrain vis-à-vis de l'hellénisation du christianisme?[68]

Quoi qu'il en soit, la dimension corporelle du salut fut toujours aux yeux de Paul une exigence de la plénitude de la rédemption. Son désir du martyre en Ph 1,20-23 ne fit pas glisser son discours eschatologique, de la résurrection des morts à l'immortalité de l'âme (cf. Ph 3,11.21)[69].

6.3.2.2. La dimension du corps dans l'eschatologie paulinienne

Dans Ph 1,20-23 que nous venons d'analyser, Paul indique clairement que ses souffrances ont acquis un autre sens. Et il insiste là-dessus. Elles sont devenues une façon de ne point être égoïste, mais de penser aux autres, au

---

Introduction, texte critique, traduction et notes par R. Joly (SC 53; Paris, 1958) 11-16; C. CAROZZI, *Eschatologie et au-delà*. Recherches sur l'Apocalypse de Paul (Aix-en-Provence, 1994). Sur la date tardive de l'Apocalypse de Paul, cf. aussi *Apocrifi del Nuovo Testamento*. Vol. III. *Lettere. Dormizione di Maria. Apocalissi* (éd. L. MORALDI) (Casale Monferato, 1994) 369-425. Dans cet ordre d'idées, la présence très prononcée du langage apocalyptique en 2 Th ne constituerait-elle pas un argument de plus pour attribuer cette lettre à un auteur postérieur à Paul?

[67] Il est vrai aussi que la datation de ces textes n'est pas aisée. Mais on les situe généralement après la destruction du Temple de Jérusalem (70 ap. JC). Cf. J.J. COLLINS, *The Apocalyptic Imagination*, 155-186.

[68] En fait, la vraie question qu'il faut se poser à ce sujet doit être: quand est-ce qu'on recourt au langage apocalyptique et pour quel but? Or, s'il est vrai que pour les apocalypses juives à peine mentionnées, ce phénomène correspond à la défaite et à la destruction du temple en l'an 70, il faut alors supposer que c'est l'acuité de la souffrance, de la persécution et de la déception, ou le retard de la parousie, c'est-à-dire de la victoire espérée, qui fait recourir à l'apocalyptique. Car, le langage des apocalypses permet, surtout par son recours à des révélations spéciales, où Dieu lui-même garantit qu'il contrôle le cours de l'histoire, d'attiser l'espérance en la fin de la souffrance! Cf. aussi Ch. ROWLAND, *The Open Heaven* (London, 1982) 23; F. BRIDGER, «Ecology and Eschatology», 293: "The role of apocalyptic language /.../ is to denote urgency, a sense of crisis, a need to do something in order to avert the End. In this respect, it functions as a catalyst for change". Sans aucun doute, le langage apocalyptique peut rebondir, témoignant de la gravité du moment dans lequel la foi est vécue. Par conséquent un développement linéaire de l'apocalyptique juive à l'eschatologie hellénistique, après l'époque apostolique, reste une hypothèse sans fondement réel.

[69] Cf. aussi G.F. HAWTHRONE, *Philippians* (WBC 43; Waco TE, 1983) 50; C.F.D. MOULE, «The Influence of Circumstances on the Use of Eschatological Terms» *JTS* 15 (1964) 1-15; repris in IDEM, *Essays in New Testament Interpretation* (Cambridge, 1982) 184-199; V.P. FURNISH, «Development in Paul's Thought» *JAAR* 38 (1970) 289-303. Cet article de Furnish est un compte rendu critique sur le livre de Ch. BUCK - G. TAYLOR, *Saint Paul*: A Study of the Development of His Thought (New York, 1969).

salut complet de ceux-ci, au vrai témoignage de l'Evangile. En effet, bien qu'affirmant qu'il accepterait même le martyre pour le bien des Philippiens (Ph 2,17)[70], il choisit, contre toute logique normale, ce qui n'est pas la meilleure des solutions: continuer de vivre, malgré les souffrances.

Il appert ici que Paul ne modifie pas le contenu de son enseignement eschatologique en fonction des fins purement égoïstes comme le suppose la théorie de l'évolution de son eschatologie. Certes, Paul estimait, pendant sa captivité, qu'il valait mieux en finir avec les souffrances et vivre auprès de Jésus Christ sans les humiliations de cette vie (cf. 3,20; 1 Co 15,43; 2 Co 12,7-10;13,4). Toutefois, malgré l'avantage que pouvait lui procurer la mort, Paul est arrivé à cette conviction: "Rien ne me confondra, je garderai au contraire toute mon assurance et, cette fois-ci *comme toujours* (ὡς πάντοτε καὶ νῦν), le Christ sera glorifié *dans mon corps, soit que je vive soit que je meure*" (Ph 1,20).

Cette phrase de Ph 1,20 montre qu'en attendant la transformation future (cf. aussi Ph 3,21), Paul accorde une valeur particulière au corps psychique. Bien que celui-ci soit terrestre et corruptible, il ne le méprise pas comme dans la philosophie hellénistique[71]. Le corps des chrétiens - particulièrement celui de l'Apôtre -, fragile et fragilisé par les souffrances, devient pour Paul l'épiphanie et le théâtre même de la puissance de Dieu et de la vie de Jésus au monde (cf. 2 Co 4,7-12; 1 Co 4,9-13).

Il en résulte que la position de Paul vis-à-vis de la mort n'a pas connu une évolution notoire pas plus qu'elle n'a été ambiguë. De façon concrète, entre 2 Co 5,1-10 et Ph 1,21-26, Paul, contrairement à la conclusion de Baird[72], reste cohérent avec lui-même. Il reconnaît que l'éventualité d'une sentence de mort peut conduire à désespérer de la vie et l'épreuve d'une souffrance profonde et constante à douter de la puissance salvifique de Dieu. Il arrive même que de telles expériences s'accompagnent du désir de la mort pour pouvoir enfin vivre auprès du Christ, ou du désir de revêtir déjà main-

---

[70] Ainsi, contrairement à ce que dit P. BENOIT, «L'évolution du langage apocalyptique», 317,319, Ph 2,17 n'est pas non plus une preuve pour soutenir que c'est seulement plus tard que Paul comprit qu'il allait mourir avant la parousie. Autrement, quelle serait alors la valeur argumentative de 1 Co 15,31-32 écrit bien tôt, c'est-à-dire bien avant Ph 2,17? Il ne convient donc pas d'attribuer l'évolution de la pensée de l'Apôtre à sa prise de conscience de l'éloignement de la parousie. Il y a une pensée constante chez Paul et depuis le commencement: mort ou pas mort, dès qu'on est dans le Seigneur, on sera avec lui pour toujours à la rédemption finale. Ce qui reste à faire, c'est de demeurer en lui. C'est ce qui justifie ses exhortations morales où il invite principalement les chrétiens à laisser l'Esprit reçu sanctifier leurs corps pour plaire à Dieu (cf. par ex. déjà 1 Th 4,1-8 et surtout le v.8).

[71] Cf. PLATON, *Phédon* 82e; *Cratyle* 400c; *Axiochos* 365e; EPICTETE, *Entretiens III*, 10,25.

[72] "The two epistles express Paul's ambiguity in the face of death - groaning with anxiety and at the same time, the desire to depart and be with Christ", W. BAIRD, «Pauline Eschatology», 327.

tenant (et donc de superposer) le corps spirituel sur le corps psychique pour ne plus souffrir[73]. Mais Paul réplique: bien qu'un tel désir soit rationnel, la transformation de notre corps de souffrances en un corps spirituel est une donnée inéluctable et future, qui doit inexorablement se réaliser, que l'on soit mort ou vivant. Voilà pourquoi, Paul recommande aux chrétiens de plaire à Dieu et de mener seulement une vie digne de l'Evangile du Christ (2 Co 5,9; Ph 1,27).

Ainsi, il devient clair que les souffrances des chrétiens engendrent des questions d'ordre christologiqques et théologiques.

6.4. Souffrances du chrétien et questions sotériologiques: enjeu «c h r i s t o - logique»

Les argumentations que nous avons analysées sont polarisées par le problème de l'existence du *mal dans la vie des chrétiens*: les persécutions, les maladies, le scandale de la mort, etc. Paul accorde, en effet, beaucoup d'attention à ce qui, pour le chrétien, constitue un signe de l'inachèvement de la rédemption et il tente de l'expliquer. Il sait que les épreuves existent encore et qu'elles marquent la réalité quotidienne des chrétiens. Il l'avait dit clairement aux Thessaloniciens dès sa première proclamation de l'Evangile parmi eux (1 Th 3,4). Il sait aussi que le Tentateur profite des moments pareils pour semer le doute (1 Th 3,5). Ces réalités écrasent le croyant à cause du corps physique dans lequel il est encore. Aussi peuvent-elles conduire le croyant à douter de sa vie future, à remettre Dieu et sa justice en question, notamment quant à l'efficacité de la promesse du bonheur et de la rédemption totale[74].

On le voit, le mal sous toutes ses formes, dans la vie des chrétiens, se révèle être un des points de départ de la théologie paulinienne. Rien d'étonnant que le discours de l'Apôtre vise à encourager les chrétiens à ne point désespérer. Pour lui, les souffrances ne constituent pas un obstacle à

---

[73] Cf. l'emploi des verbes *volitifs*, conjugués au temps présent: ἐπιποθοῦντες (2 Co 5,3), θέλομεν (2 Co 5,4), εὐδοκοῦμεν μᾶλλον (2 Co 5,8), τὴν ἐπιθυμίαν ἔχων (Ph 1,23) comme conséquence logique de l'assurance chrétienne (οἴδαμεν: 2 Co 5,1; εἰδότες: 2 Co 5,6; οἶδα: Ph 1,19).

[74] Cf. aussi D.E. AUNE, «The Significance of the Delay», 100, qui soutient que l'expérience des persécutions sporadiques a provoqué, dans l'église primitive, une intensification périodique de l'attente de la parousie. "In these situations, one not infrequently finds exhortations to patience and endurance, not because of an awareness of the continuing delay of the Parousia, but rather because the occurrence of the Parousia will bring an end to suffering". Sans aucun doute, il faut rejeter avec cet auteur la théorie selon laquelle "the delay of the Parousia is the *conditio sine qua non* for the radical reformulation of the life and thought of early Christianity", 101; cf. *Ibidem*, 107.

la construction de l'homme intérieur ni à l'acquisition du corps spirituel[75]. C'est dans ce sens qu'il faut comprendre 2 Co 4,16-5,10 et Rm 8,18-30.

Sur ce point, on peut dire qu'il n'y a rien de singulier dans la préoccupation et la réflexion pauliniennes. La souffrance, le mal, le péché et la mort sont, en effet, dans la plupart des cultures, un point de départ d'un discours sur le salut[76]. Toutefois, il faut remarquer que la singularité de chaque prise de position se situe dans la réponse formulée par chaque culture pour dépasser cette finitude de l'homme en général et la souffrance humaine en particulier. Ainsi, Paul, en écrivant 1 Co 15, 2 Co 4,16-5,10 et Rm 8,18-30 a donné sa réponse aux questions fondamentales posées par une telle réalité humaine. Non pas à n'importe qui, mais aux chrétiens, vu que, contrairement aux autres, les chrétiens confessent que Dieu a déjà vaincu la mort en Jésus Christ. Qui douterait que cette confession de la victoire de Dieu sur le mal, victoire déjà réalisée grâce à la résurrection de Jésus, ne compliquait pas les choses et suscitait de nouvelles questions? En effet, il nous semble que dans les communautés de Paul, il ne suffisait pas de dire que le Christ était ressuscité. Encore fallait-il en montrer les conséquences sur le sort des hommes, particulièrement de ceux qui croient au Christ.

La décision personnelle d'opter pour Jésus ne résolvait pas, de fait, les questions fondamentales. Elle ne suffisait pas pour se dire sauvé[77], car les chrétiens, qui sont déjà une nouvelle créature, continuaient de souffrir et de mourir, et même de pécher, comme tout le monde. Comment pouvaient-ils alors prétendre qu'ils étaient déjà sur le chemin du salut? N'était-ce pas là

---

[75] Cependant, même s'il encourage à endurer les souffrances, c'est-à-dire à ne point brûler les étapes, malgré les gémissements, Paul ne dit pas qu'il *faut* souffrir pour être sauvé. De même qu'il n'a jamais dit qu'il *faut* mourir pour parvenir au salut, ainsi il ne dit jamais qu'il *faut* passer par les souffrances pour entrer dans la gloire de Dieu. Cf. supra notre analyse de 1 Co 15,35-58 et Rm 8,17.

[76] D'ailleurs c'est bien une caractéristique de toute religion, selon la définition donnée par M. YINGER, *The Scientific Study of Religion* (New York, 1970) 7, cité par D.E. AUNE, «The Significance of the Delay», 105, note 75: "Religion, then, can be defined as a system of beliefs and practices by means of which a group of people struggles with these ultimate problems of human life.... The quality of being religious, then, from the individual point of view, implies two things: first, a belief that evil, pain, bewilderment, and injustice are fundamental facts of existence; and, second, a set of practices and related sanctified beliefs that express a conviction that man can ultimately be saved from those facts"

[77] Il est fort possible que, comme soutenait R. BULTMANN, *Histoire et eschatologie*, 40-42, pour Paul le "chrétien est appelé à des décisions libres partout et en toute situation". Mais, il faut souligner que quand les argumentations pauliniennes (surtout Rm 8,18-30) sont analysées dans leur contexte littéraire - et en dehors du prisme des religions environnantes - elles sont plus réalistes que les affirmations bultmanniennes. En tout cas, la morale des situations dont parle Bultmann n'était pas la première préoccupation paulinienne. Elle est plutôt une préoccupation de la philosophie existentialiste dont Bultmann était admirateur et grand partisan.

le signe de l'inachèvement de la rédemption acquise et même peut-être le signe de l'impuissance de Dieu devant la force du péché et du mal? Les souffrances des chrétiens ne sont-elles pas une preuve que Dieu a abandonnés ses élus (Rm 8,18-30)? Comment ceux-ci peuvent-ils continuer à espérer, quand, à cause du corps d'humiliations, ils se sentent encore éloignés de la communion totale avec Dieu?

Ce paradoxe de la croix et de la mort, non plus de Jésus, mais des croyants en Jésus, mort et ressuscité, exigeait donc plus d'approfondissement. Sans doute, les chrétiens devaient se poser la question de savoir quand et comment la finitude humaine allait être dépassée dans le Christ. Pour combien de temps devaient-ils demeurer dans cette vie de foi, sans voir Dieu face à face (2 Co 5,6-8)? Voilà pourquoi, nous disons que c'est ce scandale ou ce mystère que Paul essaie de résoudre dans les argumentations que nous venons d'analyser[78].

Dès lors, on comprend pourquoi l'Apôtre ne s'occupe pas du salut de l'univers en tant que tel, mais de celui de ceux qui sont dans le Christ et qui, à cause des adversités qu'ils connaissent maintenant (mort, persécutions, faim, nudité, dénuement, péché, faiblesse de toute sorte, ...) semblent ne pas tirer profit de leur rédemption acquise par la foi au Christ. Ce qui fait déclencher ses discussions argumentatives pauliniennes à travers des lettres de circonstances, ce sont donc des questions relatives au salut définitif du

---

[78] Mais n'est-ce pas reconnaître aussi implicitement que cette réflexion approfondie trouve son origine dans une préoccupation typiquement apocalyptique? N'est-il pas vrai, en effet, que le point de départ de l'apocalyptique a été aussi une situation de détresse aiguë qui fait crier au secours? Bien des spécialistes ne situent-ils pas l'origine de l'apocalyptique dans les persécutions du peuple d'Israël par Antiochus Epiphane à l'époque de l'hellénisation d'Israël, au temps des Maccabées? Cf. par exemple W. BOUSSET, «Die religionsgeschichtlicheHerkunft der jüdischen Apokalyptik» in *Apokalyptik*, 132-135; D.S. RUSSELL, *The Method*, 99; J.C. BEKER, *Paul's Apocalyptic*, 30; IDEM, *Der Sieg Gottes*, 26. Ainsi selon W. BINDEMANN, *Die Hoffnung der Schöpfung*, 87, l'apocalyptique a été une réaction au doute engendré par l'expérience de l'éloignement de Dieu.

En premier lieu, il faut remarquer ceci: le fait qu'une situation de souffrance engendre un discours sur la justice de Dieu envers ses fidèles n'est pas une propriété de l'apocalyptique! Le livre de Job indique clairement que la souffrance humaine engendre un discours de désespoir mêlé d'espérance, un discours de doute mêlé de la foi au Dieu unique qui sauve et qui doit montrer sa justice. Jusqu'à ce jour, qui a jamais compté ce livre parmi les oeuvres apocalyptiques? Cf. à ce propos P. SACCHI, *L'apocalittica giudaica*, 88-90. En deuxième lieu, la réflexion paulinienne est suscitée et basée sur la foi en la résurrection du Christ. Ce n'est pas sur l'apocalyptique, mais sur la christologie que Paul fonde sa théologie, même si c'est l'expérience de la souffrance et de la finitude du chrétien qui fait déclencher les discussions étudiées. En tout cas, la réponse que Paul indique en 1 Th 4,13-18; 1 Co 6,14; 15; 2 Co 4,14 et Ph 3,10-11.20-21 n'est pas principalement basée sur l'approfondissement du message apocalyptique, mais sur sa compréhension de la résurrection de Jésus. Cf. aussi le reproche fait à Beker par B. WITHERINGTON III, *Jesus, Paul and the End*, 185.

corps: à cause du corps, où se manifestent les limites de la condition humaine, le problème d'un tel salut se pose avec acuité.

C'est dire si dans les argumentations de 2 Co 4,16-5,10 et de Rm 8,18-30 Paul continue à affronter, mais sous d'autres aspects, le même problème de fond, abordé en 1 Co 15, à savoir le dépassement de la condition humaine en Jésus-Christ. Ainsi, les impératifs rhétoriques de chaque argumentation l'obligent à préciser sa pensée en la matière. Aucune évolution n'est remarquable, car il revient sur les mêmes vérités fondamentales: le chrétien a déjà, par sa foi au Christ, dépassé sa finitude. Dans la mesure où le chrétien est sous la mouvance de l'Esprit de Dieu et qu'il en possède les prémices (cf. 2 Co 5,5; Rm 8,11.23)[79], il est un spirituel (cf. 1 Co 2,12-15) et un corps spirituel lui est déjà préparé par Dieu (2 Co 5,1)[80]. Mais la rédemption totale, l'acquisition définitive du corps spirituel, reste un fait à venir, subit et instantané; inutile de désirer revêtir le corps spirituel par-dessus celui que l'on a à présent, car la transformation est nécessaire; et celle-ci n'aura lieu qu'à la trompette finale. Bref, les souffrances sont là pour éprouver notre foi et voir jusqu'à quel point on croit en Dieu qui ressuscite les morts (2 Co 1,8-10).

6.5. L'enjeu «t h é o - logique» de ces argumentations

6.5.1. Puissance et justice du Dieu de Jésus-Christ

Dans l'analyse de Rm 8,18-30, nous avons montré que la pointe de cette argumentation est soutenue par une préoccupation *théo*-logique. L'argument le plus décisif auquel Paul recourt est celui de la puissance et de la justice même de Dieu. Si Dieu n'arrivait pas à achever ce qu'il a déjà lui-même commencé en Jésus-Christ, comment pourrait-il être reconnu juste, à l'égard

---

[79] On comprend pourquoi Paul donne beaucoup de poids à l'Esprit Saint dans la vie et l'avenir des chrétiens. Cf. F. FROITZHEIM, *Christologie und Eschatologie*, 218-229. La rédemption du corps des vivants a déjà, d'une certaine façon, commencé; car la présence de l'Esprit vivifiant dans le coeur du chrétien fait que ce dernier est déjà sur le chemin du salut. Mais, la rédemption totale reste une réalité à venir, du fait que les chrétiens sont encore en relation avec le corps du premier Adam. Ce qu'ils ont reçu ne sont que des arrhes, des prémices de l'Esprit (2 Co 5,5; Rm 8,23) et il est inutile de brûler les étapes.

[80] Ce corps spirituel qui est préparé au chrétien n'est donc pas Jésus Christ lui-même, comme pensent A. FEUILLET, «La demeure céleste»,3660-402, P. BENOIT, «L'évolution du langage», 322, J.-.F. COLLANGE, *Enigmes*, 181-191 et M. CARREZ, *La deuxième aux Corinthiens*, 127-129. Paul affirme seulement qu'un tel corps existe déjà pour nous - et nous l'avons au ciel (2 Co 5,1) -, car Jésus Christ l'a déjà eu (1 Co 15,44-49), lui qui est prémices de ceux qui se sont endormis (1 Co 15,20).

de ceux qui ont cru en Jésus?[81] N'est-ce pas son existence et son identité qui sont mises en jeu? Chercher à répondre aux apories fondamentales de la foi en Jésus-Christ était pour Paul s'efforcer de parler de l'efficacité de la puissance de Dieu, de présenter l'idée juste que l'on doit se faire de Dieu et de son plan de salut manifesté dans les Ecritures[82].

Certes, déjà dans l'Ancien Testament, la souffrance du juste ne manquait pas de poser le problème de la justice de Dieu vis-à-vis de ceux qui lui étaient fidèles. Cette crise était provoquée par le concept même de la justice de Dieu. Dans la pensée hébraïque, en effet, Dieu est juste non pas en soi, mais seulement dans la mesure où, en tant que Créateur et libérateur d'Israël, il soutient en toutes circonstances son peuple élu, lui permettant de progresser malgré les difficultés[83]. Mais, dans le Nouveau Testament, et singulièrement dans les argumentations pauliniennes étudiées, la problématique, comme nous avons à peine dit, est portée à son niveau le plus dramatique. Car, contrairement à l'Ancien Testament et aux textes intertestamentaires - qui promettaient la résurrection-glorification des justes et l'avènement du règne définitif de Dieu après son triomphe sur ses ennemis -, Paul part de la conviction qu'une telle victoire de Dieu a déjà eu lieu dans la mort et la résurrection de Jésus.

C'est ainsi qu'en 1 Co 15, il montre que nier la résurrection des morts a une conséquence théologique très fâcheuse: "Nous nous découvrons alors de faux-témoins de Dieu, car nous avons témoigné contre Dieu en disant qu'il a ressuscité le Christ qu'il n'a pas ressuscité, s'il est vrai que les morts ne ressuscitent pas" (1 Co 15,15). De même, il conclut la deuxième grande section littéraire de 1 Co 15 (vv.12-34) en mettant en évidence l'enjeu *théologique* de la discussion: "Ne vous trompez pas; /.../ Certains n'ont pas la connaissance de Dieu"[84].

En quoi consiste cette connaissance de Dieu? Dans l'unité 1 Co 1,18-2,4, Paul emploie le mot μυστήριον pour synthétiser le contenu du message qu'il annonce et surtout pour distinguer l'Evangile de la sagesse des grecs (2,1). Pour lui, la vraie connaissance de Dieu relève du mystère (2,7). Mystère, car c'est l'unique moyen pour dire la sagesse divine tenue cachée et établie depuis toujours par Dieu. Mystère aussi, car il n'y a que Dieu seul

---

[81] Allusion à J.-N. ALETTI, *Comment Dieu est-il juste?*
[82] Ainsi, affirmer que Paul ne s'intéresse pas à l'avènement du règne de Dieu *simpliciter*, mais en tant que l'accomplissement de ce règne devient bonne nouvelle pour le sort du croyant ne signifie pas que chez Paul la théologie est subordonnée à l'anthropologie ou, pour reprendre les mots de R. BULTMANN, *Theologie*, 191-192, que sa théologie est à la fois son anthropologie.
[83] Cf. J.D.G. DUNN - A.M. SUGGATE, *The Justice of God. A Fresh Look at the Old Doctrine of Justification by Faith* (Carlisle, 1993) 31-35.
[84] Cf. aussi B. RIGAUX, *Dieu l'a ressuscité*, 409.

qui l'a révélé aux chrétiens, par l'intermédiaire de son Esprit (2,10). Et le
contenu de ce mystère, c'est Jésus le Christ crucifié et ressuscité (1 Co 2,2).
Or, c'est bien le contenu même de l'Evangile que l'Apôtre avait
annoncé et qui est l'unique qui sauve (cf. 15,3-5). Ainsi, le contenu du
Mystère que Paul proclame aux Nations c'est la résurrection même du
Christ, la résurrection des morts et le salut de tous les hommes en lui, oeuvre
de Dieu seul. Annoncer cet Evangile de la résurrection de Jésus Christ, c'est,
pour Paul, proclamer la puissance de Dieu qui sauve tout homme qui croit
(Rm 1,16). Evangéliser veut dire montrer qu'il n'y a qu'un seul vrai Dieu en
qui il faut croire et sur lequel il faut compter, celui qui a ressuscité Jésus des
morts. C'est encore lui qui peut ressusciter les morts et appeler le néant à
l'être (2 Co 1,9; Rm 4,17).

L'annonce de l'Evangile va donc de pair avec la reconnaissance de la
puissance de Dieu, vis-à-vis de la mort. Proclamer que Dieu a ressuscité
Jésus Christ, c'est croire qu'il ressuscitera tous ceux qui sont morts dans le
Christ. Autrement ceux-ci seraient perdus, et la foi serait sans consistance ni
fondement (15,14-19).

Voilà pourquoi la sagesse dont relève la foi des chrétiens ne peut être
celle des grecs, car ceux-ci considèrent la croix comme folie et signe de
faiblesse, comme victoire du mal sur le bien (1 Co 1,22-25). Dans les livres
sapientiaux, dont Paul s'inspire, la sagesse grecque est souvent exprimée par
les railleries des «sages» de ce monde vis-à-vis de la souffrance et de la mort
du juste, c'est-à-dire de celui qui connaît et sert fidèlement le vrai Dieu (Sg
2,1-9; Qo 3,18-22; 9,7-9; 11,9). Manquant d'espérance vis-à-vis de la mort,
ces «sages» prônent la sagesse de ce monde, celle de manger et de boire, de
profiter du temps dans lequel on a encore le souffle. C'est pour cette raison
que dans ces livres le croyant n'hésite pas à parler de tels «sages» comme de
ceux qui ne connaissent pas le vrai Dieu.

L'argumentation de 1 Co 15 laisse croire que Paul s'adresse à un auditoire dont la mentalité est nourrie par cette philosophie grecque du *carpe
diem* (v.32b). Ceci ne veut pas dire que les auditeurs de Paul n'admettaient
pas, comme dit Lietzmann, toute vie après la mort[85]. Ce qu'il faut plutôt
envisager est que, même s'ils reconnaissaient l'existence de celle-ci, ils
devaient considérer la mort comme ayant le dernier mot. Sans nul doute,
Paul est en train d'annoncer l'Evangile du Christ à une culture où la mort
était considérée comme l'unique puissance invincible. Aussi relativise-t-il le
concept de sage et de sagesse de ces milieux en proposant la sagesse de Dieu
comme un mystère (1 Co 2,7), qui exige, pour être compris, la possession
de l'Esprit de Dieu (1 Co 2,10-15).

Ainsi, l'emploi du terme μυστήριον en 1 Co 15,51 a été très important
pour Paul. Il lui a permis de mettre la prescience, la connaissance et le projet

---

[85] Cf. H. LIETZMANN, *An die Korinther*, 79.

de Dieu à l'avant-plan et de proposer la nouveauté de son Evangile. Par là Paul rend vaine toute autre explication humaine possible en matière d'eschatologie[86]. Car, la réalisation du plan du salut n'est l'oeuvre que de Dieu seul, le vrai Dieu, celui qui a ressuscité Jésus des morts comme prémices de ceux qui sont morts (1 Co 15,20) et avec un but précis: que Jésus soit le premier d'une multitude de frères (Rm 8,29). C'est pour cela que ce Dieu a répandu son Esprit dans les chrétiens (2 Co 5,5; Rm 8,23) et leur assure déjà maintenant la victoire par Jésus Christ (1 Co 15,57). Paul ne regarde donc pas seulement le futur, mais il insiste sur ce qui s'est déjà réalisé, pour Jésus, et aussi pour tout croyant (1 Co 15,49.57; 2 Co 5,5; Rm 8,23). Mettre ce Dieu en doute à cause de difficultés qui persistent encore, c'est remettre sa puissance et sa justice en question. Autrement dit, si les chrétiens ne triomphaient pas des souffrances du moment présent et de la mort, ce serait l'échec de Dieu (cf. 1 Co 15,17-18). Celui-ci n'aurait pas atteint la finalité pour laquelle il a ressuscité Jésus. Il ne serait plus un Dieu avec eux (Rm 8,31-35)[87].

---

[86] C'est dans le cadre de ce rôle du *mystère* que l'on peut comprendre l'emploi du terme λόγος κυρίου en 1 Th 4,16. Par cette expression Paul est, nous semble-t-il, en train de dire qu'en matière d'eschatologie il se réfère à la révélation divine, laquelle a déjà eu lieu dans l'événement-Jésus. Ainsi, il est fort probable que ce λόγος κυρίου remplisse la même fonction que ὁ λόγος ὁ γεγραμμένος de 1 Co 15,54, même si en 1 Th 4,16, Paul ne cite aucun texte précis. Cf. aussi J. DELOBEL, «The Fate of the Dead According to 1 Thessalonians 4 and 1 Cor 15» in *The Tessalonian Correspondence*, 341. C'est peut-être en ce sens qu'il faut aussi comprendre l'expression κατὰ τὰς γραφάς qui revient deux fois en 1 Co 15,3-4. Le vrai "framework" à partir duquel Paul saisit la mort et la résurrection du Christ et leur conséquence positive sur le sort de l'humanité se trouve dans les Ecritures (cf. supra, paragraphe 6.2.2.1.). Aussi la façon dont Paul interprète les différents textes de l'Ecriture devient-elle une clé décisive pour comprendre son point de vue.

[87] C'est d'ailleurs cet aspect de la connaissance de Dieu qui, en 1 Th 4,13-18, pousse Paul à parler du sort des chrétiens qui meurent. Certes, selon le v.13, si Paul ne veut pas que ses auditeurs restent dans l'ignorance à propos de ceux qui meurent, c'est parce qu'il y avait tristesse dans la communauté; selon le v.18, en outre, Paul voulait que les Thessaloniciens se consolent mutuellement. Mais en réalité, l'Apôtre interprétait cette tristesse comme un manque d'espérance, lequel est la marque des païens, c'est-à-dire de ceux qui ne connaissent ou ne croient pas en Dieu. Aussi exhorte-t-il les Thessaloniciens à espérer, car, vivre de l'espérance, c'est donner raison à Dieu, c'est croire à sa victoire inéluctable sur les forces du mal, c'est croire à son amour pour ses fidèles, c'est croire que sa victoire n'a pas été seulement en faveur de Jésus seul. "Si nous croyons que Jésus est mort et a été réveillé, ainsi aussi *Dieu* conduira ceux qui sont morts ..." (1 Th 4,14). Ceci n'était pas évident et n'allait pas de soi, même pour ceux qui croyaient déjà. Il fallait un dévoilement spécial pour parvenir à une telle connaissance.

6.5.2. Théo-*logie* christologique ou théo-*dicée*?

Ceci dit, la vision de Paul que nous venons de présenter relève-t-elle de la «théo-*dicée*» ou de la «théo-*logie*»? En effet, le problème de la théodicée provient de la coexistence de ces trois affirmations que l'on ne peut pas réconcilier facilement: 'le mal existe dans le monde', 'Dieu est tout bon' et 'Dieu est tout puissant'[88]. De la sorte, la question fondamentale que Paul affronte est une question de tous les temps. Les épicuriens se la posaient aussi: «Si Dieu est bon, comment expliquer qu'il y ait du mal dans le monde?»[89]. Sans nul doute, elle constituait aussi une préoccupation chère aux apocalypticiens[90]. Seulement, alors que ceux-ci peuvent être considérés comme faisant de la théodicée, les épicuriens étaient contre toute tentative de justifier Dieu[91]. Quant à Paul ne peut-on pas dire, vu ce que nous venons de mettre en évidence, qu'il est devenu le défenseur de la justice de Dieu?[92]

Pour bien répondre à cette interrogation, il faut tenir présent à l'esprit que la théodicée relève plus de la philosophie que de la théologie. Le mot

---

[88] "De theodicee-kwestie komt dus voort uit het probleem dat de drie stellingnamen 'Er is kwaad in de wereld', 'God is algoed' en 'God is almachtig' niet zonder meer met elkaar te rijmen zijn", P.M.F. OOMEN, «Lijden als vraag naar God. Een bijdrage vanuit Whitehead's filosofie» *Tijdschrift voor Theologie* 34 (1994) 248. Cf. aussi J.L. CRENSHAW, «Theodicy» *IDBSup* (Nashville, 1976) 895-896.

[89] Selon P.M.F. OOMEN, «Lijden als vraag naar God», 268, Epicure formulait la question ainsi: "Si Dieu est capable de prévenir et d'éliminer la souffrance, pourquoi est-elle encore là?" Cf. aussi PLUTARQUE, *De sera numinis vindicta* 548C-D; 549B.

[90] Cf. J.C. BEKER, *Paul the Apostle*, 137; L.E. KECK, «Paul and Apocalyptic», 233-234. L'idée de la victoire de Dieu contre les forces du mal et Satan - idée aussi très caractéristique de l'apocalyptique juive - est donc à comprendre dans le cadre de la justification de Dieu et de sa fidélité aux promesses de l'alliance. La souffrance injuste ou injustifiée de ceux qui sont fidèles à la Loi de Dieu ne pouvait pas ne pas être perçue comme une contradiction. Voici comment cette réalité est exprimée en 4 Esdr 3,29-33: "Mon coeur est troublé. Car j'ai vu comment tu soutiens ces pécheurs, comment tu as épargné les impies, perdu ton peuple et préservé tes ennemis! Tu n'as fait savoir à personne comment cette conduite serait abandonnée. Babylone fait-elle mieux que Sion? Y a-t-il un autre peuple qui t'ait connu en dehors d'Israël? Ou quelles tribus ont cru à ton alliance comme celle de Jacob? Elles n'ont pourtant reçu aucune récompense et leur peine n'a pas eu de salaire. J'ai en effet parcouru les peuples en tous sens et je les ai vus prospères, alors qu'ils oublient tes commandements". Tout ceci implique que le discours de l'apocalyptique prend l'allure d'une théodicée, dans la mesure où il tend à justifier Dieu, maître de l'histoire entière, omniscient, et radicalement transcendant.

[91] Sur les arguments des épicuriens contre la théodicée, cf. J.H. NEYREY, «Acts 17, Epicureans and Theodicy» in *Greeks, Romans and Christians*: Essays in Honor of Abraham J. Malherbe (éd. D. L. BALCH) (Minneapolis, 1990) 124-133; IDEM, *2 Peter, Jude*, 122-127.

[92] Cf. G. DE SCHRIJVER, «From Theodicy to Anthropodicy. The Contemporary Acceptance of Nietzsche and the Problem of Suffering» in *God and Suffering* (éds. J. LAMBRECHT - R.F. COLLINS) (LTPM 3; Louvain, 1990) 95.

"théodicée" fut justement créé en 1679 par G. Leibniz pour sauver la bonté et la toute puissance de Dieu dans un monde où il y a aussi le mal[93]. Ainsi, ce philosophe partit de l'idée que le monde dans lequel nous vivons est le meilleur des mondes possibles, et de la conviction qu'il ne peut pas y avoir de contradiction en Dieu. De là il parvint à soutenir que le mal et la souffrance sont nécessaires pour que la cohérence existe dans le meilleur des mondes, lequel fait un tout harmonieux. Aussi Dieu est-il toujours justifié, même dans la souffrance[94]. Car celle-ci est proposée comme indispensable, déjà dans le plan même de Dieu, à l'harmonie dans le meilleur des mondes possibles.

Abordant le même problème, G.W. Hegel, développa l'idée de la logique de l'histoire, selon laquelle l'histoire est le produit de la Raison éternelle. De là il soutint que tout s'explique dans le cadre de l'évolution de l'esprit dans l'histoire des peuples. Aussi les souffrances qu'endure un peuple ou un autre sont-elles nécessaires pour aider la civilisation en tant qu'un tout à progresser dans un sens qui soit indispensable à la croissance d'une nouvelle conscience historique[95]. "La théodicée, affirma-t-il, consiste à rendre intelligible la présence du mal face à la puissance absolue de la Raison"[96].

Dans cet ordre d'idées, on peut croire que les argumentations analysées dans cette étude dévoilent la même préoccupation chez Paul. Celui-ci chercherait à rendre intelligible la présence encore persistante du mal face à la puissance du Dieu qui a déjà ressuscité Jésus[97]. Mais en réalité, l'Apôtre ne cherche pas à justifier Dieu. C'est probablement pour cela qu'il ne dit jamais que les souffrances sont nécessaires dans la vie du croyant[98]. Ayant constaté qu'elles existent, malgré le commencement du salut advenu avec Jésus, Paul leur donne un sens dans le projet de rédemption divine, à savoir la

---

[93] Cf. aussi G.L. PRATO, *Il problema della teodicea in Ben Sira* (AnBib 65; Rome, 1975) 1-3.

[94] Cf. G. DE SCHRIJVER, «From Theodicy to Anthropodicy», 97.

[95] "Notre méditation sera donc une théodicée, la justification de Dieu que Leibniz avait tentée métaphysiquement à sa manière et avec des catégories encore indéterminées. Le mal dans l'univers, y compris le mal moral, doit être compris et l'esprit pensant doit se réconcilier avec le négatif. C'est dans l'histoire universelle que le Mal s'étale massivement devant nos yeux, et en fait, nulle part ailleurs l'exigence d'une telle connaissance conciliatrice n'est ressentie aussi impérieusement que dans l'histoire". G.W.F. HEGEL, *La raison dans l'Histoire*. Introduction à la Philosophie de l'Histoire (Paris, 1965) 68. Cf. aussi le commentaire de G. DE SCHRIJVER, «From Theodicy to Anthropodicy», 99-100.

[96] G.W.F. HEGEL, *La raison dans l'Histoire*, 68.

[97] C'est à cette conclusion qu'est arrivée Beker, car il est parti d'abord de la conception apocalyptique des choses et l'a projetée sur les textes pauliniens.

[98] Marx et Feuerbach réagirent contre la théodicée pour avoir justement donné l'impression de justifier, au nom de Dieu, les oppressions et les injustices sociales imposées par de simples institutions humaines. Cf. G. DE SCHRIJVER, «From Theodicy to Anthropodicy», 101-102.

participation aux souffrances de Jésus, afin d'être glorifié avec lui (Rm 8,17). Aussi, plus que justifier Dieu, vise-t-il à encourager, non pas les "infidèles", mais ceux qui ont déjà cru en Jésus et ont l'impression de ne pas encore jouir des fruits du salut. Il les exhorte à l'espérance et à la persévérance dans l'attente de la réalisation totale de leur rédemption. Les chrétiens sont déjà une nouvelle créature, mais la révélation complète de cette réalité, sans pareille vis-à-vis des souffrances du moment présent, reste un fait à venir (Rm 8,18). Cette rédemption totale se vérifiera avec la vivification, par l'Esprit qu'ils ont déjà reçu en prémices, de leurs corps mortels (Rm 8,23). Pour le moment, elle est à espérer avec ardeur, vu que son objet est déjà acquis (Rm 8,24-25).

C'est pourquoi la justice de Dieu, selon Paul, s'exprime dans une sorte de paradoxe où la puissance de Dieu se manifeste dans des vases d'argile, dans la faiblesse, non seulement de la croix de son Fils unique Jésus, mais aussi dans la faiblesse de ses fils d'adoption (2 Co 4,7-11; 6,3-10; 12,9-10; 13,4). La compréhension de cette vérité relève justement d'une autre logique, d'une autre connaissance, à laquelle il n'a eu accès que grâce à la révélation, faite par Dieu lui-même, du μυστήριον tenu caché pendant des siècles (Ga 1,15-16). Un tel mystère ne peut pas être compris sans l'Esprit de la nouvelle création. Seul dans la foi au Christ on peut parvenir à une telle connaissance de Dieu.

En somme, le discours paulinien vise à donner un sens aux souffrances de cette vie et non pas à justifier Dieu de façon rationnelle, comme font les philosophes. Il relève de la foi en la révélation divine elle-même, laquelle est devenue vérité dans l'existence de l'événement-Jésus. Aussi, l'enjeu *théo*-logique de ces argumentations pauliniennes a-t-il un sens éminemment *christo*-logique.

Epilogue

En guise de conclusion générale, nous récapitulons les idées maîtresses qui se dégagent des chapitres précédents. En étudiant 1 Co 15,35-49, nous avons montré dans le premier chapitre que le problème principal que Paul aborde dans cette macro-unité n'est pas - comme certains l'affirment - celui de la corporéité de la résurrection. Paul se concentre plutôt sur la qualité du corps de la résurrection des chrétiens et montre pourquoi, il doit être un corps «autre» que celui de la mortalité. Grâce à une série de similitudes, l'Apôtre progresse vers l'affirmation du v.44b qui constitue la vraie *propositio-thesis* de cette macro-unité, le v.35 étant ainsi à considérer comme une *propositio-problèma*. Corps de la résurrection des chrétiens, le *corps spirituel* est différent de celui d'avant la mort, comme le montre le cas du grain nu semé et de la plante qui en sort. Il est aussi immortel et glorieux, comme la cosmogonie de l'époque montre que l'existence des corps immortels - les astres -, différents des corps mortels - les êtres de chair -, était admissible.

Mais, comme l'un et l'autre exemple (la plante et les astres) se révèlent inadéquats à rendre compte de l'existence d'un corps immortel pour les hommes, Paul recourt à un événement historique. Dans une brève argumentation de type midrashique, il montre que le corps spirituel existe depuis que Jésus est ressuscité des morts. Car par l'Esprit de résurrection qui donne vie, le Christ est devenu le deuxième Adam, premier homme de son genre. Ceux qui appartiennent au Christ héritent de son image et des caractéristiques de son existence céleste: immortalité, incorruptibilité, gloire.

Sans nul doute, la typologie Adam-Christ joue un rôle particulier dans cette argumentation paulinienne: montrer et souligner que le salut de tous les hommes n'est possible qu'en Jésus-Christ. Pour Paul, une rupture entre le terrestre et le céleste est absolument nécessaire. Voilà pourquoi la résurrection des chrétiens ne peut être saisie comme une réanimation des cadavres ni comme une réincarnation des âmes (ou des esprits) dans un autre corps soumis aux lois de la corruptibilité et de la mortalité de la première humanité.

Cette rupture étant déjà supposée pour ceux qui sont morts dans le Christ - car ils ressusciteront avec le corps spirituel -, Paul ne pouvait pas s'arrêter là. A la parousie, tous les chrétiens ne seront pas morts. Qu'adviendra-t-il alors des vivants qui seront encore dans le corps du premier Adam? C'est grâce au v.49 que Paul englobe dans son débat la situation des vivants. Il aborde cette question dans les vv.50-53. Ainsi, cette unité doit être liée à

celle qui commence au v.35, même si nous l'avons analysée dans le deuxième chapitre.

Nous avons trouvé en effet que grâce à la *sub-propositio* du v.50b, Paul
souligne cette fois l'importance du corps spirituel pour *tous* les chrétiens, en
particulier pour les vivants. L'analyse sémantique des termes hellénisitques
φθορά, φθαρτόν, θνητόν, ἀφθαρσία, ἀθανασία, ἄφθαρτον et ἀθάνατον nous a
permis d'affirmer qu'aux vv.50-53 Paul se concentre principalement sur le
sort des vivants à la parousie. La transformation des morts, qu'il a affirmée
dans les vv.36-49, lui sert de référence pour exposer ici la condition que les
vivants devront remplir pour hériter du règne de Dieu. A la manière des
morts qui ressusciteront incorruptibles, les vivants devront aussi endosser
l'immortalité et l'incorruptibilité. Ainsi, Paul enseigne que seule la *transformation finale* à la parousie - et non pas la résurrection, car elle est réservée
aux morts -, est le moyen du salut éternel de *tous* ceux qui appartiennent au
Christ.

Tout en analysant aussi les vv.54-58 dans le même chapitre deuxième,
nous avons mis en lumière comment ces versets constituent l'ultime étape de
toute l'argumentation de 1 Co 15. Dans cette *peroratio*, l'Apôtre proclame
le moment de la transformation finale du corps mortel en corps immortel
comme celui de *la victoire définitive sur la mort et la mortalité*. Dans une
hymne ironisante, où il fait encore montre de sa capacité à recourir au
modèle midrashique, Paul affirme que la mort et ses aiguillons seront vaincus
pour toujours, car il y va de Dieu et de la crédibilité de sa parole contenue
dans les Ecritures. Mais, au-delà de cette assurance en rapport avec la fin des
temps, Dieu, par le Christ, accorde déjà la victoire aux chrétiens, notamment
sur le péché.

Dans le troisième chapitre, nous avons montré que l'objet principal de
la discussion paulinienne en 2 Co 5,1-10 est le rapport entre la souffrance du
chrétien et la gloire éternelle future, rapport affirmé en 4,17. Nous avons
proposé de considérer ce verset comme la *propositio* principale que l'unité
littéraire 5,1-10 appuie. En effet, les souffrances risquent de conduire le
chrétien à douter de la gloire future et à désirer le revêtement immédiat du
corps glorieux. Elles peuvent même faire douter de la puissance de Dieu à
accomplir ce à quoi il a destiné les chrétiens. Paul, pour dissiper de tels
doutes, recourt en 5,1 à une affirmation traditionnelle de la foi: même dans
le cas où les souffrances aboutiraient à la destruction totale du corps, - c'est-
à-dire à la mort -, le chrétien a déjà une maison céleste, oeuvre de Dieu. A
notre avis, cette maison céleste et éternelle est le corps spirituel dont il est
question en 1 Co 15,35-58.

La pointe de l'argumentation en 2 Co 5,1-10 ne porte pas ainsi - comme
le soutiennent certains - sur la peur de la mort et de la nudité de l'âme avant
la parousie, ni sur l'état intermédiaire des âmes individuelles des fidèles
chrétiens en attendant la résurrection finale. En interprétant le terme γυμνός
du v.3 grâce à celui de 1 Co 15,37 - et non pas grâce à la philosophie hellé-

nistique - nous avons découvert qu'en 2 Co 5,1-5 il n'est pas question du sort de l'âme dépourvue du corps, mais plutôt du corps souffrant, non encore transformé, auquel Paul oppose l'existence du corps spirituel, céleste.

La pointe de toute l'unité 5,1-10 porte ainsi sur le fait que l'Apôtre encourage tout croyant à mettre en valeur le temps de la foi, qui est celui où il vit encore dans le corps mortel, même s'il est vrai - comme l'indique une autre affirmation traditionnelle de la foi en 2 Co 5,6 - qu'étant dans le corps, le chrétien est loin du Seigneur. Le recours à ces affirmations de foi permet à Paul de soutenir que seul avec les yeux de la foi les souffrances éphémères des chrétiens préparent à la gloire éternelle, car même la mort ne devrait pas être considérée comme une menace. Pour Paul, mort ou pas mort, le chrétien prendra part à la parousie du Christ. En ce moment-là - c'est-à-dire à la révélation complète - il recevra ce qu'il mérite. Il importe donc que le chrétien fasse tout pour plaire à Dieu, en vue du rachat total.

Dans le quatrième chapitre notre exégèse a montré que la pointe de l'unité argumentative en Rm 8,18-30 concerne à nouveau le rapport entre les gémissements et l'espérance des chrétiens dans l'attente de la rédemption complète du corps. Plus ou moins comme en 2 Co 5,1-10, Paul soutient ici que les souffrances de toutes sortes dans la vie du chrétien - parmi lesquelles il faut compter le péché encore persistant - n'ont rien de commun avec la gloire des enfants de Dieu déjà garantie par le choix irrévocable de Dieu. Les vv.19-22, qui parlent de l'attente de la création, servent à appuyer cette affirmation du v.18. De cette façon, le rôle primordial de ces versets n'est pas celui de donner un enseignement sur le sort futur de la création. Paul recourt au cas de la création qui gémit comme à une parabole qui permet d'éclaircir le sens et la dimension de l'espérance chrétienne.

Toutefois, le phénomène rhétorique de la dilatation sémantique permet de croire aussi que Paul exprime ici une pensée sur le sort futur de la création. Il affirme que celle-ci devra être libérée de la corruption. On sait, de fait, que si un orateur veut convaincre ses auditeurs de la validité de sa thèse, il ne peut soutenir celle-ci en recourant à un argument invraisemblable ou inadmissible aux yeux de ses auditeurs. Il ne s'appuie que sur celui dont la vraisemblance est supposée des interlocuteurs. Autrement, il est obligé de clarifier son argument. Il en est de même pour l'unité rhétorique Rm 8,19-22. Notre analyse indique qu'on pourrait admettre que la vraisemblance de cet argument se situe dans des textes vétérotestamentaires de la tradition de l'exode. Dans ce cas, ce discours sur l'attente de la création ne fonctionnerait pas seulement comme une parabole, mais aussi comme un enseignement spécifique sur le sort à venir de la création. Ceci dit, ce qui reste indiscutable, c'est que Paul y recourt principalement pour encourager les chrétiens à persévérer pendant qu'ils attendent le moment de la révélation complète de leur vraie dignité.

De fait, l'Apôtre situe le problème principal de sa discussion en Rm 8,18-30 au niveau du rapport entre la *révélation* de ce que les chrétiens ont déjà acquis dans le Christ et la réalité des souffrances qu'ils expérimentent encore, c'est-à-dire entre la vision de leur gloire, leur dignité d'enfants de Dieu, et les humiliations quotidiennes qu'ils subissent malgré eux en étant encore dans le "corps de mort". Aussi recourt-il, pour soutenir son point de vue, au fait que les chrétiens sont, dans leur faiblesse, assistés par l'intercession de l'Esprit et soutenus par Dieu lui-même. Celui-ci les a appelés à la gloire et rien ne peut détruire cet engagement de Dieu en leur faveur.

Au bout de cette analyse rhétorico-exégétique des textes, nous avons présenté dans le dernier chapitre le noyau de l'eschatologie paulinienne et ses enjeux, tels qu'ils se dégagent de notre recherche. C'est ici que nous avons essayé de rendre compte de la vraie position de l'Apôtre et du rôle qu'il donne, dans son enseignement en matière d'eschatologie, aux éléments apocalyptiques et hellénistiques.

Nous considérons l'affirmation de l'*existence du corps spirituel, immortel et incorruptible*, comme le noyau de l'eschatologie paulinienne. Pour Paul, ce corps sera acquis à la parousie du Christ. Son acquisition est une condition indispensable pour que tout homme, mort ou vivant, prenne part au règne de Dieu. Comme ce corps a commencé à exister avec le Christ, c'est donc aussi seulement dans le Christ qu'on l'acquiert. Les chrétiens qui seront déjà morts l'acqueront par la résurrection; ceux qui seront encore vivants, par une transformation simultanée à cette résurrection. En attendant cet événement, le chrétien est invité à persévérer dans sa foi au Dieu qui ne l'abandonne pas, même s'il est, à cause de son corps mortel, encore écrasé par les souffrances et menacé par la mort. Celles-ci ne ternissent pas sa gloire de fils de Dieu, gloire qui va être manifestée à la parousie du Christ, mais dont il bénéficie déjà de par sa foi en la résurrection du Christ.

Nous montrons ainsi, après avoir défini ce qu'est l'apocalyptique, que celle-ci n'est pour Paul qu'un *topos* relatif et secondaire, auquel il recourt pour appuyer certaines de ses thèses principales, lesquelles sont d'ordre sotériologique. L'apocalyptique juive, en effet, ne peut pas être définie seulement en tenant compte des éléments conceptuels. Ceux-ci existent aussi dans d'autres genres littéraires. Par contre, la spécificité de l'apocalyptique juive consistait à proclamer, en une forme précise de langage - en l'occurrence un langage symbolique et plein de révélations "célestes" -, que le mal, les souffrances, la corruption et la mort qui existent dans ce monde-ci auraient une fin un jour, lorsque Dieu fera toutes choses nouvelles.

En tant que *topos*, l'apocalyptique a sans doute fourni à Paul un langage connu aussi de ses auditeurs, en particulier l'assurance de la victoire définitive sur la mort. Toutefois, notre étude montre que Paul n'attribue pas à l'apocalyptique une fonction fondamentale, car il recourt à d'autres *topoi* - particulièrement aux Ecritures et à sa vie personnelle - d'où il tire des arguments ayant souvent une valeur plus grande, voire plus décisive, que les éléments de l'apocalyptique juive. La conviction paulinienne est basée sur l'*apocalypse* divine qui lui fit comprendre l'accomplissement des Ecritures dans la réalité de la résurrection du Christ.

Nous soutenons par ailleurs que l'immortalité du corps que Paul propose comme solution pour dépasser le scandale de la mort et de la mortalité des chrétiens, ne dépend pas de l'eschatologie hellénistique. Celle-ci proposait l'immortalité de l'âme, laquelle laisse intact le problème de la mort et place Dieu dans une situation d'impuissance devant la force destructrice de la mort. De la sorte, nous trouvons que si Paul s'est intéressé au salut du corps, ce n'est pas à cause de son passage à l'eschatologie individuelle hellénistique. Tout simplement, dans la perspective sotériologique chrétienne, le corps continue à poser problème, en tant qu'il est la dimension humaine du chrétien qui *semble* ne pas encore être rachetée, mieux pour laquelle *on ne voit pas encore* concrètement les effets de la rédemption acquise dans le Christ. Pour Paul, en étant dans le corps, le chrétien n'a pas encore la vision complète de son nouveau statut acquis en Jésus Christ. Les souffrances sont les premières à rendre évidente cette réalité de l'inachèvement. Le temps de la foi est donc vécu dans le corps fragile et fragilisé. Mais le corps reçoit déjà une nouvelle dimension. On n'attend pas seulement sa rédemption future. Il est déjà maintenant considéré comme un lieu où se manifeste la puissance de Dieu, comme l'occasion de l'épiphanie de la passion où la vie du Christ est énergique en vue de la gloire à venir. Voilà pourquoi il faut mettre en valeur le temps de la foi.

De la sorte, nous indiquons que le retard de la parousie ne doit pas être considéré comme le point de départ d'un quelconque changement de perspective dans l'eschatologie paulinienne. Paul a toujours pris en considération l'éventualité de sa mort. La conscience qu'il avait de mourir avant la parousie n'entraîna aucun doute sur son salut en Jésus Christ, car il n'a jamais considéré la mort comme une séparation du Seigneur. En tout cas, dans les argumentations étudiées Paul témoigne continûment d'une même conviction: tout chrétien, *mort ou vivant*, prendra part à la parousie du Seigneur. Voilà pourquoi lui-même n'a pas peur de la mort et donne aux souffrances une dimension active en vue de la réalisation complète du salut.

Plus qu'une préoccupation apocalyptique ou purement anthropologique, les réflexions principales de l'Apôtre sont d'ordre sotériologique, et leur fondement christologique. Paul a essayé de répondre aux questions les plus difficiles et les plus fondamentales pour un chrétien: pourquoi ceux qui sont déjà rachetés dans le Christ meurent-ils encore? Pourquoi souffrent-ils encore, surtout lorsqu'ils sont au service de l'Evangile (cf. Rm 8,35-36; 1 Co 15,31-32; 2 Co 1,8-10; 4,10-11, etc...)? La souffrance et la mort des chrétiens, et le péché qui demeure encore malgré le rachat (Rm 6-7), ne sont-ils pas la preuve qu'en Jésus Christ Dieu n'a pas tout accompli pour ceux qui l'aiment? L'enjeu de ces argumentations est capital: il est *théo*-logique, mais seulement dans la mesure où c'est la réalité de la résurrection du Christ qui le déclenche. L'identification de la *propositio* de chaque argumentation permet d'établir que l'essentiel de l'eschatologie paulinienne est constitué de réponses à ces questions difficiles et inévitables.

Bibliographie

1. Textes et versions

ALAND, K. et al.,   *The Greek New Testament* (Stuttgart, ³1983).
BLACK, M.,   *Apocalypsis Henochi Graece* (PVTG 3; Leiden, 1970).
CHARLES, R.H.,   *The Apocrypha and Pseudepigrapha of the Old Testament*. 2 Vols (Oxford, 1913).
DE JONGE, M.,   *Testamenta XII Patriarcharum*. Edited According to Cambridge University Library MS Ff 1.24 fol. 203a-261b with short Notes (PVTG 1; Leiden, 1970).
DE JONGE, M. et al.,   *The Testaments of the Twelve Patriarchs*. A Critical Edition of the Greek Text (PVTG 1.1; 1978).
DUPONT-SOMMER, A. - PHILONENKO, M., *La Bible. Ecrits intertestamen taires* (BP; Paris, 1987).
ELLIGER, K. - RUDOLPH, W., *Biblia Hebraica Stuttgartensia* (Stuttgart, 1967-1977).
HENNECKE, E. - SCHNEEMELCHER, W., *Neutestamentliche Apokryphen*, vol.II *Apostolisches*. Apokalypsen und Verwandtes (Tübingen, ⁵1989).
MERK, A.,   *Novum Testamentum Graece et Latine* (SPIB 65; Rome, ¹¹1992).
MORALDI, L.,   *Apocrifi del Nuovo Testamento*. 3 Vols (Casale Monferato, 1994).
NESTLE, E. - ALAND, K., *Novum Testamentum Graece* (Stuttgart, ²⁶1979).
PICARD, J.-C.,   *Apocalypsis Baruchi Graece* (PVTG 2; Leiden, 1977).
RAHLFS, A.,   *Septuaginta* (Stuttgart, ⁹1979).
STONE, M.E.,   *The Testament of Abraham*. The Greek Recensions (Texts and Translations 2; Pseudepigrapha Series 2; Missoula, MO, 1972).
WAHL, O.,   *Apocalypsis Esdrae. Apocalypsis Sedrach. Visio beati Esdrae* (PVTG 4; Leiden, 1977).

2. Instruments de travail

BAILLY, A.,   *Dictionnaire Grec-Français* (Paris, 1950).

BALZ, H. - SCHNEIDER, G. (éds.), *Exegetisches Wörterbuch zum Neuen Testament*. 3 vols (Stuttgart - Berlin - Köln - Mainz, 1980,1981,1983).

BAUER, W. - GINGRICH, F.W. - DANKER, F.W., *A Greek-English Lexicon of the New Testament and Other Early Christian Literature* (Chicago - London, 1952, ^{2}1979).

CARREZ, M.,   *Grammaire grecque du Nouveau Testament (avec exercices et plan de travail)* (MB; Genève, ^{4}1985)

JAY, E.G.,   *New Testament Greek*. An Introductory Grammar (London, 1958).

JOÜON, P.,   *Grammaire de l'hébreu biblique* (Rome, 1982).

KITTEL, G. - FRIEDRICH, G. (éds.), *Theologisches Wörterbuch zum Neuen Testament*. 10 vols (Stuttgart, 1933-).

LIDDELL, H.G. - SCOTT, R., *A Greek - English Lexicon*: A New Edition Revised and Augmented throughout by H.S. Jones, assisted by R. McKenzie (Oxford, ^{9}1966).

METZGER, B.M. (éd.), *A Textual Commentary on the Greek New Testament* (Stuttgart, ^{3}1975).

MOULTON, W.F. - GEDEN, A.S. - MOULTON, H.K. (éds.), *A Concordance to the Greek New Testament* According to the Texts of Wescott and Hort, Tischendorf and the English Revisers (Edinburgh, 1897, ^{5}1978).

SPICQ, C.,   *Notes de lexicographie du Nouveau Testament*. 3 Vols (OBO 22/1-3; Fribourg - Göttingen, 1978-1982).

ZERWICK, M.,   *Graecitas biblica exemplis illustratur* (SPIB 92; Rome, ^{4}1960).

ZERWICK, M. - GROSVENOR, M., *A Grammatical Analysis of the Greek New Testament*. Unabridged, revised Edition in One Volume (Rome, 1981).

3. Sources classiques

ARISTOTE,   *De la génération et de la corruption*. Texte établi et traduit par Ch. Mugler (Budé; Paris, 1966).

EPICTETE,   *Entretiens*. Livres I-II. Texte établi et traduit par J. Souilhé (Budé; Paris, 1947,1949).

EPICTETE,   *Entretiens*. Livres III-IV. Texte établi et traduit par J. Souilhé avec la collaboration de A. Jagu (Budé; Paris, 1963,1965).

ESCHYLE,   Tome I. *Les Suppliantes - Les Perses - Les sept contre Thèbes - Prométhée enchaîné*. Texte établi et traduit par P. Mazon (Budé; Paris, 1920).

EURIPIDE,   Tome VI[1]. *Oreste*. Texte établi et annoté par F. Chapouthier et traduit par L. Méridier (Budé; Paris, 1959).

HELIODORE   *Les éthiopiques (Théagène et Chariclée)*. 3 Tomes. Texte établi et traduit par J. Maillon (Budé; Paris, 1935, 1938, 1943).

HERODOTE,   *Histoires*. Livres I-II. Texte établi et traduit par Ph.-E. Legrand (Budé; Paris, 1946, 1948)

HOMERE,   *L'Odysée* «Poésie Homérique». 3 tomes. Texte établi et traduit par V. Bérard (Paris, 1924).

HOMERE,   *L'Iliade*. 4 tomes. Texte établi et traduit par P. Mazon avec la collaboration de P. Chantraine - P. Collart - R. Langumier (Budé, 1937,1938).

JOSEPHE, F.,   *Antiquitatum Iudaicarum*. Libri I-X. in *Flavii Iosephi opera*. Edidit et apparatu critico instruxit B. Niese. 2 Vols (Berlin, 1887.1887).

JOSEPHE, F.,   *Antiquités Judaïques*. Livres I-X in *Oeuvres complètes de Flavius Josèphe traduites en français*. 2 Tomes. Sous la direction de Th. Reinach. Traduction de J. Weill (Publications de la Société des Etudes Juives; Paris, 1900.1926).

PHILON,   *De opificio mundi*. Introduction, traduction et notes par R. Arnaldez in *Les Oeuvres de Philon d'Alexandrie*. Tome 1 (Paris, 1961).

PHILON,   *Legum allegoriae I-III*. Introduction, ttraduction et notes par C. Mondésert in *Les Oeuvres de Philon d'Alexandrie*. Tome 2 (Paris, 1962).

PLATON,   *Charmide* in *Oeuvres complètes*. Tome II. Texte et établi par A. Croiset (Budé; Paris, 1921).

PLATON,   *Gorgias* in *Oeuvres complètes*. Tome III. 2e partie. Texte établi et traduit par A. Croiset avec la collaboration de L. Robin (Budé; Paris, 1923).

PLATON,   *Phédon* in *Oeuvres complètes*. Tome IV. Ière partie. Notice de L. Robin. Texte établi et traduit par P. Vicaire (Budé; Paris, 1983).

PLATON, *Cratyle* in *Oeuvres complètes*. Tome V. 2ᵉ partie. Texte établi et traduit pat L. Méridier (Budé; Paris, 1931).

PLATON, *La République*. Livres I-III in *Oeuvres complètes*. Tome VI. Texte établi et traduit par E. Chambry, avec Introduction d'A. Diès (Budé; Paris, 1932).

PLATON, *La République*. Livres IV-VII; VIII-X. in *Oeuvres complètes*. Tome VII. Iᵉʳᵉ - 2ᵉ parties.Texte établi et traduit par E. Chambry (Budé; Paris, 1933, 1934).

PLATON, *Timée* in *Oeuvres complètes*. Tome X. Texte établi et traduit par A. Rivaud (Budé; Paris, 1925).

PLATON, *Axiochos* in *Oeuvres complètes*. Tome XIII - 3ᵉ partie. *Dialogues apocryphes*. Texte établi et traduit par J. Souilhé (Budé; Paris, 1930).

PLUTARQUE, *Pélopidas* in *Oeuvres Morales*. Tome IV. Texte établi et traduit par R. Flacelière et E. Chambry (Budé; Paris, 1966).

PLUTARQUE, *De sera numinis vindicta* in *Oeuvres Morales*. Tome VII - 2ᵉ partie. Texte établi et traduit par R. Klaerr - Y. Vernière (Budé; Paris, 1974).

PLUTARQUE, *De sollertia animalium* in PLUTARCH's *Moralia* in Fifteen Volumes. Vol XII 920 A - 999 B with an English Translation by H. Cherniss and W.C. Helmbold (Cambridge, MA - London, 1968).

SOPHOCLE, Tome II. *Ajax - Oedipe-Roi - Électre*. Texte établi par A. Dain et traduit par P. Mazon (Budé; Paris, 1958).

XENOPHON, *Helléniques*. Tomes I-II. Livres I-III; IV-VII. Texte établi et traduit par J. Hatzfeld (Budé; Paris, 1936, 1948).

XENOPHON, *Anabase*. Tomes I-II. Livres I-III; IV-VII. Texte établi et traduit par P. Marqueray (Budé; Paris, 1949).

XENOPHON, *Cyropédie*. Tomes I-II. Livres I-II; III-V. Texte établi et traduit par M. Bizos (Budé; Paris, 1971. 1973).

XENOPHON, *Cyropédie*. Tome III. Livres VI-VIII. Texte établi et traduit par E. Delebecque (Budé; Paris, 1978).

4. Rhétorique ancienne

ARISTOTE, *Rhétorique*. 2 Tomes. Texte établi et traduit par M. Dufour (Budé; Paris, 1932, 1938).

ARISTOTE,   *Rhétorique.* Tome III. Texte établi et traduit par M.
                 Dufour et A. Wartelle; annoté par A. Wartelle (Budé;
                 Paris, ^{3}1989).
ARISTOTE,   *Topiques.* Tome I. Livres I-IV. Texte établi et traduit
                 par J. Brunschwig (Budé; Paris, 1967).
BARTHES, R.,   *La retorica antica* (tr.it.; Milano, ^{4}1988).
CICERON,   *De l'invention.* Texte établi et traduit par G. Achard
                 (Budé; Paris, 1994).
CICERON,   *Divisions de l'art oratoire. Topiques.* Texte établi et
                 traduit par H. Bornecque (Budé; Paris, 1924).
CICERON,   *De l'orateur.* Tome II. Texte établi et traduit par E.
                 Courbaud (Budé; Paris, 1927).
LAUSBERG, H.,   *Elementi di retorica* (tr.it. Bologna, 1969).
LAUSBERG, H.,   *Handbuch der literarischen Rhetorik.* Eine Grundle-
                 gung der Literaturwissenschaft (München, 1960).
QUINTILIEN,   *Institution oratoire.* 5 Tomes. 9 Livres. Texte établi et
                 traduit par J. Cousin (Budé; Paris, 1975, 1976, 1977,
                 1978).
Rhétorique à Herennius. Texte établi et traduit par G. Achard (Budé; Paris,
1989).

5. Commentaires

ALETTI, J.-N.,   *Saint Paul. Épitre aux Colossiens.* Introduction,
                 traduction et commentaire (EBib NS 20; Paris, 1993).
ALLO, E.-B.,   *Saint Paul. Première Epître aux Corinthiens* (EBib;
                 Paris, 1956).
ALLO, E.-B.,   *Saint Paul. Seconde Epître aux Corinthiens* (EBib;
                 Paris, 1956).
BARRETT, C.K.,   *A Commentary on the Second Epistle to the Corin-*
                 thians (BNTC; London, 1973).
BAUCKHAM, R.J., *Jude, 2 Peter* (WBC 50; Waco, TE, 1983).
BERNINI, G.,   *Osea-Michea-Nahum-Abacuc* (NVB 30; Roma, 1970).
BETZ, H.D.,   *Galatians.* A Commentary on Paul's Letter to the
                 Churches of Galatia (Philadelphia, 1979, ^{2}1984).
BONNARD, P.,   *L'Epître de saint Paul aux Philippiens* (CNT 10; Neu-
                 châtel - Paris, 1950).
BROWN, R.E.,   *The Birth of the Messiah.* A Commentary on the Infan-
                 cy Narratives in Matthew and Luke (Garden City,
                 NY; ^{2}1993).

CARREZ, M.,   *La deuxième épître de Saint Paul aux Corinthiens* (CNT 8B; Genève, 1986).

CONZELMANN, H.,   *Der erste Brief an die Korinther* (KEKNT 5; Göttingen, ¹²1981).

DAVIDS, P.H.,   *The First Epistle of Peter* (NICNT 17.1; Grand Rapids, MI, 1990).

DUNN, J.D.G.,   *Romans 1-8* (WBC 38A; Dallas, TE, 1988).

FEE, G.D.,   *The First Epistle to the Corinthians* (NICNT 7.1; Grand Rapids, 1987).

FITZMYER, J.A.,   *Romans.* A New Translation with Introduction and Commentary (AB 33; New York, 1993).

FUCHS, E. - REYMOND, P., *La deuxième épître de Saint Pierre. L'épître de Saint Jude* (CNT 13b; Neuchâtel - Paris, 1980).

FURNISH, V.P.,   *II Corinthians* (AB 32A; New York, 1984).

GRAY, G.B.,   *A Critical and Exegetical Commentary on the Book of Isaiah I-XXXIX* (ICC 38; Edinburgh, 1912).

HAWTHRONE, G.F.,   *Philippians* (WBC 43, Waco, TE, 1983).

KÄSEMANN, E.,   *An die Römer* (HNT 8A; Tübingen, ⁴1980).

LIETZMANN, H.,   *An die Korinther I/II* (HNT 9; Tübingen, ⁵1969).

MICHAELS, J.R.,   *1 Peter* (WBC 49; Waco, TE, 1988).

MURRAY, J.,   *The Epistle to the Romans* (NICNT; Grand Rapids, MI, 1968).

NEYREY, J.H.,   *2 Peter, Jude.* A New Translation with Introduction and Commentary (AB 37c; New York - London - Toronto - Sydney - Auckland, 1993).

NEUSNER, J.,   *Genesis Rabbah.* The Judaic Commentary to the Book of Genesis. A New American Translation. vol. I. Parashiyyot One through Thirty-Three on Genesis 1:1 to 8:14 (BJS 104; Atlanta, 1985).

PRIGENT, P.,   *L'Apocalypse de Saint Jean* (CNT 14; Lausanne - Paris, 1981).

REICKE, B.,   *The Epistles of James, Peter, and Jude.* Introduction, Translation, and Notes (AB 37; Garden City, NY, 1964).

RIGAUX, B.,   *Saint Paul.* Les lettres aux Thessaloniciens (EBib; Paris - Gembloux, 1956).

SCHLATTER, A.,   *Gottes Gerechtigkeit.* Ein Kommentar zum Römerbrief (Stuttgart, ²1952).

STRACK H.L. - BILLERBECK, P., *Kommentar zum Neuen Testament aus Talmud und Midrasch. III. Die Briefe des Neuen Testaments und die Offenbarung Johannis* (München, 1926, ⁷1979).

THEOBALD, M.,   *Römerbrief.* Kapitel 1-11 (SKKNT 6/1; Stuttgart, 1992).

THRALL, M.E.,   *A Critical and Exegetical Commentary on the Second Epistle to the Corinthians.* vol. I. *Introduction and Commentary on II Corinthians I-VII* (ICC; Edinburgh, 1994).

WANAMAKER, Ch.A., *The Epistles to the Thessalonians.* A Commentary on the Greek Text (NIGTC 13; Grand Rapids, MI, 1990).

WATTS, J.D.W.,   *Isaiah 1-33* (WBC 24; Waco, TE, 1985).

WEISS, J.,   *Der erste Korintherbrief* (KEK 5; Göttingen, ⁹1920).

WILCKENS, U.,   *Der Brief an die Römer.* 2. Teilband: *Röm 6-11* (EKKNT 6/2; Neukirchen-Vluyn, 1980) 147-164.

ZAHN, Th.,   *Der Brief des Paulus an die Römer* (KNT 6; Leipzig-Erlangen, ³1925).

6. Apocalyptique juive et chrétienne

Apocalypse: The Morphology of a Genre (éd. J.J. COLLINS) in *Semeia* 14 (1979).

Apocalypses et théologie de l'espérance. Congrès ACFEB de Toulouse, 1975 (éd. L. MONLOUBOU) (LD 95; Paris, 1977).

Apocalyptic and the New Testament. Essays in Honor of J. Louis Martyn (éds. J. MARCUS - M.L. SOARDS) (JSNTSS 24; Sheffield, 1989).

Apocalypticism in the Mediterranean World and the Near East: Proceedings of the International Colloquium on Apocalypticism, Uppsala, August 12-17, 1979 (éd. D. HELLHOLM) (Tübingen, ²1989).

Apokalyptik (éds. K. KOCH - J.M. SCHMIDT) (WF 365; Darmstadt,1982).

Apokalyptik und Eschatologie. Sinn und Ziel der Geschichte (éd. H. ALTHAUS) (Freiburg - Basel - Wien, 1987).

BISCHOFBERGER, O. et al., *Apokalyptische Ängste - christliche Hoffnung* (WG 9; Freiburg, CH - Zürich, 1991).

BOUSSET, W.,   «Die religionsgeschichtliche Herkunft der jüdischen Apokalyptik» in *Apokalyptik*, 132-135.

CARMIGNAC, J.,   «Description du phénomène de l'Apocalyptique dans l'Ancien Testament» in *Apocalypticism in the Mediterranean World and the Near East*, 163-170.

CAROZZI, C.,   *Eschatologie et au-delà.* Recherches sur l'Apocalypse de Paul (Aix-en-Provence, 1994)

COLLINS, J.J., *The Apocalyptic Imagination*. An Introduction to the Jewish Matrix of Christianity (New York, 1984).

GLASSON, T.F., «What is Apocalyptic?» *NTS* 27 (1980-81) 98-105.

GOWAN, D.E., «The Fall and Redemption of the Material World in Apocalyptic Literature» *HBT* 7 (1985) 83-103.

Die größere Hoffnung der Christen. Eschatologische Vorstellungen im Wandel (éd. A. GERHARDS) (QD 127; Freiburg - Basel - Wien, 1990).

HANSON, P.D., *The Dawn of Apocalyptic*. The Historical and Sociological Roots of Jewish Apocalyptic Eschatology (Philadelphia, 1975, ²1979).

HANSON, P.D., «Apocalypticism» *IDBSup* (Nashville, 1976) 28-34.

HASEL, G.F., «Resurrection in the Theology of Old Testament Apocalyptic» *ZAW* 92 (1980) 267-284.

HERMAS, *Le Pasteur*. Introduction, texte critique, traduction et notes par R. Joly (SC 53; Paris, 1958).

HILGENFELD, A., *Die jüdische Apokalyptik in ihrer geschichtlichen Entwickelung*. Ein Beitrag zur Vorgeschichte des Christenthums nebst einem Anhange über das gnotische System des Basilides (Jena, 1857).

KOCH, K., *Ratlos vor der Apokalyptik*. Eine Streitschrift über ein vernachlässigtes Gebiet der Bibelwissenschaft und die schädlichen Auswirkungen auf Theologie und Philosophie (Gütersloh, 1970).

MARCONCINI, B., *Apocalittica*. Origine, sviluppo, caratteristiche di una teologia per tempi difficili (Leumann, TO, 1985).

MARCONCINI, B., «L'apocalittica biblica» in B. MARCONCINI et al., *Profeti e apoclittici* (Logos, Corso di Studi Biblici 3; Leumann, TO, 1995) 206-209.

MÉNARD, P., «Littérature apocalyptique juive et littérature gnostique» *RScR* 47 (1973) 300-317.

MÜLLER, K., *Studien zur frühjüdischen Apokalyptik* (SBANT 11; Stuttgart, 1991).

PRIGENT, P., «Apocalypse et apocalyptique» *RScR* 47 (1973) 280-299.

PRIGENT, P., «Qu'est-ce qu'une apocalypse?» *RHPR* 75 (1995) 77-84.

REUSS, E., «Johanneische Apokalypse» *AEWK* II, 79-82, publié à nouveau in *Apokalyptik*, 31-40.

ROWLAND, Ch., *The Open Heaven* (London, 1982).

RUSSELL, D.S., *The Method and Message of Jewish Apocalyptic*. 200 BC - AD 100 (London, 1964, ³1980).

RUSSELL, D.S., *Divine Disclosure*. An Introduction to Jewish Apocalyptic (Minneapolis, MN, 1992).

SACCHI, P., *L'apocalittica giudaica e la sua storia* (BCR 55; Brescia, 1990).

SAND, A., «Jüdische und christliche Apokalyptik - Exegetische Fragen und theologische Aspekte» in *Die größere Hoffnung der Christen*, 59-77.

SCHMITHALS, W., *Die Apokalyptik*. Einführung und Deutung (Göttingen, 1973).

SCHUSSLER FIORENZA, E., «The Phenomenon of Early Christian Apocalyptic. Some Reflections on Method» in *Apocalypticism in the Mediterranean World and the Near East*, 295-316.

SMITH, M., «On the History of ΑΠΟΚΑΛΥΠΤΩ and ΑΠΟΚΑΛΥΨΙΣ» in *Apocalypticism in the Mediterranean World and the Near East*, 9-20.

VIELHAUER, P. - STRECKER, G., «Apokalypsen und Verwandtes. Einleitung» in *Neutestamentliche Apokryphen*, vol.II, 491-508.

Weltgericht und Weltvollendung. Zukunftbilder im Neuen Testament (éd. H.-J. KLAUCK) (QD 150; Freiburg - Basel - Wien, 1994).

ZAGER, W., *Begriff und Wertung der Apokalyptik in der neutestamentlichen Forschung* (EH XXIII/358; Frankfurt - Bern - New York - Paris, 1989).

7. Paul et l'apocalyptique

ACHTMEIER, P., «An Apocalyptic Shift in Early Christian Eschatology: Reflections on Some Canonical Evidence» *CBQ* 45 (1983) 231-248.

BAUMGARTEN, J., *Paulus und die Apokalyptik*. Die Auslegung apokalyptischer Überlieferungen in den echten Paulusbriefen (WMANT 44; Neukirchen - Vluyn, 1979).

BECKER, J., «Erwägungen zur apokalyptischen Tradition in der paulinischen Theologie» *EvT* 30 (1970) 593-609.

BEILNER, W., «Weltgericht und Weltvollendung bei Paulus» in *Weltgericht und Weltvollendung*, 85-105.

BEKER, J.C., *Paul the Apostle*. The Triumph of God in Life and Thought (Philadelphia, 1980).

BEKER, J.C., *Paul's Apocalyptic Gospel*. The Coming Triumph of God (Philadelphia, 1982).

BEKER, J.C., «Suffering and Triumph in Paul's Letter to the Romans» *HBT* 7 (1985) 105-119.

BEKER, J.C.,   *Der Sieg Gottes.* Eine Untersuchung zur Struktur des
                    paulinischen Denkens (SBS 132; Stuttgart, 1988).

BEKER, J.C.,   «Paul's Theology: Consistent or Inconsistent» *NTS* 34
                    (1988) 364-377.

BEKER, J.C.,   «Paul the Theologian. Major Motifs in Pauline
                    Theology» *Int* 43 (1989) 352-365.

BENOIT, P.,   «L'évolution du langage apocalyptique dans le Corpus
                    paulinien» in *Apocalypses et théologie de l'espérance*,
                    299-335.

BINDEMANN, W.,   *Die Hoffnung der Schöpfung.* Römer 8,18-27 und die
                    Frage einer Theologie der Befreiung von Mensch und
                    Natur (NSB 14; Neukirchen - Vluyn, 1983).

BOOMERSHINE, T.E., «Epistemology at the Turn of the Ages in Paul, Jesus
                    and Mark» in *Apocalyptic and the New Testament*,
                    147-167.

BRANICK, V.P.,   «Apocalyptic Paul?» *CBQ* 47 (1985) 664-675.

CHRISTOFFERSSON, O., *The Earnest Expectation of the Creature.* The Flood-
                    Tradition as Matrix of Romans 8:18-27 (CBNTS 23;
                    Stockholm, 1990).

COURT, J.M.,   «Paul and the Apocalyptic Pattern» in *Paul and Pau-
                    linism*, 57-66.

DE BOER, M.C.,   *The Defeat of Death.* Apocalyptic Eschatology in 1
                    Corinthians 15 and Romans 5 (JSNTSS 22; Sheffield,
                    1988).

DE BOER, M.C.,   «Paul and Jewish Apocalyptic Eschatology» in A*poca-
                    lyptic and the New Testament*, 169-190.

GAGER, J.G.,   «Functional Diversity in Paul's Use of End-Time Lan-
                    guage» *JBL* 89 (1970) 325-337.

GOPPELT, L.,   «Apokalyptik und Typologie bei Paulus» *TLZ* 89
                    (1964) 321-344.

JOHNSON, E.E.,   *The Function of the Apocalyptic and Wisdom Tradi-
                    tions* (Atlanta, 1989).

JOHNSON, E.E.,   «The Gospel of God as Apocalyptic Power» in *Faith
                    and History*, 137-148.

KÄSEMANN, E.,   «Zum Thema der urchristlichen Apokalyptik» *ZTK* 59
                    (1962) 257-284 = *Essais exégétiques*, 199-226.

KÄSEMANN, E.,   «Der gottesdienstliche Schrei nach der Freiheit» in
                    Paulinische Perspektiven, 211-236.

KECK, L.E.,   «Paul and Apocalyptic Theology» *Int* 38 (1984) 229-
                    241.

KLEIN, G.,   «Naherwartung bei Paulus» in *Neues Testament und
                    christliche Existenz*, 241-262.

KLIJN, A.F.J., «1 Thessalonians 4.13-18 and its Backgroubd in Apocalyptic Literature» in *Paul and Paulinism*, 67-73.

KOESTER, H., «From Paul's Eschatology to the Apocalyptic Schemata of 2 Thessalonians» in *The Thessalonian Correspondence*, 441-458.

LILLIE, W., «An Approach to II Corinthians 5:1-10» *SJT* 30 (1974) 59-70.

LINCOLN, A.T., *Paradise Now and Not Yet*. Studies in the Role of the Heavenly Discussion in Paul's Thought with Special Reference to His Eschatology (SNTS MS, 43; Cambridge, 1981).

LINDARS, B., «The Sound of the Trumpet: Paul and Eschatology» *BJRL* 67 (1985) 766-782.

LINDEMANN, A., «Paulus und die korinthische Eschatologie. Zur These von einer 'Entwicklung' im paulinischen Denken» *NTS* 37 (1991) 373-399.

LOHSE, E., «Apokalyptik und Christologie» *ZNW* 62 (1971) 48-67.

LONGENECKER, R.N., «The Nature of Paul's Early Eschatology» *NTS* 31 (1985) 85-95.

LONGENECKER, B.W., *Eschatology and the Covenant*: A Comparison of 4 Ezra and Romans 1-11 (JSNTSS 57; Sheffield, 1991).

LÜDEMANN, G., «The Hope of Early Paul: From the Foundation - Preaching at Thessalonika to 1 Cor. 15: 51-57» *PRS* 7 (1980) 195-210.

MATTERN, L., *Das Verständnis des Gerichtes bei Paulus* (AThANT 47; Zürich - Stuttgart, 1966).

MAYEDA, G., «Apocalyptic in the Epistle to the Romans - An Outline» in *L'Apocalypse johannique*, 319-323.

MEARNS, C.L., «Early Eschatological Development in Paul: the Evidence of I and II Thessalonians» *NTS* 27 (1980-81) 137-157.

MEARNS, C.L., «Early Eschatological Development in Paul. The Evidence of 1 Corinthians» *JSNT* 22 (1984) 19-35.

MEEKS, W.A., «Social Functions of Apocalyptic Language in Pauline Christianity» in *Apocalypticism in the Mediterranean*, 687-705.

MEYER, C.L., «Did Paul's View of the Resurrection of the Dead Undergo Development?» *TS* 47 (1986) 363-387.

PERRIMAN, A.C., «Paul and the Parousia: 1 Corinthians 15,50-57 and 2 Corinthians 5,1-5» *NTS* 35 (1989) 512-521.

SCHADE, H.H., *Apokalyptische Christologie bei Paulus*. Studien zum Zusammenhang von Christologie und Eschatologie in den Paulusbriefen (GTA 18; Göttingen, ²1984).

312   Bibliographie

SCHNELLE, U.,   *Wandlungen im paulinischen Denken* (SBS 137; Stuttgart, 1989).

SCHOLER, D.N.,   «'The God of Peace Will Shortly Crush Satan under Your Feet' (Romans 16:20a): The Function of Apocalyptic Eschatology in Paul» *Ex Auditu* 6 (1990) 53-61.

SCHWANTES, H.,   *Schöpfung der Endzeit.* Ein Beitrag zum Verständnis der Auferstehung bei Paulus (AT I.12; Stuttgart, 1963).

SCHWEITZER, A.,   Paul and His Interpreters. A Critical History (English translation; London, 1912).

SCHWEITZER, A.,   *La mystique de l'apôtre Paul.* (tr. fr.; Paris, 1962).

SELLIN, G.,   «'Die Auferstehung ist schon geschehen'. Zur Spiritualisierung apokalyptischer Terminologie im Neuen Testament» *NT* 25 (1983) 220-237.

STUHLMACHER, P.,   «Erwägungen zum Problem von Gegenwart und Zukunft in der paulinischen Eschatologie» *ZThK* 64 (1967) 423-450.

VOLLENWEIDER, S., *Freiheit als neue Schöpfung.* Eine Untersuchung zu Eleutheria bei Paulus und in seiner Umwelt (FRLANT 147; Göttingen, 1989).

WIEFEL, W.,   «Die Hauptrichtung des Wandels im eschatologischen Denken des Paulus» *TZ* 30 (1974) 65-81.

WITHERINGTON III, B., *Jesus, Paul and the End of the World.* A Comparative Study in New Testament Eschatology (Downers Grove, IL, 1992).

8. Autres études

ALETTI, J.-N.,   «L'Argumentation de Paul et la position des Corinthiens. 1 Co 15,12-34» dans *La résurrection du Christ,* 63-81.

ALETTI, J.-N.,   «La présence d'un modèle rhétorique en Romains: Son rôle et son importance» *Bib* 71 (1990) 1-24.

ALETTI, J.-N.,   «Saint Paul exégète de l'Ecriture» in *L'Ecriture, âme de la théologie,* 39-59.

ALETTI, J.-N.,   *Comment Dieu est-il juste?* Clefs pour interpréter l'épître aux Romains (PdD; Paris, 1991).

ALETTI, J.-N.,   «La *dispositio* rhétorique dans les épîtres pauliniennes. Propositions de méthode» *NTS* 38 (1992) 385-401.

ALETTI, J.-N.,   «Bulletin paulinien» *RSR* 81 (1993) 275-298.

ALETTI, J.-N.,   *Jésus-Christ fait-il l'unité du Nouveau Testament?* (JJC 61; Paris, 1994).

ALEXANDER, Ph.S., «Rabbinic Judaism and the New Testament» *ZNW* 74 (1983) 237-246.

ALTERMATH, F., *Du corps psychique au corps spirituel.* Interprétation de 1Cor 15, 35-49 par les auteurs chrétiens des quatre premiers siècles (Tübingen, 1977).

Apophoreta. Festschrift für E. Haenchen (BZNW 30; Berlin, 1964).

Ascribe to the Lord: Biblical and Other Studies in Memory of Peter C. Craigie (éds. L. ESLINGER - G. TAYLOR) (JSOTSS 67; Sheffield, 1988).

AUDET, L., «Avec quel corps les justes ressuscitent-ils? Analyse de 1 Corinthiens 15:44» *SR* 1 (1971) 165-177.

AUNE, D.E., «The Significance of the Delay of the Parousia for Early Christianity» in *Current Issues in Biblical and Patristic Interpretation*, 87-109.

The Background of the New Testament and its Eschatology in Honour of Charles Harold Dodd (éds. W.D. DAVIES - D. DAUBE) (Cambridge, 1956).

BAIRD, W., «Pauline Eschatology in Hermeneutical Perspective» *NTS* 17 (1970-71) 314-327.

BAKER, D.L., *Two Testaments, One Bible.* A Study of the Theological Relationship Between the Old and New Testaments (Leicester, 1976, ²1991).

BARRETT, C.K., «Paul's Opponents in II Corinthians» *NTS* 17 (1971) 233-254.

BARTH, Ch., *Die Errettung vom Tode in den individuellen Klage- und Dankliedern des Alten Testamentes* (Zollikon, 1947).

BARTHÉLEMY, D., *Les dévanciers d'Aquila.* Première publication intégrale du texte des fragments du dodécapropheton trouvés dans le désert de Juda, précédée d'une étude sur les traductions et récensions grecques de la Bible réalisées au premier siècle de notre ère sous l'influence du rabbinat palestinien (SVT 10; Leiden, 1969).

BAUCKHAM, R., «Resurrection as Giving Back the Dead: A Traditional Image of Resurrection in the Pseudepigrapha and the Apocalypse of John» in *The Pseudepigrapha and Early Biblical Interpretation*, 269-291.

BAUERNFIELD, O., «μάταιος, κτλ.» *ThWNT* IV, 525-529.

BECKER, J., *Auferstehung der Toten im Urchristentum* (SBS 82; Stuttgart, 1976).

BECKER, J., *Paulus.* Der Apostel der Völker (Tübingen, 1989).

BENOIT, P., «'Nous gémissons, attendant la délivrance de notre corps' (Rom. VIII,23)» in IDEM, *Exégèse et théologie.* T.II (Paris, 1961) 41-52.

BENOIT, P., «Résurrection à la fin des temps ou dès la mort?» *Concilium* (décembre 1970) 91-100.

BENVENISTE, E., *Probèmes de linguistique générale*. Vol II (Paris, 1974).

BERG, W., «Jenseitsvorstellungen im Alten Testament mit Hinweisen auf das frühe Judentum» in *Die größere Hoffnung der Christen*, 28-58.

BERGER, K., «Die impliziten Gegner. Zur Methode des Erschliessens von 'Gegner' in neutestamentlichen Texten» in *Kirche*, 373-400.

BERTRAM, G., «ἀποκαραδοκία» *ZNW* 49 (1958) 264-270.

BERTRAM, G., «Κατεργάζεσθαι» *ThWNT* III, 635-637.

BERTRAM, G., «συνεργός, συνεργέω» *ThWNT* VII, 869-875.

BETZ, H.D., «The Problem of Rhetoric and Theology according to the Apostle Paul» in *L'Apôtre Paul*, 16-48.

BIEDER, W., «θνητός» *EWNT* I, 379-380.

BLOCH, R., «Midrash» *DBS* V, 1263-1281.

BOLT, J., «The Relation Between Creation and Redemption in Romans 8:18-27» CTJ 30 (1995) 34-51.

BRIDGER, F., «Ecology and Eschatology: A Neglected Dimension» *TynBull* 41 (1990) 290-301.

BRUCE, F.F., *New Testament and Development of Old Testament Themes* (Grand Rapids, MI, 1968).

BRUCE, F.F., «Paul on Immortality» *SJT* 24 (1971) 457-472.

BUCK, Ch. - TAYLOR, G., *Saint Paul: A Study of the Development of his Thought* (New York, 1969).

BULTMANN, R., «Paulus» *RGG* IV, 1031-1045.

BULTMANN, R., «θνητός» *ThWNT* III, 22.

BULTMANN, R., *Le christianisme primitif dans le cadre des religions antiques*. Préface de M. Goguel. Traduction de P. Jundt (BH; Paris, 1950).

BULTMANN, R., *Histoire et eschatologie* (tr. fr.; BTh; Neuchâtel-Paris, 1959).

BULTMANN, R., «Ist die Apokalyptik die Mutter der christlichen Theologie? Eine Auseinandersetzung mit Ernst Käsemann» in *Apophoreta*, 64-69; repris in R. BULTMANN, *Exegetica*, 476-482.

BULTMANN, R., *Exegetica. Aufsätze zur Erforschung des Neuen Testaments* (éd. E. DINKLER) (Tübingen, 1967).

BULTMANN, R., *Theologie des Neuen Testaments* (Tübingen, ⁹1984).

BÜNKER, M., *Briefformular und rhetorische Disposition im 1. Korintherbrief* (GTA 28; Göttingen, 1984).

BURCHARD, Chr., «1 Korinther 15 39-41» *ZNW* 75 (1984) 233-258.

CAMBIER, J., «L'espérance et le salut dans Rom 8,24» in *Message et Mission*, 93-100.

CAMPONOVO, O., *Königtum, Königsherrschaft und Reich Gottes in den Frühjüdischen Schriften* (OBO 58; Freiburg - Göttingen, 1984).

CARMIGNAC, J., «Les dangers de l'eschatologie» *NTS* 17 (1970-71) 365-390.

CHANTRAINE, P., *La formation des noms en grec ancien* (SLP 38; Paris, 1933).

CHANTRAINE, P., *Etudes sur le vocabulaire grec* (EC 24; Paris, 1956).

CHESTER, A., «A Jewish Messianic Expectations and Mediatorial Figures and Pauline Christology» in *Paulus und das antike Judentum*, 17-89.

Christ and Spirit in the New Testament. Fs C.F.D. MOULE (éd. B. LINDARS) (London - New York, 1973).

CLASSEN, C.J., «Paulus und die antike Rhetorik» *ZNW* 82 (1991) 1-33.

CLAVIER, H., «Brèves remarques sur la notion de σῶμα πνευματικόν» in *The Background of the New Testament and its Eschatology*, 342-362.

COETZER, W.C., «The Holy Spirit and the Eschatological View in Romans 8» *Neot* 15 (1981) 180-198.

COLLANGE, J.-F., *Enigmes de la deuxième épître aux Corinthiens*. Etude exégétique de 2 Cor. 2:14-7:4 (Cambridge, 1972).

CONZELMANN, H.G., «Zur Analyse der Bekenntnisformel. I. Kor. 15,3-5» *EvT* 25 (1965) 1-11.

COOPER, J.W., *Body, Soul and Life Everlasting*. Biblical Anthropology and the Monism-Dualism Debate (Grand Rapids, MI, 1989).

CRENSHAW, J.L., «Theodicy» *IDBSup* (Nashville, 1976) 895-896.

CULLMANN, O., *Immortalité de l'âme ou Résurrection des morts*. Le témoignage du Nouveau Testament (Neuchâtel - Paris, 1956).

Current Issues in Biblical and Patristic Interpretation. Studies in Honor of Merill C. Tenny (éd. G.F. HAWTHRONE) (Grand Rapids, 1975).

DAVIES, D.W., *Paul and Rabbinic Judaism* (Philadelphia, 1948, ⁴1980).

DE MOOR, J.C., «'O Death, Where is Thy Sting?'» in *Ascribe to the Lord*, 99-107.

DELLING, G., «ἀντιλαμβάνομαι, κτλ.» *ThWNT* I, 375-377.

DELOBEL, J., «The Fate of the Dead According to 1 Thessalonians 4 and 1 Cor 15» in *The Thessalonian Correspondence*, 340-347.

DENTON, D.R.,   «'Αποκαραδοκία» *ZNW* 73 (1982) 138-140.
DE SCHRIJVER, G.,   «From Theodicy to Anthropocity. The Contemporary
                     Acceptance of Nietzsche and the Problem of Suffe-
                     ring» in *God and Suffering*, 95-119.
The Diakonia of the Spirit (2 Co 4:7-7:4) (éd. L. DE LORENZI) (SMBSBO
                     10; Rome, 1989).
DODD, C.H.,   *According to the Scriptures*. The Sub-structure of New
                     Testament Theology (London, 1952, reimprimé en
                     1965).
DÖRRIE, H.,   «Le renouveau du platonisme à l'époque de Cicéron»
                     RTP 24 (1974) 13-29.
DOUGHTY, D.J.   «The Presence and Future of Salvation in Corinth»
                     ZNW 66 (1975) 61-90.
DUCROT, O. - TODOROV, T., *Dictionnaire encyclopédique des sciences du
                     langage* (Points 110; Paris, 1972).
DUNN, J.D.G.,   «I Cor 15:45. Last Adam, Life-Giving Spirit» in *Christ
                     and Spirit in the New Testament*, 127-141.
DUNN, J.D.G.,   *Unity and Diversity in the New Testament*. An Inquiry
                     into the Character of Earliest Christianity (London -
                     Philadelphia, 1977, [2]1990)
DUNN, J.D.G. - SUGGATE, A.M., *The Justice of God*. A Fresh Look at the
                     Old Doctrine of Justification by Faith (Carlisle, 1993).
DUPONT, J.,   ΣΥΝ ΧΡΙΣΤΩΙ. *L'union avec le Christ suivant saint
                     Paul*. Première partie. «Avec le Christ» dans la vie fu-
                     ture. (Bruges - Louvain - Paris, 1952).
DURAND, G.,   *Les structures anthropologiques de l'imaginaire*. Intro-
                     duction à l'archétypologie générale (Paris, [10]1984).
Early Christian Literature and the Classical Intellectual Tradition in Hono-
                     rem Robert M. Grant (éds. W.R. SCHOEDEL - R. L.
                     WILKEN) (TH 54; Paris, 1979).
EBELING, G.,   «Der Grund christlicher Theologie. Zum Aufsatz Ernst
                     Käsemanns über "Die Anfänge christlicher Theolo-
                     gie"» *ZTK* 58 (1961) 227-244.
EBNER, M.,   *Leidenslisten und Apostelbrief*. Untersuchung zur
                     Form, Motivik und Funktion der Peristasenkataloge
                     bei Paulus (FzB 66; Würz-burg, 1991).
L'Ecriture, âme de la théologie (Institut d'Etudes Théologiques; Bruxelles,
                     1990).
ELLIS, E.E.,   «A Note on Pauline Hermeneutics» *NTS* 2 (1955-56)
                     127-133.
ELLIS, E.E.   «Sôma in First Corinthians» *Int* 44 (1990) 132-144.

Études sur le judaïsme hellénistique. Congrès ACFEB de Strasbourg, 1983 (dir. R. KUNTZMANN - J. SCHLOSSER) (LD 119; Paris, 1984).

EVANS, G.A. - SANDERS, J.A. (éds.), *Paul and the Scripture of Israel* (SSEJC 1; JSNTSS 83; Sheffield, 1993).

Exégèse et herméneutique. Comment lire la Bible? (éd. C. COULOT) (LD 158; Paris, 1994).

Faith and History. Essays in Honor of Paul W. Meyer (éds. J.T. CARROLL - Ch.H. COSGROVE - E.E. JOHNSON) (Atlanta, GE, 1990).

FEUILLET, A., «La demeure céleste et la destinée des chrétiens» *RSR* 44 (1956) 165-192; 360-402.

FEUILLET, A., «Le péché évoqué aux chapitres 3 et 6,1-4 de la Genèse; le péché des anges de l'Épître de Jude et de la Seconde Épître de Pierre» *Divinitas* 35 (1991) 207-229.

FISCHER, U., *Eschatologie und Jenseitserwartung im hellenistischen Diasporajudentum* (BZNW 44; Berlin - New York, 1978).

FROITZHEIM, F., *Christologie und Eschatologie bei Paulus* (FzB 35; Würzburg, ²1982).

FUCHS, E., «Über die Aufgabe einer christlichen Theologie. Zum Aufsatz Ernst Käsemanns über "Die Anfänge christlicher Theologie"» *ZTK* 58 (1961) 245-267.

FURNISH, V.P., «Development in Paul's Thought» *JAAR* 38 (1970) 289-303.

GEORGI, D., *Die Gegner des Paulus im 2. Korintherbrief*. Studien zur religiösen Propaganda in der Spätantike (WMANT 11; Neukirchen - Vluyn, 1964).

GIENIUSZ, A., «Rm 7,1-6: Lack of Imagination? Function of the Passage in the Argumentation of Rom 6,1-7,6» *Bib* 74 (1993) 389-400.

GILLMAN, J., «Transformation in 1 Cor 15,50-53» *ETL* 58 (1982) 309-333.

GILLMAN, J., «Signals of Transformation in 1 Thessalonians 4:13-18» *CBQ* 47 (1985) 263-281.

GILLMAN, J., «A Thematic Comparison: 1 Cor 15:50-57 and 2 Cor 5:1-5» *JBL* 107 (1988) 439-454.

GLASSON, T.F., *Greek Influence in Jewish Eschatology*. - With Special Reference to the Apocalypses and Pseudepigraphs - (London, 1961).

GLASSON, T.F., «2 Corinthians v. 1-10 *versus* Platonism» *SJT* 43 (1990) 145-155.

God and Suffering (éds. J. LAMBRECHT - R.F. COLLINS) (LTPM 3; Louvain, 1990).

GORDON, R.P.,   *Studies in the Targum to the Twelve Prophets*. From Nahum to Malachi (SVT 51; Leiden - New York - Köln, 1994).

GOUNELLE, A. - VOUGA, F., *Après la mort, qu'y a-t-il?* Les discours chrétiens sur l'au-delà (Théologies; Paris, 1990).

Greeks, Romans and Christians: Essays in Honor of Abraham J. Malherbe (éd. D.L. BALCH) (Minneapolis, 1990).

GRELOT, P.,   «La théologie de la mort dans l'Ecriture Sainte» *SVSpir* 76 (1966) 143-193.

GRELOT, P.,   *De la mort à la vie éternelle*. Etudes de théologie biblique (LD 67; Paris, 1971).

GRELOT, P.,   *Dans les angoisses: l'espérance*. Enquête biblique (PD; Paris, 1983).

GRELOT, P.,   *L'espérance juive à l'heure de Jésus*. Edition nouvelle, revue et augmentée (JJC 62; Paris, 1994).

GRESHAKE, G.,   *Die Auferstehung der Toten in der gegenwärtigen theologischen Diskussion* (Essen, 1969).

GRESHAKE, G. - KREMER, J., *Resurrectio mortuorum*. Zum Verständnis der leiblichen Auferstehung (Darmstadt, ²1992).

GRUNDMANN, W.,   «Überlieferung und Eigenaussage im eschatologischen Denken des Apostels Paulus» *NTS* 8 (1961-62) 12-26.

HAAG, H.,   *Vor dem Bösen ratlos?* In Zusammenarbeit mit Katharina und Winfried Elliger (SP 951; München - Zürich, ²1989).

HANSON, A.T.,   *Jesus Christ in the Old Testament* (London, 1965).

HANSON, A.T.,   *Studies in Paul's Technique and Theology* (London, 1974).

HANSON, A.T.,   *The New Testament Interpretation of Scripture* (London, 1980).

HANSON, A.T.,   «The Midrash in II Corinthians 3: A Reconsideration» *JSNT* 9 (1980) 2-28.

HANSON, A.T.,   *The Living Utterances of God*. The New Testament Exegesis of the Old (London, 1983).

HARDER, G.,   «φθείρω κτλ.» *ThWNT* IX, 94-106.

HARNISCH, W.,   *Eschatologische Existenz*. Ein exegetischer Beitrag zum Sachanliegen von 1 Thessalonicher 4.13-5.11 (FRLANT 110; Göttingen, 1973).

HARRELSON, W.J., «Death and Victory in 1 Corinthians 15:51-57: The Transformation of a Prophetic Theme» in *Faith and History*, 149-159.

HARRIS, M.J.,   *Raised Immortal* (London, 1983).

HARRIS, M.J.,   *From Grave to Glory*. Resurrection in the New Testa-
                       ment. Including a Response to Norman L. Geisler
                       (Grand Rapids, MI, 1990).

HECKEL, T.K.,   *Der Innere Mensch*. Die paulinische Verarbeitung
                       eines platonischen Motivs (WUNT 2. Reihe 53;
                       Tübingen, 1993).

HEGEL, G.W.F.,   *La raison dans l'Histoire*. Introduction à la Philoso-
                       phie de l'Histoire (Paris, 1965).

HEIDLAND, H.W.,   «λογίζομαι, λογισμός» *ThWNT* IV, 287-295.

HEINE, S.,   *Leibhafter Glaube*. Ein Beitrag zum Verständnis der
                       theologischen Konzeption des Paulus (Freiburg, 1976).

HELEWA, G.,   «'Sofferenza' e 'speranza della gloria in Rm 8,17'»
                       Teresianum 39 (1988) 233-273.

HENGEL, M.,   *Judentum und Hellenismus*. Studien zu ihrer Begeg-
                       nung unter besonderer Berücksichtigung Palästinas bis
                       zur Mitte des 2. Jh. v. Chr. (WUNT 10; Tübingen,
                       1969).

HERMAN, Z.I.,   «Saggio esegetico sul 'Già e non ancora' soteriologico
                       in Rm 8» *Anton* 62 (1987) 26-84.

HOEKEMA, A.A.,   *The Bible and the Future* (Grand Rapids, MI, 1979).

HOFFMANN, P.,   *Die Toten in Christus*. Eine religionsgeschichtliche und
                       exegetische Untersuchung zur paulinischen Eschato-
                       logie (Münster, 1978).

HOLTZ, T.,   «φθείρω, κτλ.» *EWNT* III, 1009-1013.

HORN, F.W.,   «1 Korinther 15,56 - ein exegetischer Stachel» *ZNW* 82
                       (1991) 88-105.

HUGHES, F.W.,   *Early Christian Rhetoric and 2 Thessalonians* (JSNTSS
                       30; Sheffield, 1989).

HURD, J.C.,   *The Origin of I Corinthians* (London, 1965).

JEREMIAS, J.,   «'Flesh and Blood Cannot Inherit the Kingdom of
                       God' (I COR. XV. 50)» *NTS* 2 (1955-56) 151-159.

JEWETT, R.,   *The Thessalonian Correspondence*. Pauline Rhetorical
                       and Millenarian Piety (Philadelphia, 1987).

Jews, Greeks and Christians. Religious Cultures in Late Antiquity. Essays
                       in Honor of W.D. Davies (éds. R. HAMERTON-KELLY
                       - R. SCROGGS) (SJLA 21; Leiden, 1976).

JOHANSON, B.C.,   *To All the Brethren*. A Text-Linguistic and Rhetorical
                       Approach to I Thessalonians (CBNTS 16; Stockholm,
                       1987).

JUCCI, E.,   «Tereno, psichico, pneumatico nel capitolo 15 della
                       prima epistola ai Corinti» *Henoch* 5 (1983) 323-341.

KÄSEMANN, E.,   *Leib und Leib Christi*. Eine Untersuchung zur pauli-
                       nischen Begriflichkeit (BHTh 9; Tübingen, 1933).

KÄSEMANN, E., «Die Anfänge christlicher Theologie» ZTK 57 (1960) 162-185 = *Essais exégétiques*, 174-198.

KÄSEMANN, E., «Paulus und der Frühkatholizismus» *ZTK* 60 (1963) 75-89 = *Essais exégétiques*, 256-270.

KÄSEMANN, E., *Paulinische Perspektiven* (Tübingen, ²1972).

KÄSEMANN, E., *Essais exégétiques*. Version française par D. Appia (MB; Neuchâtel, 1972).

KEESMAAT, S., «Exodus and the Intertextual Transformation of Tradition in Romans 8:14-30» *JSNT* 54 (1994) 29-56.

KEHL, M., *Eschatologie* (Würzburg, ²1988).

KENNEDY, G.A., *New Testament Interpretation through Rhetorical Criticism* (Chapel Hill - London, 1984).

Kirche. Fs G. BORNKAMM (éds. D. LÜHRMANN - G. STRECKER) (Tübingen, 1980).

KLEIN, G., «Eschatologie: Neues Testament» *TRE* 10 (1982) 270-299.

KOCH, D.A., *Die Schrift als Zeuge des Evangeliums*. Untersuchungen zur Verwendung und zum Verständnis der Schrift bei Paulus (BHTh 69; Tübingen, 1986).

KÖSTER, H., «συνέχω» *ThWNT* VII, 875-883.

KREITZER, J., *Jesus and God in Paul's Eschatology* (JSNTSS 19; Sheffield, 1987).

KREMER, J., «ἐγείρω, κτλ.» *EWNT* I, 899-910.

KRETZER, A., «συνέχω» *EWNT* III, 732.

KUNTZMANN, R. - DUBOIS, J.-D., *Nag Hammadi. Evangile selon Thomas. Textes gnostiques aux origines du christianisme* (CEvSup 58; Paris, 1987).

LAMBRECHT, J., «La vie engloutit ce qui est mortel. Commentaire de 2 Co 5,4c» in *La Pâque du Christ. Mystère de salut*, 237-248.

LAMBRECHT, J., «Structure and Line of Thought in 2 Cor 2,14-4,6» *Bib* 64 (1983) 344-380.

LAMBRECHT, J., «'Reconcile yourselves ...': A Reading of 2 Cor 5,11-21» in *The Diakonia of the Spirit*, 174-182.

LAPERROUSAZ, E.-M., *L'attente du Messie en Palestine à la veille et au début de l'ère chrétienne à la lumière des documents récemment découverts* (Paris, 1982).

The Law of the Spirit in Rom 7-8 (éd. L. DE LORENZI) (SMBSBO 1; Rome, 1976).

LE DEAUT, R., «A propos d'une définition du midrash» *Bib* 50 (1969) 395-413.

LE DÉAUT, R., «Un phénomène spontané de l'herméneutique juive ancienne: le targumisme» *Bib* 52 (1971) 505-525.

LE DÉAUT, R., «La Septante, un targum?» in *Études sur le judaïsme hellénistique*, 148-195.

LEISEGANG, H., *Gnosis* (Kröners Taschenaufgabe 32; Stuttgart, ⁵1985).

LEON-DUFOUR, X., *Résurrection de Jésus et message pascal* (PD; Paris, 1971).

LINDEMANN, A., «Herschaft Gottes / Reich Gottes; IV: Neues Testament und spätantikes Judentum» *TRE* 15 (1986) 196-210.

LOHSE, E., *Umwelt des Neuen Testaments* (GNT 1; Göttingen, ⁴1978).

LÜDEMANN, G., *Paulus, der Heidenapostel*. Band I: *Studien zur Chronologie* (FRLANT 123; Göttingen, 1980).

LÜTGERT, W., *Die Wollkommenen im Philipperbrief und Die Enthousiasten in Thessalonich* (BFCT XII.6; Gütersloh, 1909).

LYONNET, S., «L'histoire du salut selon le chapitre VII de l'épître aux Romains» *Bib* 43 (1962) 117-151.

LYONNET, S., «L'amour efficace du Christ. Rom 8,35.37-39» *AsSeign* 49 (1971) 12-16.

LYONNET, S., *Les étapes du mystère du Salut selon l'épître aux Romains* (BibOe 8; Paris, 1969).

LYONNET, S., *Exegesis epistulae ad Romanos*. Cap. V ad VIII (Except. Rom 5,12-21) (Rome, 1966).

LYONNET, S., *Etudes sur l'Épître aux Romains* (AnBib 120; Rome, 1989).

LYONNET, S., «Redemptio 'cosmica' secundum Rom 8,19-23» *VD* 44 (1966) 225-242.

LYONNET, S., «Rm 8,2-4 à la lumière de Jérémie 31 et d'Ezéchiel 35-39» in *Mélanges Eugène Tissérant*, 311-323.

McNAMARA, M., «Midrash, Culture, Medium and Development of Doctrine. Some Facts in Quest of a Terminology» *PIBA* 11 (1987) 67-87.

MARCHESE, A., *Dizionario di retorica e di stilistica*. Arte, artificio nell'uso delle parole. Retorica, stilistica, metrica, teoria della letteratura (Milano, 1978, ⁶1987).

MARSHALL, I.H., «Is Apocalyptic the Mother of Christian Theology?» in *Tradition and Interpretation*, 33-42.

MARTIN-ACHARD, R., *De la mort à la résurrection d'après l'Ancien Testament* (BT; Neuchâtel - Paris, 1956).

MARTITZ, W.v. - SCHWEIZER, E., «υἱοθεσία» *ThWNT* VIII, 400-402.

MAURER, Ch., «πρόθεσις» *ThWNT* VIII, 165-168.

Mélanges Bibliques en hommage au R.P. Béda Rigaux (éds. A. DESCAMPS - A. DE HALLEUX) (Gembloux, 1970).

Mélanges Eugène Tisserant. vol I: *Ecriture Sainte - Ancien Orient* (ST 231; Vatican, 1964).

Message et Mission. Xᵉ Anniversaire de la Faculté de Théologie de l'Université Lovanium (Kinshasa, 1967).

MEYNET, R., «Présupposés de l'analyse rhétorique, avec une application à Mc 10,13-52» in *Exégèse et herméneutique*, 69-111.

MICHAELIS, W., «συμπάσχω, πάθημα» *ThWNT* V, 924-925.

MILLER, M.P., «Midrash» *IDBSup* (Nashville, 1976) 593-597.

MORISSETTE, R., «L'expression σῶμα en 1 Co 15 et dans la littérature paulinienne» *RSPT* 56 (1972) 223-239.

MORISSETTE, R., «La condition de ressuscité: 1 Corinthiens 15,35-49» *Bib* 53 (1972) 208-228.

MORISSETTE, R., «Un midrash sur la mort (I Cor., XV, 54c à 57)» *RB* 79 (1972) 161-188.

MORISSETTE, R., «'La chair et le sang ne peuvent hériter du Règne de Dieu' (*I Cor., XV, 50*)» *ScEs* 26 (1974) 39-67.

MOULE, C.F.D., *Essays in New Testament Interpretation* (Cambridge, 1982).

MOULE, C.F.D., «The Influence of Circumstances on the Use of Eschatological Terms» *JTS* 15 (1964) 1-15; repris in IDEM, *Essays in New Testament,* 184-199.

MÜLLER, K., «Die Leiblichkeit des Heils. 1Kor 15,35-58» in *Résurrection du Christ et des Chrétiens (1 Co 15)*, 171-255.

MURPHY O'CONNOR, J., «Corinthians Slogans in 1 Cor 6:12-20» *CBQ* 40 (1978) 391-396.

MURPHY O'CONNOR, J., «'Being at Home in the Body We Are in Exile from the Lord' (2 Cor. 5:6b)» *RB* 93 (1986) 214-221.

MURPHY O'CONNOR, J., «Pneumatikoi in 2 Corinthians» *PIBA* 11 (1987) 59-66.

MURPHY O'CONNOR, J., «Faith and Resurrection in 2 Cor 4:13-14» RB 95 (1988) 543-550.

MURPHY O'CONNOR, J., «2 Timothy Contrasted with 1 Timothy and Titus» *RB* 98 (1991) 403-418.

MURPHY O'CONNOR, J., *Paul et l'art épistolaire.* Contexte et structure littéraires (tr. fr.; Paris, 1994).

NEBE, G., *'Hoffnung' bei Paulus.* Elpis und ihre Synonyme im Zusammenhang der Eschatologie (SUNT 16; Göttingen, 1983).

NEUMANN, K.J., *The Authenticity of the Pauline Epistles in the Light of Stylostatistical Analysis* (SBLDS 120; Atlanta, 1990).

NEUSNER, J., *What is Midrash* (Philadelphia, 1987).

NEUSNER, J.,   *Scripture in Judaism*. Vol. I (Realms of Judaism 47; Frankfurt - Berlin - Bern - New York - Paris - Wien, 1994).

Neues Testament und christliche Existenz. Fs H. Braun (éds. H.D. BETZ - L. SCHOTTROFF) (Tübingen, 1973).

New Testament Textual Criticism: Its Significance for Exegesis. Essays in Honour of Bruce M. Metzger (éds. E.J. EPP - G.D. FEE) (Oxford, 1981).

NEYREY, J.H.,   «Acts 17, Epicureans and Theodicy» in *Greeks, Romans and Christians*, 124-133.

NICKELSBURG, G.W.E., *Resurrection, Immortality and Eternal Life in Intertestamental Judaism* (HTS 26; Cambridge, 1972).

NICKELSBURG, G.W.E., *Jewish Literature Between the Bible and the Mishnah* (London - Philadephia, 1981).

OEPKE, A.,   «ἐγείρω» *ThWNT* II, 332-337.

OEPKE, A.,   «παρουσία» *ThWNT* V, 856-869.

OLLROG, W.-H.,   «συνεργέω» *EWNT* III, 726-729.

OOMEN, P.M.F.,   «Lijden als vraag naar God. Een bijdrage vanuit Whitehead's filosofie» *Tijdschrift voor Theologie* 34 (1994) 246-268.

OSEI-BONSU, J.,   «The Intermediate State in the New Testament» *SJT* 44 (1991) 169-194.

OSEI-BONSU, J.,   «Does 2 Cor. 5.1-10 Teach the Reception of the Resurrection Body at the Moment of Death?» *JSNT* 28 (1986) 81-101.

La Pâque du Christ. Mystère de salut. Mélanges offerts au P. F.-X. Durwell pour son 70ᵉ anniversaire avec un témoignage du jubilaire (éds. M. BENZERATH - A. SCHMID - J. GUILLET) (LD 112; Paris, 1982).

Parola e Spirito. Studi in onore di Settimio Cipriani (éd. C.C. MARCHESELLI) (Brescia, 1982).

Paul and Paulinism. Essays in Honor of C.K. Barrett (éds. M.D. HOOKER - S.G. WILSON) (London, 1982).

PAULSEN, H.,   «ἐνδύω» *EWNT* I, 1103-1105.

Paulus und das antike Judentum. Tübinge-Durham-Symposium im Gedenken an den 50. Todestag Adolf Schlatters (+19. Mai 1938) (éds. M. HENGEL - U. HECKEL) (WUNT 58; Tübingen, 1991).

PELSER, G.M.M.,   «Resurrection and Eschatology in Paul's Letters» *Neot* 20 (1986) 37-46.

PENNA, R.,   *Lo Spirito di Cristo*. Cristologia e pneumatologia secondo un'originale formulazione paolina (Brescia, 1976).

PENNA, R.,   *L'apostolo Paolo*. Studi di esegesi e teologia (PD 12;
                        Torino, 1991).
PENNA, R.,   «Sofferenze apostoliche, antropologia e escatologia» in
                        Parola e Spirito, 401-431; repris in IDEM, *L'apostolo
                        Paolo*, 269-298.
PERELMAN, Ch. - OLBRECHTS-TYTECA, L., *Le traité de l'argumentation*. La
                        nouvelle rhétorique (Bruxelles, ⁵1988).
PESCH, R.,   *Paulus und seine Lieblingsgemeinde*. Drei Briefe an
                        die Heiligen von Philippi. Paulus - neu gesehen (HB
                        1208; Freiburg i.B. - Basel - Wien, 1985).
PESCH, R.,   *Paulus kämpft um sein Apostolat*. Drei weitere Briefe
                        an die Gemeinde Gottes in Korinth. Paulus - neu gese-
                        hen (HB 1382; Frei-burg i.B. - Basel - Wien, 1987).
PESCH, R.,   *Die Entdeckung des ältesten Paulus-Briefes*. Die Briefe
                        an die Gemeinde der Tessalonicher. Paulus - neu gese-
                        hen (HB 1167; Freiburg i.B. - Basel - Wien, 1984).
PESCH, R.,   *Paulus ringt um die Lebensform der Kirche*. Vier Brie-
                        fe an die Gemeinde Gottes in Korinth. Paulus - neu
                        gesehen (HB 1291; Frei-burg i.B. - Basel - Wien,
                        1986).
PHILONENKO, M.,   «La littérature intertestamentaire et le Nouveau Testa-
                        ment» *RScR* 47 (1973) 270-279.
PITTA, A.,   *Disposizione e messaggio della Lettera ai Galati*. Ana-
                        lisi retorico-letteraria (AnBib 131; Roma, 1992).
PLEVNIK, J.,   «Paul's Eschatology» *TorJT* 6 (1990) 86-99.
POTTERIE, I. de la,   «Le chrétien conduit par l'Esprit dans son chemine
                        ment eschatologique (Rm 8,14)» in *The Law of the
                        Spirit in Rom 7-8*, 209-241.
PRATO, G.L.,   *Il problema della teodicea in Ben Sira* (AnBib 65; Ro-
                        me, 1975).
PROBST, H.,   *Paulus und der Brief*. Die Rhetorik des antiken Briefes
                        als Form der paulinischen Korintherkorrespondenz (1
                        Kor 8-10) (WUNT 2. Reihe 45; Tübingen, 1991).
PRÜMM, K.,   *Diakonia Pneumatos*. Der zweite Korintherbrief als
                        Zugang zur apostolischen Botschaft. Auslegung und
                        Theologie. Band II. *Theologie des zweiten Korinther-
                        briefes*. Erster Teil: Apostolat und christliche Wirk-
                        lichkeit (Rom-Freiburg-Wien, 1960).
The Pseudepigrapha and Early Biblical Interpretation (éds. J.J CHARLES-
                        WORTH - G.A. EVANS) (JSPSS 14; SSEJC 2; Shef-
                        field, 1993).

PUECH, E.,   *La croyance des esseniens en la vie future: immortalité, résurrecion, vie éternelle?* Histoire d'une croyance dans le judaïsme ancien. 2 vols (EBib NS 21; Paris, 1993).

Résurrection du Christ et des Chrétiens (1 Co 15) (éd. L. DE LORENZI) (SMBSBO 8; Rome, 1985).

RIGAUX, B.,   *Saint Paul et ses lettres.* Etat de la question (SNS 2; Paris, 1962).

RIGAUX, B.,   *Dieu l'a ressuscité.* Exégèse et théologie biblique (SBFA 4; Gembloux, 1973).

ROLLAND, P.,   *L'Epître aux Romains.* Texte grec structuré (Rome, 1980).

ROLLAND, P.,   «L'antithèse de Rm 5-8» *Bib* 69 (1989) 396-400.

ROLLAND, P.,   «La structure littéraire de la Deuxième Epître aux Corinthiens» *Bib* 71 (1990) 73-84.

ROLLAND, P.,   *A l'écoute de l'Épître aux Romains* (Paris, 1991).

ROMANIUK, K.,   «Résurrection existentielle ou eschatologique en 2 Co 4,13-14?» *BZ.NF* 34 (1990) 248-252.

SANDERS, E.P.,   *Paul and Palestinian Judaism* (Philadelphia, 1977).

SANDMEL, S.,   «Parallelomania» *JBL* 81 (1962) 1-13.

SCHMITHALS, W.,   *Die Gnosis in Korinth* (Darmstadt,1956).

SCHMITHALS, W.,   *Paulus und die Gnostiker.* Untersuchung zu den kleinen Paulusbriefen (TF 35; Hamburg-Bergstedt, 1965).

SCHMITHALS, W.,   «Die Korintherbriefe als Briefsammlung» *ZNW* 64 (1973) 263-288.

SCHMITHALS, W.,   *Der Römerbrief als historisches Problem* (SNT 9; Gütersloh, 1975).

SCHMITHALS, W.,   *Neues Testament und Gnosis* (Darmstadt, 1984).

SCHMITHALS, W.,   *Die Briefe des Paulus in ihrer ursprünglichen Form* (ZWB; Zürich, 1984).

SCHMITHALS, W.,   *Theologiegeschichte des Urchristentums.* Eine problemgeschichtliche Darstellung (Stuttgart - Berlin - Köln, 1994).

SCHNACKENBURG, R.,   *Gottes Herrschaft und Reich.* Eine biblisch-theologische Studie (Freiburg, 1959).

SCHNACKENBURG, R.,   *Baptism in th Thought of St Paul.* A Study in Pauline Theology (Oxford, 1964).

SCHOTTROFF, L.,   *Der Glaubende und die feindliche Welt.* Beobachtungen zum gnostischen Dualismus und seiner Bedeutung für Paulus und das Johannesevangelium (WMANT 37; Neukirchen - Vluyn, 1970).

SCHRENK, G.,   «εὐδοκέω» *ThWNT* II, 736-740.

SCHUBERT, K., «Das Problem der Auferstehungshoffnung in den Qumrantexten und in der frührabbinischen Literatur» *WZKM* 56 (1960) 154-167.

SCHUBERT, K., «Die Entwicklung der Auferstehungslehre von der nachexilischen bis zur frührabbinischen Zeit» *BZ.NF* 6 (1962) 177-214.

SCHWEIZER, E., «σάρξ» *ThWNT* VII, 118-151.

SCROGGS, R., «Paul as Rhetorician: Two Homilies in Romans 1-11» in *Jews, Greeks and Christians*, 271-298.

SELLIN, G., *Der Streit um die Auferstehung der Toten*. Eine religionsgeschichtliche und exegetische Untersuchung von 1 Korinther 15 (FRLANT 138; Göttingen, 1986).

SIBER, P., *Mit Christus leben*. Eine Studie zur paulinischen Auferstehungshoffnung (AThANT 61; Zürich, 1971).

SIMON, M., «A propos de l'école comparatiste» in *Jews, Greeks and Christians*, 261-271.

SLOAN, R., «Resurrection in I Corinthians» *SWJT* 26 (1985) 69-91.

SPÖRLEIN, B., *Die Leugnung der Auferstehung*: eine historisch-kritische Untersuchung zu 1 Kor 15 (BU 7; Regensburg, 1971).

STÄHLIN, G., «ἀσθενής, κτλ.» *ThWNT* I, 488-492.

STANDAERT, B., «La rhétorique ancienne dans saint Paul» in *L'Apôtre Paul*, 78-92.

STANLEY, Ch.D., *Paul and the Language of Scripture*. Citation Technique in the Pauline Epistles and Contemporary Literature (SNTSMS 74; Cambridge, 1992).

STEMBERGER, G., *Der Leib der Auferstehung*. Studien zur Anthropologie und Eschatologie des palästinischen Judentums im neutestamentlichen Zeitalter (ca. 170 v. Chr. - 100 n. Chr.) (AnBib 56; Rome, 1972).

STEMBERGER, G., *Midrasch*. Vom Umgang der Rabbinen mit der Bibel. Einführung - Texte - Erläuterungen (München, 1989).

STOCKHAUSEN, C.K., *Moses' Veil and the Glory of the New Covenant*. The Exegetical Substructure of II Cor. 3,1-4,6 (AnBib 116; Roma, 1989).

STOCKHAUSEN, C.K., «Paul the Exegete» *BibTo* 28 (1990) 196-202.

STOWERS, S.K., *The Diatribe and Paul's Letter to the Romans* (SBLDS 57; Chico, CA, 1981).

STRACK, H.L. - STEMBERGER, G., *Introduction au Talmud et au Midrash* (trad. de l'allemand, Paris, ⁷1986).

SWETNAM, J., «On Romans 8:23 and the 'Expectation of Sonship'» *Bib* 48 (1967) 102-108.

TEANI, M., *Corporeità e risurrezione*. L'interpretazzione di 1
Corinti 15,35-49 nel Novecento (Aloisiana 24; Roma -
Brescia, 1994).

The Thessalonian Correspondence (éd. R.F. COLLINS) (BETL 87; Leuven,
1990).

THISELTON, A.C., «Realised Eschatology at Corinth» *NTS* 24 (1977-78)
510-526.

THRALL, M., «Superapostles, Servants of Christ and Servants of
Satan» *JSNT* 6 (1980) 42-57.

THRALL, M.E., «'Putting on' or 'Stripping off' in 2 Corinthians 5:3»
in *New Testament Textual Criticism*, 223-229.

Tradition and Interpretation. Essays in Honor of E.Earle Ellis for His 60th
Birthday (éds. G.F. HAWTHORNE - O. BETZ) (Grand
Rapids, MI, 1987).

TROMP, N.J., *Primitive Conceptions of Death and the Nether World
in the Old Testament* (BibOr 21; Rome, 1969).

USAMI, K., «'How Are the Dead Raised?' (1 Cor 15,35-58)» *Bib*
57 (1976) 468-493.

VALLAURI, E., «I gemiti dello Spirito Santo (Rom. 8,26s.)» *RivB* 27
(1979) 97-102.

VAN DER HORST, P.W., *Hellenism - Judaism - Christianity*: Essays on Their
Interaction (Kampen, 1994).

VANHOYE, A., *Prêtres anciens, prêtre nouveau selon le Nouveau
Testament* (PD; Paris, 1980).

VANHOYE, A., «La composition littéraire de 1 Thessaloniciens» in *The
Thessalonian Correspondence*, 73-86

VÖGTLE, A., *Das Neue Testament und die Zukunft des Kosmos*
(Düsseldorf, 1970).

VÖGTLE, A., «Röm 8,19-22: eine schöpfungstheologische oder anthropologisch-soteriologische Aussage?» in *Mélanges
Bibliques en hommage au R.P. Béda Rigaux*, 351-366.

VOLZ, P., *Die Eschatologie der jüdischen Gemeinde im neutes-
tamentlicher Zeitalter*. Nach den Quellen der rabbinischen, apokalyptischen und apokryphen Literatur
(Hildesheim, ²1966).

VON DER OSTEN-SACKEN, P., *Römer 8 als Beispiel paulinischer Soteriologie*
(Göttingen, 1975).

WALTER, N., «Paulus und die Gegner des Christusevangeliums in
Galatien» in *L'Apôtre Paul*, 351-356.

WANKE, G., «'Eschatologie'. Ein Beispiel theologischer Sprachverwirrung» *KD* 16 (1970) 300-312.

WEDDERBURN, A.J.M., «The Problem of the Denial of the Resurrection in
I Corinthians XV» *NT* 23 (1981) 229-241.

328   Bibliographie

WENHAM, D.,   «Being 'Found' on the Last Day: New Light on 2
                   Peter 3.10 and 2 Corinthians 5.3» *NTS* 33 (1987) 477-
                   479.
WESSELS, G.F.,   «The Eschatology of Colossians and Ephesians» *Neot*
                   21 (1987) 186-199.
WILCKENS, U.,   *Auferstehung*. Das biblische Auferstehungszeugnis his-
                   torisch untersucht und erklärt (ThTh 4; Stuttgart -
                   Berlin, 1970).
WINDISCH, H.,   *Paulus und das Judentum* (Stuttgart, 1935).
WRIGHT, A.G.,   *The Literary Genre Midrash* (New York, 1967).
WUELLNER, W.,   «Paul as Pastor. The Function of Rhetorical Questions
                   in First Corinthians» in *L'Apôtre Paul*, 49-77.
WUELLNER, W.,   «Greek Rhetoric and Pauline Argumentation» in *Early
                   Christian Literature*, 177-188.
YINGER, M.,   *The Scientific Study of Religion* (New York, 1970).
ZAHN, Th.,   «Die seufzende Kreatur, Röm. 8,18-23., mit Rücksicht
                   auf neuere Auffassungen» *JDT* 10 (1865) 511-542.